家社会科学基金项目“WEB2.0环境下用户生成内容（UGC）的版权配置研究”（17BFX084）成果

杨红军　米　竞◎著

WEB 2.0 环境下用户生成内容的版权配置研究

WEB 2.0 HUANJING XIA
YONGHU SHENGCHENG NEIRONG DE
BANQUAN PEIZHI YANJIU

法律出版社
LAW PRESS · CHINA
北京

图书在版编目(CIP)数据

WEB 2.0 环境下用户生成内容的版权配置研究 / 杨红军, 米竞著. -- 北京 : 法律出版社, 2024
ISBN 978-7-5197-9028-8

Ⅰ. ①W… Ⅱ. ①杨… ②米… Ⅲ. ①互联网络-版权-保护-研究-中国 Ⅳ. ①D923.414

中国国家版本馆 CIP 数据核字(2024)第 076057 号

WEB 2.0 环境下用户生成内容的版权配置研究
WEB 2.0 HUANJING XIA YONGHU SHENGCHENG NEIRONG DE BANQUAN PEIZHI YANJIU

杨红军 米 竞 著

策划编辑 李捷琳
责任编辑 李捷琳
装帧设计 鲍龙卉

出版发行 法律出版社
编辑统筹 法律出版社
责任校对 王晓萍 王语童
责任印制 胡晓雅
经 销 新华书店

开本 710 毫米×1000 毫米 1/16
印张 24 **字数** 332 千
版本 2024 年 8 月第 1 版
印次 2024 年 8 月第 1 次印刷
印刷 北京新生代彩印制版有限公司

地址:北京市丰台区莲花池西里 7 号(100073)
网址:www.lawpress.com.cn
投稿邮箱:info@lawpress.com.cn
举报盗版邮箱:jbwq@lawpress.com.cn

销售电话:010-83938349
客服电话:010-83938350
咨询电话:010-63939796

书号:ISBN 978-7-5197-9028-8
定价:86.00 元

凡购买本社图书,如有印装错误,我社负责退换。电话:010-83938349

序

数字经济是中国经济转型增长的新变量,用户生成内容巨大财富能量的释放将是数字经济发展的一个重要支撑。第二代互联网(以下简称WEB 2.0)环境下用户生成内容产生的内在动因、产生模式、发行模式以及围绕用户生成内容的商业模式,与传统作品相比存在较大差异。传统版权法不能完全适应用户生成内容发展环境的需要,在用户生成内容实践中所扮演的作用开始退居至次要位置。在此背景下,以 WEB 2.0 环境下用户生成内容的版权配置作为研究对象,不仅可以为现有版权配置制度的转型提供丰富的学术支撑,还可以为版权配置制度的变革以及有关用户生成内容版权争议的解决提供建设性的指导意见。

在内容上,该书以用户生成内容的版权配置作为分析对象,将用户生成内容的版权配置问题置于 WEB 2.0 环境和版权制度的整体框架内进行思考和研究,确保了研究思路的开放性和包容性,反映了研究内容的系统性和全面性,突破了既有用户生成内容领域的研究视域和研究内容,形成了一套系统解决“用户生成内容版权配置问题”的框架。在框架安排上,该书将“WEB 2.0 环境下用户生成内容的版权配置”这一研究主题细分为“网络服务提供者与内容生成主体”“内容生成主体与第三方版权人”“第三方版权人与网络服务提供者”“内容生成主体与其他网络用户”等四组关系,分别从“协议自治”“利益调和”“责任重构”“价值释放”等四个方面解构上述四组关系中的关键问题。

该书有四个方面亮点:第一,具有较强的实证性。在研究网络平台与内容生成主体就用户生成内容版权利益如何分配以及用户生成内容价值如何释放的问题时，该书从现实出发，围绕网络用户服务协议有关内容，进行了大量的实证考察。笔者经过分析和归纳，得出了几组价值较高的实证数据，这无论是对该书的主题研究还是对后续相关研究，均发挥着重要的指引作用。第二，具有较强的实践性。该书对用户生成内容现象中四组主要关系的调和及利益相关主体各自权益的实现提出了可行方案，不仅表达了仍以协议自治作为用户生成内容版权利益在网络平台和内容生成主体间配置的主要途径的观点，而且指出缓解第三方版权人对用户生成内容过度制约的出路；还从网络平台参与不同网络活动的身份出发，分别以经营者、参与者和管理者角色讨论其注意义务等的承担边界，并以此构建其责任豁免场景。此外，该书将网络用户使用他人生成内容的场景分为“平台内使用”和“平台外使用”两种，分别设计网络用户使用他人生成内容的方式和条件。第三，具有一定的时代性。该书不仅囊括了“网络平台对版权作品注意义务边界”“二次创作侵犯版权人版权利益的解决”等问题，而且系统梳理了 WEB 2.0 环境的特点及此环境对用户生成内容持续发展的影响，还结合所处环境对用户生成内容的版权客体属性进行深度讨论，明晰了解决用户生成内容版权配置问题的前提。第四，具有一定的前瞻性。该书厘清了当下困扰 WEB 2.0 技术应用和产业发展的版权法障碍，提出了较为合理的规范性制度框架建议；这不仅为解决网络活动中用户生成内容版权配置相关实践问题给出了思路，而且也为人工智能生成内容版权配置问题的研究提供了一定启示。

红军教授硕士和博士阶段的学习，都是由我指导的，多年来看着他从青年教师到博士生导师的一步步成长，备感欣慰。看到红军教授及其学生米竞博士的著作付梓，欣喜之情溢于言表。求索之路，在于修远。前路漫漫亦灿灿，祝愿他们在学术研究上矢志不移，推出更多优秀成果。

中南财经政法大学文澜资深教授、博士生导师

目 录

导 言

人类社会在历经农业文明、工业文明后，于21世纪开启知识文明时代。[①] 从群居捕食以维持基本生命所需，到日出而作、日落而归的富足农耕阶段，人类由以集群、部落为主要结构的生存状态转向以一家一户为特征的小农经济时期。得益于较为和谐的自然环境和完善成熟的农耕工具，在这一阶段，人类不再完全受制于自然，开始融入并尝试改造自然。相应地，适应农业生产和生活需要的制度规则、智力成果开始涌现，社会也越来越多地被打上人类的烙印。与主要依靠手工劳作的农耕经济不同，蒸汽机的问世敲响了以机械化大生产为核心的工业社会的大门。煤、铁、钢、电等能源的开发和利用，使人类在农业文明的基础上快速进入集中化、规模化的工业文明。工业革命迅速在产业、经济、社会和文化等各个领域开展，人类的思想和双手在机器设备的加持下得到解放，社会大众开始追求娱乐化、多样性的生活方式。规模化的工

① 参见路甬祥：《迎接人类知识文明新时代》，载《光明日报》2010年7月12日，第10版。

业生产使工业技术愈益成熟,德国印刷商古腾堡在首次将活字印刷术用于图书印制后,[①]作品开始被批量化生产和广泛传播。步入21世纪,随着科学技术的持续进步,几乎所有信息都可被转化成"0"和"1"的代码上传至网络,人们获取作品的途径已不限于印刷出版物。如果说工业文明解放了人类的双手,那么知识文明对人类生活的影响已不是简单停留在物理层面上,至少在信息获取上,人类不再完全受制于自然环境,一个全社会性的新纪元诞生。[②]

与人类文明相伴而行,智力成果经由非正式非中心化传播系统,[③]到以电报、电视、广播等为主要途径的中心化媒体,再到互联网时代人人可为自媒体的去中心化媒体,实现了从物理环境到数字环境的转变。社会技术发展所带来的不只是智力成果载体和传播手段的变化,更是智力成果创作全过程的变革。在信息技术的加持下,智力成果得以脱离对物质基础的依赖而获得自主性。[④] 随着互联网应用的推进与普及,我们处在一个人人都是媒体人的时代。智力成果不再如印刷技术和广播电视技术时期,由少数拥有机器设备且具备传播能力的出版发行商和广播组织垄断;网络环境下,智力成果接收者可以轻易绕过商业出版者,实现与智力成果创作者的直接对话。媒体信息传播正在经历一个从媒体"推"到用户"拉"的转变过程。[⑤] 智能设备的便携性使我们随时随地可进入网络,以不同于传统获取和创作智力成果的方式参与到智力活动中。从旁观者到参与者,消费者身份不再是大众利用传媒的唯一角色,还是互联网文化

---

① 参见陈传夫:《国家信息化与知识产权:后TRIPS时期国际版权制度研究》,湖北人民出版社2002年版,第77页。

② 参见[美]曼纽尔·卡斯特:《网络社会的崛起》,夏铸九、王志弘等译,社会科学文献出版社2001年版,第578页。

③ 参见[英]汤姆·斯丹迪奇:《从莎草纸到互联网:社交媒体2000年》,林华译,中信出版集团股份有限公司2015年版,第4页。

④ 参见[美]曼纽尔·卡斯特:《网络社会的崛起》,夏铸九、王志弘等译,社会科学文献出版社2001年版,第578页。

⑤ 参见[美]尼古拉·尼葛洛庞蒂:《数字化生存》,胡泳、范海燕译,电子工业出版社2017年版,第79页。

的创造者和传播者。如克莱·舍基(Clay Shirky)所说,人类社会已经从专业人员提供传播服务和个体之间进行私人交谈的传统模式,进入公共与私人模糊、专业与业余糅合的新世界之中。[①] 网络时代对过往文化市场信息贫瘠且传播受阻的弊病起到了有效的改善作用;在文化自觉的社会氛围下,文化市场正朝着多样性、活跃化方向发展,并进一步助力于文化自由。

技术更替带来的文化自由,在扩充社会大众可接触智力成果总量的同时,也使智力成果利用者可轻易修改成果内容并进行二次传播。[②] 互联网环境下的作品创作不再囿于拥有明晰且有限创作者的独立创作、合作创作等模式,同时期还出现了群体创作、衍生创作、重混创作等现象。网络用户正积极参与网络文化创作,或采取由其独立完成的原创模式,或通过融合已有作品片段,抑或协同共创。总而言之,网络用户以一定方式形成自己的"智力"内容,而后在网络平台发布,这些被统称为"用户生成内容"(user generated content,UGC)。在当前互联网环境下,用户生成内容所蕴含的巨大商业价值正在快速释放,而围绕其的版权利益已经成为社会争议的热点话题。例如,2016 年年底热播的电视剧《锦绣未央》,其在播放之初即陷入与用户生成内容相关的版权纠纷。由于用户内容的生成、传播和利用涉及复杂的要素链条,如何公平有效地实现多方主体之间的版权利益配置已成为一个极为棘手的问题,然而,成形于电子技术时代的版权制度对此似乎无法作出有效回应。因此,基于用户生成内容的"内容生成的偶然性、生成动因的多元性、生成内容的社群性和商业应用的间接性"等特征,从效率与公平两个视角审视现有版权配置规则的基本理念,从而为版权制度的转型提供理论支撑,显得非常必要。用户生成内容版权配置立法的缺位,以及既有版权配置规则适用于用户生成内容环境

---

① 参见[美]克莱·舍基:《认知盈余:自由时间的力量》,胡泳、哈丽丝译,中国人民大学出版社 2012 年版,第 230 页。

② 参见[美]威廉·W. 菲舍尔:《说话算数:技术、法律以及娱乐的未来》,李旭译,上海三联书店 2013 年版,第 27 页。

中错位现象的存在正制约着用户生成内容价值潜能的释放。鉴于此,本书将在理论探讨的基础上,提供有关用户生成内容版权配置的规范性制度框架,以解决当前和未来在用户生成内容实践中面临的较为紧迫的制度有效供给不足等难题。

在版权领域,有关用户生成内容的研究主要集中于对用户生成内容的权利归属、重混与合理使用、发布用户生成内容平台的侵权责任等领域,并有相应的科研成果问世。从已有的关于用户生成内容的研究成果来看,其虽然在一定程度上丰富了用户生成内容的理论支撑,具有较大的学术价值,但也存在研究视角相对狭窄等问题。用户生成内容的版权配置,关涉内容生成主体、第三方版权人、网络服务提供者、用户生成内容利用者等多方主体。但就现有研究而言,其大多集中于两大方面:其一,在网络用户在未获得既有作品版权人许可的情形下利用版权作品并产生新内容的过程中,如何有效保障在先作品版权人版权利益的合法实现。也就是说,在用户生成内容现象下,目前的相关研究仍聚焦于第三方版权人的版权利益保护问题上,未能合理关注用户生成内容自身在第二代互联网(以下简称 WEB 2.0)环境中的优势。其二,针对第三方版权人的版权利益,现有研究仍将焦点放在网络服务提供者对用户生成内容应尽义务的讨论上,即以平台责任为重心,继续将对第三方版权人版权利益的保护作为 WEB 2.0 环境下用户生成内容现象讨论的中心,缺乏全面性和系统性。

就版权视角而言,用户生成内容涉及诸多问题,包括用户生成内容的可版权性、用户生成内容的版权配置、用户生成内容的治理模式、网络服务提供者的侵权责任等,几乎涵盖了版权法[①]的各个领域。本书聚焦于用户生成内容的版权配置问题,如此选择主要基于以下三方面的考虑:一是相对于其他问题,版权配置是一个更具基础性的问题,解决问题的重要

① 《著作权法》第 62 条规定:"本法所称的著作权即版权。"我国理论界也存在"著作权""版权"交叉替换使用的情况,为方便表述,本书除涉及法条条文外,统一使用"版权法"。

性更为凸显;二是在诸多问题中,关于用户生成内容版权配置的研究更显薄弱,解决问题的迫切性更强;三是版权配置问题包容性强,研究过程中会涉及其他用户生成内容问题,能把其他用户生成内容问题贯穿在一起,发挥主线作用。关于民事权利配置的研究,既能够以各种配置模式的横向比较作为视角,也可以某一种模式的纵向延展为切入点,还可以各种主体之间的关系作为视角。本书选择从主体关系视角对用户生成内容的版权配置问题进行研究,同时适当兼顾对各种配置模式的比较以及对相关模式纵向延展的分析。本书共有六章,前两章着力于对用户生成内容盛行的背景介绍及其版权客体属性分析等进行理论性研究,后四章偏重于对在梳理网络服务提供者与内容生成主体、第三方版权人与内容生成主体、网络服务提供者与第三方版权人、内容生成主体与其他网络用户等四对关系的过程中所凸显的版权配置问题进行实务性研究。

第一章以解读 WEB 2.0 环境下的用户生成内容现象为主线,对“用户生成内容”进行较为详细的概述。WEB 2.0 这一伴随新的信息技术出现的互联网场景,所呈现的去中心性、工具性、开放性和包容性等特点,为用户生成内容现象的盛行提供了深厚的技术基础。根据用户生成内容的特点和类别,该章提出用户生成内容不仅是一种智力成果,同时还是一种行为,更是一种现象、文化理念,甚至将逐渐发展成为一种新的社会秩序。用户生成内容的出现对传统版权法发出了一系列挑战。要想化解和有效应对这一技术环境下的新问题和新现象,为用户生成内容的版权配置规则构建可行路径,就需要从版权法和用户生成内容现象两个方面共同作出努力。

第二章以分析用户生成内容的版权客体属性为主旨。该章首先追溯了特许出版时期、近代及现代版权法的发展背景,提出当代版权法应蕴含衡平性理念、时代性价值和本土化特征。随后通过对作品构成的积极要件和排除要素的讨论,该章以类型化思维为指导,分别疏解出用户创造内容、用户衍生内容和用户复制内容具备版权客体属性的场景。

第三章围绕网络服务提供者和内容生成主体之间的关系,讨论网络服务提供者对用户生成内容可能享有的权益。该章在考察剖析 40 个网络用户服务协议对由用户生成内容的版权配置约定基础上,探讨了协议配置版权的合理性和合法性。结合网络用户服务协议配置版权的现实问题,该章设计出一套网络服务提供者实现对用户生成内容之上版权利益的改进方案,即在反驳网络服务提供者"作者论"的基础上,提出进一步完善网络服务提供者与内容生成主体之间协议的订立规则,构建契约关系 2.0 版本。

第四章考察内容生成主体和第三方版权人之间的关系,主要目的在于探讨 WEB 2.0 环境下,如何有效缓解第三方版权人对用户生成内容过度制约这一现实困境,以合理顾及内容生成主体对其生成内容享有版权利益的正当性。该章首先以多个案例说明未取得版权人授权的情况下利用版权作品的现实处境,随后提出应为合理使用与版权禁令救济在用户生成内容现象中找寻新的适用场景,并且重申未经版权人许可利用版权作品进行二次创作产生的新的作品也有机会享有版权这一司法实践,实际反映了以传统版权法调整用户生成内容现象存在的不足,以此主张改进第三方版权人权利行使方式和构建版权配置新格局两大应对措施。

第五章以网络服务提供者和第三方版权人的关系为核心,讨论用户生成内容现象下,如何厘定网络服务提供者的义务框架和边界,使第三方版权人版权利益能够在 WEB 2.0 环境中得到有效保护。该章先从理论分析出发,分别以经济学和法学视角探讨了网络服务提供者对第三方版权人的版权作品承担义务的合理性和正当性,认为在网络服务提供者的义务设定问题上,要以实现网络社会各利益相关主体间的动态平衡为价值目标,不宜偏向任何一方。随后以网络服务提供者身份及义务的类型化,全面系统地重构网络服务提供者对第三方版权人版权利益保护的义务范畴。

第六章对内容生成主体与其他网络用户间的关系进行探讨,意欲释放用户生成内容的内在价值,促进其他网络用户对用户生成内容的有效利用。该章通过对 33 个网络用户服务协议中用户生成内容应用方案的考察，发现在利用网络用户服务协议释放用户生成内容价值的过程中，存在未充分综合版权法的制度优势和 WEB 2.0 环境的技术特色，以杂糅形式将版权法的制度优势和 WEB 2.0 环境的技术特色生硬组合，缺乏对规则的最优性考量等一系列问题。用户生成内容现象下版权规则的设定不能一味遵循形成于物理环境的传统版权法中的一元中心模式，而应在充分考量网络环境中因技术特色带来的新现象及变革，开拓出适应版权生态多中心优势发挥的路径。该章提出以发挥传统版权法优势及展示 WEB 2.0 特色相结合的方式，在类型化视角下设定网络用户在网络平台内、网络平台外利用他人生成内容的合理路径。

本书是国家社会科学基金项目“WEB 2.0 环境下用户生成内容（UGC）的版权配置研究”（17BFX084）的最终成果。杨红军教授作为项目主持人，负责本书的总体策划，包括拟定写作思路与大纲，安排写作进度，以及承担导言、第一章、第二章、第三章、第五章约 21 万字的撰写，并完成最后统稿。米竞博士负责第四章、第六章、附录约 10 万字的撰写以及全书的修改完善。

CHAPTER 01

第一章

现象概述:WEB 2.0 环境下的用户生成内容解读

近年来,随着互联网接入环境逐渐成熟,互联网开始广泛影响人们的日常生活。根据中国互联网络发展报告,截至 2021 年上半年,中国网民规模高达 10.11 亿,互联网普及率为 71.6%,且网民上网设备呈多元化特点,其中使用手机上网的比例达 99.6%。[①] 随着网民数量的逐年增长,网络已成为影响社会发展和变革的重要因素。大数据、云计算、物联网等技术的出现,进一步为社会经济增长创造了新的动力引擎。信息技术的迭代更新使虚拟环境区别于物理环境的经济秩序开始显现。相较于物理环境基于制度创新推动社会财富的合理配置的特点,虚拟环境中公众的高参与度等典型特点使公众意识深度觉醒,社会财富分配格局逐渐向自治型再分配转变。数字经济是

---

① 参见中国互联网络信息中心:《2021 年第 48 次中国互联网络发展状况统计报告》,载中文互联网数据资讯网 2021 年 8 月 27 日,https://www.199it.com/archives/1302411.html。

新时代实现中国经济转型和持续增长的新的变量；[①]把握数字时代新经济的发展契机，关键在于厘清虚拟环境下新的经济增长影响因素。

数字技术快速崛起，在改变社会生产和生活的同时，也将大众引入一个全新的数字化空间。新秩序中，社会生产由产业模式向社群模式过渡，[②]网络用户不再单纯处于信息接收者地位。相较于产业模式下“局外人”“观众”的身份，社群模式下，借助于网络技术，网络用户有能力参与到社会生产活动中，其在物理环境中的消费者身份和信息接收态度开始发生变化。[③] 随着市场智能设备的有序普及，网络用户可以实时参与网络活动进行网络互动，抒发其所感、所闻与所想。同时，随着用户内容的广泛生成，网络服务提供者以其敏锐的经济嗅觉感知到用户生成内容的巨大价值和网络影响力，由此引发了由网络服务提供者供给网络内容的传统经营模式向网络用户生成网络内容的新型模式转变的热潮，用户生成内容正在成为数字时代新的经济增长点。然而，在看到用户生成内容在网络时代释放巨大推力的同时，也要及时掌握其给当下社会秩序与规范带来的挑战。借助网络技术拓展壮大的用户生成内容在文化领域引起轩然大波。如何平衡复杂主体间的利益归属，注重效率，兼顾公平，成为影响用户生成内容繁荣发展的关键问题。为有效应对 WEB 2.0 环境下用户生成内容所引发的纠纷，从理论上厘清对用户生成内容的认识并进行概念界定是解决问题的基础和前提。

第一节　WEB 2.0 孵化用户生成内容

2007 年，经济合作与发展组织（Organization for Economic Co-operation

① 参见张新红：《数字经济：中国转型增长新变量》，载《经济日报》2016 年 11 月 24 日，第 14 版。

② 参见熊琦：《Web 2.0 时代的著作权法：问题、争议与应对》，载《政法论坛》2014 年第 4 期。

③ 参见［美］亨利·詹金斯：《融合文化：新媒体和旧媒体的冲突地带》，杜永明译，商务印书馆 2012 年版，第 50～51 页。

and Development,OECD)发布了关于用户生成内容[1]的专门性研究报告,其认为依托互联网可在网络上公开获取是用户生成内容的特点之一。[2]虽然多数学者赞成用户生成内容是互联网时代新兴产物这一说法,[3]但也有学者提出相反意见,认为用户生成内容在互联网产生之前已经存在,[4]数字技术只是用户生成内容规模化发展的助燃剂。无论用户生成内容现象是否自互联网产生,我们都不可否认,网络技术的发展与成熟,是用户生成内容进入大众视野并产生红利的关键。

一、WEB 2.0 环境的考察

1994 年万维网(world wide web)出现,互联网成为商业领域的宠儿,开办互联网类公司、建立个人网站等一系列与网络有关的社会活动广受人们的青睐,以互联网为媒介的商业营利模式开始萌芽并迅速扩张。[5]2001 年互联网泡沫破碎,人们开始从狂热中清醒,甚至对互联网的价值和未来发展变得悲观起来。面对质疑,在总结和分析互联网泡沫中幸免于破产的互联网公司的共同特征之后,在 2004 年的一场头脑风暴会议中,戴尔·多尔蒂(Dale Dougherty)称,网络并未崩溃也非昙花一现,而是正在以一种比以往任何时候都要重要的角色参与到技术社会中。同时,WEB 2.0 概念在同场会议中被提出。在之后一年半的时间里,单就谷歌

① 经济合作与发展组织称之为“User Created Content”,直译为“用户创造内容”,但在经济合作与发展组织的研究报告中也有提及“用户生成内容”与“用户创造内容”之间的区别更多的在于不同学者的称呼上。故本书在此处不再另称为“用户创造内容”,而直接称为“用户生成内容”。

② See Organization for Economic Co-operation and Development, *Participative Web and User-Created Content: Web 2.0, Wikis and Social Networking*, ResearchGate (Sep. 1, 2007), https://www.researchgate.net/publication/298091794_Participative_Web_and_User-Created_Content_Web_20_Wikis_and_Social_Networking.

③ 参见徐勇、武雅利、李东勤:《用户生成内容研究进展综述》,载《现代情报》2018 年第 11 期。

④ 参见[美]罗伯特·P. 莫杰斯:《知识产权正当性》,金海军、史兆欢、寇海侠译,商务印书馆 2019 年版,第 439 页。

⑤ 参见《互联网泡沫》,载百度百科,https://baike.baidu.com/item/互联网泡沫/98487,最后访问日期:2021 年 10 月 12 日。

平台而言,WEB 2.0 一词被引用 950 万次之多,[①]但对于什么是 WEB 2.0,社会上仍存在较大争议,且未有明确定论。通说认为,WEB 2.0 是对第一代互联网(以下简称 WEB 1.0)的革新,网络内容不再限制于由网站雇员主导生成,关注焦点也从静态技术转移到用户的动态参与上。换言之,WEB 2.0 是以提供服务为理念,鼓励用户参与互联网活动以实现网站内容多样化的新型互联网产品模式。与 WEB 1.0 相比,WEB 2.0 具有去中心性、工具性、开放性和包容性等特点。

(一)去中心性

WEB 1.0 出现时,仅互联网技术本身就足以引得人群驻足观望。人们欣喜于通过一台设备即可查阅千里之外的厂商信息,而不用千里迢迢奔赴现场。像在每个家庭已几近普及的座机电话,不用见面更免于信件发出但暂未送至收件人手中的时间差,相处异地但可即时通话的快捷同样被带到互联网世界中。除此之外,实时了解天下动态、足不出户知晓天下事的夙愿在互联网出现后开始成为现实。互联网萌芽时代,人们沉浸于信息获取更加便捷的体验之中,虽然这仅是将现实生活搬上网络,借助技术使信息传递快捷化,[②]但是互联网对社会生活的影响随着技术的精深化发展开始成为与人类生活紧密相连且无法分割的一部分。

随着互联网的广泛推广与使用,最先进入互联网领域的厂商赚足了新技术带来的经济红利,之后互联网市场逐渐进入饱和甚至低迷状态。互联网公司逐渐认识到仅依靠技术无法在市场中实现长足发展,便开始将眼光放至互联网转型上。这一时期,用户黏性成为互联网公司经营发展的关键词。用户需求和用户间的关联性所带来的巨大市场越来越引起互联网公司的重视,在互联网泡沫"不改变就出局"的紧张局势下,互联网公司接连走上改革之路。依赖于网络外部性,WEB 2.0 以用户需求和用户自产内容的推广与应用为核心的经营理念,将以往单一的技术输入

① See Tim O'Reilly, *What Is WEB 2.0*, https://www.oreilly.com/pub/a/web2/archive/what-is-web-20.html. 2005-09-30.

② 参见刘琅琅、郭焜:《微博时代 Web 2.0 的传播特点与反思》,载《社会科学家》2014 年第 8 期。

型网络向由用户参与编辑的平台型网络转型。网络用户一改之前被动的信息接收者地位，成为互联网内容提供者的一部分，更多的用户在关联者的吸引下加入新型互联网平台并继续在用户黏性的作用下感染身边人。以微博为例，从研发内测到用户超过 5000 万仅用了 14 个月，而达到这样的用户基数互联网需要 4 年，电视机花费 13 年，收音机耗费 38 年。[①]

以用户为中心的 WEB 2.0，除了巧妙利用网络外部性及用户黏性为其创造源源不断且稳定的用户基础，同时还深度挖掘之前不被市场重视的小众需求，在“长尾效应”的影响下，继续扩展互联网平台辐射范围，始终秉持“用户主导”的经营理念。正如在网络生活中已有所体会的那样，我们不再刻板地等待，也不再被动地接收，作为网络用户，我们已经并已然在网络世界中抒发自我，无论是个人主页还是新闻报道，都可以看到阅读者的身影。网络环境中，每个人都是自己所处领域的主人，在不违反宪法和法律的前提下，均可自由地表达自我甚至充当传播者。在 WEB 2.0 环境中，用户的权利被广泛地看到并得到尊重，甚至呈现加强保护的趋势。[②] WEB 2.0 概念被提出和广泛应用后的 2 年内，美国《时代周刊》将“YOU”评选为年度风云人物，嵌于电脑显示屏之上，并配以“你控制着信息时代，欢迎来到你的世界”的字样作为杂志封面。[③] 不难看出，WEB 2.0 开启了用户的时代，它为用户提供了广泛的参与、创建和协作的发展机会，用户生成内容成为 WEB 2.0 时代的关键属性之一。[④]

从以技术为核心的 WEB 1.0，到逐渐看到用户巨大潜力的 WEB 2.0，网络正朝着去中心化方向发展。WEB 2.0 环境下，互联网以用户为核心，以彰显每个用户的特点与优势，以鼓励用户参与网络活动为理念，

---

① 参见刘琅琅、邬焜：《微博时代 Web 2.0 的传播特点与反思》，载《社会科学家》2014 年第 8 期。

② See Warren B. Chik, *Paying It Forward: The Case for a Specific Statutory Limitation on Exclusive Rights for User-Generated Content under Copyright Law*, 11 J. Marshall Rev. Intell. Prop. L. 240(2012).

③ 参见《时代》，载百度百科，https://baike.baidu.com/item/时代/1944848，最后访问日期：2021 年 10 月 31 日。

④ See Edward Lee, *Warming up to User-Generated Content*, 2008 U. Ill. L. Rev. 1459(2008).

积极营造开放、包容的互联网氛围,充分发挥网络外部性的影响力,吸引更多用户进入互联网平台。此外,WEB 2.0 环境对小众群体的用户需求报以同样的热情,为其构建善意和完备的网络环境,使长尾效应带来的网络红利能够最大限度地迸发。去中心化的 WEB 2.0 模式正通过消解以往网络对话语权的垄断,实现新时代网络环境的去权威性,[①]使每个用户都能感受到来自网络的尊重。

(二)工具性

蒂姆·奥莱利(Tim O'Reilly)在其 *What Is WEB 2.0* 一文中介绍,WEB 2.0 不再像 WEB 1.0 那样直接定义网络且提供可利用的网络产品以吸引网络用户并以此掌握对其有利的市场风向,而是如从众多互联网产品中脱颖而出的谷歌一样,互联网经营者大多摆脱过去提供已经成型的互联网商品供网络用户挑选与交易的定向模式,转而以平台定义网络。[②] WEB 2.0 不仅限于商品提供的经营者身份与角色,其还随着卓越的技术一同发展和变革。相较于之前的网络环境,WEB 2.0 的定位更倾向于工具型服务商,即在以鼓励用户参与为核心理念的指引下,其更热衷于作为原生态网络程序,将网站内容和未来发展与用户行为相关联。WEB 2.0 一改 WEB 1.0 时代静态页面下用户纯浏览的较低参与度状态,以实现网络动态化为特征。在新型互联网模式下,用户可以实时参与到网站建设中,以至于网站每时每刻处在变化之中。网络的平台性角色,使网站不再是一成不变或者是间隔相当长时间之后由网站管理员对网站内容进行修整更新的权责明确的传统商品,而是由千万用户共同编辑、共同管理的协作网站。

WEB 2.0 的工具性特征同时体现在其数据库管理性能上。经过技术升级和理念变革,WEB 2.0 逐渐发展成为承载网络用户参与网络活动、抒发感悟等过程中生成的内容的平台身份,其正在以一个服务商的角

---

① 参见刘琅琅、邬焜:《微博时代 Web 2.0 的传播特点与反思》,载《社会科学家》2014 年第 8 期。

② See Tim O'Reilly, *What Is WEB* 2.0, https://www.oreilly.com/pub/a/web2/archive/what-is-web-20.html. 2005-09-30.

色与网络用户产生联动。在网络用户看来,新型互联网产品已经成为承载他们情绪输出、交流沟通的“云空间”。除了日常发布内容参与网络活动,回顾和查看在网络上留下的足迹也成为吸引用户使用网络产品的影响因素之一。面对由海量用户产生和传播的信息,互联网产品想要在新型互联网市场中占据一席之地,就必须进行改革迎合用户需求以巩固市场地位,因此,WEB 2.0 模式的数据库管理能力应运而生。“没有数据,工具将一无是处”,[①]WEB 2.0 环境下,提供互联网商品已不再是评判和衡量互联网经营商的关键要素,数据容纳与管理能力是继平台角色后新型互联网的第二要义。

随着科学技术的不断发展,网络接入成本在逐渐降低,而网络接入速度呈现快速提升趋势。[②] 网络用户受益于该时代的优势,在上网设备愈加易用且功能多样的技术加持下,基于互联网的工具性,逐渐活跃在网络内容创作和传播等活动中。网络用户依托 WEB 2.0,不仅能够参与网络内容的制作,还可以实现无出版中介参与的实时传播。网络用户既是网络内容的生成者,也是网络内容的传播者,同时还是网络内容的利用者和消费者。在 WEB 2.0 的助力之下,社会传媒技术开始由大众媒体时代进入分布式传媒时代。进一步而言,即在 WEB 2.0 背景下,我们的信息生产格局由过去的有限生产者向不特定大众消费者供应的单向路径,逐渐发展成无限用户(生产者)供应无限用户(消费者)的新形式。[③]

WEB 2.0 的工具性集中体现在网络平台化、管理数据化和媒介普遍化等方面。在网络工具性特征下,用户能够更为深刻地感受到网络中的主人翁姿态,以更加丰富和多元的动因参与到网络活动中。网络已有用户的活跃度一方面可以吸引更多的非网络用户加入,扩展网络影响力;另

---

① Tim O'Reilly, *What Is WEB 2.0*, https://www.oreilly.com/pub/a/web2/archive/what-is-web-20.html. 2005-09-30.

② 参见李妙玲、岳庆荣:《用户生成内容的版权侵权问题治理模式研究》,载《图书馆建设》2015 年第 10 期。

③ 参见蔡润芳:《“积极受众”的价值生产——论传播政治经济学“受众观”与 Web 2.0“受众劳动论”之争》,载《国际新闻界》2018 年第 3 期。

一方面在用户生成网站内容与用户利用网站内容之间形成良性循环，一定程度上可以拓宽网站经营板块且丰富网站内容层次，进一步增强网站的综合竞争力。此外，以网络为传播媒介，用户可以摆脱物理环境中传播业被出版商等商业团体垄断的局面，借助网络设备，用户个人即可参与到内容传播的活动中，以远低于物理环境的传播成本和传播阻力相对自由地实现自我传播。总而言之，基于 WEB 2.0 的工具性特征，网络用户的个性能够更加鲜明地彰显，互联网文化的多样性得以产生和维持。

(三)开放性

如果把 WEB 1.0 比作网络经营者的一套房屋，那 WEB 2.0 更像是承载房屋的土地。具有使用 WEB 1.0 经历的网民大都有这样一个感受：我们的生活被搬进了一台四四方方的设备之中。一个键盘、一个鼠标、一台主机外加一个显示屏，我们足不出户坐在显示屏前，点击鼠标与键盘，即可在电脑上通过网页了解万千世界，查找对自己有用的信息。然而，这也就像去往邻居家做客，邻居热情地向我们介绍家里的装修、设计和新奇物品，鉴于法律约束和社会礼仪，我们只能用眼睛去欣赏，而不能动手去更改甚至重新设计邻居家的装潢风格。不同于 WEB 1.0 带来的“旁观性”体验，以土地做比喻，WEB 2.0 像是商家精心策划提出的一种新颖的“DIY”经营策略。我们填写个人信息和申请，经商家审核通过后便获得自由进出这片土地的权利。除此之外，更吸引我们的地方在于这片土地的模样，即种植什么、怎样设计等利用问题都由我们说了算。相较于 WEB 1.0 的“参观”型单向体验，WEB 2.0 的“参与”式开放设计更能带给网络用户深层次的使用依赖。其开放性具体体现在网络内容组织理念、创作模式的改变和网络内容朝着多元化方向发展三个方面。

劳伦斯·莱西格(Lawrence Lessig)以用户由“只读”到“读写”这一角色转变来描述互联网的发展。[①] WEB 1.0 时期，网络内容以网络经营

① See Lawrence Lessig, *Remix: Making Art and Commerce Thrive in the Hybrid Economy*, The Penguin Press, 2008, p. 30.

主体提供为主,网络环境中仍以与物理环境相类似的组织模式和理念将网络用户作为网络产品的纯粹享用者,严格划分网络内容的提供方领域与利用方领域,按照一以贯之的思维模式将已经成熟的网站产品放置在“货架”上,供网络用户挑选以达成交易。不同于 WEB 1.0 的“只读”角色,在社会经济技术的推动和互联网泡沫的警示下,WEB 2.0 的网络用户不再简单地被当作静等审视和挑选产品的单一消费者。以维基百科为例,这个以“自由的百科全书”为经营理念的新型互联网平台,[①]敏锐地感知到来自网络用户的巨大潜能,在其创办之初即鼓励用户参与网站内容的编写和发布,而非如过往以阅读者身份坐在屏幕前等待。总而言之,WEB 2.0 在网络信息的组织模式上实现了由网络经营者提供向鼓励用户参与编写的转变。这一转变不仅体现在网站经营理念的开放上,更从技术上呈现新型互联网产品对用户从“读网”到“织网”的支持。[②]

看到 WEB 2.0 带来的红利后,越来越多的互联网产品开始鼓励和吸纳网络用户加入网站建设中,真正将网络用户划进其发展历程中而成为其不可或缺的关键部分。自 1934 年经济发展理论被提出以来,包括经济学家、政策制定者和企业管理者等在内的社会成员似乎很少对由生产者主导的创新发展模式和理论质疑,社会创新长期处在以生产者创造和提供为核心的状态之中。随着 WEB 2.0 的出现和迅速扩张,用户生成内容被拉进大众视野,并得到快速拓展,用户创新逐渐发展成为网络内容的主要来源。网络用户在时代理念和技术的支持下,开始自发参与到网络内容的创作活动中。至此,网络内容创作模式从生产者创新向有用户参与的协作式创新过渡。WEB 2.0 的开放性,在丰富网络内容创作模式的同时,充分彰显集体智慧的深刻动能。[③] 换言之,用户参与内容生成的过程

① 参见《维基百科》,https://baike.baidu.com/item/维基百科/106382?fr=ge_ala,最后访问日期:2021 年 10 月 14 日。

② 参见李妙玲:《用户生成内容的版权问题研究综述》,载《新世纪图书馆》2014 年第 6 期。

③ See Tim O'Reilly, *What Is WEB 2.0*, https://www.oreilly.com/pub/a/web2/archive/what-is-web-20.html. 2005-09-30.

也是网页内容不断丰富与充裕的过程。其一方面揭示了新技术环境下生产者与消费者边界的模糊化,预示着在开放的创新氛围中人人都是生产者时代的到来;另一方面又不断显现用户力量汇集后彰显出的集体智慧的无限能动性。

在开放的网络内容组织理念和创作模式的影响下,网络内容正朝着多元化的方向发展,并且反过来在一定程度上进一步推动互联网的开放。如前所述,较 WEB 1.0 而言,WEB 2.0 更关注用户的参与,提倡将网络建设和内容编辑的权利交由用户。[①] 支持者认为此举在发挥每个用户不同特点的基础上可以最大限度地满足不同用户的体验需求。在此背景下,网络逐渐呈现社会化趋势,不同兴趣爱好的人群搭建不同的社群网络,具有共同价值追求的人群处在同一社区共同创造社区文化,互联网环境由无以计数的兴趣模块拼凑组合而成。WEB 2.0 的出现和发展,使网络用户得以在网络上广泛地开展互动,以"读"和"写"的多重身份掌握互联网的核心命脉,[②]同时反作用于互联网的开放历程。

(四)包容性

WEB 2.0 的开放性让我们看到一个平等的、向所有参与网络的社会公众公开的媒介。在这里,网络用户可以在其闲暇时间和喜好的激励下在网络上参与一切其想进入的领域,和有着同样兴趣爱好的人们讨论、交流和分享。丹尼尔·维斯(Daniel Gervais)甚至认为,网络用户的时间和爱好是互联网上文化内容创造的主要价值工具。[③] 或许在时间和爱好之外,传播技术的发展也是网络用户进入互联网内容创造的重要影响因素之一。随着科学技术的不断发展,利用网络传播信息已经不是由极少数

① See Warren B. Chik, *Paying It Forward: The Case for a Specific Statutory Limitation on Exclusive Rights for User-Generated Content under Copyright Law*, 11 J. Marshall Rev. Intell. Prop. L. 240(2012).

② See Peggy Valcke & Marieke Lenaerts, *Who's Author, Editor and Publisher in User-Generated Content? Applying Traditional Media Concepts to UGC Providers*, 24 Int'l Rev. L. Computers & Tech 119 (2010).

③ See Daniel Gervais, *Authors, Online*, 38 Colum. J. L. & Arts 385(2015).

人控制和垄断的特权。在网络技术的精深化发展和网络设备生产成本逐年降低的背景下,人们轻而易举地即可实现利用智能设备进入互联网的需求。伴随着传播技术的转移,WEB 2.0 造就了人人均为生产者、人人均为传播者的年代,网络用户间正通过无意思联络的广泛协作产生一批又一批的网络文化。[①] 越来越多的喜好和圈子被发现、被组建。在网络的引领下,我们或许惊讶于人类的兴趣领域可以如此广阔与丰富,正如克莱·舍基所说,"人各不同,人越多差异越大"。[②] 当足够多的人群聚集在一起交流和分享时,我们会深深折服于大众文化的多样性;而 WEB 2.0 使这种局面成为现实,并平等地对待每一位参与进来的用户,以包容的姿态接受来自用户的一切。

WEB 2.0 的去中心性和开放理念,在其工具服务性质的推动下,吸引大量的用户进入互联网并开始像作家一样创作由自己产生的内容。用户生成内容或许在互联网出现之前已经存在于人类社会,但其并不会像 WEB 2.0 环境下一样成规模化发展,甚至成为网络信息的主要来源。在这一时期,不曾被留意和重视的"重混创作"以迅雷不及掩耳之势风靡网络。正如蒂姆·奥莱利所描述的那样,"WEB 2.0 的思维方式很擅长重用"。[③] 无论用户的"重混"行为是否干扰到别人的权益,也无论其"重混"内容有无价值,互联网在其兴起之初都给予了其莫大的宽容和空间,相对平和地由其发展。当然,"重混"现象的盛行除了有互联网包容的原因,更多是因为网络用户付诸的心血。当网络上的信息足够丰富和充裕时,我们可以简单地通过新颖或者有效的方式对已经存在的信息进行重新组合,以此产生具有意义和价值的新的内容。WEB 2.0 以用户为中心的原则使网络信息在用户分享中得以大批量生产,而其海纳百川的

---

① 参见熊琦:《Web 2.0 时代的著作权法:问题、争议与应对》,载《政法论坛》2014 年第 4 期。

② [美]克莱·舍基:《认知盈余:自由时间的力量》,胡泳、哈丽丝译,中国人民大学出版社 2012 年版,第 218 页。

③ Tim O'Reilly, *What Is WEB 2.0*, https://www.oreilly.com/pub/a/web2/archive/what-is-web-20.html. 2005 - 09 - 30.

特点使“重混”等新的信息生成方式受到热捧,进而继续丰富和拓展互联网之上的信息内容。

通过现在的日常上网体验不难发现,我们在网络上所获取的信息来源不止一处。以喜马拉雅应用软件为例,这个以听书为主要功用的服务软件,涵盖着大量来自不同领域涉及不同类型的书目,内容丰富多彩,基本可以满足不同层次用户的不同需求。更为重要的是,喜马拉雅应用软件并未采取单一的信息内容生成模式,其既具备 WEB 2.0“网络即平台”的典型特征,开设有用户分享和连载“有声读物”的板块,尊重新时代用户“产消者”的特殊身份,实现用户间的交流、互动和协作,同时也拥有来自经营者管理和输出的传统内容生成模式。更进一步分析,喜马拉雅应用软件或许为今后互联网产业的发展指出一条由用户和经营者共同维护和管理的新的发展道路,即网络内容由经营者自制、用户生成以及获取权利人许可等三种形式的结合。[①] 在此种经营模式下,既可充分发挥用户黏性优势,满足用户多方需求,又可在一定程度上保证平台内容质量和深度,同时合理规范用户共享、交流中可能遭遇的法律纠纷的化解。总而言之,互联网产品多模式混合的经营方式是 WEB 2.0 包容性的又一体现。

在由网站雇员主导而生成内容的 WEB 1.0 产品模式之下,网络用户所接触到的网络内容相对具有同一性和普遍性。换言之,无论进入哪个网站浏览信息,因为多元的信息来源,用户在网络上查阅的信息并不会因为页面、网站的不同而不同。此即传统门户网站的特点之一——网站内容同质化。[②] 与之不同的是,WEB 2.0 产品所特有的包容性特点,使得在广泛吸纳用户内容的背景下,网络信息呈多样化趋势。此外,互联网的特性也使思想市场不断扩大,网络用户的思想活跃度不断增强。[③]

受益于 WEB 2.0 带来的互联网去中心性、工具性、开放性和包容性的协同参与环境,网络文化呈现一片繁荣景象。处于 21 世纪的第三个十

---

① 参见姜旭:《用户上传内容　网站深挖“富矿”》,载《中国知识产权报》2012 年 8 月 24 日,第 11 版。

② 参见姜旭:《用户上传内容　网站深挖“富矿”》,载《中国知识产权报》2012 年 8 月 24 日,第 11 版。

③ See Edward Lee, *Warming up to User-Generated Content*, 2008 U. Ill. L. Rev. 1459(2008).

年之中，数字技术发展迅猛，WEB 3.0、WEB 4.0 甚至 WEB 5.0 的概念已经被提出。或许 WEB 2.0 在部分学者看来已是明日黄花。但我们不可否认，WEB 2.0 为我们带来的是互联网根本性的变革和质的飞跃，之后的 WEB 3.0、WEB 4.0 等新的互联网现象正是沿着 WEB 2.0 的脚印走得更加深刻并不断延伸。WEB 2.0 的互联网环境，让我们看到了用户生成内容在网络文化领域所释放的巨大潜能，这些汇聚起来的用户生成内容也正在影响着社会秩序和制度规范。更好地规制用户生成内容，最大限度地使其在今后新的互联网环境中继续发挥积极作用，不仅是 WEB 2.0 环境的重要命题，更是之后互联网发展的关键问题。用户生成内容与秩序和规范之间的关系，以版权领域的争议最为突出。怎样在保护版权人利益的前提下不挫伤网络用户协同创作网络内容的积极性，主要在于如何公平又有效率地分配版权利益。而在此之前，我们需要清楚用户生成内容是什么。

二、用户生成内容的盛行

科学技术的发展，不仅为我们带来了发生质变的互联网环境，更让我们看到了爆发式增长的用户生成内容。依托互联网技术，用户生成内容已然成为现代社会最受关注的话题之一，也是社会生活的重要现象，甚至成为最新的具有强社会影响力的新型经济业态。而关于用户生成内容的萌发时期，目前理论界的观点并不统一。部分学者认为，用户生成内容是互联网时代的特有产物，它是伴随着互联网的发展而产生并壮大的。同意此观点的学者常以经济合作与发展组织于 2007 年发布的关于用户生成内容的专门性研究报告为依据，该报告将“在网络上生成（发布）”作为用户生成内容的三大特点之一。[①] 持反对意见的学者认为，用户生成内

① See Organization for Economic Co-operation and Development, *Participative Web and User-Created Content: Web 2.0, Wikis and Social Networking*, ResearchGate (Sep. 1, 2007), https://www.researchgate.net/publication/298091794_Participative_Web_and_User-Created_Content_Web_20_Wikis_and_Social_Networking.

容在 WEB 2.0 出现之前甚至在互联网产生之前就已经存在，只是前期并未汇聚形成规模，也未对社会产生深刻影响。而在 WEB 2.0 的影响下，用户生成内容不仅迅速增量，而且以集群化形式潜移默化地浸染社会秩序，逐渐社会化和普遍化。[①] 本书赞同丹尼尔·维斯的说法。他认为，用户生成内容远早于互联网出现在人类社会的历程中，繁荣于 WEB 2.0 时期并逐渐成为新的经济业态的用户生成内容与互联网出现之前人类社会时期已经存在的用户生成内容并不完全相同。[②] 或许我们应该承认用户生成内容自古有之，而当下其在互联网的影响下，基于时代特色，迸发出之前所不具备的强大力量，即我们为之动容的是互联网社会的用户生成内容，其与互联网出现之前人类社会时期的用户生成内容在影响范围、涉及领域和生存环境等方面都存在差异。

首先，在互联网出现之前人类社会时期，用户生成内容散见于少数群体之中，较为小众。受自然地理环境的影响，一方面人们无法快捷地与相处异地相识之人进行远距离沟通；另一方面受阻于交通条件，人们并无太多机会与外界交流，更不用说广结兴趣相同的人。处于当时历史时期的人们，只能就近找寻具有相同爱好的伙伴共享、交流信息，但前提是他们具有维持生计之外多余的时间和精力。在自然环境、交通条件、生存需要等来自外界的多重压力之下，用户生成内容只能在有限的私人之间分享和协作，组成的有限社群也无法长期稳定存在，规模效应更无从谈起。而 WEB 2.0 时期，时空限制已基本消失，随处可见的智能设备可以轻易连接万里之外的朋友甚至陌生人，人与人之间的交流变得极其容易。社会生产力的提高和产业技术的发展，使越来越多的劳动力得到解放，认知盈

---

① See Edward Lee, *Warming up to User-Generated Content*, 2008 U. Ill. L. Rev. 1459 (2008); Steven Hetcher, *User-Generated Content and the Future of Copyright: Part One-Investiture of Ownership*, 10 Vand. J. Ent. & Tech. L. 863 (2008)；胡开忠：《论重混创作行为的法律规制》，载《法学》2014 年第 12 期；倪朱亮：《"用户生成内容"之版权保护考》，载《知识产权》2019 年第 1 期。

② See Daniel Gervais, *The Tangled Web of UGC: Making Copyright Sense of User-Generated Content*, 11 Vand. J. Ent. & Tech. L. 841 (2009).

余开始集结并释放能量。[①] 受益于互联网的跨时空性,用户生成内容不再零散地见之于少数群体,其影响范围不断扩大,逐渐形成普遍性的万众参与局面。因此可以认为,相较于互联网出现之前人类社会时期,互联网社会中的用户生成内容是规模化的群体协作。

其次,从我们现在所处的技术时代来看,引起强烈反应的用户生成内容在某种程度上以文化领域最为突出。换言之,无论是理论界还是实务界,因用户生成内容所引起的讨论、争辩和纠纷等分歧多集中于文化创作方面,或者说,当前社会中用户生成内容在文化领域最为活跃也最具价值,网络用户在网络平台的内容输出基本以文化成果为主。反观互联网出现之前人类社会时期,虽受限于自然环境和生产力水平,但人们的爱好同样繁多。工作之余,三五好友聚在一起,或分享好文好诗,或钻研机器设备,或交流研发技术。没有互联网虚拟空间的限制,看得见摸得着的实实在在的物体往往成为人们协作交流的对象。处于当时社会之中,用户生成内容虽然也会涉及少许文化内容,但更多涉及技术、设备等客观存在的物的层面。相较之下,WEB 2.0 环境中的用户生成内容具有时代意义和能量价值,而广受追捧的用户创作内容基本以文化领域最为鲜明。

最后,两个社会时期的用户生成内容在生存环境上也存在差异。如前所述,在互联网出现之前人类社会时期,一方面,人们处于物理环境中,交流、分享、协作等所有行为都依靠人们的面对面交流或者书信往来;另一方面,人们所参与的自发创作和生成对象往往不限于无形的智力成果方面,技术、设备等具备物理特征的客观物也多有涉足。这个时期,物理环境是用户生成内容赖以存在和发展的基础。随着互联网时代的到来,用户生成内容悄无声息地于其中发展壮大,并不断扩张,逐渐成为数字环境中的关键影响因素。相较于互联网出现之前人类社会时期用户生成内

① 参见[美]克莱・舍基:《认知盈余:自由时间的力量》,胡泳、哈丽丝译,中国人民大学出版社 2012 年版,第 230 页。

容的物理环境，WEB 2.0 时期的网络环境是用户生成内容快速孕育和成长的温室。生存环境的差异，在一定程度上影响着它们各自的成长速度和发展方向。

概言之，用户生成内容现象虽然产生于互联网出现之前，但鉴于时代的变迁，经过岁月的洗礼，其在影响范围、涉及领域和生存环境等方面都显示出较大的差异性。我们现在所研究和讨论的对社会具有较大意义和价值的用户生成内容，是处于互联网环境中以文化领域为主要阵地的由网络用户协作产生的规模化现象。[①]

第二节　用户生成内容的界定

用户生成内容作为 WEB 2.0 的关键属性之一，反映出用户在互联网时代所具有的参与、协作和创建网络内容的巨大发展机会。[②] 在这个物理世界和网络世界同步发展与前进的时代交汇点上，生产者和消费者的二元化区分已经成为过去式，人类社会迈入产消者时代。[③] 上述现象反映在用户生成内容领域，即依托互联网，用户既是网络内容的生产者，也是网络内容的消费者，同时还可能是网络内容的传播者。互联网时代的多重身份使用户不再是被动式接纳的传统消费者角色，其越来越多地以复杂身份参与到网络社会的各个阶段之中。以 Broadcast Yourself 为企业宣言的油管（YouTube），在 2005 年创设之初即风靡美国，获得极大的关注和用户群。[④] 其所创造的成功模式随即引得各大互联网公司争相效

---

① 互联网环境中的用户生成内容不只是一种智力成果，同时也是一种现象、秩序、理念，甚至于形态和行为。笔者在此处结合语境暂时将其描述为“现象”，但在后文中会具体解释用户生成内容所具备的其他性质特征。

② See Edward Lee, *Warming up to User-Generated Content*, 2008 U. Ill. L. Rev. 1459（2008）.

③ See Carmit Soliman, *Remixing Sharing: Sharing Platforms as a Tool for Advancement of UGC Sharing*, 22 Alb. L. J. Sci. & Tech. 279（2012）.

④ See Edward Lee, *Warming up to User-Generated Content*, 2008 U. Ill. L. Rev. 1459（2008）.

仿,依靠用户生成网络内容的经营模式逐渐在全世界流行起来。至于"用户生成内容是什么"这个问题,虽然已引起国内外许多学者的关注,但学术界尚未对其形成统一认识。作为网络发展影响因素之一,作为互联网社会版权配置等相关问题解决的基础和前提,我们应首先掌握用户生成内容的内涵、分类及特点等本源性问题。

一、用户生成内容的内涵

经济合作与发展组织于2007年发布的关于用户生成内容的专门性研究报告,并未明确界定用户生成内容,原因有二:其一,在互联网等新技术的影响下,虽然用户生成内容广泛引起学界和实务界的注意和研究,但目前对其研究仍停留在初期阶段,尚不深入,未形成对用户生成内容较为统一的看法;其二,该专门性研究报告称,用户生成内容的特点之一即随着互联网技术的发展而呈现不断变化的形态。换言之,用户生成内容动态性的特征为静止性概念的界定增加了一定障碍。① 基于以上原因,该专门性报告中以特点描述取代概念界定,认为用户生成内容应至少具备三个特征:在线可读性、一定的创造性以及内容由业余人士参与产生。② 与此较为接近的是,维基百科给出的用户生成内容的定义,其凸显了用户参与、网络公开等特点,但并未对创造性作出要求。维基百科上将用户生成内容界定为由系统用户生成,并且能够在系统中公开获取的各种类型的内容。③ 与经济合作与发展组织给出的特点描述不同,维基百科在定义

---

① See Organization for Economic Co-operation and Development, *Participative Web and User-Created Content: Web 2.0, Wikis and Social Networking*, ResearchGate (Sep. 1, 2007), https://www.researchgate.net/publication/298091794_Participative_Web_and_User-Created_Content_Web_20_Wikis_and_Social_Networking.

② See Organization for Economic Co-operation and Development, *Participative Web and User-Created Content: Web 2.0, Wikis and Social Networking*, Research (Sep. 1, 2007), https://www.researchgate.net/publication/298091794_Participative_Web_and_User-Created_Content_Web_20_Wikis_and_Social_Networking.

③ 参见秦芬、李扬:《用户生成内容激励机制研究综述及展望》,载《外国经济与管理》2018年第8期。

之后指出用户生成内容通常是对平台经营者输出内容的补充，这从一定程度上反映出其基于复杂的平台内容来源对用户生成内容、平台输出内容等作出的进一步区分。经济合作与发展组织和维基百科给出的用户生成内容的特点和定义均以用户生成内容的整体环境为考察背景，分别从内容生成场所（互联网）、内容生成主体（业余人士）等方面对用户生成内容作出限制。反观欧盟于 2008 年发布的《用户生成内容：支持参与式信息社会》研究报告（以下简称欧盟报告）中对用户生成内容的界定，则相对更为宽泛和全面。相较于从用户生成内容的承载平台、内容形式等方面出发对其作出界定，欧盟报告更倾向于以用户及用户的行为为中心，较为深刻地分解和认识用户生成内容，并指出互联网并非用户生成内容的唯一生产和依托工具。[①] 同时，欧盟报告采取以特点代替下定义的方法解读用户生成内容。就生成途径来说，欧盟报告认为用户生成内容可以通过线上或线下两种形式产生。而关于内容本身有无创造性方面，欧盟报告提到用户生成内容可以是用户的原创表达，也可以是用户通过拼凑、组合、修改、添加等方式所产生，并不一定要求用户必须具备较高的创造性。此外，在对业余人士的界定上欧盟报告也提出了不同的看法。

"一千个读者就有一千个哈姆雷特"，虽然目前社会各界对用户生成内容的看法各不相同，称呼也不尽统一，[②]但对用户生成内容内涵的讨论不外乎"用户""生成""内容"三个主题。以经济合作与发展组织和欧盟等先后发布的关于用户生成内容的专门性研究报告为指引，本书将围绕"用户""生成""内容"三个主题探讨用户生成内容。

---

① See European Commission, *User-Generated-Content: Supporting a Participative Information Society*, ResearchGate (Feb. 1, 2012), https://www.researchgate.net/profile/Lucie-Guibault/publication/228218971_User-Created-Content_Supporting_a_Participative_Information_Society/links/586d279908ae6eb871bcd7e2/User-Created-Content-Supporting-a-Participative-Information-Society.pdf.

② 目前国内外较多以"用户生成内容"描述由用户自发产生的内容，但也存在以"用户创造内容""消费者生成内容""消费者生成媒体""用户生成媒体""业余数字内容"等为名称的情况。

(一)用户

就用户生成内容的“用户”而言,目前对其讨论较多集中在“业余”二字上。笔者认为,用户生成内容虽然并非互联网时代的新兴产物,但正是在互联网技术的加持下,用户生产内容才得以繁荣起来甚至发展成为互联网社会的关键属性。因此,从范围和性质两个方面出发认识“用户”一词,或许更具有时代价值和意义。

从用户范围上看,宜将其限定于网络用户。如前所述,用户生成内容在互联网之前即已经存在,如果不限定用户范围,或许会因疏忽以致对用户生成内容的研究过于宽泛,引发与时代需求不相匹配的潜在风险。甚至有学者提出,用户生成内容中的用户即计算机用户的缩写。[①] 换言之,用户生成内容的价值和影响正是在互联网时代才被逐渐挖掘和扩张,互联网出现之前的用户生成内容因不具规模性等特征并未对社会发展产生深刻影响,且其时期已经过去,如果将其囊括进研究范围,一方面时代意义欠佳,另一方面也浪费研究资源。此外,基于科学技术的发展,网络用户得以借助互联网和数字技术参与到具体的网络活动中,[②] 通过协作等方式产生规模化的社群文化。事实上,网络是用户生成内容得以成熟和广泛传播的核心工具;离开网络,用户生成内容或许会同之前一样处于沉寂状态,不足以引起社会的关注,也无法深刻影响社会“变革”。

从用户性质上看,将用户描述为网络内容的业余生成者基本不存在争议,但就学界对“业余”的理解来看,众说纷纭,尚存在分歧。一类学者以业余和专业的狭义区分作为用户生成内容和专业生成内容间的分界,认为用户生成内容是由能力低于专业创作者的业余人士完成的创作,其创作内容在质量上不及专业创作内容。更进一步来说,以内容来源为区分,网络内容被分为用户生成内容、专业生成内容(professionally generated

① See Steven Hetcher, *User-Generated Content and the Future of Copyright: Part One-Investiture of Ownership*, 10 Vand. J. Ent. & Tech. L. 863(2008).

② 参见倪朱亮:《“用户生成内容”之版权保护考》,载《知识产权》2019 年第 1 期。

content,PGC)和职业生成内容(occupationally generated content,OGC),①用户生成内容即业余生成内容。从内容生成动力来看,业余生成内容和专业生成内容系主体的自发性活动,职业生成内容则更偏向于为获取报酬等生活来源而从事的社会性事业。从内容生成能力来看,业余生成内容受限于资源、技术等客观条件的不足,专业性较低,专业生成内容和职业生成内容则相对具有较高的专业性(见表 1－1)。将网络内容区分为业余生成内容、专业生成内容和职业生成内容,在一定程度上释明了“业余”和“专业”之意,但依然不能清晰地表明“业余”与“专业”之间的边界。随着文化的繁荣,社会公众接触优秀文化的机会增多且成本大大降低,大众的文化素养显著提高,专业与业余之间的界限已经模糊。另一类学者认为业余创作者创作能力赶超专业创作者的现象并不少见,用户生成内容的繁荣甚至让社会感知到业余爱好者正在向高度专业性转变,②从狭义层面区分业余和专业是不可取也是不合理的。③ 他们认为“业余”是对用户参与网络内容创造动机的聚焦,是产生在专业惯例和实践之外的行为,④如果重新定义专业和业余,或许可以将其描述为“职业”与“非职业”、“有目的的”与“无意的”、⑤“必然的”和“偶然的”⑥等之间的不同。就对“业余”的理解而言,本书更倾向于后者,结合用户范围,用户生成内

① 参见徐勇、武雅利、李东勤:《用户生成内容研究进展综述》,载《现代情报》2018 年第 11 期。

② 参见赵宇翔、范哲、朱庆华:《用户生成内容(UGC)概念解析及研究进展》,载《中国图书馆学报》2012 年第 5 期。

③ See Carmit Soliman, *Remixing Sharing: Sharing Platforms as a Tool for Advancement of UGC Sharing*, 22 Alb. L. J. Sci. & Tech. 279(2012).

④ See Jordan Sundell, *Tempting the Sword of Damocles: Reimagining the Copyright/DMCA Framework in a UGC World*, 12 Minn. J. L. Sci. & Tech. 335(2011).

⑤ Daniel Gervais, *The Tangled Web of UGC: Making Copyright Sense of User-Generated Content*, 11 Vand. J. Ent. & Tech. L. 841(2009).

⑥ 袁真富:《用户创造内容(UGC)的著作权合理使用问题研究——兼论〈中华人民共和国著作权法修正案(草案二次审议稿)〉合理使用制度的完善》,载《科技与出版》2020 年第 10 期。

容是指网络用户自发产生的具有弱利益性在网络上公开可用的内容。[①]

表1-1 不同内容生成形式在生成动力和生成能力上的区分

<table>
<tr><th>内容来源</th><th>内容生成动力</th><th>内容生成能力</th></tr>
<tr><td>业余生成内容</td><td rowspan="2">自发性活动</td><td>较低</td></tr>
<tr><td>专业生成内容</td><td rowspan="2">较高</td></tr>
<tr><td>职业生成内容</td><td>社会性事业</td></tr>
</table>

(二)生成

用户生成内容是否需要具备创造性是引起学者争议的焦点之一,另外,争执矛盾还体现在内容创造是否必须在网络上完成。围绕用户生成内容,本书对"生成"的讨论从生成性质和生成工具两个方面展开。

关于生成性质,有学者强调用户生成内容的创造性,主张用户生成内容或者为用户原创,不存在借鉴、拼凑已有作品的情节;或者为用户通过添加、更改等方式在已有作品的基础上进行再创作而产生的作品。[②] 经济合作与发展组织同样强调用户生成内容应该具备一定的创造性,至于创造性的程度及篇幅则以个案判断为原则。[③] 也有学者认为,用户生成内容是用户自发性的言论表达,原本在物理环境下处于小范围讨论和言说的情况通过网络转移到了可以快速传播且不受控的技术环境之中,但并不能因此要求用户生成内容必须具备创造性,否则将存在侵犯其表达自由的可能。另外,有学者从"generated"一词的本源性进行解读,认为其

① 本书认为,互联网环境中的用户生成内容不只是一种智力成果,同时也是一种现象、秩序、理念,甚至于形态和行为。作者在本段中结合语境暂时将其描述为"内容",但在后文中会具体解释用户生成内容所具备的其他性质特征。

② See Steven Hetcher, *User-Generated Content and the Future of Copyright: Part One-Investiture of Ownership*, 10 Vand. J. Ent. & Tech. L. 863(2008).

③ See Organization for Economic Co-operation and Development, *Participative Web and User-Created Content: Web 2.0, Wikis and Social Networking*, ResearchGate (Sep. 1, 2007), https://www.researchgate.net/publication/298091794_Participative_Web_and_User-Created_Content_Web_20_Wikis_and_Social_Networking.

词意本就包括创造和非创造两种行为。[①] 也有学者指出，用户生成内容包括用户行为产生的所有内容，无论是否由用户创造，是否具有创造性。[②] 笔者认为，宜从广义上理解用户生成内容，即用户生成内容既包括用户原创内容，也包括用户衍生内容，甚至还包括用户复制内容。暂且不考虑法律问题，用户生成内容是用户基于无意识状态，在不以此为主要生活来源的前提下，基于偶发性行为所产生的信息。如果以创造性对其作出限制，一方面存在强行要求网络用户具备“作者”资格的可能，不利于网络文化的繁荣兴盛；另一方面也会对用户参与网络活动的积极性产生不利影响，降低网络社会的参与度和活跃度。概言之，就“生成”一词做广义解释，既是对“generated”词意的本源性解读，也是网络社会蓬勃发展的要求。

关于生成工具，有学者认为互联网是实现用户参与网络内容编写和传播等活动的主要甚至是唯一的工具。[③] 该观点值得商榷。不可否认，互联网是用户生成内容广泛传播及拓展其影响力的关键媒介；但这并不意味着用户生成内容的产生过程完全依托于互联网。众所周知，在互联网逐渐成熟且不断发展的今天，上传、下载等是网络技术的基本功能。智能设备的普及使直接在网络上创作轻而易举，但此并未完全取代传统的内容创作模式，传统创作工具依然对人类生活发挥着重要作用。因此，于网络上生成并非用户生成内容的要素。[④] 事实上，用户内容既可利用互联网直接进行创作产生，也可借助传统工具通过非网络途径生成，只要最终能够在网络空间面向公众传播，实现内容的在线可用性，即为我们所称的用户生成内容。换言之，网络就用户生成内容的传播至关重要，但并非用户内容生成的必需工具。

---

① 参见倪朱亮：《“用户生成内容”之版权保护考》，载《知识产权》2019 年第 1 期。

② See Daniel Gervais, *The Tangled Web of UGC: Making Copyright Sense of User-Generated Content*, 11 Vand. J. Ent. & Tech. L. 841(2009).

③ See Daniel Gervais, *The Tangled Web of UGC: Making Copyright Sense of User-Generated Content*, 11 Vand. J. Ent. & Tech. L. 841(2009).

④ 参见袁真富：《用户创造内容（UGC）的著作权合理使用问题研究——兼论〈中华人民共和国著作权法修正案（草案二次审议稿）〉合理使用制度的完善》，载《科技与出版》2020 年第 10 期。

(三)内容

对用户生成内容中"内容"一词的理解,一方面与"生成"中是否要求创造性要素的讨论相呼应,另一方面体现其对用户生成内容在线可用性的要求。关于"内容"的有无创造性,笔者坚持"生成"中对创造性的理解,即用户生成内容并不以创造性为限制要素。换言之,只要由用户产生了可供网络传播的内容,即视为用户生成内容,无论其是否具有创造性,也无论创造性内容是否由用户产生。

相较于互联网产生之前人类社会时期的用户生成内容,WEB 2.0 时期影响下的用户创作内容与前者在影响范围、涉及领域和生存环境等方面存在较多差异,体现出现代化特点。当下引起学者广泛关注的用户生成内容实质为"互联网用户生成内容"。[①] 凭借着互联网技术带来的媒体融合,用户得以高速度低成本地实现对其生成内容的自我传播。不难看出,引起社会文化传播领域发生变革的因素主要来自互联网的影响,而网络文化结构发生变化的原因在于用户生成内容的规模化和集群化,这一切的前提又在于用户生成内容的在线可用性特征。[②]因此,我们认为,在线可用性是对用户生成内容中"内容"一词的核心要求,只有具备在线可用性,才能够成为变革网络文化结构的用户生成内容。

通过对用户生成内容的"用户""生成""内容"三大主题的探讨,我们认为,用户生成内容即是网络用户自发产生的、具有弱利益性、能够在网络上公开利用且不以创造性为要素的智力成果。除此之外,不难发现,用户生成内容的繁荣发展是随着科学技术的兴盛所产生的现象。新技术的不断出现和应用,将会使用户生成内容处于动态的变化发展之中。[③] 这不仅

---

① Daniel Gervais, *The Tangled Web of UGC: Making Copyright Sense of User-Generated Content*, 11 Vand. J. Ent. & Tech. L. 841 (2009).

② See Steven Hetcher, *User-Generated Content and the Future of Copyright: Part One-Investiture of Ownership*, 10 Vand. J. Ent. & Tech. L. 863 (2008).

③ See Peggy Valcke & Marieke Lenaerts, *Who's Author, Editor and Publisher in User-Generated Content? Applying Traditional Media Concepts to UGC Providers*, 24 Int'l Rev. L. Computers & Tech. 119 (2010).

是文化内容的单纯呈现，更是 WEB 2.0 时期带来的处于互联网环境中以文化领域为主要阵地，由网络用户协作产生的规模化现象。另外，如沃伦 · B. 奇克（Warren B. Chik）等学者也提出，用户生成内容是技术、社会、经济、法律以及制度规范等多重因素驱动下的结果。① 基于其复杂的影响因素和动态的发展前景，或许我们可以认为，用户生成内容不仅是社会公众在网络上创作或传播其自发性意思表示的行为，同时也是互联网时代所盛行的社会大众参与式协作的文化理念。或许随着社会技术和共享式经济模式的深度发展，用户生成内容也会逐渐成长为一种新的社会秩序，并以不同的形态呈现出来。事实上，用户生成内容正在朝着这些方向迈进，同时将继续释放推动社会发展的新的动能。正如学者倪朱亮所说，用户生成内容正在成为一种社会习惯。②

二、用户生成内容的分类

按照相关标准对用户生成内容进行分类，在一定程度上可以更深层次实现对用户生成内容的理解和研究。从已有的分类方式来看，分类标准选取主要存在两类模式。一类以经济合作与发展组织为代表，主张从用户生成内容表现形式和用户生成内容平台类型两方面对用户生成内容进行区分比对和研究。经济合作与发展组织发布的关于用户生成内容专门性研究报告，首先以用户生成内容的表现形式为标准将其分为文本、照片和图像、音乐和音频、电影和视频，以及不属于以上任何一种的概括式兜底类型。此外，在文本中还提出第二种分类方式，即因承载平台的不同，将用户生成内容分为博客、维基百科、播客、社交网站和虚拟世界等。③ 另一

① See Warren B. Chik, *Paying It Forward: The Case for a Specific Statutory Limitation on Exclusive Rights for User-Generated Content under Copyright Law*, 11 J. Marshall Rev. Intell. Prop. L. 240 (2012).

② 参见倪朱亮：《“用户生成内容”之版权保护考》，载《知识产权》2019 年第 1 期。

③ See Organization for Economic Co-operation and Development, *Participative Web and User-Created Content: Web 2.0, Wikis and Social Networking*, Research Gate (Sep. 1, 2007), https://www.researchgate.net/publication/298091794_Participative_Web_and_User-Created_Content_Web_20_Wikis_and_Social_Networking.

类以欧盟为代表,主张从用户生成内容的开放程度和用户创造动因等方面对用户生成内容作出区分。具体而言,欧盟报告中就用户生成内容提出内容层面、社会层面和经济层面等三种不同的分类方法。其一,在内容层面上围绕用户生成内容是否包含生成主体的主观意志,将其分为纯客观内容和讲述型内容。其二,根据用户生成内容的开放程度,在社会层面上将其分为限制范围的开放和完全开放两种类型。其三,欧盟报告认为随着用户生成内容的规模化、社群化发展,其已经不完全属于非经济领域,在各应用平台争相挖掘用户生成内容所能带来的间接经济回报的背景下,用户生成内容正在向经济领域蔓延。因此,欧盟报告以生成主体是否享有金钱回馈,在经济层面将其分为有收入的用户生成内容和无收入的用户生成内容。①

无论是经济合作与发展组织的分类方法,还是欧盟报告中的分类方法,均是在充分分析用户生成内容的特点和环境的基础上对其作出的在当时看来最优或次优的分类结果。一方面,借助经济合作与发展组织提出的内容和平台分类标准,我们可以简洁明了且最大限度获取用户生成内容的普遍存在形态及其依托平台的种类,清晰阐释用户生成内容当前的发展程度。另一方面,欧盟报告中采用的三种分类标准,为我们深层次理解用户生成内容开阔了视野,使我们能够较为全面地认识用户生成内容在不同领域所具备的不同特点及其进路。在充分认识用户生成内容于时代发展中持续完善和更新的类别及相应标准的基础上,基于研究目的,结合已有分类方法,本书以内容来源为标准把用户生成内容分为用户创造内容、用户衍生内容和用户复制内容。笔者认为,用户生成内容的不同来源是影响版权配置的关键,分析和解决互联网时代协作式内容的版权问题,首先应清楚内容来源及与其相关联的各主体间的法律关系。

---

① See European Commission, *User-Generated-Content: Supporting a Participative Information Society*, Research Gate (Feb. 1, 2012), https://www.researchgate.net/profile/Lucie-Guibault/publication/228218971_User-Created-Content_Supporting_a_Participative_Information_Society/links/586d279908ae6eb871bcd7e2/User-Created-Content-Supporting-a-Participative-Information-Society.pdf.

(一)用户创造内容

用户创造内容,是指由网络用户生成的具有一定独创性并在网络上公开可用的智力成果。置于版权法的框架之下,绝大多数情况下用户创造内容的主体系版权法意义上的适格主体,其享有与版权人地位相等的权利并承担相应的义务。由于此类型下的用户生成内容多为用户发挥创造力所形成的来自思想领域的表达,故其上较少存在复杂的版权纠纷难题,但这并不意味着符合作品特征的用户创造内容可以完全划入传统版权法的调适范围。

首先,用户作为其创造内容的版权人,享有版权法赋予其的有限时期内的一系列专有权利,至少在法律意义上,用户对版权的行使享有很大程度的排他性。但 WEB 2.0 的成熟与发展,使各网络用户接触和传播网络内容的机会大大增加,甚至不费吹灰之力即可获得有用信息。换言之,较之于物理环境,网络环境中版权人权利的行使受到较大干扰,附加作品之上的专有权利也因互联网而被削弱,用户创造内容的主体在互联网环境中也面临同样的困境。有效防范在互联网参与性环境下,用户创造内容所面临的潜在侵权风险,是版权法的时代使命之一。此外,在保护新环境中用户作者身份和权利的同时,更好解释版权权利限制规则以鼓励更多用户参与到创作活动中,是新时代对传统版权法提出的又一要求。

其次,当用户创造内容由不特定群体以不特定方式共同完成时,此用户创造内容的作品性质及权利归属将成为传统版权法难以应对的问题。以维基百科为例,“自由的百科全书”既是其企业文化,也是其经营模式。与 WEB 2.0 的协作式理念相呼应,维基百科将网站词条的输入和编辑等功能向网站用户开放,网络用户在遵循必要的法律原则和网站约定的前提下,可自由输入词条信息,以丰富和完善网站内容。类似于维基百科这种由不特定网络用户参与到网站内容生成活动的情形,一方面促进和推动网站内容朝着充裕和多兴趣群方向发展,对丰富网络文化和增加用户数量发挥着积极作用;另一方面,这种新颖的智力成果生成方式在一定程度上引发了传统版权法的适用难题。要想智力成果之上的版权在多主体间分配和行使，首先应清楚处于复杂主体之下的此智力成果的作品性质。但综合考量由不特定群体以不特定方式共同完成的创造内容与传统版权法对多主体作品类型的规定，不难发现，此新颖作品创作模式不适用或者并不能完全落入包括合作作品、汇编作品等在内的传统多主体创作规则之中，具体原因后文将具体分析。

（二）用户衍生内容

用户衍生内容，是指网络用户在他人已有作品的基础上进行剪辑、修改、添加等所形成的不同于之前作品且在网络上公开可用的智力成果，多以重混形式呈现。无论是重混行为本身，还是因添加、拼凑、修改等行为形成的重混作品，其中均涉及复杂的版权法问题，也是互联网环境中传统版权法最为关注的用户生成内容类型。用户衍生内容因其并非网络用户实施的从无到有的开创性内容生成行为，故在其复杂的版权权属争议背后，是多相关群体之间的利益博弈。就用户衍生内容本身而言，其生成过程与演绎作品类似，但从修改后的独创性有无、网络社会中版权权利限制边界等方面考量，其又不完全等同于演绎作品。附加于用户衍生内容之上的相关主体的利益怎样分配以及如何顾及利益相关人的已有权益等，需要版权法作出回应。

第一，因用户衍生内容基于互联网环境而实现广泛传播和应用，权利配置方面的问题主要在于厘清原权利人、衍生用户、衍生内容利用者、网络服务提供者等相关主体之间的关系。其中不仅涉及是否或者如何获得原权利人的许可，同时也要深入分析在互联网信息相通的背景下，一旦未经原权利人许可即对作品进行延展性使用，相应的责任应当怎样在衍生用户、衍生内容利用者和网络服务提供者之间承担。当然，在考虑网络时代对版权法提出的权责分配与承担问题的同时，我们也不应遗忘传统版权法对智力成果提出的基本性限制，包括独创性与广泛意义上的许可等。

第二，用户衍生内容因其是否具备独创性而面临不同的调整规则。其一，网络用户在剪辑、修改他人已有作品过程中若加入一定独创性内容，则可能落入与演绎作品相近似的调整范畴，作为版权人参与到衍生作品的权利配置活动中，但并不会因此免除其未经许可使用他人已有作品的责任。其二，若网络用户仅是对已有作品作出拼凑、搬运、组合、删减等较为简单不具有或几乎没有创造性付出的行为，则在较大程度上将被看作“复制”行为而落入对他人作品的简单使用范畴。此种意义下的用户衍生内容主体与物理世界传统读者地位相类似，但因网络的特殊性，内容衍生主体对他人作品的“复制性”利用较为容易引发侵权风险。

第三，用户衍生内容虽较多存在侵权风险，但其也在一定程度上引发网络时代重构版权权利限制的思考。通说认为，传统版权法在权利限制的设置上体现在保护期限、法定许可、合理使用等方面，其中，需要相关利益主体进行主观判断和个案分析的以合理使用规则为代表。网络社会带给我们的是不同于物理社会的实时参与体验，同时也使私人领域与公共领域之间的边界变得模糊起来。物理世界中私人间的谈话和分享极少会引起版权人和版权法的关注，但同样的内容和行为在网络世界中则极易引发侵权风险。在文化环境悄然变化的网络世界中，传统版权法的权利限制规则是否具有时代价值，应否对其作出相应改变，从而为网络用户积极参与网络活动提供一定的制度支持，同样是版权领域的新时代之问。

（三）用户复制内容

用户复制内容，是指网络用户全部或部分利用他人作品制作副本并置于网络公开传播所形成的内容。相比于用户创造内容和用户衍生内容，用户复制内容在版权法领域引发的问题较为简单和传统，主要集中在侵权认定上。结合网络环境的特殊性，用户复制内容的侵权认定除复制篇幅、是否获得原权利人许可之外，还涉及网络服务提供者等相关主体的责任。

一方面，用户因对他人作品复制篇幅的不同而可能落入不同的规制范畴之中。结合用户生成内容的复制背景，若其篇幅较短，则可能因归于合理使用等版权权利限制情形而不被划入侵权之列。相反，若大篇幅复制他人作品并产生公开传播的实质后果，因在某种程度上已经影响原版权人的专有权利，此时网络用户将会面临较大的侵权风险。另一方面，在前述情况下，若网络服务提供者未尽到合理的监管与注意义务，则同样将自己置于不利处境之中。对于网络服务提供者在此过程中应承担何种程度的注意义务，目前虽在学界引起广泛讨论，但仍莫衷一是。相比之下，是否获得原权利人许可在用户复制内容的版权侵权判断上较为简单，较大程度与传统版权法调整规则相一致。

无论是用户创造内容，还是用户衍生内容，抑或用户复制内容，都对传统版权法提出了时代之问。有效规制用户生成内容，使其发挥繁荣网络文化推进协作式创新的积极作用的同时，妥善应对和解决其引发的与版权人之间的矛盾，实现网络环境中版权人与网络用户间在作品使用上的新平衡，这是传统版权法在网络时代新的历史使命。

三、用户生成内容的特点

WEB 2.0 助推下的用户生成内容，具有与互联网出现之前人类社会时期处于物理环境的用户生成内容不尽相同的特点。互联网环境下的用户生成内容，不仅是智力成果，还是一种行为，同时也发展成为一种社会现象、秩序，并正在成为一种社会习惯。因此，将互联网用户生成内容放在法律框架之中，尤其会引起版权法的关注。把用户生成内容分为用户创造内容、用户衍生内容和用户复制内容，在区分不同生成方式的基础上研究其所引发的新的版权问题，实现模块化分析将尤为重要。此外，掌握用户生成内容的时代特点同样也是解决用户生成内容版权配置问题的基础和前提。笔者认为，互联网时代的用户生成内容具有内容生成偶然性、生成动因多元性、生成内容社群性和商业应用间接性等典型特征。

（一）内容生成偶然性

海量用户生成内容来自网络用户并无合意的单个生成行为，将用户生成内容现象剖析来看，以单个内容生成主体为视角，不难发现其内容生成具有较大的偶然性。所谓偶然性，即网络用户进行内容创作、衍生或复制行为具有不确定性和无规律性，且在网络上公开传播其创作内容、衍生内容或是复制内容的意愿也具有一定的偶发性。在用户生成内容逐渐成为网络用户参与网络活动的一种行为习惯的同时,其也正在演变成较具代表性的社会习惯。[①] 社会公众以此为参与现实生活和网络生活的连接点,较少受到时空的限制和影响,随心所欲进行自发性的内容创作、衍生或者复制行为。用户生成内容正发展成可由社会公众自由选择、自主参与的生活方式。对于用户生成内容的偶然性,其体现在内容生成和内容发布两个方面。

一方面,网络中虽然存在以撰文等内容生成为主要生活来源或为专职职业的"写手"类用户,但海量用户生成内容多来自网络用户自发性无联络的参与式协作,即用户生成内容较多情况下源于网络用户的闲暇时间和内心喜好,[②]较少受市场等其他较为复杂的客观因素的限制。换言之,用户生成内容是网络用户主观上自主选择的结果。另一方面,网络用户对其基于自发行为创作、衍生或者复制的相关内容,享有较大的支配自由,即是否将其放置于开放的互联网环境之中,在不触犯宪法和法律规定等的前提下,用户生成内容在发布上具有较大随意性,[③]将由生成主体自主作出选择。

(二)生成动因多元性

吸引社会公众参与到用户生成内容的创作、衍生和复制等活动中的推力具有一定的复杂性和多元性。与传统创作不同,互联网时代用户生成内容的主体并不局限于物理世界中养家糊口式的职业创作,其多以展现自我、衬托个性为原动力,在表达创意的同时较少关注甚至不要求经济回报。随着用户生成内容成为社会公众参与网络活动的一种时尚,越来越多的人出于各式各样的目的进入协作式生产的网络领域。简单来说,以创意发散为主线牵带的弱利益性,[④]使用户生成内容体现出生成动因

---

① 参见倪朱亮:《"用户生成内容"之版权保护考》,载《知识产权》2019 年第 1 期。

② See Daniel Gervais, *Authors*, *Online*, 38 Colum. J. L. & Arts. 385(2015).

③ 参见李妙玲、岳庆荣:《用户生成内容的版权侵权问题治理模式研究》,载《图书馆建设》2015 年第 10 期。

④ 参见徐勇、武雅利、李东勤:《用户生成内容研究进展综述》,载《现代情报》2018 年第 11 期。

丰富多元的特点。

WEB 2.0 的去中心性、工具性、开放性和包容性等特点，使在互联网出现之前人类社会时期已存在的零散的用户生成内容成为 21 世纪风靡全球的普遍现象。网络用户以创意为驱动，将生活中的所见、所闻与所感，或通过创作表达予以呈现，或借用前人感悟予以延伸，或直接基于数据时代信息爆炸的特点找取相通的情感转以自用，敢于也善于在虚拟的网络世界中向他人展现自己的真情实感。通常来看，用户生成内容或来自主体的兴趣表达，或是主体展示自我以寻求肯定，或是单纯的情绪释放等，虽然动因繁多甚至罗列不尽，但相较于传统社会内容的生成与出版，用户生成内容最具有根源性的动因在一定程度上可归纳为弱利益性。当社会公众不再被金钱束缚而跳出生活温饱问题的桎梏时，同时又在社会技术的推动下，开始迸发大量的时间盈余并逐渐在这些可自由支配的时间中由纯粹消费者身份向创造者身份转变；[①]越来越多的人加入表达自我展现个性的队列中，不断丰富社会大众参与内容生成的动因。

（三）生成内容社群性

就传统文化领域而言，文化的创造和传播多见于一部分人的活跃，在某种程度上可以理解为传统社会中文化领域被职业创作者和出版商垄断，因而物理世界中文化类型以专业性和封闭性为典型特点。互联网时代繁荣起来的用户生成内容则与物理世界相反，互联网为社会公众提供了平等参与文化创作的机会和平台，社会进入人人都可以自由决定是否进行文化创作和传播的时代，用户生成内容的社群性特征逐渐显现。在参与式协作的网络环境中，用户生成内容参与主体的复杂性、内容形式的多样性和兴趣交流的社区性等共同促成了其生成内容社群性的特点。

首先，拥有一台（部）智能设备加上稳定的电信环境，人人即可参与到网络内容的生成或者发布活动中。虽然欧盟报告指出，参与到用户生

① 参见［美］克莱·舍基：《认知盈余：自由时间的力量》，胡泳、哈丽丝译，中国人民大学出版社 2012 年版，第 230 页。

成内容活动的主体以年青人为主，但并未因此将其余年龄段人群排除在内容生成的主体行列之外。① 在社会科技的加持下，凭借着对网络社会的好奇，人人可以参与到网络活动中，以各式各样的动力和原因进行内容创造和传播等行为。其次，网络文化不以语言表达为限制，用户生成内容不仅以文字形式呈现，还有视频、照片、音乐等各式各样的表达方式，在一定程度上体现出用户生成内容生成形式的多样性。最后，网络活动的广泛参与性，一方面使网络用户较为容易找到来自各行各业各地区的共同爱好者，具备共同爱好的网络用户出于交流便利等目的，往往会以"建群"等方式在虚拟世界中组织类似物理社会的社区型物理空间，形成兴趣社群。另一方面，交流的便捷性和不受地域限制性，使丰富多彩的爱好需求被广泛挖掘，形成长尾效应，吸引更多的用户参与其中，并逐渐在网络上形成去中心化的社群现象，用户生成内容也因此而呈现一定的社群性。

（四）商业应用间接性

用户生成内容生成动因的多元性和内容生成的偶然性，是用户生成内容商业应用间接性的原因。本书以为，用户生成内容的出现和风靡并不以经济利益诱导为起因，也不以经济回报为归宿。但随着用户生成内容在网络社会的广泛推进，其几乎遍布各类应用程序，用户生成内容逐渐引起经营者的注意，并且尝试将其引入商业领域。无论是经济合作与发展组织的专门性研究报告，还是欧盟报告，其中均有提及用户生成内容的货币化问题。商业应用间接性，即网络用户并不以商业交易为目的参与网络活动提供用户生成内容；相关平台也无意依靠用户生成内容本身获取商业利益，而是在发挥用户生成内容用户黏性的基础上，以投放广告等形式间接获利。

用户生成内容的社群性和偶然性以及其生成动因的多元性，从一定

---

① See European Commission, *User-Generated-Content: Supporting a Participative Information Society*, ResearchGate (Feb. 1, 2012), https://www.researchgate.net/profile/Lucie-Guibault/publication/228218971_User-Created-Content_Supporting_a_Participative_Information_Society/links/586d279908ae6eb871bcd7e2/User-Created-Content-Supporting-a-Participative-Information-Society.pdf.

程度反映出内容生成主体参与网络活动的弱利益性。虽然用户生成内容繁荣于非商业领域,但就使用者而言,其创造了观赏价值,吸引其他网络用户花费时间和流量欣赏内容。而正是这一点,让处于商业领域的经营者看到了来自用户生成内容的间接商业利益,越来越多的经营者通过挖掘第三方支付或交叉补贴的形式实现来自用户生成内容的收益,有学者将此称为“延迟收益”。[①] 无论是否能够通过直接获益的方式赚取回报,原处于非商业领域的用户生成内容,正在各互联网平台和经营者的推动下向货币化迈进,实现在商业领域的推广和应用。但从目前来看,用户生成内容依然保持其自身弱利益性的特点,对其在商业领域的推广和应用,多聚焦于其衍生价值,即庞大的用户群和源源不断的流量吸引。因此,本书认为,用户生成内容具有较为明显的商业应用间接性特点。

第三节　用户生成内容与版权法的关系

用户生成内容在网络社会中多出现在文化领域,与版权法关系密切。[②] 无论是内容生成过程中的原创、衍生或者复制行为,以及其对作品要素的考量和作者身份的认定等调整板块,还是内容传播过程中基于数字技术引发的临时复制等有关复制权行使问题,都离不开版权法的指导和规制。数字时代繁荣起来的用户生成内容与版权法之间更像是一种相辅相成的关系。一方面,用户生成内容这种风靡网络世界的兴盛现象,使社会各界看到其对现有制度的挑战,尤其引起版权领域学者的关注;另一方面,在看到版权法现有制度的滞后性将用户生成内容处于灰色地带的同时,也应注意到因传统版权法的不确定性为用户生成内容的发展带来的良好契机。这要求我们在应对和解决用户生成内

① 参见熊琦:《Web 2.0 时代的著作权法:问题、争议与应对》,载《政法论坛》2014 年第 4 期。

② 参见王景川、胡开忠主编:《知识产权制度现代化问题研究》,北京大学出版社 2010 年版,第 35 ~ 58 页。

容产生的一系列问题之前,在梳理其与传统版权法之间的关系时,既要看到用户生成内容对传统版权法的挑战,也要发现传统版权法对用户生成内容继续发展的影响,以便更好地解决因用户生成内容引起的版权配置难题。

一、用户生成内容对版权法的挑战

互联网环境下依靠数字技术迅速发展起来的用户生成内容,因其社群性等特征,与传统版权法的调整范围和规制方法并不能完全契合。就用户创造内容而言,因发布内容均为用户的创造性成果,用户智力成果在较大范围内可以落入传统版权法对作者及作品的要素规定,从而能够较为完美地进入传统版权法的规制领域,并未引起传统版权法在数字领域的太多不适。与此不同的是,用户衍生内容无论是在内容生成过程中还是在内容生成后的使用中等各个阶段,都对传统版权法提出了较大挑战。如前所述,用户衍生内容是网络用户在他人已有作品的基础上进行剪辑、修改、添加等所形成的不同于之前作品且在网络上公开可用的智力成果,其多以重混等形式呈现。用户在生成衍生内容的过程中,不可避免地会用到前人已有的作品,若借用作品尚处于版权法所设定的保护期内,则会引发是否已取得许可和是否要取得许可等问题。同时,因涉及多个创作主体且其多为"递进式"创作,即在作品完成上较少具有甚至并不具备合意,故对附于作品之上版权的行使产生较大挑战。用户复制内容相较于用户衍生内容,在传统版权法领域的问题虽相对简单,但也存在较大困惑。同用户衍生内容一样,用户复制内容在内容生成和传播等过程中不仅涉及生成内容的网络用户,同时也有参与其中的网络服务提供者、用户生成内容的利用者,此外与原版权人的利益也密切相关。如何处理多个主体间纷繁复杂的权利关系,是 WEB 2.0 环境对传统版权法提出的时代之问。总而言之,传统版权法似已无法完全应对用户生成内容所带来的关于版权配置等新的要求,其在确权、用权和维权等方面均显露出较大的不适。

首先,用户生成内容模式在版权法领域打破了原有三方主体间的平衡关系。在物理环境中,参与版权配置的主体以作者、出版商和读者三方为核心,版权法在长久的发展中逐渐成熟且构建一套较为稳定的平衡以上三方利益的规则体系。在互联网环境下,随着用户生成内容现象的愈益普遍,网络版权参与主体也变得复杂起来。不同种类的用户生成内容不仅会涉及对原作者复制权、演绎权等系列专有权利的触碰,[①]也同时使传统版权法的利益平衡被打破。

一方面,依托互联网风靡全球的用户生成内容不再局限于传统版权领域智力成果由作者到出版商再到读者间的单向流动,版权的利益参与主体呈现用户(内容生成者)、网络服务提供者、原版权人、用户(内容利用者)等四方关系局面,同时也不限于参与主体间的单向传递,显露出去中心化的双向甚至多向态势。参与主体的复杂性从一定程度上加重了传统版权法规则应用的不稳定性,在权利限制规则方面尤为突出。以引起较大反响的伦茨案件为例,被告伦茨在油管平台发布一段时长 29 秒的儿子跳舞的视频,儿子跳舞的伴奏音乐是普林斯的《让我们疯狂》。视频发布后,油管即收到该歌曲版权人环球音乐的侵权删除通知。虽然伦茨在知晓这一情况后发出了反通知,但并未有效阻止删除其视频的行为。随后伦茨以合理使用为由将环球音乐诉至法庭,要求对她的使用行为作出不侵权认定。[②] 案件判决并未让大众失望,法院认定伦茨使用音乐的行为为合理使用,并未构成侵权。同时,法院也进一步释明互联网环境中版权人行使权利所应受到的限制,在一定程度上明确了网络版权配置规则。但基于复杂和多变的网络环境,不可否认的是,厘清网络版权配置规则仍任重道远。

---

① See Daniel Gervais, *The Tangled Web of UGC: Making Copyright Sense of User-Generated Content*, 11 Vand. J. Ent. & Tech. L. 841(2009).

② See Warren B. Chik, *Paying It Forward: The Case for a Specific Statutory Limitation on Exclusive Rights for User-Generated Content under Copyright Law*, 11 J. Marshall Rev. Intell. Prop. L. 240(2012).

另一方面，传统版权法所维持的著作专有权与社会公众间的利益平衡关系正被逐步打破，新的利益配置局面正在形成。已成为一种社会现象的用户生成内容，使社会公众在智力成果接收中的角色发生巨大改变。就个人层面来说，受众不再局限于通过被动获取信息感知和认识世界，而是积极主动地参与到社会信息的接收和制作中，以实现自我价值而获取社会的认同和尊重。另外，受益于科学技术的发展，信息传播成本和传播限制均显著降低，社会公众轻而易举即可在网络环境中参与传播活动实施传播行为，这使物理世界中的单向高成本传播模式向数字世界中的去中心化低成本传播模式转变。[①] 基于新技术等有益因素的影响，社会公众越来越多地参与到社会文化建设中，逐渐掌握公共空间的话语权和主动权，平等自由的文化氛围成为互联网环境的代表性标签，但同时也进一步引起了社会公众与版权人之间的矛盾。充分实现文化创作、传播和使用自由的互联网环境，使用户所崇尚的文化公共性与传统版权人强调的作品专有性之间的冲突愈益激烈。[②] 如何在新环境下再一次实现版权人与社会公共利益间的平衡是用户生成内容带给传统版权法的问题。

其次，用户生成内容现象使文化应用从许可效率向传播效率倾斜，以专有权利为基础的传统版权法规则在互联网社会中产生较大不适。传统版权法以产业模式为导向，主要通过对版权人专有权利的保护，实现版权人对著作专有权的绝对控制。[③] 未经版权人的同意和许可，他人不得擅自利用和传播版权人作品，否则极易落入侵权嫌疑之中。即传统版权法的立法价值在于以最小的成本实现版权人许可利益的最大化，[④]通过版权人对其作品的排他性控制，将包括传播等在内一切利用作品的行为置于版权人的支配之下，以充分保障版权人在版权领域的核心地位。然而，

---

① 参见李依溪：《Web 2.0 环境下 UGC 模式中的受众角色》，载《青年记者》2015 年第 32 期。

② 参见倪朱亮：《“用户生成内容”之版权保护考》，载《知识产权》2019 年第 1 期。

③ See Edward Lee, *Warming up to User-Generated Content*, 2008 U. Ill. L. Rev. 1459(2008).

④ 参见熊琦：《Web 2.0 时代的著作权法：问题、争议与应对》，载《政法论坛》2014 年第 4 期。

在互联网环境下,用户生成内容的主体不再以金钱回馈为主要驱动,相较于版权的专有性,其更倾向于传播作品以展现自己,实现自我价值。相应地,版权专有不再如兵家必争之地般可以有效遏制违背版权法精神的行为。在互联网时代,争得用户即赚得利益,庞大的用户群以及用户黏性是网络环境最具价值的经营元素。基于此,网络服务提供者聚焦于文化领域进行广泛快速传播以吸引更多网络用户的加入。传播效率在版权领域脱颖而出,甚至在互联网社会中逐渐呈现取代许可效率之势。以专有权利为基础的传统版权法规则,在“用户至上”“协同创作”的互联网环境中,普适性有所下降,已不能完全适应数字环境。为促进网络社会继续朝着健康和谐的方向发展,是否有必要对传统著作权版权规则作出调整的话题,引起广泛关注和讨论。

最后,数字技术的发展使私人领域与公共领域、商业性利用和非商业性利用的界限逐渐模糊,增加了用户生成内容侵权的不确定性。通说认为,版权侵权多表现为未经版权人许可在公共领域对尚在保护期的作品实施的商业性使用。但基于对社会公众文化自由权益的考量,版权法同时设置了合理使用规则,即在满足私人利用、公益性质的利用等前提下,可以不经版权人许可也无须支付报酬使用作品。换言之,版权法下对作品的利用因私人领域和公共领域等利用场景的不同而面临不同的许可规则。原因在于在物理环境中,私人利用并不会导致作品的大范围传播,受设备技术等的影响,私人利用对版权人的影响极为微小甚至可以忽略不计,进而版权法将私人利用置于侵权行为之外。与此不同的是,在互联网环境中,网络用户凭借智能设备随时可以参与到任何一个公开的网络平台之中,以有限可见或公开的模式发布其生成内容,随即在虚拟环境中传播至世界各地的智能设备之上,但即使有限可见也无法有效避免被他人二次传播。简言之,互联网环境中的文化内容较物理环境更加易复制、传播与共享,版权法在物理环境中构建的私人领域与公共领域间的平衡和稳定被打破,私人领域内对作品的利用也可能引发版权侵权的担忧。[①] 此外,由于用户生成内容生成动因的多元化,对已有作品的非商业性使用情形愈益常见,版权人为保护其专有权利,开始要求追究网络环境中对其作品非商业性利用的行为主体的侵权责任。伦茨案即为互联网环境中版权纠纷的代表案件之一,但并非所有的网络用户都如伦茨一样积极维权且得到视频生成及发布并未侵权的认定。一方面,在《美国千禧年数字版权法案》等规则的作用下,较多网络用户因法律的不确定性所产生的风险厌恶心理,使其多以消极的态度参与网络活动;另一方面,法律的不确定性,使法官掌握较大的自由裁量权,案件审理缺乏统一标准,[②]并非所有用户生成内容在私人领域的非商业利用均可被认为合理使用等不侵犯版权的行为。总之,数字技术的发展使互联网社会私人领域与公共领域的界限模糊,而商业性利用和非商业性利用也不再是区分版权侵权与否的关键标准,从一定程度上导致出现对已有作品即使再小范围的使用和传播也可能引发版权侵权风险的局面,进而使版权人的权利边界潜在扩展。[③] 用户生成内容侵权与否的不确定性及其主体权益的限缩对版权规则提出紧迫的调整要求。

二、用户生成内容对版权法的新要求

面对互联网环境中愈益兴盛的用户生成内容现象,传统版权法虽在调适和应用上略显捉襟见肘,但其制度设计和安排在一定程度上对用户生成内容也具有较大的推动作用。一方面,传统版权法在数字时代所显示出的滞后性,虽未能较为全面和深刻地为新时代版权问题的解决提供完美蓝本和规则依据,使用户生成内容在更多情况下处于灰色的尴尬境地;但在一定程度上也可以理解为,正是法律规范的缺位,为新业态下新

---

① See Daniel Gervais, *The Tangled Web of UGC: Making Copyright Sense of User-Generated Content*, 11 Vand. J. Ent. & Tech. L. 841(2009).

② See Edward Lee, *Warming up to User-Generated Content*, 2008 U. Ill. L. Rev. 1459(2008).

③ See Steven Hetcher, *User-Generated Content and the Future of Copyright: Part One-Investiture of Ownership*, 10 Vand. J. Ent. & Tech. L. 863(2008).

的社会秩序赢得了摸着石头过河的机会，从而展现出巨大的生命力，继而反过来刺激社会经济和技术朝着新的方向积极发展。换言之，传统版权法未能完全触及的灰色地带为用户生成内容的繁荣创造了机遇。另一方面，传统版权法规范中已有的关于权利限制的规定对用户生成内容的迅速繁荣发挥了一定的推动作用。所谓权利限制，即赋予版权人一定的排他性专有权利的同时，出于对社会公共利益的考量，在其专有权利之上设置一定的约束，使社会公众在符合特定条件的前提下可以不经原版权人的许可甚至不用支付报酬，即可在一定范围内使用已有作品。如此即为用户生成衍生作品和复制作品提供一定责任免除的可能性，使其不至于绝对地被拒之门外，这对用户生成内容的发展繁荣产生了积极的影响。换言之，传统版权法的滞后性虽然将用户生成内容处于法律调整的灰色地带，但其制度框架在某种程度上对用户生成内容也产生了积极的影响。

首先，在数字环境中，在多元创作意图的激励下，依托网络平台等相关支撑设施，越来越多的网络用户参与到网络文化的创作和传播活动中，网络环境下的文化创作逐渐呈现泛主体化和绵延性特征，出现与物理世界中相对独立参与文化创作活动相分离的趋势。新形势下如何妥善处理用户生成内容生成者与原版权人间的关系，不仅关系着用户生成内容的传播与利用，同时还关系着原版权人专有权的行使与保护。为此，要求我们深入考虑用户生成内容制作与取得原版权人许可间的关系处理，解决用户生成内容在授权中的难题。其次，满足可作品性构成要件的用户生成内容，因符合版权法客体要求，在特定情况下能够落入版权法保护范畴，享有版权。参与创作的主体表现出的多样性和广泛性，使用户生成内容之上的版权配置显得较为复杂。有效且相对公平地分配用户生成内容之上版权，是传播和使用用户生成内容的前提。因此，用户生成内容确权问题不容忽视。最后，在对用户生成内容使用过程中，怎样平衡生成者与使用者之间的关系，既能保护特定用户生成内容之上的专有权，又能顾及使用者使用用户生成内容的期望，最大限度发挥用户生成内容的社会价值，这需要我们以全局性思维衡量用户生成内容维权问题。

就用户生成内容的授权问题而言，无论是用户衍生内容还是用户复制内容，均涉及对既有作品的使用行为；平衡用户内容生成者与原版权人间的权益，是用户生成内容持续繁荣的基础。这一方面要求我们重新审视以授权许可为核心的传统版权法规则在网络环境中的适用空间，为用户生成内容构建较为完备的制度环境；另一方面需要我们厘清创新与复制间的关系，剖析版权法限制复制的价值目的，从而合理界定用户生成内容的侵权边界。与物理世界相互较为独立的作者、读者身份不同，信息时代尤其是在互联网技术愈加成熟的社会背景下，智力成果创作者和智力成果利用者间的区分变得不太明显。有学者提出，这既是智力成果创作者的时代，也是智力成果使用者的时代，传统版权体系将两者对立起来的模式在信息时代已经举步维艰，他们认为或许可以建构一个协调两者关系，将两者调和起来的制度环境。① 面对用户衍生内容和用户复制内容，不应一味地比照传统版权法规则，屡屡将其置于侵权行为之列而予以严苛批判。在物理社会中，在传统版权法的调整下，对既有作品的公开利用多以单一许可规则加以限制。与此不同的是，随着数字技术的持续发展，互联网环境下的作品利用形态逐渐呈现二分化趋势，不再恪守许可效率，同时出现向传播效率倾斜的趋势，版权法若仍固守于传统的单一规则设计之中，显得较为不合时宜。② 这要求我们在分析用户生成内容侵权责任时，不仅应结合特定的网络环境和背景，③还应顾及既有作品利用者的有关利益，④防止不合理地舍弃全局观念，陷入片面性思维而专注于作者权利保护，防止摒弃版权法平等性、时代性和本土化价值而置相关人员利益于不顾。

随着数字技术的发展，人们逐渐发现网络环境下的复制行为不再受

---

① 参见［日］中山信弘：《多媒体与著作权》，张玉瑞译，专利文献出版社 1997 年版，第 116 页。

② 参见［日］中山信弘：《多媒体与著作权》，张玉瑞译，专利文献出版社 1997 年版，第 100 页。

③ 参见吴汉东、胡开忠等：《走向知识经济时代的知识产权法》，法律出版社 2002 年版，第 109 页。

④ 参见吴汉东：《著作权合理使用制度研究》（第 3 版），中国人民大学出版社 2013 年版，第 45 页。

物理环境中印刷介质、时间成本等的约束，出现质的改变。一方面，数字技术的广泛应用不仅可以通过对已有作品数字化将其转换成计算机领域"0"和"1"的代码存在于互联网社会之中，还可以在互联网世界中借助数字技术实现对已有作品的无差别完美复制，从而使合法出版的既有作品在数字环境中逐渐丧失载体上的质量优势。[①] 另一方面，在物理世界中对既有作品的批量复制需要依托机器设备并消耗一定的人力、物力和时间成本，无法与发表作品之间实现近乎同步的传播。数字技术的出现使复制件制作与作品发表之间的时间差被极大地缩短，简单动动手指点点鼠标，即可实现对发表作品的"爆炸式"复制。此外，网络环境所营造的无门槛式万众参与的景象，使私人使用和公开使用之间的界限愈加模糊，原版权法不干预私人使用的原则在网络世界频频受阻；版权人的专有权利在网络环境中显得岌岌可危，摇摇欲坠。正因如此，越来越多的用户复制内容被版权人视为对其作品的侵权性利用，要求相关主体删除网络中的有关内容并承担相应责任。本书认为，区分对作品的私人利用和公开利用也好，平衡作者专有权与社会公众合理接触作品的权利也罢，首先要回应的是复制与创新之间的关系问题。在一些学者看来，放任复制会挫伤创新群体的积极性。只有合理避免对作品的复制行为，才能有效激励创新，推进社会文化的繁荣。而另一些学者指出，正是复制行为在潮流、创意等领域所发挥的"诱导过时""锚定时尚"等作用，才使人类社会各领域可推陈出新不断发展。卡尔·劳斯蒂拉（Kal Raustiala）和克里斯托弗·斯普里格曼（Christopher Sprigman）认为，防止复制只是鼓励创新的手段，如果某种复制行为并不会严重妨碍创新，则不应被过度地防范和制止。[②] 换言之，版权法意并不在于排斥复制，规制复制行为也并非版权法设置的初衷，只有复制行为阻碍文化创新时才会被禁止。从"诱导过时"

---

① 参见李雨峰：《从写者到作者——对著作权制度的一种功能主义解释》，载《政法论坛》2006 年第 6 版。

② See Kal Raustiala & Christopher Sprigman, *The Knockoff Economy*, Oxford University Press, 2012, p. 89, 166, 174.

"锚定时尚"来看，复制行为并非完全阻碍创新的产生；相反，其对激励创新也发挥着某种推动作用。在无差别复制的数字环境中，发挥复制对创新的积极作用，既可鼓励智力成果的持续创新，也可促进网络文化环境的健康和谐发展。这就要求我们不能简单将用户复制内容视为对原作品的侵权使用而陷入一元论思维，而应结合用户复制内容的生成、传播、利用等全过程，在协调各方利益的基础上找到最优解。

就用户生成内容的确权问题而言，在用户生成内容的三种类型中，因用户创造内容与传统作品创作模式相类似，其权利归属得以直接适用传统的版权法规则较为明晰。而用户复制内容是对已有作品的直接利用，系以副本形式对前人作品的再现，多在侵权使用问题上引起争议，较少存在权利配置上的难题。唯有用户衍生内容，既涉及对多主体作品内容的使用，也在某些场景下表现出创作的绵延性特征，同时还存在一定的平台权属的争议，这些使其在版权配置上扑朔迷离，众说纷纭。有学者认为，之所以在某一标的之上存在多主体之间的权属纠纷，可以理解为由多主体对同一标的的不同利益诉求导致的。[①] 由此可见，合理配置用户生成内容之上的版权，关键在于厘清附着于其上的各主体之间的权益要求，在公平效率原则的指导下作出统筹安排。就用户衍生内容生成者的权利而言，提前取得原版权人的许可对其权利内容存在一定影响。从一个角度来看，无论对既有作品的使用是否征得原版权人的许可，用户衍生内容创作主体的权利与原创作者的权利都不可等量齐观。例如，罗伯特·P. 莫杰斯（Robert P. Merges）在区分用户衍生内容和用户创造内容之间的独创性时说，独创性概念某种意义上是为了反映社会中我们所重视和期待的东西，因此其关注于人类思想和思维层面的灵动性，而非固定的最终的创造上。若将独创性看作一个社会建构的术语，那么原创作品的独创性

---

① 参见徐珉川：《作品"原创性"规则的功能化解读——兼评〈著作权法（第三次修改送审稿）〉第5条》，载《法律科学（西北政法大学学报）》2017年第3期。

就比用户衍生内容的独创性享有特权。[①] 从另外一个角度来看，相对于已经取得原版权人使用许可的用户衍生内容，未经许可对前人作品的擅自使用而生成的智力成果，即使其符合可作品性判断规则，能够成为作品，其在内容传播和相关权利行使上也将会受到更大限制。加之数字环境下，版权侵权和对版权的限制之间的界限趋于模糊较难认定，在版权人扩张版权和加强版权保护的要求下，未经许可对既有作品的使用常陷入侵权风险，衍生内容创作者常自顾不暇而疲于维权。此外，用户衍生内容往往涉及多方权益，公平有效地合理配置其上版权是用户衍生内容得以广泛传播和应用的前提。用户衍生内容是对既有作品较为直接的使用，故在权利行使上将会受到一定限制。但就用户衍生内容上版权的行使而言，直接适用现有版权法规则即比照合作、委托、演绎等版权归属模式予以调整似不合时宜，用户衍生内容也未能全部落入已有规则之中。其上权利确定和配置具有复杂性，应结合数字背景下特有的时代色彩，基于用户衍生内容的特殊性综合分析。

就用户生成内容的维权问题而言，用户生成内容的维权问题所透射出的是用户生成内容生成者与用户生成内容利用者之间的关系问题。虽然网络用户基于各种各样的创作动因生成用户生成内容，并不以赚取经济回报为参与网络文化创作的出发点；但随着用户生成内容的爆炸式激增和持续繁荣，越来越多的投资者嗅到其中的经济价值，积极着手于用户生成内容的推广应用，以期从中获利。从用户生成内容的推广实践来看，虽极少涉及直接的商业性利用，但投资方多采用迂回战术，借助用户生成内容持续吸引新的网络用户注册成为相关平台实名用户，增加平台用户黏性，获得高流量关注，从而利用海量用户群以交叉补贴的形式最终实现营利目标。将用户生成内容置于间接的商业性开发利用过程中，不可避免会涉及用户生成内容上版权的行使与保护问题。有效协调和应对用户

---

① 参见[美]罗伯特·P. 莫杰斯：《知识产权正当性》，金海军、史兆欢、寇海侠译，商务印书馆 2019 年版，第 442、444 页。

生成内容生成者与用户生成内容利用者之间的关系，实现用户生成内容的正向积极推广与增添，是建构互联网领域文明健康的文化市场的应有之义。其一方面关系到对用户生成内容的保护及尊重和维护用户生成内容生成者的正当权益，另一方面与用户生成内容内在价值的释放紧密相连。在现有制度框架的规范下推动用户生成内容的广泛应用，是互联网社会文化领域进一步发展的关键。

无论是用户创造内容还是用户衍生内容，抑或是用户复制内容，就其引发的相关版权问题，都需要我们在数字环境大背景下结合其未来发展态势予以动态调整。传统版权法较少关注读者（或用户）的利益，对作品权利的配置常围绕作者展开，例如，丹尼尔·格维斯就怀疑传统版权法直接生硬套用在用户生成内容领域的制度效果。[①] 同时，有学者提到，版权法并不是万能的，尤其在瞬息万变的信息时代，只有与版权法之外的替代措施共同应用到新现象的调整和管理之中，才能更好推进社会文化的繁荣发展。[②] 此外，还有学者认为对网络环境中用户生成内容的规制，除了发挥版权法制度价值，也应注意到制度设立之初的社会基础。面对制度无法完全应对的新的社会现象时，或许让其归于社会自我调控之中不失为明智之举。[③] 但这并不意味着对传统版权制度的彻底否定，数字时代的创新性和各种新情况还不足以让我们彻底放弃传统的财产观念而全盘迎合数字技术的发展。简言之，传统版权制度在数字时代仍有并且深有其价值和指导力，我们应在版权法制度价值的指引下以多元混合路径探索用户生成内容的版权配置问题。在网络环境中全面调和各方利益需求，既要昭示处于管理等地位主体的责任边界，又要为数字环境的发展释放合理空间，同时激励网络用户积极参与到文化创作活动中，继续丰富文

---

① See Daniel Gervais, *The Tangled Web of UGC: Making Copyright Sense of User-Generated Content*, 11 Vand. J. Ent. & Tech. L. 841(2009).

② 参见许辉猛：《著作权基本原理》，知识产权出版社 2011 年版，第 26 页。

③ 参见赵为学、尤杰、郑涵主编：《数字传媒时代欧美版权体系重构》，上海交通大学出版社 2016 年版，第 363 页。

化多样性。

不难看出,在瞬息万变的数字时代,传统版权法依旧发挥着重要价值。因此,在讨论调整版权规范的同时,我们或许可以同时挖掘成文法之外规制用户生成内容的有利途径,实现互联网环境中"法律 +"模式的综合适用。《民法典》第 10 条明确表示当法律规则缺失时,在不违背公序良俗的前提下,可以适用习惯。所谓习惯,不同于由国家制定并通过国家强制力保证实施的法律规范,其发源于民间并世代相传,是在人类生活中长期形成的行为方式和社会风尚。习惯虽在人类生活中不具备强制执行力,但其对人类生活发挥着潜移默化的作用。传统版权法制度下对未经授权使用尚在保护期内作品行为侵权与否的判断,以判别其是否符合合理使用和其他豁免情形为标准,若均不符合,则极易落入侵权风险。爱德华·李(Edward Lee)在其文章中提到,互联网环境下对版权侵权的判定将不再简单地以去除权利限制为定式,参照更为广泛的社会规则,比如习俗、交易等将成为未来趋势。[1] 换言之,处于版权法灰色地带的用户生成内容,即使其系对他人作品未经授权的利用,也并不必然构成侵权。相反,对用户生成内容侵权与否的判断需要结合成文法规范与非正式的版权规则予以综合考量。

① See Edward Lee, *Warming up to User-Generated Content*, 2008 U. Ill. L. Rev. 1459(2008).

CHAPTER 02

第 二 章

性质初探:用户生成内容的版权客体属性分析

互联网社会普遍存在的用户生成内容现象,使原本在物理世界形成的较为稳定的“作者—出版商—读者”的三方关系被打乱,读者从物理世界“只读”的社会角色在互联网社会开始向“读和写”的双重身份转变。在数字技术的推动下,网络世界中的消费者一改信息接收被动者地位,广泛参与到网络文化的创作活动中,这引发了网络用户生成平台内容的热潮。用户生成内容现象的兴起不仅有助于版权法文化多样性目标的进一步实现,也为构建全民参与万众创新的新时代风貌持续注入新鲜活力。在多元创作动因的支配下,网络用户很少将内容创作与经济回报相联系,并不以获取对价为参与网络创作的原动力。正因如此,用户生成内容正在挑战着版权法的根基。一方面,在前人作品基础上以衍生、复制等重混形式存在的用户生成内容的合理性在版权法领域引发争论,理论界对其侵权与否莫衷一是;另一方面,用户生成内容自身能否具有版权地位,应否受到版权法保护以及受到何种程度的保护,这对用户生成内容领域版权配置问题的解决影响重大。而上述问题的解决依赖于智力成果作品地位的版权法认定路径确立。

第一节 WEB 2.0 环境下再看版权法趣旨

在保罗·戈斯汀(Paul Goldstein)看来,版权从一开始就是技术之子。[①] 版权是在印刷技术出现和成熟之后产生的,在此之前并不存在真正意义上的版权,也不具备保护版权的社会必要性。一方面,随着工业革命的兴起,人类由传统农业社会步入现代工业社会,越来越多的机械设备投入生产生活,在人类解放双手实现大量时间盈余的同时,信息的传播开始变得快捷和迅速,出版商印刷作品的垄断地位被打破。社会成员借助设备,逐渐摆脱农业社会手抄传阅的高成本复制方式,在工业技术加持下相对轻易即可实现对作品的复制,从一定程度上摆脱了由出版商控制作品印刷的被动局面。另一方面,随着社会经济水平的渐次提高,作者主权意识开始萌芽,其不必再完全依附他人进行创作以换取微薄利益。相应地,作者群体要求掌握作品创作、传播等作品利用全过程中核心权利的呼声逐渐高涨。此外,随着社会经济水平的不断提高,民众对精神产品的需求也愈加强烈,对作者与出版商专有权利的不满情绪开始抬头。融作者、出版商、读者、社会公众等各方利益于一体的作品,其中充斥着不同群体利益诉求间的矛盾,且呈现日益复杂和棘手趋势。为平衡各方利益,实现社会文化健康发展并进行有效的国际交流,在英国等国家的影响下,世界各国开始着手制定版权法,以期通过法律调整实现作者、出版商、读者、社会公众等主体间利益的动态平衡。

纵观版权法的发展历程,无论是开启全民复制源头的印刷时代,还是由复制到多行为利用作品的电子技术时代,版权法在平衡作者、出版商、

① 参见[美]保罗·戈斯汀:《著作权之道》,金海军译,北京大学出版社 2008 年版,第 22 页。

读者等三方利益结构中通过自我调整始终发挥着显著的积极作用。但也不难发现,版权法所调整的版权交易行为通常在职业化的创作者和传播者之间发生。[①] 其往往将不涉及市场利益的私人使用排除在版权法可规制的范围之外,给予社会公众私人利用作品的合理空间。简言之,版权法聚焦于公开利用作品的行为,对私人利用给予较大的容忍。但随着数字技术的出现和应用,互联网环境逐渐成熟,对作品公开利用与私人利用之间的界限逐渐模糊。为应对物理环境中版权配置等问题而产生的版权法,在网络时代显得捉襟见肘,无所适从。对此,有学者提出,版权法面对数字技术,需要改变原有的对待公私领域利用作品的不同态度。[②] 另外,社会经济的发展带动社会对知识的进一步需求,知识产权逐渐发展成为一国的关键竞争力,其在整个财产权中的地位逐渐由附属向主导转变。[③] 基于包括版权在内的知识产权经济地位的改变,要求更改传统版权法的呼声越来越高。日新月异的科学技术使版权法所面对的挑战愈加复杂,关于版权法未来的道路众说纷纭,分见于废除论、改革论和保守论。主张废除论的学者认为,产生于物理环境的版权法,其调整对象和调整行为已不能完全适应数字时代的需要甚至会阻碍数字环境下智力成果的产生和传播,为了营造知识创作与传播活动的绝对空间,应废除版权法,将本由技术产生的领域交还技术调整。与废除论的激进不同,改革论的多数学者反对以"一刀切"形式彻底否定版权法在新时代的功能价值,同时还强调网络环境中作品应用环境与物理环境中的不同,他们主张对版权法进行适时修改,结合数字技术的特点,创建物理环境和网络环境下两条不同的版权保护和利用路径,开创网络空间作品创作和传播的新秩序。[④] 然而,站在保守论阵营的学者主张,数字技术的应用与成熟不过是作品传播

---

① 参见熊琦:《"视频搬运"现象的著作权法应对》,载《知识产权》2021 年第 7 期。

② 参见[美]保罗·戈斯汀,《著作权之道》,金海军译,北京大学出版社 2008 年版,第 24 页。

③ 参见郑成思:《知识产权法:新世纪初的若干研究重点》,法律出版社 2003 年版,第 86 页。

④ 参见王景川、胡开忠等:《知识产权制度现代化问题研究》,北京大学出版社 2010 年版,第 36 页。

与利用的另一表现形式,其本质仍然是对作品的复制行为。[①] 换言之,互联网环境的广泛形成同以往基于印刷技术和电子技术发展起来的版权保护环境并无本质区别,其所引发的只是一种技术更替现象。版权法的价值目标与制度意义并未发生实质变化,其原有理论基础仍然适用。就信息技术所引发的版权问题,对版权法作出符合时代价值与要求的释义即可,无论是废除版权法的主张,还是对版权法进行大刀阔斧的改革的主张,均不可取。[②] 本书认为,讨论用户生成内容的版权配置问题,我们首先需要弄清楚产生于物理环境的版权法在数字时代是否仍具有价值意义,其制度目的对用户生成内容所引发的多主体利益失衡等领域是否具有指导意义,进而分析版权法对用户生成内容现象的调整空间。申言之,版权法的规则条文在瞬息万变的技术时代显露出较大的不适应,理论界对其制度功能的发挥空间众说纷纭。看待信息社会中版权法的效用,不能只简单停留在制度规则较难适用的条文层面,而应深度挖掘版权法的立法宗旨和价值追求,探寻其条文背后所传达的制度精神,从而判断其对互联网社会中版权问题的调整可能性及规制空间。

一、版权法发展阶段的追溯

丹·亨特(Dan Hunter)和 F. 格里高利·拉斯托卡(F. Gregory Lastowka)认为,享有版权的作品其生命全周期至少会经历创建、选择、生产、传播、推广、购买和使用等七个阶段,版权的产生和行使推动着作品从创建者到用户的传递。[③] 随着在作品控制和传播等过程中起着支配性作用的主体角色的改变,相应主体通常通过阐释对其有益的理论观点以支

---

① See Dan Hunter & F. Gregory Lastowka, *Amateur-to-Amateur*, 46 Wm. & Mary L. Rev. 951 (2005).

② See Mary W. S. Wong, *Transformative User-Generated Content in Copyright Law: Infringing Derivative Works or Fair Use?*, 11 Vand. J. Ent. & Tech. L. 1075 (2009).

③ See Dan Hunter & F. Gregory Lastowka, *Amateur-to-Amateur*, 46 Wm. & Mary L. Rev. 951 (2005).

撑和巩固其在版权配置中的主导地位。[①] 为争占对自己有利的版权市场,不同的利益集团倾向于找寻对其权利的获取和维护有利的理论学说,以期为其权益取得提供合理支持,使其主张落入正当性范畴。无论是版权市场形成之初普通法系的财产价值观,还是大陆法系的人格价值观,从一定程度上可以认为都不过是相关利益集团为争取版权地位而选择的在当时对自己最为有利的制度学说。正如版权乐观派可以借用自然权利学说以作者自发创作为由实现作者权利“无限”延展的主张;而版权悲观派基于功利主义理论得以反对作者权利的无限扩张,捍卫个人自由。[②] 概言之,版权法在某种意义上是当时社会经济、政治、法律、技术等多因素综合影响下的结果,尤其是反映所处时代的科技水平并在规则设计上呈现深刻的时代烙印。

版权法的产生历史即是由出版者本位向创作者本位逐渐过渡的一段变革史。从自然权利学说到功利主义论,世界版权保护经历了习惯约束、官府庇护、出版商特权、创作者权益等四个阶段。[③] 相应地,以不同历史境遇和技术背景下版权法所反映的不同社会价值为视角,版权法从产生到发展可以分为特许出版时期、近代版权法、现代版权法等三个时期。以版权法的不同发展时期为指引分析其面对不同社会情形所暗含的制度价值,能够对用户生成内容版权配置问题的解决构建制度思路。

（一）特许出版时期

从版权法的发展历程来看,在版权制度诞生之前,产业化版权市场尚未成型甚至还未出现,作品的版权价值暂未唤起相关利益主体的争夺,社会甚至普遍存在混淆抄写和创作活动的现象。此外,受限于技术条件,当时社会以手工劳作为主要生产和生活方式,这一方面使居于社会中下层的公众在“日出而作,日落而归”的规律生活中缺乏对作品欣赏和阅读的热情;另一方面因技术落后对作品的传阅基本依靠手工抄写,这在限制作

① 参见吴汉东:《中国知识产权理论体系研究》,商务印书馆 2018 年版,第 116 页。

② 参见[美]保罗·戈斯汀:《著作权之道》,金海军译,北京大学出版社 2008 年版,第 13 页。

③ 参见吴汉东:《著作权合理使用制度研究》(第 3 版),中国人民大学出版社 2013 年版,第 9 页。

品传播的同时,也对保护作品免受侵犯起着一定的积极作用。当时,主要依靠社会公众对文学产权的尊重,而将剽窃、抄袭等视为不道德行为,以社会习惯式的自我约束实现对文学产权之上相关权益的“弱保护”。[①]

造纸术和雕版印刷术等印制技术的出现,催生了一批可以大规模印制和出售图书的印刷商。至此,文化产品由社会上层独享的局面被打破,开始面向社会大众较为广泛地传播。与此同时,处于统治地位的封建君主意识到文化产品对社会公众思想的重要影响,为巩固政权,其通过设立出版特许制度将出版话语权掌握在自己手里,控制可在市场上传播的文化内容。而特定出版商经由封建君主的授权,其对文化产品的专有控制摇身一变,成为合理正当受所处社会承认和保护的行为。例如,英国伦敦由图书印刷商、出版商等组成的同业者行会因英国女王颁发王室特许状而在印刷市场占据较大优势。[②] 反观文化产品的真正创作者,其甚至从来都不是出版行会招纳会员的对象,只得依附于出版商对其智力成果的购买,利用手稿赚取微薄收益,创作者一旦将其手稿交给出版商,即丧失了对手稿的权益(尽管在当时看来,手稿与物质载体并无差别),出版商将获得对手稿的绝对支配权。[③] 正如学者所说,诞生于特许出版时期的特许出版权并非真正意义的版权,它是封建统治者为维护和巩固专有统治而授予的一种出版特权,从性质上看是一种公权力,且其特权授予对象只是出版商,并不包含作者。[④] 但也不可否认,特许出版制度的设置,不仅在精神层面进一步稳固封建政权,实现封建统治者制度设计的目的,而且对当时社会出版秩序的形成和出版读物市场的扩大均发挥着不可磨灭的推动作用。[⑤]

---

① 参见吴汉东:《著作权合理使用制度研究》(第 3 版),中国人民大学出版社 2013 年版,第 9 页。

② 参见陈金锋:《书商公会与近代早期英国印刷出版业的发展与监管》,载《西南大学学报(社会科学版)》2015 年第 2 期。

③ 参见易健雄:《“世界上第一部版权法”之反思——重读〈安妮法〉》,载《知识产权》2008 年第 1 期。

④ 参见王迁:《知识产权法教程》,中国人民大学出版社 2019 年,第 25 ~ 69 页。

⑤ 参见陈金锋:《书商公会与近代早期英国印刷出版业的发展与监管》,载《西南大学学报(社会科学版)》2015 年第 2 期。

在特许出版后期，出版商逐渐意识到手稿之上存在区别于物权的"别种权源"，加之其面临文化产品创作者意志的逐渐觉醒及社会话语权提升的潜在威胁，为巩固和扩大自身在文化产品之上的出版权益，出版商身着保护文化产品创作者利益的外衣，[①]试图借用约翰·洛克（John Locke）的自然权利理论证明其所主张权利的正当性。[②] 在出版商的积极推进及极力辩护下，并出于对文化产品创作者权益的考量，同时关注创作者和出版商等多方利益的制度思想开始萌芽。

（二）近代版权法

通说认为，英国《安娜女王法》是世界上第一部具有近现代意义的版权法。[③] 但也有学者对此持反对意见，认为在《安娜女王法》颁布之时，并未确切以"版权"意识规制权利对象，其不过是为规制社会图书传播行为而制定的在当时看来并无意创设新的权利内容（版权）的普通制度规范。[④]《安娜女王法》的重大意义是事后被后人不断赋予的，在当时并未有如此大的功效，或者说从主观上来看并不以发挥后人所称功能为目的。[⑤] 无论如何看待《安娜女王法》的法律定位，理论界都普遍承认其为近代版权法产生和发展所奠定的基础性指导意义。立法者为规范图书交易秩序，遏制出版商在图书传播领域的垄断地位，通过保护作者权利改变文化产品之上权益天平向出版商过度倾斜的现状。如果说出版商只是借助作者权益主张以扩大其自身的权利要求，那么经过出版商与立法者之间的博弈，《安娜女王法》授予了作者独立的法律地位，实实在在承认其对文化产品应享有权益。[⑥] 立法者一方面通过法律分配给出版商一定权益，防止其出版物被盗版，进而被干扰和瓜分其应有份额，威胁其市场利

---

① 参见易健雄：《"世界上第一部版权法"之反思——重读〈安妮法〉》，载《知识产权》2008 年第 1 期。

② 参见［美］保罗·戈斯汀：《著作权之道》，金海军译，北京大学出版社 2008 年，第 22 页。

③ 参见易健雄：《"世界上第一部版权法"之反思——重读〈安妮法〉》，载《知识产权》2008 年第 1 期。

④ 参见易健雄：《"世界上第一部版权法"之反思——重读〈安妮法〉》，载《知识产权》2008 年第 1 期。

⑤ 参见［澳］布拉德·谢尔曼、［英］莱昂内尔·本特利：《现代知识产权法的演进：英国的历程（1760—1911）》，金海军译，北京大学出版社 2012 年版，第 245 页。

⑥ 参见易健雄：《"世界上第一部版权法"之反思——重读〈安妮法〉》，载《知识产权》2008 年第 1 期。

益;另一方面,依据出版商所借助的洛克思想,支持“谁播种,谁收获”主张,[①]保护作者的劳动所得。[②] 总而言之,从《安娜女王法》开始,文化产品受制于出版商垄断的局面被打破,作者被赋予独立的创作地位,其争取创作权利与出版商抗衡的意识被逐渐唤醒,近代版权制度开始产生。

在自然权利理论支持下,作者权利以快速扩张趋势超越出版商利益占据新的垄断地位。但随着资产阶级革命的胜利,文化对社会发展的重要作用开始凸显,政府逐渐认识到作者的创作行为直接关系着社会文化的繁荣程度。与此同时,公众要求社会尊重其表达自由的呼声日渐高涨,他们试图以此抗衡作者在作品之上的绝对专有权,表达对作者权益持续扩张的不满。不同于自然权利理论从劳动财产说和人格说等两个方面对作者专有权利的支持,社会开始出现版权并非对作者创作的回报而在于激励作者进行创作的声音。有学者认为版权并非自然法上的权利,其并不是从一开始就存在于人类社会并相伴成长,而是在印刷技术出现后才慢慢萌芽,是由版权法规则创设的“对人权”。[③] 此外,有学者对基于自然权利理论不断扩展的作者权予以反驳,认为作者永久性权利的设置在某种意义上也是对公众自然权利的侵占。[④] 出于对社会公众接触作品权利的维护,功利主义逐渐取代自然权利理论在近代版权法的制定和解释中发挥主导作用,版权的工具价值开始被提出。[⑤] 功利主义学说认为,正是为满足社会对文化产品的需要、促进社会文化发展和繁荣以及鼓励作品的创作和传播以丰富公众精神世界,版权才得以创设。其意义在于通过赋予作者有限的版权利益,激励其进行作品创作和传播活动。如马克·

---

① 参见[美]保罗·戈斯汀:《著作权之道》,金海军译,北京大学出版社 2008 年版,第 8 页。

② See Daniel Gervais, *The Tangled Web of UGC: Making Copyright Sense of User-Generated Content*, 11 Vand. J. Ent. & Tech. L. 841(2009).

③ 陈传夫:《国家信息化与知识产权:后 TRIPS 时期国际版权制度研究》,湖北人民出版社 2002 年版,第 284 页。

④ 参见[美]保罗·戈斯汀:《著作权之道》,金海军译,北京大学出版社 2008 年版,第 39 页。

⑤ 参见倪朱亮:《自媒体短视频的著作权法治理路径研究——以公众参与文化为视角》,载《知识产权》2020 年第 6 期。

P. 麦肯纳(Mark P. McKenna)在其文章中所提到的,版权激励论的核心在于人们普遍认为没有版权,作者就不会积极地进行创作,人们相信版权法对鼓励创造是极其必要的,更多的版权利益必定会带来更多的创造力。[①] 此外,迈克尔·里德(Michael Reed)主张,对作者授予版权从来不是对其努力创作付出劳动的肯定,而是因其作品的创作和传播对促进文化与科学发展产生积极作用,从而使其在所获利益中分得一杯羹。[②]

不难发现,近代版权法从产生到成熟的过程,也是作者权利从提出到充分保护再到限制保护的过程。无论是自然权利理论的支持者,还是反对作者权利无限扩张的功利主义理论奉行者,无外乎都是为自己所代表的利益集团找寻最合适的理论支撑,以支持自己权利要求,彰显其正当性和合理性。另外,与利益集团权利争夺密切相关的是时代背景下的技术更替现象。伴随着时代发展和技术更迭,近代版权法正在避免过度强调作者所享有的版权,转而开始追求作者利益与公众利益之间的微妙平衡。[③]

(三)现代版权法

从特许出版时期到具有近代意义版权法的产生和发展,在自然权利理论、功利主义理论等学说中,我们看到版权制度规范在不同时期基于不同利益集团的主张所反映出的不同价值理念,其中当然离不开时代科学技术的影响。正如吴汉东教授所言,包括版权法在内的知识产权制度的变迁以科学技术进步为基础,制度设计以经济发展为导向,而制度效果更以公共政策调整为指引。[④] 近代版权法在作者、出版商和读者间构建的利益平衡机制,在较长一段时间内使版权相关权利人相互之间"相安无

---

① See Mark P. McKenna, *Fixing Copyright in Three Impossible Steps: Review of How to Fix Copyright by William Patry*, 39 Journal of College & University Law 715 (2013).

② See Michael Reed, *Who Owns Ellen's Oscar Selfie? Deciphering Rights of Attribution Concerning User Generated Content on Social Media*, 14 J. Marshall Rev. Intell. Prop. L. 564(2015).

③ 参见[美]保罗·戈斯汀:《著作权之道》,金海军译,北京大学出版社2008年版,第41页。

④ 参见吴汉东:《中国知识产权理论体系研究》,商务印书馆2018年版,第116页。

事”,处于一种动态平衡的状态。但随着网络技术的发展,尤其是数字环境的成熟,越来越多的社会公众参与到文化创作中,其多元的创作动因无时无刻不在挑战着传统版权法所营造的动态平衡。有学者认为,版权法将核心和重点放在强调激励作者创作和保护出版商利益方面,无论是在规则制定还是条文应用上,均倾向于忽略读者作用,低估了读者、观众等作品接收群体的重要价值。①

在激励理论看来,版权法的创建和价值以许可效率为指引,②一方面在有限的时间和市场中最大限度地发挥作品利用价值,实现作者通过行使作品专有权对作品使用行为的制约以换取许可收益,从而激发作者创作热情;另一方面,在许可效率的作用下,有效解决作者和读者以合同约定实现对作品利用的低效情形,从某种意义上对作品传播和进一步使用产生积极作用。但随着科学技术的发展,版权法的生存环境已发生翻天覆地的变化,以许可效率为核心的传统版权法的优势在数字化环境中正在慢慢被侵蚀。网络技术在丰富信息传播媒介的同时也极大程度地降低信息传播成本,在物理环境中依附于职业传播主体的作品在数字环境中可轻易被网络用户获取和传递,许可使用不再是对作品最具效率的使用方式,因此,在数字时代对版权法提出由许可效率向传播效率转变的要求。与此同时,传统版权法所担负的创新激励、资源调控、利益分配、法益保护等功能正在被新出现的技术冲击甚至瓦解,对版权法进行改革的呼声日渐高涨,版权制度设计的必要性也面临较大质疑。为应对数字技术等新的科学技术对版权制度带来的影响和挑战,面对新出现的情形,各国开始着手版权法的修改工作,各有所指地对版权法作出局部修改。在保护作者权益方面,引入技术措施以实现网络环境下对作者专有权的有效保护;在社会公众方面,为维护其以非竞争手段使用作品的行为,且避免

---

① See Mary W. S. Wong, *Transformative User-Generated Content in Copyright Law: Infringing Derivative Works or Fair Use?*, 11 Vand. J. Ent. & Tech. L. 1075(2009).

② 参见李雨峰:《从写者到作者——对著作权制度的一种功能主义解释》,载《政法论坛》2006 年第 6 期。

因其频繁陷入“似”侵权旋涡而引发风险厌恶心理,对合理使用规则作出反映数字特征的调整;而面对在网络环境中网络服务提供者的特殊角色扮演,通过设置红旗规则、避风港规则等在申明网络服务提供者在版权法上的责任的同时,给予其一定监管期限,为互联网环境的发展提供一个较为宽容的环境,从而实现鼓励互联网企业在守法范围内健康快速成长的制度目的。

推动智力成果的市场化是包括版权法在内的知识产权制度的目标之一。[①] 无论是特许出版时期,还是近代版权法时期,抑或当下正在经历的现代版权法时期,都围绕权利配置问题进行创建和调整。随着用户生成内容现象的大规模兴起,功利主义理论已无法全面解释版权保护的合理性,[②]但这并不意味对其历史价值的否定。版权的发展历程是一部受经济、科技、文化、法律等交叉融合、共同作用的历史,版权法内容上的变化与时代因素息息相关,无不体现着时代的印记。[③] 面对数字技术和互联网环境略显左支右绌的版权法,正在时代经济、文化、科技等的影响下发生蜕变,虽远弗届。

二、版权法的当代价值意蕴

随着社会科技水平的不断提高,作品利用方式千变万化,版权法的适用问题受到极大挑战。甚至有学者认为用户生成内容等具有深刻虚拟技术烙印的新兴现象正在动摇着版权法的根基。[④] 一时间,数字决定论与技术决定论充斥在版权法领域。[⑤] 回顾世界版权法从无到有的各个阶

---

① 参见吴汉东:《中国知识产权理论体系研究》,商务印书馆 2018 年版,第 337 页。

② See Mary W. S. Wong, *Transformative User-Generated Content in Copyright Law: Infringing Derivative Works or Fair Use?*, 11 Vand. J. Ent. & Tech. L. 1075(2009).

③ 参见吴汉东:《中国知识产权理论体系研究》,商务印书馆 2018 年版,第 116 页。

④ See Lawrence Lessig, *Remix: Making Art and Commerce Thrive in the Hybrid Economy*, The Penguin Press, 2008, p. 30.

⑤ 参见[美]罗伯特 · P. 莫杰斯:《知识产权正当性》,金海军、史兆欢、寇海侠译,商务印书馆 2019 年版,第 431 ~ 432 页。

段,这是不同学说和思想发挥价值的过程,也是所处时代社会环境和权利争斗的结果。[①] 从特许出版时期到近代意义版权法的诞生,再到现阶段依旧处于发展中的版权法,我们既不能否认封建君主与出版商所推崇的自然权利理论的价值,也不可偏激认为功利主义在现代版权法进程中已油尽灯枯。相反,面对瞬息万变的信息技术时代,我们要跳出坚持一种立场、秉守一种理论的一元论惯有思维,避免在宣扬一种理论的基础上一概否定其他解释场景,而应在对版权制度的理解和解释上寻求一种更为客观和全面的解释应用方法。[②] 从版权法发展的各个阶段来看,其场景应用领域一定程度彰显了所处时期科技、经济、法律等的发展水平和趋向。尤其是进入近代版权法时期之后,随着社会对自由、平等等思想的宣扬和重视,社会公众在版权中的权益被提出。版权法继续保护出版商、作者等在作品之上享有的权利的同时,坚持以实现作品价值最大化为版权法目的,[③]关注作品的传播使用情况。正如拉丁谚语所述:如果你的知识不被人所知,那么它毫无用处。[④] 至此,维护著作专有权与社会公众接触文化产品之间的动态平衡成为版权制度的价值理念之一被刻画在立法宗旨之中。

德姆塞茨(Demsetz)教授以"涅槃错觉"形容"问题立法、问题废法"形象。其认为在发现某种制度或解决问题的方法存在缺点时,立即构想出新的制度安排和方法来代替前者,但这些替换方案本身不过是人们臆想出来未付诸实施的虚幻之物,并不存在于现实之中。[⑤] 面对新情况新问题,当法律规范和相关解释不足以应对出现的矛盾和冲突时,以目的解

---

① 参见[澳]布拉德·谢尔曼、[英]莱昂内尔·本特利:《现代知识产权法的演进:英国的历程(1760—1911)》,金海军译,北京大学出版社2012年版,第245页。

② 参见吴汉东:《中国知识产权理论体系研究》,商务印书馆2018年版,第129页。

③ See Mark A. Lemley, *Faith-Based Intellectual Property*, 62 UCLA L. Rev. 1328(2015).

④ See Orly Lobel, *The New Cognitive Property: Human Capital Law and the Reach of Intellectual Property*, 93 Tex. L. Rev. 789(2015).

⑤ 参见倪朱亮:《自媒体短视频的著作权法治理路径研究——以公众参与文化为视角》,载《知识产权》2020年第6期。

释进行最终分析,[①]或许要比全盘推翻相应规范明智得多。如罗伯特·P. 莫杰斯所说,在漫长的人类发展道路之上,版权法的价值和意义仍旧并将持续发挥作用,其立法宗旨和价值理念在数字化时代于推动社会文化繁荣、鼓励创新等问题上依旧起着中流砥柱的作用。[②] 从某种意义来看,互联网技术只是版权法的利益相关者在新的信息时代所面临的新的将要解决和征服的又一种技术挑战。[③] 与印刷技术、电子技术相比,其就版权法而言并无本质区别,只是一种技术更替现象。申言之,版权法的价值目的在信息化时代仍然适用,在应对和调整互联网下与版权有关的新现象时,应秉持版权法的应有之义,坚持其平等性、时代性和典型性趣旨,以指导包括用户生成内容在内的新互联网现象引发的版权问题的有效解决,同时为互联网环境的继续健康发展提供一定的自主空间。

第一,坚持版权利益的动态平衡,体现版权法的衡平性目的。版权可以通过原始取得与继受取得两种方式获取。就版权的原始取得来看,它与一般民事法律行为不同,并不受民事行为能力的调整,其取得与否关键在于是否实施创作行为。版权的原始取得通常源于创作行为,而创作行为得以付诸的前提是社会公众享有均等参与创作的机会,一定意义上体现为劳动自由。[④]《俄罗斯联邦民法典》在版权部分提到,公民可成为其在科学、文学及艺术领域因创造性劳动产生作品的作者。这意味着创造性劳动产生作品是公民享有版权的唯一核心条件。另外,法国版权法指出创作劳动是一种事实行为,只要其在创作过程中具备独创性等要件,对其法律地位的肯定并不会附加其他法律条件。除此之外,意大利、日本等国家虽然在版权法中规定了专门的作品登记制度,但同时还强调版权的

---

① See Tom W. Bell, *The Specter of Copyism v. Blockheaded Authors: How User-Generated Content Affects Copyright Policy*, 10 Vand. J. Ent. & Tech. L. 841(2008).

② 参见[美]罗伯特·P. 莫杰斯:《知识产权正当性》,金海军、史兆欢、寇海侠译,商务印书馆 2019 年版,第 428 ~ 483 页。

③ See Dan Hunter & F. Gregory Lastowka, *Amateur-to-Amateur*, 46 Wm. & Mary L. Rev. 951 (2005).

④ 参见吴汉东:《著作权合理使用制度研究》(第 3 版),中国人民大学出版社 2013 年版,第 35 ~ 36 页。

获取并不以登记为要件,而是采取作品自愿登记原则且登记规则的设立意在规范权利处分行为而非授予版权。[①] 虽然不同国家版权法产生的社会环境不尽相同,且其制度在设置目的上也存在一定差异,但多数国家在版权获取和作品地位确定上不谋而合,即尊重公民平等参与创造性劳动的自由,并授予其同等的创造地位,使其得以根据自己的意愿自主选择是否进入版权领域,成为版权法意义上的作者。

版权法的平等性也体现在版权相关利益主体在权利义务方面的对等上,此是版权法平等性价值理念的核心。在真正意义的近代版权法产生之前,文化产品控制在封建君主和特许出版商的手里,其被统治者视为控制公民精神世界的有力途径。其实对文化产品的垄断与保护也并非近现代意义上的我们所称的版权保护。为社会所承认并作为根基不断完善发展的版权制度产生于资产阶级革命之后,其将自由、平等的文化理念融入版权相关制度之中,不仅保障作者权利的享有和实现,更将促进文化利用和传播成为制度制定之根本。有学者提到,数字技术下成长和壮大的"符号民主"对版权政策提出了更为明朗的分配正义、表达自由和民主价值观的要求,同时还强调关注非经济公共利益及其社会价值是现代版权法所应顾及的重要课题。[②] 本书认为,近现代意义上版权制度的生命力就在于它虽处不同时期面对不同境况,但始终发挥着维持版权相关主体利益之间的动态平衡。[③] 吴汉东教授进一步释义版权法的平等性价值,将版权法价值目标的实现分为平行模式和递进模式两种。平行模式要求版权法既要保护作者的个人利益,又不能将读者、消费者等社会公众的个人利益抛之脑后;而递进模式对读者等团体代表的公共利益和作者代表的私人利益进行分区,主张以"公共利益为体,私人利益为用"。[④] 正如《美国

① 参见《十二国著作权法》,《十二国著作权法》翻译组译,清华大学出版社 2011 年版,第 63、315、396、432 页。

② See Mary W. S. Wong, *Transformative User-Generated Content in Copyright Law: Infringing Derivative Works or Fair Use?*, 11 Vand. J. Ent. & Tech. L. 1075(2009).

③ 参见吴雨辉:《新媒体版权产业推动下的版权规则重构》,载《知识产权》2016 年第 7 期。

④ 付继存:《著作权法的价值构造研究》,知识产权出版社 2019 年版,第 74 ~ 78 页。

联邦宪法》知识产权条款所描述的那样,美国版权立法的根本目的在于“促进科技进步”。[①] 韩国、日本等国家的版权法目的与此不谋而合,均提出保护作者权益,推动作品利用以促进文化繁荣。在这三个目的的关系处理上,各国普遍认为保护作者权益是版权法的直接目的,同时它也是实现作品广泛利用和传播、促进社会文化繁荣的手段与工具。而促进社会文化繁荣作为版权法的根本目的,在此三个目的发生冲突时,应引导作者让渡一定权益以保障社会公共利益的实现。[②]

互联网背景下用户生成内容的“病毒式”产生和传播,持续引发学者对作者经济权利与他人创作利益之间界限问题的思考。[③] 但无论处于什么样的技术环境中,版权法应始终以实现公共利益与作者权利间的平衡为己任,避免只专注于作者权利的保护,而忽视广大作品使用者的相关利益。[④] 一个合理且健康的版权制度,一定是为文化产品留出传播和发展空间的制度,[⑤]就如吴汉东教授所言,作者的专有权不应以危及公民的表达自由而实现。[⑥] 处于工业技术与数字技术共同发展的特有社会环境下,我们在版权法的适用和解释上更应坚持其保护作者权益与社会公共利益的二元价值追求与目标,并以此为指引,解决互联网时代作者要求权利强保护与社会公众主张文化自由之间的矛盾。

第二,与 WEB 2.0 时代相适应,贯彻版权法的时代性价值。各个阶段版权法律制度的设计都与其所处时代的经济、政治等密不可分,甚至可

---

① [美]朱莉·E. 科恩、[美]莉迪亚·P. 劳伦等:《全球信息经济下的美国版权法》(上),王迁、付孝祥、贺炯译,商务印书馆 2016 年版,第 6 页。

② 参见[美]威廉·W. 费舍尔:《说话算数:技术、法律以及娱乐的未来》,李旭译,上海三联书店 2013 年版,第 9 页。

③ See Jordan Sundell, *Tempting the Sword of Damocles: Reimagining the Copyright/DMCA Framework in a UGC World*, 12 Minn. J. L. Sci. & Tech 335 (2011).

④ 参见吴汉东:《著作权合理使用制度研究》(第 3 版),中国人民大学出版社 2013 年版,第 45 页。

⑤ See Julie E. Cohen, *Copyright as Property in the Post-Industrial Economy: a Research Agenda*, 2011 Wis. L. Rev. 141 (2011).

⑥ 参见吴汉东:《著作权合理使用制度研究》(第 3 版),中国人民大学出版社 2013 年版,第 45 页。

以说是对应社会环境下的产物。[①] 因此有学者认为，对一项权利和制度的理解应放置在社会合意中进行，从而反对限制于"人与对象"的单一性关系解读相关权利。[②] 我们知道，任何现象和思想都不是凭空产生的，一方面，法律的制定在于稳定社会秩序，调整法律关系以平衡法律主体之间的利益，实现制度正义和伦理正义；另一方面，法律的制定是基于对市场纯竞争性关系的考虑，避免因市场竞争引发马太效应，导致贫富两极分化，最终危及社会稳定。法律制度应同时承载着资源调控和权利配置使命，以促进社会财富的有效健康增长。同时，为最大限度降低因法律滞后性对调整社会行为产生的不利影响，及时关注科技动态，吸纳科技特点，反映科技引发的社会性问题，是一部法律制度的应有之义。反映到版权法的产生和发展上来，也即学者所述，法律运行中的环境对知识产权法的形成发挥着至关重要的作用。[③] 这就要求我们，在面对新的社会情况和信息技术时，不能囿于特定制度原有的规则适用理念和情形而陷入封闭的法律效用观念之中，似井底之蛙般管窥蠡测，而应立足制度设置背景，透析条文背后所传达的规范价值，以目的精神为指引，解释蕴含其中的时代之义。

WEB 2.0 下繁荣起来的用户生成内容现象，并未随着 WEB 3.0、WEB 4.0 甚至 WEB 5.0 的兴起而日暮穷途。相反，数字技术的风靡和普及持续为其注入新鲜动能，使其大有方兴未艾之势。但与用户生成内容呈风靡云蒸之态如火如荼展开不同，其频繁引发来自传统作者群体的维权攻势。例如，《一个馒头引发的血案》基于对电影《无极》的嘲谑式使用，曾引发电影制作人的极度不满，一度表示将通过诉讼维护自己作品之上的保护作品完整权等各项版权。[④] 坎贝尔与雅芙玫瑰音乐公司的争讼

---

① 参见吴汉东：《试论知识产权制度建设的法治观和发展观》，载《知识产权》2019 年第 6 期。

② 参见李琛：《著作权基本理论批判》，知识产权出版社 2013 年版，第 3 页。

③ 参见[澳]布拉德·谢尔曼、[英]莱昂内尔·本特利：《现代知识产权法的演进：英国的历程（1760－1911）》，金海军译，北京大学出版社 2012 年版，第 168 页。

④ 参见温万名：《我国模仿讽刺作品的版权法保护——从〈一个馒头引发的血案〉与〈无极〉的著作权纠纷引申》，载《编辑之友》2008 年第 3 期。

同样也是起因于未经许可对受版权保护作品的使用与改动。[①] 相较于社会及法律对上述争议中被诉侵权人使用作品行为的"包容性容忍",纳普斯特音乐共享平台的命运就显得不尽如人意。被誉为网络音乐共享模式鼻祖的纳普斯特一经创设即吸引万千粉丝加入,但其平台之上免费的音乐分享行为随即引起传统音乐版权人的不满。1999 年,17 家音乐公司将纳普斯特诉至法院,要求对其侵权行为予以认定。[②] 在漫长的诉讼纠纷和法律压力下,纳普斯特最终停止其音乐免费分享业务。不难看出,在迭代更新的技术之下,不同利益集团之间的矛盾愈益突出,其所呈现的纠纷结果也不尽相同。在日益复杂的技术背景之下有效维护智力成果创造、运用、保护和管理全过程的良性发展是包括版权法在内的知识产权法所担负的重要时代命题。这就要求版权法始终坚持与社会科技、经济发展水平相适应的制度追求,[③]在立法目的的指引下,作出对时代发展技术进步有益的内容解释,体现其时代性价值。正如吴汉东教授所言,知识产权制度的变迁、设计及效果无不体现在科学技术、经济社会发展和公共政策调整之中。[④]

第三,立足国情反映内需,彰显版权法的本土化特征。在历史发展长河中,版权制度的出现和每一次修改完善,都是对特定领域特定问题对应不同利益集团的不同需求作出新的回答的结果。长期以来,"西方中心论"流行于国际社会,其认为人类世界的每一次进步都依赖于西方力量的施展,用"历史隧道眼光"把西方历史与世界发展关联起来,将西方价值观念视为世界文明的核心和中心,置非西方国家于依附地位,形成以"核心—边缘"来区分国家发展程度的亚健康观念。[⑤] 从历史发展历程来看,

---

① See Campbell v. Acuff Rose Music, Inc. ,510 U. S. 569 (1994).

② See A&M Records, Inc. v. Napster, Inc. ,114 F. Supp. 2d 896 (N. D. Cal. 2000).

③ 参见吴汉东:《中国知识产权制度现代化的目标安排和道路选择》,载《中国社会科学报》2021 年 10 月 22 日,第 5 版。

④ 参见吴汉东:《中国知识产权理论体系研究》,商务印书馆 2018 年版,第 340 ~ 349 页。

⑤ 参见[美]J. M. 布劳特:《殖民者的世界模式:地理传播主义和欧洲中心主义观》,谭荣根译,社会科学文献出版社 2002 年版。

"西方中心论"是资产阶级在资本主义革命之后凭借其经济、科技等优势向全球扩张的产物,目的在于为其世界地位的膨胀提供合理性理论支撑。[①] 通说认为,包括版权法在内的我国知识产权制度的成长史是一部由"逼我所用"到"为我所用"、从"被动调整"到"主动创制"的进步发展史。[②] 知识产权制度创设之初,在国家公权力的强力支撑下,其由上而下开始作用于社会公众的生活工作中,知识产权认知渐次成熟。[③] 随着我国社会经济的不断发展和国际地位的显著提升,国内对知识产权保护的呼声愈加强烈,知识产权观念逐渐从"由外到内"向"自发要求"过渡。与国内版权保护诉求不相适应的是,我国版权制度成形于国内版权产业空白时期,制度规则是在西方国家要求知识产权保护的强压之下"借鉴"而来的,[④]具有一定外部基因,但在本质上,可以说我国版权制度的制定是顺应国内发展形势,综合各方需求,在理性选择的基础上产生的。[⑤]

版权制度产生的内部动因源于一国的内在需要。[⑥] 面对社会主义发展新阶段和社会经济新的增长点,创新的功能价值越来越引起社会关注,版权等知识产权制度日益得到重视。面对不断变化的国际市场和推陈出新的信息技术,要想在时代的洪流中保持奋力向前并发挥中流砥柱的作用,就要求我们立足中国特色知识产权理论体系,以中国特色社会主义法治观和发展观为指引,围绕知识产权制度充分发挥激励创新、调控资源、权利配置和法益保护等功能,挖掘版权发展的中国问题,总结中国经验,探索中国道路,发挥具有我国本土化特征版权制度的优势。申言之,面对数字环境下复杂的用户生成内容现象,在对其作出调整和规制时,一方面,我们应积极吸收国际已有成功经验,总结教训,既要避免因过度强调

① 参见董涛:《"中国特色知识产权理论体系"研究论纲》,载《知识产权》2013 年第 5 期。

② 参见吴汉东:《试论知识产权制度建设的法治观和发展观》,载《知识产权》2019 年第 6 期。

③ 参见余俊:《知识产权与中国现代性的起源》,载《知识产权》2019 年第 8 期。

④ 参见熊琦:《中国著作权法立法论与解释论》,载《知识产权》2019 年第 4 期。

⑤ 参见韩秀成、李牧:《关于建设知识产权强国若干问题的思考》,载《管理世界》2016 年第 5 期。

⑥ 参见吴汉东:《中国知识产权理论体系研究》,商务印书馆 2018 年版,第 118 页。

公共利益而导致对原版权人保护不足引发的悲剧,又要防止原版权人权利在信息时代下的不合理扩张导致出现版权垄断局面。另一方面,在用户生成内容等互联网问题的解决和应对上,我们应坚持立足国情,从国内需求出发,综合考虑我国社会经济、科技等发展需要,在合理分析我国历史上因地域差异产生的文化分配不均等问题的基础之上,结合版权立法目的和价值意义,发出中国声音,提出中国方案。

第二节　作品界定再探讨

目前,就对用户生成内容的讨论而言,已有研究普遍将视线放置于对用户生成内容的侵权判断上,在其是属于合理使用抑或是行为侵权等两种态势下进行争执。从实践来看,因用户生成内容产生的纠纷多由原作品版权人以用户侵权或用户和平台共同侵权为由提起的诉讼。[①] 而被诉或被指侵权用户多以一种息事宁人的消极态度,在收到侵权警告后选择在有限时间内删除被指向内容,较少对自己被指有侵权行为作出争辩。在笔者看来,目前对用户生成内容现象的研究集中于网络内容生成主体侵权责任承担的原因有三:一是在传统版权法规则的影响下,对已有作品的利用方面,社会公众基本形成“先许可后使用”的法律静态思维,对未经许可即利用已有作品的行为所引发的侵权警告较少质疑;二是网络用户借助互联网信息的易得性及瞬时传播性等特点,多基于对已有作品的删减、拼凑等重混行为进行二次“创作”,形成“新的”智力表达,而后在平台发布,主观上较少甚至并不追求内容的创意,以至对其表达能够成为法律适格客体持怀疑态度;三是智力成果可版权性的判断规则众说纷纭,尤其是在智力成果独创性适用标准上始终未有定论,其犹如“斯芬克斯之谜”困扰着理论与实务界。加之网络用户在生成平台内容中凸显的与侵

① 参见李自柱:《作品独创性的实证分析与路径选择》,载《版权理论与实务》2021 年第 6 期。

权行为较为吻合的典型特点，这些都从一定程度上引导相关研究聚焦于用户生成内容侵权责任承担问题上。值得庆幸的是，部分学者在肯定用户生成内容价值的前提下，逐渐注意到用户生成内容自身可版权性问题的存在意义，从而将对用户生成内容的研究扩展至其获得版权法保护的路径上，并开始关注用户生成内容获得版权法保护的正当性。[①] 用户生成内容并不总是位于对版权人权利侵犯的消极境况之中，其除了集散信息时代的典型特征，毋庸置疑也有自身的价值和优势。在符合版权法要件的情况下肯定用户生成内容的合法性地位，并对其之上正当权利予以保护，既是对信息时代特有现象和新的经济趋势的肯定，又在某种程度上对缓解原版权人、网络服务提供者、内容生成主体和用户生成内容利用者等多方之间关系起到一定的积极作用。

版权自动取得的特有性质，使其在权利来源、权利边界等判断及证明上区别于专利权和商标权。无论是发明、实用新型、外观设计还是商业标识，都能够经过由国家公权力保障的授权文件来明确其权利及范围，而版权享有与否多数情况下只能依赖于对“作品”概念的解释。[②] 无论何种智力成果，只有在其满足作品构成要素的情况下，才有可能成为版权法的客体享有版权，获得版权法保护。[③] 用户生成内容版权存在与否的前提即是考察其是否具有可作品性，再据此确定其主体的权利行使范围，进而分析其对已有作品的使用是否超出合理边界落入侵权范畴。换言之，用户生成内容的版权配置问题，不仅涉及原作品之上所存在的原权利人权利的使用和保护问题，同时也需要对用户生成内容自身可能存在的权利及其分配问题进行讨论，整体上把握用户生成内容在版权配置方面的难点，实现体系化、全面化破解。在对智力成果作出权利归属判断之前，首先需

① 参见王磊、杜颖：《UGC 版权保护的平台机制研究》，载《知识产权》2021 年第 8 期。

② 参见徐珉川：《作品“原创性”规则的功能化解读——兼评〈著作权法（第三次修改送审稿）〉第 5 条》，载《法律科学（西北政法大学学报）》2017 年第 3 期。

③ 参见高鹏友：《网页构成著作权法上作品的认定标准研究——兼论〈著作权法〉送审稿第五条》，载《中国版权》2016 年第 2 期。

要对权利得以存在的基础“作品”作出界定。[①] 从版权法的各个发展阶段来看,用户生成内容能否成为版权法的客体并享有作品地位,受到多方因素的影响,是综合多个价值的结果。作品的功能用途、制度的价值目的以及独创性标准等受制于所处时代经济、科技等不同发展水平,而呈现动态变化特征的因素都会影响对作品的判断,直接导致从法律层面穷尽对作品类型的事前概括成为不可能。[②] 这就要求我们从宏观、抽象层面理解“作品”内涵,在法教义学的指引下,分析作品要素,构建“作品”界定的动态框架。正如熊琦教授所言,法教义学的功能一方面在于解决和应对法律的确定性以及普遍性问题,另一方面其价值更在于“通过科学方法在法律既有体系内续造既有规则,使其能够在新问题和新领域延续立法原意,并填补立法中不可避免的漏洞”。[③]

总而言之,用户生成内容能否成为版权法意义上的作品,从而被囊括进版权客体范畴,是讨论用户生成内容法律地位的前提,也是分配其之上所附着版权的基础,更是理顺信息时代网络用户、网络服务提供者、原版权人和用户生成内容利用者等多方主体之间利益的关键。因此,鉴于用户生成内容多样的创作方式和途径,我们应避免陷入一元论误区而对用户生成内容的作品地位作出非黑即白的简单分辨。我们应立足于对作品界定的法教义学分析,基于作品构成要素及其所传达深层次要求的挖掘,在既有的版权法框架体系内探讨其对不同情形下产生的不同类别用户生成内容的保护及其引发侵权后果的责任承担问题,在立法目的的指引下续造规则适用情形,积极构建一套较为完备的规范数字时代用户生成内容现象的价值体系,实现技术环境下物理社会与互联网社会健康有序并行发展的制度要求与时代之唤。

---

① 参见徐珉川:《作品“原创性”规则的功能化解读——兼评〈著作权法(第三次修改送审稿)〉第5条》,载《法律科学(西北政法大学学报)》2017年第3期。

② 参见付继存:《著作权法的价值构造研究》,知识产权出版社2019年版,第138页。

③ 熊琦:《中国著作权法立法论与解释论》,载《知识产权》2019年第4期。

一、版权作品的要素考量

(一)作品的积极限定

我国《著作权法》经由第三次修改,在条文中以“方法+情形”,即采用“规则主义+因素主义”模式同时规定作品内涵和外延,并将《著作权法实施条例》中作品应能以某种有形形式复制的描述改为以一定形式表现的描述。第三次修改,不仅从法律上明确对作品的独创性要求,也在一定程度上反映出时代发展、科技更替的特点,不再将作品限制在可以以有形形式复制的范围内,而代之以可再现性描述,对智力成果可作品性的界定起到一定指引作用。长久以来,关于智力成果可作品性问题的讨论一直占据着版权研究领域的基础和核心地位,无论是印刷时代还是电子时代抑或是网络时代,瞬息万变的科学技术下引发的版权法适用难题都需要立足于作品的内涵与外延,明确受其调整的对象即在版权法上的地位。通说认为,可复制性和独创性是判断智力成果可作品性的关键。[①] 在具体案件中,对作品构成要件和保护程度等的判断上也多集中于对智力成果是否具备独创性及独创性高低的考量上。[②] 但如何把握独创性要素的基本内容,包括《著作权法》在内的立法文件都并未给出说明和判断依据。[③] 笔者认为,独创性对智力成果可作品性的界定固然重要,且因法律规定的模糊为理论探讨留下极大空间,此外为规范司法实践中法官自由裁量权的行使,独创性要素的适用规则研究同时具有较高的实务价值,但对智力成果可作品性的讨论不应局限于独创性,原因有二:一方面,独创

---

① See Steven Hetcher, *User-Generated Content and the Future of Copyright: Part One-Investiture of Ownership*, 10 Vand. J. Ent. & Tech. L. 863 (2008); Michael Reed, *Who Owns Ellen's Oscar Selfie? Deciphering Rights of Attribution Concerning User Generated Content on Social Media*, 14 J. Marshall Rev. Intell. Prop. L. 564(2015);陈杰:《论著作权法视野下的作品观》,载《知识产权》2012 年第 6 期;吴汉东:《关于著作权法“作品”条款的法教义学解读》(上),载《版权理论与实务》2021 年第 1 期。

② 参见李自柱:《作品独创性的实证分析与路径选择》,载《版权理论与实务》2021 年第 6 期。

③ 参见吴汉东:《关于著作权法“作品”条款的法教义学解读》(上),载《版权理论与实务》2021 年第1 期。

性是在作品创作过程对作者思想的凝结和呈现，其具有一定的抽象性和动态特征，缺乏甚至不可能具备法律规则的一致性和稳定性。将智力成果的可作品性界定依附在独创性的判断上，势必引发实务界"同案不同判"的风险。另一方面，从各个国家版权法对作品的规定来看，通常在独创性之外设立平行要素，一并影响着对智力成果作品地位的确定。鉴于此，笔者认为，依照既有的版权规范，对智力成果可作品性的判定宜从作品内涵、特别规定、创作主体、相关内容保护期限等多角度入手，掌握版权法在作品内涵与外延的限定上设置的一系列规则，为体系化智力成果可作品性路径的建构提供理论依据。

首先，智力成果应符合版权法对作品的要求，即满足独创性、可再现性条件且能够落入文学、艺术、科学领域范畴。在各国在作品界定问题上，除对作品所属领域存在不同规定，在智力成果应具备独创性和可再现性的条件上鲜有不同。[①] 但为发挥版权法对国内创新水平、创作环境和文化繁荣的积极作用，受一国政治、经济发展需要的影响，不同国家对独创性和可再现性的具体要求存在一定差异。[②] 以独创性为例，注重作品市场价值和经济利益的版权体系国家，并不要求作品应具备较高程度的独创性，只要达到最低限度标准即可，甚至一度以"额头出汗原则"指导版权的授予。而较为关注作品之上人格要素的作者权体系国家从一开始即对作品的独创性特征作出较高要求，其认为只有体现一定个性特征才有可能称为版权法意义上的作品。经过漫长的历史沉淀，无论是英美法系还是大陆法系，在信息时代依然困扰于作品独创性的判断，在新的智力成果作品地位的授予规则上仍显模棱两可。[③] 作品内涵和外延的界定与

---

① 参见卢海君：《论作品的原创性》，载《法制与社会发展》2010 年第 2 期。

② See European Commission, *User-Generated-Content: Supporting a Participative Information Society*, ResearchGate (Feb. 1, 2012), https://www.researchgate.net/profile/Lucie-Guibault/publication/228218971_User-Created-Content_Supporting_a_Participative_Information_Society/links/586d279908ae6eb871bcd7e2/User-Created-Content-Supporting-a-Participative-Information-Society.pdf.

③ 参见唐绪军等主编：《中国新媒体发展报告 NO. 7(2016)》，社会科学文献出版社 2016 年版，第 182 页。

所处时代经济、科技等背景不无联系，从而要求我们不能将作品认定置于静态不变的制度规则之中，而应在作品内涵的指引下即依据作品概念条款动态分析不同时期作品要件，[①]结合时代背景解读独创性、可再现性等要素。

从版权法对作品的定义不难看出，版权法所保护的作品是具备独创性要素的智力成果。[②] 换言之，独创性是智力成果可作品性的要素之一，学界多数学者对此不置可否。[③] 有学者指出，当新的现象引发新的智力成果出现，并要求获得版权法上的作品地位时，是否具有独创性是论证其能否被纳入版权法保护范畴的必备条件之一。[④] 所谓独创性，即将被称存在关联性的两作品相比较，后产生作品在内容创作、形式表达等方面与前作品存在的实质性差异。[⑤] 由此可见，独创性在一定程度上是比较性标准，[⑥]对一智力成果独创性有无的判断多基于作品之间的对比。如何判断后一作品较前一作品而言具有其独有内容，是独创性的应有之义。换言之，独创性的具备是智力成果可作品性的前提，把握和分辨独创性的有无，是解决智力成果独创性问题的要义。对此，多个国家在版权相关法律中均对作品提出了不同程度的独创性要求。英国以“技能和劳动”对智力成果独创性作出最低限度要求，德国则对独创性要求较高，其认为只

---

① 参见金松：《论作品的“可复制性”要件——兼论作品概念条款与作品类型条款的关系》，载《知识产权》2019 年第 1 期。

② 参见吴汉东：《关于著作权法“作品”条款的法教义学解读》（上），载《版权理论与实务》2021 年第1 期。

③ 参见李自柱：《作品独创性的实证分析与路径选择》，载《版权理论与实务》2021 年第 6 期；Melinda J. Schlinsog, *Endermen, Creepers, and Copyright: The Bogeymen of User-Generated Content in Minecraft*, 16 Tul. J. Tech. & Intell. Prop. 185(2013)；陈传夫：《国家信息化与知识产权——后 TRIPS 时期国际版权制度研究》，湖北人民出版社 2002 年版，第 124 页。

④ 参见付继存：《著作权法的价值构造研究》，知识产权出版社 2019 年版，第 132 页。

⑤ M. 雷炳德教授认为，独创性可以体现在作品的内容上、表达形式上或者二者兼具。参见［德］M. 雷炳德：《著作权法》，张恩民译，法律出版社 2005 年版，第 50 页。

⑥ 参见吴汉东：《关于著作权法“作品”条款的法教义学解读》（上），载《版权理论与实务》2021 年第1 期。

有符合“高于平均水平的表达”才能够落入独创性之中。而比利时、法国、荷兰等国家以“展现个性，带有作者个人印记”作为独创性判断依据。[①] 但囿于版权法仅对作品提出独创性要求，而未进一步明晰独创性内容，使其在司法适用中举步维艰，纷争不断。[②] 根据最高人民法院《关于审理著作权民事纠纷案件适用法律若干问题的解释》的规定，由不同作者就同一题材创作的作品，作品的表达系独立完成并且有创作性的，应当认定作者各自享有独立著作权。结合该规定，笔者认为，对独创性判断的考察因素应主要集中于独立完成、个性表达、创作性等方面。

智力成果的独立完成在于强调其并非对已有作品的抄袭和剽窃。申言之，智力成果或者是创作主体完全自发生成，即就创作主体而言，客观上此智力成果属于其认知和可接触范围内新的创作物，体现为由无到有；或者是创作主体基于对已有作品的演绎、汇编、转换性使用等，在既有作品的基础上形成的新的智力成果。另外，对智力成果独立完成的要求并非“个体独创论”的本源，应避免其在反对“个体独创论”上否定独立创作的价值。[③] 总而言之，无论哪种情形，其均应有创作主体的个性表达融入其中，即独创性在一定程度上是创作主体主观精神的体现，区别于非主观事实。[④] 美国费斯特案件排除了简单重组客观事实获得版权保护的可能性，为独创性个性表达要素的承认提供了一个较为可行的蓝本。[⑤] 智力成果作为主体所特有的思想表达，创作主体的人格要素不可避免会蕴含其中，从而得以与同领域同题材同主题的其他表达予以辨别。“一千个读

---

① See European Commission, *User-Generated-Content: Supporting a Participative Information Society*, ResearchGate (Feb. 1, 2012), https://www.researchgate.net/profile/Lucie-Guibault/publication/228218971_User-Created-Content_Supporting_a_Participative_Information_Society/links/586d279908ae6eb871bcd7e2/User-Created-Content-Supporting-a-Participative-Information-Society.pdf.

② 参见李自柱：《作品独创性的实证分析与路径选择》，载《版权理论与实务》2021 年第 6 期。

③ 参见李斯特：《个体独创论的解构与重建——基于〈乌苏里船歌〉著作权纠纷的研究》，载《华南师范大学学报（社会科学版）》2013 年第 2 期。

④ See Dan Hunter & F. Gregory Lastowka, *Amateur-to-Amateur*, 46 Wm. & Mary L. Rev. 951 (2005).

⑤ See Feist Publications, Inc. v. Rural Telephone Service Co., Inc. 499 U. S. 340 (1991).

者就有一千个哈姆雷特”,若智力成果鲜有创作主体主观情感的呈现,而多为对已有作品的删改、重组,则不免因缺乏人格要素而在独创性认定上陷入不利局面。正如李雨峰教授所强调的作者和写者间的不同,其认为作者与创作是一组关系词,而写者与誊抄为另一组关系词。之所以作出这样的划分,原因在于其认为创作活动在一定程度上是创作主体天才思维和精神活动的传递,而写者以一个模仿者身份仅在周而复始地付诸体力劳动。其主张在独创性是否存在的判断上,应正确区分主观性表达和客观性描述。[①] 简言之,人格要素是创作主体于创作中形成的复杂心理和情感,[②]体现着创作主体的独特构思,[③]是其主观思维在智力成果中的体现,是影响智力成果独创性判断的关键因素。但需要思考的一个问题的是,个性表达是否要求智力成果蕴含创作者的创作意图?学者尼默(Nimmer)认为,作者有无创作意图是区分智力成果具备独创性与否所应考虑的要素之一。[④] 但也有学者对此表示质疑,认为将创作意图纳入独创性判断之中,难免引发对作者限制过于严格的结果,而不利于版权法鼓励文化创作的初衷。[⑤] 荷兰最高法院在一个关于对话能否具有可版权性的案件中指出,无论作者是否有意识有意图地创造一部作品,该作品都是可以保护的。[⑥] 本书认为作品创作系事实行为,其并不受创作者年龄、精

---

① 参见李雨峰:《从写者到作者——对著作权制度的一种功能主义解释》,载《政法论坛》2006 年第6 期。

② 参见金松:《论作品的“可复制性”要件——兼论作品概念条款与作品类型条款的关系》,载《知识产权》2019 年第 1 期。

③ 参见高鹏友:《网页构成著作权法上作品的认定标准研究——兼论〈著作权法〉送审稿第五条》,载《中国版权》2016 年第 2 期。

④ 参见王太平、韩梅:《评尼默的新著作独创性要件——“意图”》,载冯晓青主编:《知识产权权属专题判解与学理研究》,中国大百科全书出版社 2010 年版。

⑤ 参见付继存:《著作权法的价值构造研究》,知识产权出版社 2019 年版,第 159 页。

⑥ See Endstra v. Uitgeverij Nieuw Amsterdam et al. No. LJN: BC2153 (2008); European Commission, *User-Generated-Content: Supporting a Participative Information Society*, Research Gate (Feb. 1, 2012), https://www.researchgate.net/profile/Lucie-Guibault/publication/228218971_User-Created-Content_Supporting_a_Participative_Information_Society/links/586d279908ae6eb871bcd7e2/User-Created-Content-Supporting-a-Participative-Information-Society.pdf.

神面貌等因素的影响，只要创作者将大脑之中的思想予以外化，携创作灵感付诸实践即有可能使其智力成果成为版权法意义上的客体。若对其加之以创作意图的限制，暂且不说在进行纠纷处理时所要面对的举证和证据证明力等一系列难题，对灵感迸发不经意之智力成果的问世将产生较大阻力，恐怕也会削弱社会公众参与创作的热情和积极性。需要强调的是，独创性的确定还表现在对创作性的要求上。创作行为一方面依赖于创作主体融汇于智力成果之中的人格要素，将主观情感和心理寄托予以外化，通过个性表达体现创作性。另一方面从对创作性的反向证成角度来看，创作性与艺术价值、创造水平、信息价值等之间并无紧密关联，①对智力成果创作性的认定上应限于其有无创作主体特定人格要素的体现，要避免陷入对创作高度和水平的过度强调，并应以"美学不歧视原则"为指引，②跳脱出对传达信息价值的评判。

智力成果能否成为版权法上的作品，除了具有独创性，还应以他人能够客观感知的外在表达予以再现，这可称之为"可再现性"。与独创性相比，可再现性是对智力成果在形式上的要求。如果说独创性是创作主体在创作过程中融合复杂情感、思维创意等所最终呈现的具有人格素养的独立的个性表达，那么可再现性即是要求这种个性表达能够在形式上予以外化，使创作者之外的他人能够借助物质载体，接收和感知创作者于智力成果之中蕴藏的特有个人情感。我国清代著名画家郑板桥对画竹颇有研究，在对竹的观察和艺术实践中提炼和总结出"眼中之竹"、"胸中之竹"以及"手中之竹"之间的不同深意。③ "眼中之竹"即通过人的生理感知观察到的自然界客观存在之物的真实形态，此时其并不为人的主观意志所控制，也不会因人的主观想象而改变；"胸中之竹"是人通过对客观真实之竹的观察而总结转化为大脑思维之中的竹，其存在于人的主观形

---

① 参见吴汉东：《关于著作权法"作品"条款的法教义学解读》（上），载《版权理论与实务》2021年第1期。

② 参见卢海君：《论作品的原创性》，载《法制与社会发展》2010年第2期。

③ 参见许辉猛：《著作权基本原理》，知识产权出版社2011年版，第60页。

态之中,凭所想在主观世界中任意勾画和更改但不为他人所知;"手中之竹"则经由客观到主观再到客观的变化过程,在创作主体熟稔于自然之竹并在主观情感中渐次成形后,凭借一定技艺刻画胸中之竹,以他人能够欣赏的形式再现其对自然之竹的独特认知。此时,"手中之竹"因具备创作主体典型的人格要素系其个性表达,但与客观存在的"眼中之竹"不同。可见,具有独创性的智力成果只有能够以一定形式为他人感知即能够以客观化形态存在于客观世界时,其价值才能得到体现,否则将被封固于创作主体的思维之中,不为人知也无从知晓,其社会价值更无从谈起,当然不能成为版权法上的作品并受版权法保护。[①] 强调智力成果的可再现性,对合理界分版权法意义上的思想和表达也起着一定指导意义。武汉市中级人民法院在某案件判决书中表达了可再现性在区分思想和表达上的作用,认为人的大脑通常情况下都具有思维和想象创造能力,但是对思维和想象内容的传递必须借助一定的表现形式。[②] 换言之,思想存在于人的大脑之中,囿于其抽象性和他人的不可感知性,缺失外化表现而不可固定,无从成为法律所能保护的客体。而通过对其设定可再现性条件,使其能够在客观世界被识别和传播,在自身价值得以发挥的同时因能够持续稳定地重复再现,从而具备获得法律保护的可能性,充实其可作品性。

至于将智力成果限定在文学、艺术和科学领域范畴,则是在综合独创性内容与可再现性形式的基础上对智力成果在版权法上的保护范围作出的进一步限定。我国《著作权法》在第三次修改过程中曾对智力成果在版权法上的保护范围作出变动,以"文学、艺术和科学等领域"取代"文学、艺术和科学领域"的描述,从实质上扩大了智力成果可作品性的范畴。随后在生效文本中,又将能够被版权法所保护的智力成果限制在"文学、艺术和科学领域"内。从版权法的立法宗旨和价值目标来看,其意在保护具有一定美感,能够满足接触人群感官上美的享受的思想表达。此类智

① 参见金松:《论作品的"可复制性"要件——兼论作品概念条款与作品类型条款的关系》,载《知识产权》2019 年第 1 期。

② 参见湖北省武汉市中级人民法院民事判决书,(2009)武知初字第 163 号。

力成果通常见诸文字、绘画和舞蹈等特定的表达形式，[①]存在于文学和艺术领域。相反，同时满足独创性和可再现性条件的智力成果在多领域存在，若不加考量即均予保护，恐怕会扰乱知识产权既有的市场秩序，引发知识产权间的矛盾，无法实现制度自洽。以专利权和版权间的区分为例，通说认为，专利权的设立在于保护具有实用价值的智力成果，注重其技术性和可操作性。能够获得专利法保护的智力成果往往满足创造性要求并能够付诸生产，当然符合可再现性要件。但若对此类智力成果同样提供版权法保护，则基于版权自动取得且较专利权拥有更为长久保护期的特点，恐怕会使专利法的设置形同虚设，进而破坏已有的知识产权秩序。总而言之，我们应立足版权法的制度价值，以传递美感和非实用性等为要求，将可受版权法保护的智力成果限定在文学、艺术和科学领域，对智力成果的可作品性作出判断。

其次，对于符合可作品性抽象条件的智力成果，其版权保护应尽量考虑是否可以落入已有作品类型的规范之中，但并不必须限制于版权法的有限示例。我国《著作权法》第 3 条不仅给出了作品的概括式定义，同时列举出 8 种具体的作品类型，对社会生活中常见的作品表现形式进行整合，以求系统化构建智力成果的可作品性规范。其制度功能主要在于明晰版权客体所涉及的作品范畴，以实现将不同领域不同作品进行类型化的制度目的，[②]从而对智力成果的可作品性判断起到一定示例性作用。[③]但如前所述，版权法从一开始即与社会科技之间存在千丝万缕的关系。相较于其他法律制度，版权法表现出更强的时代性和相对不稳定性，其特殊的制度背景也对其提出了更为严格的开放性要求。为与社会技术水平和经济状况相适应，同时也能够较为合理地适用于新的社会现象调整相

---

① 参见王迁：《对〈著作权法修正案（草案）（二次审议稿）〉的四点意见》，载《知识产权》2020 年第9 期。

② 参见吴汉东：《关于著作权法“作品”条款的法教义学解读》（上），载《版权理论与实务》2021 年第1 期。

③ 参见北京知识产权法院民事判决书，（2017）京 73 民终第 1404 号。

应行为,版权法的条文规范不宜过于封闭,而这也要求我们不能将作品类型限定在法律列举的8大种类之中,肆意排除与其不相吻合的新的智力成果。相应地,版权法作品定义条款在给出作品概念及作品主要类型之后,同时将符合作品特征的其他智力成果纳入作品类型范畴,也即在某种意义上将作品类型做了开放性处理,只要满足独创性、可再现性条件且能够落入文学、艺术、科学领域,则其即存在可作品性的可能。作品类型的开放性处理在一定程度上改变了原版权法中非典型性作品类型由法律、行政法规规定的被动局面,为信息时代新的智力成果作品地位的界定指出了一条较为明确的道路,为解决新领域发生的新的版权纠纷提供一个较为合理的突破口,具有时代意义和价值。基于版权法作品条款的开放性设计,我们在用户生成内容等新的智力成果面前,应以开放性思维立足于智力成果可作品性要素,综合系统地分析智力成果成为版权法适格客体的问题,避免落入封闭式的守旧主义框架。

最后,对智力成果可作品性的考察,除了从智力成果内容条件出发关注其独创性、可再现性、产生领域及所属类型,还应斟酌智力成果创作主体、相关内容保护期限等外部条件。其一,作品和作者互为依赖是版权法中一组相伴而生的概念,作品因作者的创作行为而产生,作者因创作作品而享有版权。[①] 智力成果应该是蕴含创作主体人格要素的表达,只有具备人格特征,赋予内容以独有情感和精神面貌,才具有可作品性的可能。换言之,版权法将没有人参与的类创造活动排除在了规制范畴之外。[②] 这即是要求我们应在具有人格性质的智力成果中判断其可作品性地位,非因人的创造行为产生的智力成果因其一开始即不符合主体要求,故不能被纳入版权法所讨论的客体范畴。此意也反映在《著作权法》中,即第11条将作者的范围限定为自然人、法人或非法人组织。其二,就用户生成内容而言,其频繁引发版权纠纷的症结在于很大一部分内容的生成来

---

① 参见卢海君:《论作品的原创性》,载《法制与社会发展》2010年第2期。

② See Dan Hunter & F. Gregory Lastowka, *Amateur-to-Amateur*, 46 Wm. & Mary L. Rev. 951 (2005).

自对既有作品的删减、拼凑等重混性利用而引起原版权人的普遍不满。考量和追究网络内容生成主体在版权法上的责任的同时,也要合理分析被使用作品的版权法地位及网络用户生成内容的性质及价值。版权法并非无限期地对作品进行保护,尤其是作品之上的财产权通常受一定保护期限的限制,超过版权法规定的保护期,其当然进入公共领域,而不会触发侵权。申言之,既有作品之上版权权益的存续时间也会影响智力成果可作品性地位的判断,若网络用户重混对象为已经过保护期的作品,则其可作品性地位并不能因此消失。相反,就智力成果自身而言,在界定其能否成为版权法适格客体问题上,不应困于其创作完成时间。若从创作完成时间来看,智力成果可受版权法保护期若已经经过,则其丧失的只是作品之上的著作财产权,而并非作品地位的自此灭失。在智力成果可作品性的判断上,应避免混淆作品地位和版权保护,这是版权领域中的两个不同问题,前者属于能否进入版权法范畴,成为版权法适格客体的基本性判断,后者则是对具备作品地位的智力成果能否受到版权保护的考量,其多为国家政策等外部条件所约束。

(二)作品的消极排除

对智力成果可作品性的判断,一方面,应以版权法中“作品”及“作品主体”条款为指引,重点分析其在内容上是否具备独创性,形式上能否再现且创作主体是否适格等正向性内外部条件;另一方面,也要从版权法“非作品”条款出发,剖释其中机理,从不能够成为版权法意义上作品的智力成果之中探索“作品”的排除因素。最后从正反两个方向上统一把握智力成果可作品性的考量要素,为新领域新现象下智力成果可作品性问题提供体系化思路和界定方案。但在智力成果可作品性反向条文的解析中,应注意分辨智力成果可作品性的排除和作品可版权性的排除。如前所述,智力成果成为作品是其获得版权法保护享有版权的前提,但并不是所有的作品均可成为版权法保护的客体,当其属于为版权法所排除的情形时,当然不能落入版权法保护的范畴之内。值得注意的是,清楚智力成果可作品性和作品可版权性之间的差异固然重要,但我们不能以割裂的眼光看待其之间的关系。可作品性与可版权性同属版权领域一个问题的两个方面，对智力成果可作品性地位的讨论，以阐明其享有版权能够获得版权法保护为最终目的，而判断一种智力成果能否取得版权关键在于对其作品地位的确定。就信息时代出现的新的智力成果类型来看，可作品性是其享有版权能够进入版权法保护范畴的条件，但最终能否成为版权法的适格客体，除符合独创性、可再现性等要件之外还应结合版权法排除情形加以检验。

我国《著作权法》以列举形式将官方正式文件及其正式译文、单纯事实消息，以及历法、通用数表、通用表格和公式等三种智力成果排除在版权法保护之外。该法在第 4 条作出规定，把版权和邻接权的行使限制在遵守宪法和法律、尊重公共利益的范围内，且赋予国家监督和管理作品出版、传播的职能。该法第 5 条进一步划分了版权法不予保护的几种情形，对官方正式文件及其译文的排除，以及在国家监督和管理之下限制出版和传播的作品等两类非版权法保护对象归于上述作品可否版权性问题之列；而版权法不予保护的单纯事实消息以及历法、通用数表、通用表格和公式等两种情况因不足以成为版权法意义上的作品而被排除在版权法保护范围之外。

就版权法对智力成果可作品性排除的两种情形来看，不难发现，无论是单纯的事实消息，还是历法、通用数表、通用表格和公式等，都是对客观存在现象的简单描述甚至仅是一种发现行为，其并没有对相关主体主观能动性的表达。如果授予其在版权法上的正当性地位，不可避免会不合理抢占本属于公共领域的信息资源，危及公共利益，与版权法的二元立法目的背道而驰。申言之，客观事实、自然规律等客观现象因其表现形式有限，在表达上会受到较大限制，若将其划入受版权法保护的作品之列，一方面会因对有限表达予以保护而干扰他人对同样内容的使用，不利于社会文化的繁荣和信息传播；另一方面存在违背版权法利益平衡理念的嫌疑。版权法在有期限保护作者权利的同时也有意为社会公众留下足够创作空间，以平衡作者专有权和社会公众自由进入文化领域之间的利益，避免在仅有有限表达的场景下过度保护作者权益而导致作者专有权非理性垄断局面的发生。此即蕴含在版权法制度意义中的“合并原则”,其意为若某种思想只有一种或为数不多的几种有限表达时,这种有限表达将丧失版权法保护的可能性,当然属于公共领域。被认为是版权法“思想表达二分法”特殊情形的“合并原则”,在版权法仅保护思想的表达而不保护思想的价值之上进一步明确了智力成果可作品性的边界,指出为版权法保护的外化于作者大脑的思想表达应不是功能性作品和事实性作品范畴内屈指可数的表达,[①]否则其将不具备可作品性特征。

符合可作品性要求的智力成果,如果与版权法不保护的作品对象相吻合,即使其具有可作品性,也一样无法落入版权法保护范畴。对此,我国《著作权法》规定了两种情形。其一,官方正式文件及其译文。官方正式文件在构成要素和性质上通常符合著作权法可作品性要求,但多数国家普遍采取不保护官方正式文件的做法。例如:巴西《著作权法》将“国际条约或公约、法律、法令、法规、司法判决以及其他官方文件的文本”列为不受著作权保护的类别之一;德国《著作权法》单列官方著作条款,规定“法律、法令、官方公告和通告,以及判决和官方撰写的判决要旨不受著作权保护”;韩国《著作权法》中列举五类不受保护的作品,其中四类均为官方文件(其中第四类涉及官方文件的译文)。[②] 官方文件往往具备可作品性的完备要件,其作品地位不可否认,[③]其不受版权法保护的原因,一方面在于官方正式文件的特殊性,即官方文件的书写和发布并不以抒发情感或表达自我为主要目的,其核心作用在于公示社会行为规范,指引社会发展方向等;另一方面,官方正式文件是国家意志的表达,其发布意在最大范围地传播国家政策,使更多公众可以获取相关信息,若对其施与版

---

① 参见吴汉东:《关于著作权法“作品”条款的法教义学解读》(上),载《版权理论与实务》2021年第1期。

② 参见《十二国著作权法》,《十二国著作权法》翻译组译,清华大学出版社2011年版,第9、147、512页。

③ 参见黄薇、王雷鸣主编:《中华人民共和国著作权法导读与释义》,中国民主法制出版社2021年版,第62页。

权法保护,一定程度上反而会阻碍官方正式文件原有目标价值的实现。但版权法并非绝对意义上的不保护官方正式文件,仅是出于官方正式文件自身作用的考虑,将其之上的著作财产权排除在版权法保护之外,而版权人身权仍旧享有版权保护的可能。[①] 其二,违反宪法和法律,损害公共利益的作品。作品获得版权法保护的最低限度即不违反宪法和法律,不损坏社会公共利益。宪法作为国家根本法,为我国公民确定了一系列社会活动的最低规范,在确保公民可以自由参与文化创作的同时,也对其权利的行使附加一定义务,从而为实现社会主体均可平等参与文化活动提供法律保障。以意思自治为核心的民事法律规范,秉持"法无禁止即可为"的私法理念,充分尊重民事主体之间的意志表达和行事需要,以任意性规范居多。但为稳定社会生产、生活秩序,维护国家基本价值追求,民事行为的实施也应在遵守相关强制性规范的前提下进行。所以,以遵守宪法和法律规定为前提对作品进行保护是倡导公民遵纪守法的应有之义。此外,对于损害公共利益的作品,因其从内容上即违背了版权法二元保护价值的目标,且是对民法尊重公序良俗精神的背离,版权地位应由此丧失。

二、用户生成内容构成作品的路径分析

得益于信息技术的发展,网络环境中用户凭借成本低且速度快的传播设备,得以降低物理环境中对出版商等传播行业主体的依赖程度,在拥有海量文化产品的网络世界里直接参与到文化活动中,从单纯的接收者演变为融生产者、传播者和消费者于一体的多元身份用户。随着网络的普及和日益成熟,越来越多的人参与到互联网社会中,成为多元网络用户中的一员。《中国互联网发展状况统计报告》数据显示,截至 2020 年 12 月,我国拥有近 10 亿网民,互联网普及率达 70.4%。[②] 互联网的高速发

① 参见黄薇、王雷鸣主编:《中华人民共和国著作权法导读与释义》,中国民主法制出版社 2021 年版,第 62 页。

② 参见唐绪军等主编:《中国新媒体发展报告 NO. 12(2021)》,社会科学文献出版社 2021 年版,第 331 页。

展和社会公众的广泛参与，使虚拟环境活跃于人类社会生活中并产生深刻影响，用户生成内容即是在此背景下愈加繁荣。网络用户将其自发制作的各类媒体内容在网络上公开，供其他网络用户欣赏、评论甚至再利用。由此可见，互联网社会中网络用户从一定程度上打破了物理环境下创作者、传播者和消费者等相互割裂的独立状态，借助数字技术，网络用户在使用他人智力成果时可同时扮演传播者角色，轻易即可实现对他人智力成果的再次传播。此外，依托智能设备的数字化功能，网络用户能够摆脱时空限制在任意选定时间上传其智力成果或在网络上直接创作，网络用户越来越成为数字环境下文化传播和创作的中坚力量。

随着用户生成内容的大肆传播，其中未经许可对既有作品使用的行为逐渐引起原版权人的注意，进而引发侵权担忧。随之而来的是，严格保护版权人专有权利的呼声越来越高，扩展互联网环境下版权外延的要求越来越强烈，用户生成内容在传统版权法中的处境岌岌可危。基于传统版权法保护作者权利的直接目的，围绕用户生成内容引发的最大争议是其与既有作品之间的关系问题。[①] 但如前所述，对用户生成内容的讨论，不应被动限制于用户生成内容的侵权判断以及如何规范网络用户对既有作品合法使用方面，而应在顾及用户生成内容合法获得许可之外，留意其本身在版权法上的价值，考虑其能否落入版权法保护之中。[②] 换言之，面对用户生成内容，在综合考虑其所包括的创作、衍生和复制等多元类型的基础上，我们不仅应看到用户生成内容使用既有作品的授权许可问题，也应同时关注用户生成内容之上版权的获取分配及网络用户内容被不合理使用的维权问题。但风靡于数字环境的用户生成内容，因其内容生成偶然性、生成动因多元性、生成内容社群性等典型特点，导致其与传统创作活动存在一定差异，从而在生成内容的权利主体、对象和内容的确定上面

---

① See Melinda J. Schlinsog, *Endermen, Creepers, and Copyright: The Bogeymen of User-Generated Content in Minecraft*, 16 Tul. J. Tech. & Intell. Prop. 185 (2013).

② See Mary W. S. Wong, *Transformative User-Generated Content in Copyright Law: Infringing Derivative Works or Fair Use?*, 11 Vand. J. Ent. & Tech. L. 1075 (2009).

临一定难题。换言之,传统版权法在规则设计上较少关注读者/用户利益,大多围绕作者权利展开。[①] 针对用户生成内容,若生搬硬套版权法规则条文,不仅不利于对用户生成内容现象的有效规制,甚至会激发文化创作"新旧模式"之间的矛盾,最终阻碍社会文化的发展。

笔者认为,面对用户生成内容,我们既应采取有效措施平衡其与原版权人之间的利益关系,缓解不同主体之间的权利矛盾,又要合理关注用户生成内容自身享有版权的可能性,做好用户生成内容领域的确权和维权工作,以顺应时代潮流,并在新的经济发展环境下实现社会文化的健康多元发展。这就要求我们首先明确用户生成内容的作品地位,对其可作品性作出判断。用户生成内容可作品性是其版权产生与存在的前提,关系到其权利主体的确认和权利行使范围。面对网络环境下用户生成内容所引发的纷繁复杂的版权纠纷,其无外乎以权利分配为核心,体现于对智力成果之上权利的争夺。有效且公平地分配相关成果的版权,是版权法的应有之义。但在权利配置中我们应避免对版权法墨守成规式的刻板适用,而应结合版权法的衡平目的和时代价值,同时赋予其本土化特征,从思想的表达、独创性有无、能否再现、是否存在违反宪法法律公序良俗等要素上对用户生成内容作出符合时代要求的考量,判断其于版权法上的可作品性,从而全面且妥善解决用户生成内容之上多利益主体之间的版权纠纷。

(一)智力成果可作品性之疏解

各国对智力成果设置的可作品性条件既有共性也有差异。共性在于立法目的与价值的一致性和规范对象的本质特征的统一性;差异则因为各国具有不同的政治、经济发展背景,处于不同的历史、文化影响环境之中,有着程度不一的科技水平,最终导致各国对作品的界定存在一定差别。[②] 就智力成果的知识产权保护而言,"一方面过分强调智慧的无形

---

① See Daniel Gervais, *The Tangled Web of UGC: Making Copyright Sense of User-Generated Content*, 11 Vand. J. Ent. & Tech. L. 841(2009).

② 参见许辉猛:《著作权基本原理》,知识产权出版社 2011 年版,第 66 页。

性，会出现‘无客体’的财产权；另一方面，过分强调其外在的形态，会出现将保护知识活动‘过程’的权利理解为保护‘结果的’权利，知识产权法就会被演绎成对已经创造的知识形式的占有冲突和竞争，也就将鼓励创新——鼓励生产新知识——的知识产权立法宗旨，诠释成对已有知识形式、智力成果的保护。这将无法实现促进创新的法律价值”。[①] 这就要求我们在对智力成果可作品性的判断上，从内部考察智力成果可作品性问题时，既要把握思想表达二分法、独创性等实质要件，也应详尽可再现性等形式要求。同时，为构建较为系统、全面且周详的智力成果可作品性路径，我们应同时从外部要素对智力成果予以考量，窥察其是否符合国家宪法法律等相关规定。

第一，以思想表达二分原则为指引，智力成果形成可以被他人客观感知的外在表达是可作品性的实质要件之一，也是智力成果可作品性的前提。所谓思想表达二分原则，即在版权法立法宗旨和价值追求的要求下，为保障社会公众平等地进入作品创作领域，为作者之外的社会群体留出足够的创作空间，同时培养社会创造活力和创作激情，对属于思想范畴未予外化的大脑中所想之情形排除在版权法保护之外。在具有接触性前提下，版权法只要求作品之间的表达能够相互区别，并未要求蕴含作品之中的思想也应存在差异。[②] 但版权法并非绝对意义上的对思想表达进行保护，合并原则和场景原则即是例外。合并原则当即某种思想只有有限的几种表达时，其可创作空间会受到相应限制，在此思想基础上的外在表达已丧失随意发挥的可能性，如果仍对其进行保护，则会在某种程度上损坏公共利益，不利于社会整体文化的发展繁荣，所以在此情况下视有限的表达同为思想，其会丧失可作品性基础。场景原则即同类文学艺术作品中不可避免会用到的特定历史片段、人物、事件、主题等表达，因其具有一定

---

① 徐瑄：《知识产权的正当性——论知识产权法中的对价与衡平》，载《中国社会科学》2003 年第 4 期。

② 参见陈传夫：《国家信息化与知识产权：后 TRIPS 时期国际版权制度研究》，湖北人民出版社 2002 年版，第 125 页。

客观性和关联性，也均不纳入可作品性范畴。通常看来，思想和表达的界限往往是模糊的，对此，威廉·兰德斯(William Landes)教授和理查德·波斯纳(Richard Posner)法官以一个鲜明的例子做出阐释。他们提道，“如果间谍小说的作者复制了伊恩·弗莱明关于詹姆斯·邦德的小说，他就是侵权者。但若是受伊恩·弗莱明的启发，他写出一本关于一个英国特工的小说，那么此时他就是创作者，对其作品合法的享有版权。同样，如果一位经济学家未经允许转载了科斯教授关于社会成本的文章，那么他就是侵权者；但如果他用自己的语言阐述了科斯定理，此刻他不再是侵权人了”。[①] 此外，非实用原则是指导智力成果可作品性的另一关键前提。版权法仅保护具有美感的和欣赏价值的、属于文学、艺术、科学领域内的智力成果，就实用作品而言，则只保护其中能够与实用功能相区分的非实用部分，此制度设计的目的在于合理划分版权法与专利法保护客体的边界，最大限度地避免交叉保护。

第二，界定智力成果可作品性的另一实质要件即独创性。以独创性为核心分析智力成果的作品地位，我们既要从独立完成、个性表达、创作行为以及差异性原则等四个方面对其作出正向判断，又要兼顾独创性的反向证成，即在智力成果存在版权侵权嫌疑时，以相关读者视角对其是否具备独创性予以考量。在文学、艺术、科学领域，我们必须尊重前人，向已有的创作作品学习，汲取和吸收其中的精华为我所用，但这种学习和借鉴，并不是要从根本上消除我们自己的思想，而是“我们读书时，让他们的优美点燃我们的想象，我们写作时，让我们的理智把他们关在思想的门外”，[②]这也是爱德华·扬格(Edward Young)所提到的在创作中一以贯之强调的独创性。作品是集合作者本人的观点表达、公共领域的信息和对既有作品内容的合理使用等一系列表达混合起来的有机整体，其中尤为重要的作者本人观点表达部分即为独创性内容。对独创性的强调和保护

---

① Terry Hart, *License to Remix*, 23 Geo. Mason L. Rev. 837(2016).

② [英]菲利普·锡德尼、[英]爱德华·扬格：《为诗辩护　试论独创性作品》，钱学熙、袁可嘉译，人民文学出版社1998年版，第86页。

既是调和作者利益与公共利益所不可绕过的一环，也是平衡与区分作者利益和传播者利益的关键。[①] 一方面，从独创性的正向判断要素分析，首先，智力成果应是由创作者独立完成的，言下之意即智力成果并非对已有作品的直接抄袭和完全复制，而是经过创作者个人大脑思考，在合理借鉴已有作品的基础上独立完成的（或并未借鉴已有作品，完全独立构思完成）。其次，具备独创性的智力成果，其内容上应蕴含着创作者的人格要素，系创作者的个性表达。创作者的个性表达是其智力成果得以与他人智力成果区分开来的重要元素，个性表达在一定程度上反映了创作者特有的个性化风格特点，使智力成果能够凸显出在其表达形成过程中的思想活动，是对其特有人格内涵的展现与烘托。至于含有人格要素的个性表达在司法实践中的应用问题，有学者提到，司法实践中对作者人格要素的规范性解释，只需要借助个性表达命题达成逻辑上的自洽将作者人格客观化，实现创作者智力活动过程在规则层面的对象化构建，使智力成果之上的版权能够正当归属于赋予智力成果自身人格要素的创作者，澄清权利本身具有的客观化界限。[②] 版权法意义上的作品是集结作者人格层面特有个性和其“物质化”后市场财产层面的综合复杂体，对智力成果之上权利的应用、保护和管理，以其具备创作者个性化表达为前提。再次，创作行为是独创性的又一检验要素，其将创作者人格特征与可发挥的创作空间充分融合，进一步彰显智力成果的鲜明特性，是作品的本源。对创作行为的把握不应过分注重创造性程度的高低，也不必纠结于创作成果的质量和价值。并且应注意智力成果的长短并不一定会影响其作品地位的取得，只要其中昭示了蕴藏创作者个性要素的智力创作，就具有可作品性的可能。最后，在独创性的判断上，我们应坚持差异性原则，切忌在智力成果独创性问题上适用一套标准和规则而一概而论。虽然有学者认为对不同类型作品甚至是同一类作品的不同种类风格规定不同高度的独创

---

① 参见付继存：《著作权法的价值构造研究》，知识产权出版社 2019 年版，第 144、165 页。

② 参见徐珉川：《作品“原创性”规则的功能化解读——兼评〈著作权法（第三次修改送审稿）〉第 5 条》，载《法律科学（西北政法大学学报）》2017 年第 3 期。

性门槛，是对立法中不适当内容的延续，因而不应当继续坚持，同时应合理区分独创性门槛和独创性高度之间的概念关系。[①] 但笔者对此持保留态度。以功能性作品和事实性作品为例，因受制于客观存在的既定事实及意图实现的特定目的，其创作空间较其他作品而言受到较大限制，会遭到挤压。如果给予其与其他作品相同的独创性要求和界定标准，看似其在可作品性问题上得到平等对待，但势必会引发实践中的不平等，即导致功能性作品和事实性作品的独创性标准在应用中远高于其他作品的现实，而不利于版权法价值的整体实现。换言之，独创性标准会因为所涉及的作品是属于文学艺术领域还是科学领域，是原创作品还是演绎、汇编作品，是长视频还是短视频等而有所差异。因此，对于智力成果可作品性问题，在考量独创性因素时，应以差异性原则为指引，“视作品类型和案件情况灵活处理”[②]。

另一方面，发生版权纠纷，涉及独创性辨别问题时，应从相关读者视角出发，构建版权法领域侵权认定的“理性人标准”。“法律上的理性人标准起始于英美侵权法，主要用来判断行为人是否履行应有的注意义务。”[③]在我国《商标法》《反不正当竞争法》《专利法》的实践中，已基本建构起有关侵权判定的理性人标准，多见之于“相关公众”“一般消费者”“本领域普通技术人员”。但在涉及对争议作品与原告作品间的实质性相似问题及争议作品是否具备独创性的判断上，始终未予明确。判断主体和视角的选择在版权侵权认定中发挥着关键作用，其在一定程度上推动着版权司法透明性、可预见性和一致性等目标的实现。就智力成果独创性要素判断而言，从相关读者视角出发反向推断，某种意义上是对实质性相似判定客观度的要求。同时，相关读者能够有效经受邻近度检验，在

① 参见孙山：《体育赛事节目的作品属性及其类型》，载《法学杂志》2020 年第 6 期。

② 吴汉东：《关于著作权法“作品”条款的法教义学解读》(上)，载《版权理论与实务》2021 年第 1 期。

③ 杨红军：《理性人标准在知识产权法中的规范性适用》，载《法律科学(西北政法大学学报)》2017 年第 3 期。

财产权维度和精神权视角上契合实质性相似的裁判宗旨。另外,居于各行各业来自不同领域的相关读者,其具有较大程度的包容度,能够涵盖当下几乎所有影响实质性相似判定的行业人群,其多元性群体构成对实质性相似界定的客观性发挥着重要的保障作用。①

第三,可再现性作为影响智力成果可作品性的形式要件不可或缺。版权法保护作者权利的同时,其根本目的在于鼓励创作、促进作品传播、繁荣社会文化。智力成果如果缺乏外化形式,不能以持久稳定的形态存在于客观物质世界,则在某种意义上丧失了其居于法律之上的价值意义。可再现性是智力成果可作品性的基础,智力成果只有能够在创作者之外以他人可以客观感知的外在形式被第三人接触和欣赏时,才具有可作品性的可能。如果说独创性是创作主体在创作过程中融合复杂情感、思维创意等所最终呈现的具有人格素养的独立的个性表达,那么可再现性即是要求这种个性表达能够在形式上予以外化,使创作者之外的他人能够借助物质载体,接收和感知创作者于智力成果之中蕴藏的特有个人情感。此外,可再现性作为形式要件,仅要求智力成果具备再现的能力和条件,至于是否已经以一份或多份的复制件存在于客观世界,固定在载体上以一定形式表现出来在所不问。其原因在于思想存在于人的大脑之中,囿于其抽象性和他人不可感知性,缺失外化表现不可固定,无从成为法律所能保护的客体。而通过对其设定可再现性条件,使其能够在客观世界被识别和传播,自身价值得以发挥的同时因能够持续稳定地重复再现,从而具备获得法律保护的可能性,进而充实其可作品性。

第四,智力成果在符合可作品性的内部条件能够取得作品地位时,并不意味着其已经当然获得版权法的完全保护,成为版权法的适格客体,其还应与宪法法律及相关政策精神等相契合,不存在违反宪法法律、损害公共利益的情形,合乎版权法保护的外部要件。版权法的二元价值目标,决定其是在保障公共利益的前提下赋予作者相关权利。若一作品在内容上

① 参见杨红军:《论著作权侵权判断主体的界定》,载《东岳论丛》2020 年第 1 期。

存在威胁法律规范破坏公共利益的情形,则会因内容的违法性使其从一开始即被排除出版权法保护之列,不能够成为版权法保护的对象。但是,版权法保护外部条件的缺失,只是其不具备受版权法保护的原因,而不会从根本上否认其可作品性。就违反宪法法律和损害公共利益但满足可作品性要件的智力成果而言,其仍是作品,相应的创作者依旧具备"享有"版权的潜在性,但其作品出版和传播将会受到法律法规的严格监督和管理。[①]

(二)用户生成内容可作品性之思辨

网络环境下的用户生成内容形式多样,包括视频、文字、图片等各类媒体内容。表现形式上的多样性和差异性,决定了对用户生成内容可作品性的考量不能局限于某一种具体类别,而应放眼整个版权法,从一般性和普遍性的可作品性判断规则入手,全面分析不同场景、不同形式下用户生成内容的可作品性问题,避免"一刀切"地将用户生成内容的作品地位归入非黑即白的简单推断之中。换言之,以动态思维,结合用户生成内容的不同类别,将其置于数字环境下整体考虑不失为明智之举。一方面,以创造、衍生和复制等三种方式为智力成果生成主要模式的用户生成内容,其在可作品性地位上必定存在一定差异。因此,应立足于对用户生成内容法律权属探讨的需要,在对用户生成内容作品地位的分析上,宜从其不同生成方式入手,即对应创造、衍生和复制等不同类型作出不同研探,以对用户生成内容可作品性问题作出较为周详的解读。另一方面,如欧盟报告所指出那样,用户生成内容在形式上的多样性,要求我们单独考量每一类别用户生成内容的创造性,即并非所有的用户生成内容均为原创,也并非所有的用户生成内容都可以完全归入现行版权法所列举的某一作品类别之中。[②] 故而以

① 参见吴汉东:《关于著作权法"作品"条款的法教义学解读》(上),载《版权理论与实务》2021年第1期。

② See European Commission, *User-Generated-Content: Supporting a Participative Information Society*, ResearchGate(Feb. 1, 2012), https://www.researchgate.net/profile/Lucie-Guibault/publication/228218971_User-Created-Content_Supporting_a_Participative_Information_Society/links/586d279908ae6eb871bcd7e2/User-Created-Content-Supporting-a-Participative-Information-Society.pdf.

用户创造内容、用户衍生内容和用户复制内容等三种类别为基础,把握影响用户生成内容作品地位的定量与变量,以动态场景结合静态规范讨论不同形式下用户生成内容的可作品性,从而为用户生成内容的版权配置问题提供理论前提。

就用户创造内容而言,其系网络用户独立完成的智力成果,某种意义上不存在对既有作品的抄袭和"照搬"式复制,这首先就已满足智力成果可作品性中独创性所要求的"独立完成"要素。但仅符合"独立完成"要素,用户创造内容还不足以成为版权法的适格客体,并不当然具备可作品性。除此之外,用户创造内容同时具备以下情形才可能成为版权法意义上的作品而受版权法保护。其一,网络用户所创造的智力成果应属于表达范畴。在漫长的历史进程中,版权法基本形成不保护思想,仅保护思想表达的制度价值,且为国际社会所承认和接纳,并逐渐渗透到各国版权相关规范之中。所谓思想表达,即创作主体的思想内容外化于客观世界的结果。思想表达反映到用户创造内容中,一方面要求用户创造内容应是网络用户的思想状态,是其精神活动的总结和梳理;另一方面,只有当网络用户将其思想层面无形的智力内容以他人可以客观感知的外在状态予以展现时,智力成果才能与精神层面他人无法获知的思想相区分,从而落入版权法调整范畴。另外,用户创造内容也不应是某种思想为数不多的几种表达中的一种,否则将因合并原则或场景原则被排除在版权法保护范围之外,从而因表达要件的缺失而不具备可作品性。其二,用户创造内容应符合独创性要求。用户创造内容应是基于网络用户创作行为而产生,同时蕴含网络用户的个性表达。版权法之所以保护作品,关键在于作者在作品之上的创作行为。创作行为概指在既有的创作空间内,创作者在其智力成果中所表现出的区别于其可接触作品的特有面貌,在思想表达上使得相关读者耳目一新。但是,在独创性判断上应防止对创作行为的过度苛刻而将其与美学价值、成果质量等混为一谈。只要相关公众未对相关成果的创作性予以否定,就不应片面否认相应智力成果的创作性价值。此外,个性表达是用户创造内容独创性有无的又一影响因素。只有在用户创造内容中凸显人格要素，彰显创作者的个性特性，才能于此智力成果打上创作者独有的人身烙印，注入独特内涵。值得一提的是，在独创性判断体系之下，基于用户创造内容的不同媒体类型，我们应秉持差异性原则，在由上述要素构建的独创性规则中以"具体问题具体分析"为指引，既奉行独创性判断框架的规则价值，又探求具体情形下适用的动态平衡，在用户创造内容独创性分析上坚持普遍性与特殊性的统一。其三，用户创造内容应能够以某种形式再现。我国《著作权法》经由第三次修改，在明确作品概念的同时，也将实施条例中对作品的规定作出适时修改，将作品限定在能以一定形式表现的智力成果之中。只有当用户创造内容可以以一份或者多份予以传播时，其才能最大限度发挥文化产品影响社会生活的积极作用，从而与版权法的立法价值相呼应。可再现性是版权法目的宗旨对智力成果可作品性的形式要求，唯有智力成果具有被复制被传播的可能，才能够被广泛地传阅和欣赏，才能够发挥其文化价值和意义。因此，用户创造内容满足可再现性的形式要件是其可作品性的基础。其四，用户创造内容应遵守宪法、法律和社会公序良俗，若其内容存在违反相关规范的情形，则即使满足上述各要件成为作品，也会因为与版权法的立法精神和价值追求相违背，而被排除在版权法保护范围之外。

与用户创造内容不同，用户衍生内容是在对既有作品的修改、删减、组合等基础上实施的二次创作行为而产生的智力成果，对其可作品性的分析不仅需要在智力成果可作品性规则体系中判断，还要结合其复杂的创作过程对独创性要素予以分辨。从用户衍生内容的创作过程来看，其总是表现为对既有作品不同形式的利用，因此有学者认为，如果衍生作品可以依据低独创性标准而获得版权法的保护，那么原作品版权人所享有的专有权利将会大大减少。[①] 换言之，若以相同的独创性标准约束原创性智力成果和衍生智力成果，不免引发原创群体的不满，可能会削弱社会

① See Mary W. S. Wong, *Transformative User-Generated Content in Copyright Law: Infringing Derivative Works or Fair Use?*, 11 Vand. J. Ent. & Tech. L. 1075(2009).

原创性智力成果创作的积极性，从而使社会新的文化产生方式普遍囿于对既有作品的二次创作上，不利于社会文化繁荣发展。基于此，有学者提到，在用户衍生内容可作品性判断上，只有其独创性高于原有作品时，才可能满足独创性要素的要求，进而落入版权法意义上的客体范畴。[①] 笔者认为，用户衍生内容固然应因其是对既有作品的利用而在智力成果的使用、保护等方面受到原有作品的一定约束，但若基于生成方式而要求其具备较高的独创性并非明智之举且缺乏理论依据。在文化创作领域，从严格意义上而言，或许并不存在完全原创性质的智力成果，其多多少少都含有对已经存在的智力成果的借鉴。原因在于智力创作的灵感并非凭空产生，也非海市蜃楼无须基底，而多是智力创作者在生活经历中的有感而发。[②] 早在 18 世纪以前，智力创作活动以模仿说见之于世，该学说主张文化产品来自对世间万物的模仿，[③]既可以是对自然之物的模仿，也可以是对既有作品的模仿，前者被当然认为是具有独创性的智力成果，后者的独创性则需在模仿范畴外灵活判断。[④] 直到今天，智力创作领域的发展仍在一定程度上承继着模仿说的影响，明显见于对智力成果可作品性判断上。在朱莉·E. 科恩(Julie E. Cohen)看来，经过对既有作品的二次创作产生新的智力成果的现象自古有之，从某种意义上甚至可以认为一切作品均是对既有作品的重混。[⑤] 特里·哈特(Terry Hart)在其《重混许可》一文中表达了同样观点，他指出，就作品创作而言，一切智力成果的产生皆是对既有作品的重混。[⑥] 模仿说总结和概括了智力成果前后相继的进

---

① See Mary W. S. Wong, *Transformative User-Generated Content in Copyright Law: Infringing Derivative Works or Fair Use?*, 11 Vand. J. Ent. & Tech. L. 1075(2009).

② 参见李斯特：《个体独创论的解构与重建——基于〈乌苏里船歌〉著作权纠纷的研究》，载《华南师范大学学报(社会科学版)》2013 年第 2 期。

③ 参见陈杰：《论著作权法视野下的作品观》，载《知识产权》2012 年第 6 期。

④ 参见[英]菲利普·锡德尼、[英]爱德华·扬格：《为诗辩护　试论独创性作品》，钱学熙、袁可嘉译，人民文学出版社 1998 年版，第 82 页。

⑤ See Julie E. Cohen, *Copyright as Property in the Post-Industrial Economy: a Research Agenda*, 2011 Wis. L. Rev. 141(2011).

⑥ See Terry Hart, *License to Remix*, 23 Geo. Mason L. Rev. 837(2016).

化特征，即已有作品为之后作品创作提供了重要的知识储备和思想渊源。智力成果产生的过程，就是“从社会实践中的问题发掘新知识的普遍性与确定性，从社会存量知识中发掘知识的拓展性与继承性”[①]的过程。用户衍生内容正是在对既有作品的二次创作中产生的，对其中权利的主张不应“一刀切”地予以否认。正如中山信弘所提到的，从某种程度上可以说人类是在模仿中发展起来，为满足社会持续发展的需求，对一般模仿作出禁止性规定是不妥当的，应对哪种程度的哪种模仿行为作出禁止和压制，并不能一概而论，而应结合时代需求，综合考量对应时期社会经济、科技等因素。[②] 用户衍生内容并不会因为其是对既有作品的改编、删减、重组等而被当然归入不受版权法保护之列。美国法院在审理阿尔弗雷德·贝尔公司诉加泰罗尼亚美术公司一案中，对二次创作智力成果的独创性问题给出了判断标准，指出二次创作而产生的智力成果，相较于原作品而言，如果在内容改变上不是微不足道的，那么就可以认为它具有独创性。[③] 在用户衍生内容的独创性判断上，我们不应一概地强调因其是对既有作品的二次创作而应在内容上具有显著高于既有作品的独创性，误将衍生内容的整体与既有作品整体进行比较而陷入独创性高低的争论之中。在本书看来，对用户衍生内容的可作品性判断，首先应抽离其对既有作品的“搬运”部分，之后对新增内容比照独创性规则进行分析，然后再考量其中新增价值。也就是说，并非要求用户衍生内容具有高于前人作品的独创性，而是判断其新增部分是否具有独创性。正如保罗·戈斯汀所说，无论是模仿说还是司法实践中有关版权的争议纠纷，都在于向创作者说明，其可以从既有作品中借鉴的数量以及须自己创作的程度。[④] 对

① 付继存：《著作权法的价值构造研究》，知识产权出版社 2019 年版，第 33 页。

② 参见[日]中山信弘：《多媒体与著作权》，张玉瑞译，专利文献出版社 1997 年版，第 3～5 页。

③ See Alfred Bell & Co. v. Catalda Fine Arts, Inc. ,191 F. 2d 99 (2d Cir. 1951); See Mary W. S. Wong, *Transformative User-Generated Content in Copyright Law: Infringing Derivative Works or Fair Use?*, 11 Vand. J. Ent. & Tech. L. 1075(2009).

④ 参见[美]保罗·戈斯汀：《著作权之道》，金海军译，北京大学出版社 2008 年版，第 3 页。

用户衍生内容可作品性的判断应注意避免落入未经许可使用而否定其作品地位正当性的误区之中。智力成果可作品性的判断集中于思想表达、独创性和可再现性等要素中。当某一智力成果符合可作品性规则体系和满足作品对各要素的要求时，即能够认为其具有可作品性。至于其对前人作品的使用是否取得原版权人许可，并不会影响用户衍生内容的可作品性。用户衍生内容并不会因为其是对既有作品的利用而使得由此产生的智力成果丧失可作品性，当其满足可作品性要求时，仍可落入版权法的调整范畴。虽然用户衍生内容是对既有作品的二次创作，但不应因此在独创性高低上作出区分而要求用户衍生内容的独创性高于原创作品。首先，独创性"高"或是"低"的描述较为主观，如镜花水月，无论在理论研究上还是实务应用中均较难把握。其次，虽然我们主张因智力成果类型的不同而灵活适用独创性判断的差异性原则，但并不赞同在同样的创作空间内，因创作方式的差异而对独创性判断给予高低之分。事实上，在一定意义上任何一种创新都是模仿，只要在二次创作中融入了个性表达，存在与既有作品显而易见的创新部分，即可认为其具备独创性，无须在独创性高低上作出不同要求。

在保罗·戈斯汀看来，借用行为在智力成果的创作中是被允许的，但是只有借用人在借用之外对借用内容进行加工，使其具有一种借用对象所不具备的美好表达时，此智力成果才可能成为版权法意义上的作品。[①]但是，如果智力成果仅是对既有作品的复制式利用和传播，则因不存在可作品性而不能被看作版权法的适格客体，用户生成内容类别中的用户复制内容即是如此。所谓用户复制内容，是指网络用户全部或部分利用他人作品制作副本并置于网络中公开传播所形成的内容。就用户复制内容的生成过程来看，因其内容并非复制者本人思想的表达，缺失独创性要素，虽然具有可再现性特征也不能落入可作品性范畴，因而被当然地排除在版权法客体之外，不能成为版权法意义上的作品。一言以蔽之，对用户

---

① 参见[美]保罗·戈斯汀：《著作权之道》，金海军译，北京大学出版社2008年版，第28页。

生成内容的可作品性考量要坚持以特征导向和目的导向为指引，体现版权法的平等性、时代性和本土化特征。[①] 具体而言，在用户生成内容可作品性判断上，应以智力成果的可作品性规则体系为约束，考察用户生成内容是否符合思想表达、独创性、可再现性等要求。同时，应结合版权法的立法宗旨和价值目标，衡量版权法的制度意义能否实现。

① 参见卢海君：《论作品的原创性》，载《法制与社会发展》2010 年第 2 期。

CHAPTER 03

第三章

协议自治:网络服务提供者对用户生成内容的权益探究

随着信息技术的更新迭代,网络环境呈现愈加复杂的态势。其在丰富人类活动和便利人类生活的同时,持续影响着文化领域在新环境中的走向,为知识产品的创造、运用、保护、服务及管理等各方各面注入新的动能和变化因素,推动着信息时代版权规则的革新。被誉为网络文化发言人和观察者的美国学者凯文·凯利(Kevin Kelly)在《新经济新规则:网络经济的十种策略》一书中表达了其对网络经济发展形势的看法。凯文·凯利认为,网络及网络经济的变化已经不仅仅停留在使人惊奇的快速变动阶段,而正在从"改变"进入"流变"状态。随着新技术和新形势的出现,网络经济携带一股充满破坏性和再造性的力量,在推翻既有事物的破坏中为更多创新的诞生缔造契机。[1] 受益于经济水平的整体提高,在互联网高普及率的社会背景下,网络空间涌现一片"万众参与、大众

---

① 参见[美]凯文·凯利:《新经济新规则:网络经济的十种策略》,刘仲涛、康欣叶、侯煜译,电子工业出版社2014年版,第144、145页。

创新"的欣欣向荣之势。生产者与消费者之间的樊篱在数字时代被打破，消费者不再受制于身份、经济、机会等条件，其在接受网络内容的同时也是网络内容的生产者，在互联网环境中实现了交互式交流，获得较大的自主性和话语权。参与网络社会，除拥有硬件设备和获得入网许可外，应用程序不可或缺。进一步而言，网络用户能动性的发挥需要借助应用程序所提供的网络场所，只有处于一定的网络场所之中，各用户相互交流、表达思想等活动的开展要求才能被满足。乔纳森·格里克(Jonathan Glick)将这种能够满足网络用户各抒己见的需求，为网络用户提供切实参与文化创作创新活动机会的应用程序称为"平台型媒体"，他认为其扮演着区别于虚拟世界中技术平台和物理世界中的出版商但又介于两者之间的第三种角色。[①] 申言之，平台型媒体既具有传统媒体较为专业的编辑能力，又拥有面向网络用户所特有的开放性数字内容实体。

平台型媒体的出现，为用户生成内容的盛行提供了适宜的土壤，鼓励和推动更多的网络用户参与到互联网文化产品的创作活动中。此外，网络服务提供者对平台信息实施分类、排名、推荐等一系列管理引导行为，对用户生成内容朝着有序化、健康化甚至货币化等方向迈进发挥着重要作用，[②]以至于尼瓦·埃尔金－科伦(Niva Klkin-Koren)将具有储存用户生成内容功能的网络平台视为继出版商、唱片公司和电影公司等在传统传播领域居于主要地位的媒介之后的新的守门人。[③] 平台型媒体的发展，使社会公众多样化、个性化的文化需求在网络空间中被挖掘且得到满足成为可能。它为网络用户提供丰富多样的文化产品的同时，也吸引越来越多的网络用户在非经济利益的驱动下加入文化创作的队伍中，礼品

---

① See Johnathon G. , *Rise of the Platishers*, https://www. recode. net/2014/2/7/11623214/rise-of-the-platishers. 转引自郭晶、崔家勇:《网络平台版权协议权责失衡与再平衡》,载《中国出版》2021 年第 12 期。

② 参见黄炜杰:《"屏蔽或变现":一种著作权的再配置机制》,载《知识产权》2019 年第 1 期。

③ See Niva Klkin-Koren, *After Twenty Years: Copyright Liability of Online Intermediaries*, in Susy Frankel & Daniel J. Gervais eds. , The Evolution and Equilibrium of Copyright in the Digital Age, Cambridge University Press, 2015, p. 47.

经济风靡而至。正如詹姆斯·柯兰(Jzmes Curran)等学者所述,互联网经济特征的不断深化和延伸在一定程度上使互联网成为合作与破坏兼具的革命性工具。[①] 一方面,互联网技术的出现,有效克服了物理世界中空间地域等的限制,将文化创作、传播和利用压缩到"创作者—阅读者"的扁平结构之中。[②] 这样既节省了作品传播和获取的中间时间消耗,又降低了作品在传播中的成本支出,相对稳定地维持着数字时代庞大的阅读需求和写作群体,对文化产品的创作和利用发挥着重要的推动作用。另一方面,数字技术在文化领域的渗透,正在逐步瓦解传统文化市场所形成的无体文化内容依赖有形载体以客观呈现的固定模式。北川善太郎将这种现象称为"版权商业交易中无体物对有体物的寄生关系"。此现象进一步使得"信息社会从著作外在型向版权内在型转变"。[③] 这一立足于网络平台的转变过程引发了社会上对网站内容权益归属的争论。申言之,网络用户基于多元动因参与网络内容的创作活动,获得社会认同、实现自我价值等超越经济回报的出发点成为其参与文化创作的驱动力。然而,网络用户对其生成内容之上版权的忽视等表象,为网络服务提供者利用用户生成内容获取利益打开了便利之门。网络服务提供者开始瞄准用户生成内容背后所蕴含的市场价值,试图抓住互联网红利,从用户生成内容中分得一杯利益之羹。平台经济时代下,想要最大限度地发挥网络平台优势,带动社会经济的进一步提升,需要我们在保护用户利益的同时,一并关注平台价值及其经营需求,充分考虑数字空间中用户及平台之间的权益平衡问题。这要求我们谨慎地对待权利相关各方,在对各方贡献价值作出理性判断的基础上,寻求适时、合理及综合的权益配置方案。[④]

---

① 参见[英]詹姆斯·柯兰、[英]娜塔莉·芬顿、[英]德斯·弗里德曼:《互联网的误读》,何道宽译,中国人民大学出版社2014年版,第83,93~94页。

② 参见储卉娟:《说书人与梦工厂:技术、法律与网络文学生产》,社会科学文献出版社2019年版,第141页。

③ [日]北川善太郎:《网上信息、著作权与契约》,渠涛译,载《外国法译评》1998年第3期。

④ See Michael Reed, *Who Owns Ellen's Oscar Selfie? Deciphering Rights of Attribution Concerning User Generated Content on Social Media*, 14 J. Marshall Rev. Intell. Prop. L. 564(2015).

版权纠纷和争议总是与创作及利用信息内容的新媒介相伴而行,[①]有效配置网络空间中用户生成内容之上的权益,不仅能够合理保护用户对其生成内容的专有权,同时还体现对网络平台高效传播内容功能价值的回馈,这既是数字社会对作品权益配置提出的新要求,也是网络服务提供者等相关主体的切实诉求。随着平台经济的高深化发展,网络服务提供者利用网站内容加强用户黏性,提升网站引流能力等愿望不断加强,其迫切需要获取用户生成内容之上的利用价值,而相关领域制度规范的阙如为其利用协议进行自治提供了有利契机。在法律尚未回应对用户生成内容有关问题的灰色地带,网络服务提供者率先进驻,以网络用户服务协议为意定文本,约束参与相关活动的用户行为,在维持平台活动有效开展的同时,"商定"用户生成内容之上的权益分配。网络用户服务协议的普遍应用在一定程度上反映出网络空间在法律规制之外正朝着协商自治模式发展的趋势和步伐,[②]如日本学者北川善太郎曾提到的那样,随处可见的契约精神和契约关系的搭建正在成为现代社会的明显现象,并且这种现象在信息社会里被不断强化。[③] 在契约关系基础之上形成一套符合网络空间特点的在线规则是实现数字社会持续快速发展的有效举措,也为多方主体之间不同利益纷争的解决提供了思路。但因受制于网络用户与网络服务提供者之间谈判地位的不平衡,一方面,存在于网络社会中的契约文本多以"点击合同"等格式条款出现,网络用户在合同订立、契约关系缔结等方面的影响力甚微,在权责分配的问题上处于劣势;另一方面,以格式条款存在的约束规则,因谈判双方地位的失衡,规则拟定方对协议内容具有绝对的话语权,而在此背景下形成的网络用户服务协议之合法性和有效性常引发争议。申言之,协议自治作为网络活动的驱动因素正

① See Michael Landau, *New Media, New Markets: The Continuing Importance of Contract and Copyright*, 26 *International Review of Law*, Computers & Technology 257(2012).

② See *The Principles for User Generated Content Services: A Middle-Ground Approach to Cyber-Governance*, 121 Harv. L. Rev. 1387(2008).

③ 参见[日]北川善太郎:《网上信息、著作权与契约》,渠涛译,载《外国法译评》1998 年第 3 期。

在持续释放活力,但契约正义及公平在网络用户服务协议中的缺位使其不能被广泛认同和接受。[①]

面对虚拟世界的日益丰富和壮大,网络活动中多方参与主体的利益诉求也随之强烈。网络服务提供者能否从用户生成内容中分拨一定权益,取得用户生成内容之上的版权利益?我们需要合理考察网络服务提供者与内容生成主体在版权法上的关系,同时关注网络服务提供者及用户缔结契约关系的合法性和合理性问题,实现对用户生成内容版权利益的有效配置,最终助力新形势下版权产业的健康与良性发展。

第一节　网络用户服务协议配置版权的现状考察

通过前面章节对用户生成内容可作品性的分析,本书认为,用户生成内容在满足作品构成要件,能够落入智力成果可作品性的规则框架之中时,当然地被划入为版权法所调整的客体行列,享有版权受版权法保护。无论是国际公约还是各国版权法,大多承认版权的自动取得,即作者因作品创作而享有的版权无须经过特别程序的特别确认或授予即可获得。换言之,网络用户因参与网络活动而形成的一系列智力表达,在具备作品构成要素的前提下,网络用户具有原始取得其生成内容之上版权的可能。赋予创作者对特有智力成果的专有权,一方面体现出社会对创作者创作活动的尊重和嘉奖,在回馈创作者因智力劳动付出的同时也激励更多的人群参与到创造活动中,从而丰富社会文化积累;另一方面,鼓励对特有智力成果的传播和使用,使创作者能够在有限出让其专有权的前提下促进特定智力成果的广泛流转,最大限度实现智力成果的社会价值,完成文化效能向经济效能的充分转化。换言之,版权原始取得到继受取得的过

① See Michael Landau, *New Media, New Markets: The Continuing Importance of Contract and Copyright*, 26 *International Review of Law*, Computers & Technology 257(2012).

程,从某种意义上来看也是挖掘和展现相应智力成果市场价值的过程。对知识产权的管理从来不是创造对其保护最大化的条件,而是探寻使其价值最大化的条件。①

互联网生态的发展完善,在带来各种新机会和新体验的同时,也时刻触碰着版权法所未能及的灰色地带。用户生成内容现象所激发的交互式热潮,吸引越来越多经济体的加入,源源不断的网络服务提供者从积极创设到争抢引流,争先恐后地挤进用户生成内容秩序之中,与网络用户一道重塑互联网生态的新的知识关系图谱。用户生成内容的承载平台一方面为网络用户搭建"基础设施",并为其提供稳定的内容发表场所;另一方面积极推进用户生成内容的价值转化,促进用户生成内容广泛传播,在吸引更多新用户入驻增加平台曝光率的同时,持续加强和巩固用户黏性。如此一来,网络服务提供者对用户生成内容的推进既实现了对文化产品的充分传播和利用,为社会精神文明建设添砖加瓦,同时又通过对用户生成内容的"捆绑"进行企业营销增进企业利益,进而成为数字环境中文化产品产生和使用的重要助燃器。为持续汲取用户生成内容蕴藏的经济价值,开设用户生成内容栏目的网络平台通过网络用户服务协议以合同自治形式与网络用户建立契约关系,从而巩固了其分得用户生成内容权益之目的。

所谓网络用户服务协议,在互联网语境下是指,网络用户为获取特定平台的服务,点击同意的特定网络平台运营商提前拟定的意在对网络用户产生约束力的规则文本。从形式上看,它是网络服务提供者与网络用户之间达成的关于使用特定平台网络服务过程中各种行为的事先约定。从实践上看,互联网社会中网络用户服务协议由网络服务提供者事先拟定,面向不特定人群以链接或弹窗形式在用户注册登录使用平台前向其公示,用户在提交注册信息时通过点击确认而成立,协议约束力

① 参见[美]迈克尔·A. 艾因霍恩:《媒体、技术和版权:经济与法律的融合》,赵启彬译,北京大学出版社 2012 年版,第 78 页。

自此产生[①]（部分平台同时设置非注册用户服务条款，其约束力在用户以非注册用户身份进入平台获取服务时产生）。换言之，网络用户访问特定网站的客观行为在网络用户服务协议的语义之下似乎构成了对该协议条款的同意和认可。[②] 网络用户服务协议在互联网环境中有效缓解了法律“最后一公里”的难题，以自我治理的形式在网络服务提供者和用户之间形成一种契约关系，约束双方参与网络活动的各类行为，尤其是在用户生成内容的权益配置问题上发挥着重要作用，直接推动着网络内容的广泛传播和交流。但网络用户服务协议配置用户生成内容权益，在对用户生成内容之上版权的二次分配过程中，因健康有序的自治市场尚未形成且网络服务提供者和网络用户之间地位悬殊等现实问题，其在实践中存在诸多隐患。因此，在有效发挥协议自治对用户生成内容传播、利用的积极作用的同时，引导其朝着科学周延方向发展，是数字技术背景下实现版权多元治理的重要举措。

一、网络用户服务协议配置版权的样本剖析

原始取得与继受取得是获得作品之上版权的两种方式。前者意在授予作品创作人为法律所承认的主体地位，对其特定智力成果的创造过程表示肯定，使其取得作品之上一定期限内具有排他性的专有权。版权原始取得的主要途径系对作品的创作行为，而版权的继受取得则存在转让、许可、赠与、继承、遗赠、清算和承继等多种情形。以版权协议授权为例，其是作者行使专有权对相关作品版权进行二次分配的结果。进一步而言，作者通过与权利受让方签订授权许可协议，在让渡一定范围内版权的基础上获得相应对价，一方面实现了智力成果向经济价值的转化，另一方

① 参见王红霞、杨玉杰：《互联网平台滥用格式条款的法律规制——以 20 份互联网用户注册协议为样本》，载《上海政法学院学报(法治论丛)》2016 年第 1 期。

② See Matthew D. Walden, *Could Fair Use Equal Breach of Contract: An Analysis of Informational Web Site User Agreements and Their Restrictive Copyright Provisions*, 58 Wash. & Lee L. Rev. 1625 (2001).

面也促进其作品在社会层面的传播,作品文化价值得到释放。网络服务提供者对用户生成内容有关版权利益的获取和行使,因缺乏相关法律法规的明确规定,其多借用网络用户服务协议商议用户生成内容知识产权的归属,以实现经营利益。鉴于此,对用户生成内容在生成主体和网络服务提供者之间配置问题的考察应多参考各有关平台自行拟定的网络用户服务协议中的相关条款,以此为鉴探寻实践中用户生成内容版权在网络服务提供者和相关用户间配置的优缺点,为数字时代用户生成内容版权的协议配置谋求合理出路。因此,本书综合考察用户量、下载排名、平台运营周期等关联因素,收集整理国内外 40 个相关平台的网络用户服务协议,①其中国内平台 29 个,分别为微信、腾讯视频、百度网盘、百度知道、知乎、喜马拉雅、豆瓣、蜻蜓 FM、猫耳 FM、果壳、56 网、新浪微博、土豆网、优酷网、荔枝、快手、抖音、博客中国、网易公开课、哔哩哔哩、迅雷、梨视频、澎湃新闻、百度文库、在行一点、天涯社区、虾米音乐、搜狐网站、小红书等;国外平台则聚焦于油管、维基(Wiki)、脸书(Facebook)、推特(Twitter)、谷歌(Google)等。以上述平台网络用户服务协议中知识产权条款为样本,剖析互联网环境中用户生成内容版权协议配置的基本样态。具体数据详见附录。

经分析发现,就用户生成内容的权益分配而言,首先,在用户生成内容版权的原始归属上,网络用户服务协议中的知识产权条款多以版权法为依据,尊重内容生成主体的智力创作活动,承认其享有特定内容之上的版权。具体来看,除个别情况外,作为研究样本的 40 个网络用户服务协议均以明示或默示的方式,对用户生成内容版权归特定用户所有表示认可。然而,承认用户生成内容版权归特定用户享有之后,包括腾讯视频、油管等在内的 32 个国内外网络服务提供者又通过网络用户服务协议,取得与用户生成内容相关的版权利益。换言之,网络用户服务协议在肯定

① 所收集相关平台的用户服务协议的时间截至 2021 年 11 月 22 日,所收集到的用户服务协议为各平台的最新协议版本。

用户对其生成内容享有版权的基础上进行二次配置,以协议许可或转让的方式,将用户生成内容的版权以免费或有偿形式授予有关网络服务提供者。

其次,知乎、澎湃新闻和天涯社区等在网络用户服务协议中声明其享有对用户生成内容的"署名权",即在用户生成内容被第三方使用时,要求使用方表明来源,在使用界面注明与网络服务提供者有关的字样。"署名权"之外,亦有16个网络用户服务协议提到"赋予"网络服务提供者"代维权权"。无论其在网络用户服务协议中以许可还是以转让等方式约定对用户生成内容之上版权利益的受让,甚至并未明确其对用户生成内容的权益,其均有"当其平台用户生成内容存在被侵权的风险时,其能够独立以平台名义进行维权"的意思表示。至于因维权而获得的赔偿归属,除蜻蜓FM、博客中国和搜狐网站提到归网络服务提供者之外,其他13个网络用户服务协议未进一步阐明赔偿归属。

最后,18个网络用户服务协议就用户注销后在用户使用平台期间生成内容的处理问题给予回应,其中12个网络用户服务协议表示用户内容会随着用户账号的注销而被删除,或是永久删除,或是匿名化处理,虽消除手段和方式存在差异,但均起到消除相应内容之上特定用户痕迹的效果。澎湃新闻则在协议中表示用户注销账号后,是否删除该用户生成内容由网络服务提供者自主决定。换言之,在网络服务提供者有权自主决定删除与否的情景下,用户生成内容在特定用户注销之后实际上已经脱离特定用户的控制范围,特定用户失去对相关内容的支配能力,这在某种程度上可以理解为相关内容的权利行使完全由网络服务提供者接管。与此不同的是,油管、脸书、谷歌、维基等网络用户服务协议中提到,在用户注销账号后,由用户生成的相关内容会继续在该平台传播利用,理由有三:一是认为删除用户内容需要一定时间,而在内容存续期间内,网络服务提供者依然享有对相关内容的使用权益;二是秉持相关内容如果发表在公共领域,则其不会因为用户的注销而当然从公共领域予以排除的观点,维护网络服务提供者能够继续使用相应内容的权益;三是如果用户生成内容在用户注销之前已经被其他用户合法转载,则相应内容并不会在内容生成主体注销账号后被网络服务提供者删除。

与用户生成内容权益分配中网络服务提供者与用户之间关系图谱的复杂性相比,网络用户服务协议对因用户生成内容引起各类纠纷的责任承担问题规定得较为纯粹。40 个样本网络用户服务协议均明确提到,如果因用户生成内容存在瑕疵而引起侵权争议,则由特定用户承担由此引发的全部责任,若同时对网络服务提供者造成损失,则一并由特定用户负责赔偿。梨视频、知乎、新浪微博、土豆网和优酷网等网络用户服务协议甚至表明,在用户生成内容版权归网络服务提供者所有的特殊情形下,因用户内容争议产生的各类责任依然由内容生成主体承担。

通过对互联网环境下相关网络用户服务协议中版权配置有关问题的分析,本书认为网络社会对用户生成内容版权的协议配置呈现以下几个特征。

第一,从规则订立看,网络服务提供者主导用户生成内容的版权配置规则。用户生成内容的版权配置方案多以知识产权条款的形式嵌于网络用户服务协议之中,当注册成为特定平台实名用户时,网络用户服务协议以弹框文本或链接形式出现在注册页面,用户只有在点击表示同意网络用户服务协议的指定按键之后,才能够登录相应网站成为注册用户,享受网站服务。网络用户服务协议的实质在于规制特定网络服务提供者和意在接受此网站服务的用户双方之间的行为,在双方之间设定权利义务,促使契约关系的缔结。从受约束主体的契约角色来看,网络用户服务协议调整下的网络服务提供者和用户同处于平等私主体的地位,对网络用户服务协议内容的制定享有平等的话语权。就现实情况而言,用户主动参与网络用户服务协议订立的机会被掠夺不言而喻,其与网络服务提供者间的磋商空间被挤占,基本居于“不同意即离开”的被动处境。用户与网络服务提供者之间话语权的不对等,使网络服务提供者掌握对网络用户服务协议内容设置的绝对控制力,以获取市场利益为根本目的的网络服务提供者在网络用户服务协议中附加给用户较多的义务及责任就显得不足为奇。概言之，网络用户服务协议因参与双方市场地位的悬殊，多由居于绝对控制地位的网络服务提供者主导制定，网络用户面对网络用户服务协议，不得已陷入“同意或退出”的被动局势，基本丧失协议订立阶段的话语权。

第二，从权利归属看，用户生成内容版权以用户原始取得为原则，以网络服务提供者原始取得为例外。作为样本剖析的40个网络用户服务协议，无一例外都承认特定用户对其生成内容之上的版权，其中虽然存在不同情况下特殊权利归属的区分，但整体上坚持用户生成内容版权归于特定用户的配置原则。

第三，从权利行使看，网络服务提供者以获取用户生成内容的市场价值为驱动力。网络用户服务协议虽然承认用户享有其生成内容的版权，但在确认版权归属之后，多通过许可或转让条款，将版权的具体行使权益让渡至网络服务提供者。在40个样本协议中，除百度网盘、维基、Globalvoices 3个网络用户服务协议明确其不享有对用户生成内容的权益外，有32个网络用户服务协议以具体性权益列举或概括式权益声明的方式表达对用户生成内容的使用权益。申言之，在数字环境下，以承载和吸纳用户生成内容为主要服务宗旨及功能的网络平台，以获取用户生成内容的市场价值为驱动力。原因在于用户生成内容使用权益的获得和行使能够进一步增加平台用户黏性，吸引访问流量，从而为平台创造经济利益。

第四，从形式上看，互联网生态下网络用户服务协议中知识产权配置条款因存在多样性、隐藏性等特点而缺乏统一标准。就网络用户服务协议中知识产权配置条款的多样性而言，一方面，不同平台的网络用户服务协议具有不同的平台特色，对知识产权归属及利益行使的规定存在差异，这在某种程度上会使网络用户在接受不同平台的网络服务时产生权利享有和义务承担的紊乱，不利于网络活动的持续健康进行。另一方面，为适应瞬息万变的网络环境，网络用户服务协议经常由网络服务提供者主动或被动地进行更改变动，进而导致网络用户对服务协议产生消极疲软的不健康状态。网络用户服务协议中与知识产权有关的条款经常以囊括表述网络服务提供者自有产权为根本,而与用户切实相关的生成内容产权归属约定则被归至不同条目下呈现,用户生成内容知识产权配置条款的隐藏性,从一定程度上加深了网络用户对其生成内容权利维护的懈怠心理。

二、网络用户服务协议配置版权的积极效果

网络用户服务协议的产生和大规模推广采纳具有经济上的必然性。从某种程度上来说,网络用户服务协议在互联网社会各类活动中具有订约基础明确、节省时间、节约费用等典型特点,较大程度降低了互联网活动的开展成本,反映出平台经济在生产经营等活动中高速度、低消耗和高效能等优势。具体而言,网络用户服务协议在提高用户生成内容传播效率、稳定平台秩序以及丰富文化输出等方面发挥着积极的推进作用,在营造丰富多元的互联网文化氛围中扮演着重要角色。

首先,提高传播效率,促进用户生成内容广泛传播。信息技术的迭代持续带动着社会经济水平的快速提高,但在日新月异的社会活动和社会情景背后,法律的滞后性逐渐显露。现有法律制度无法完全应对社会发展过程中不断出现的新问题和新现象。尤其在互联网环境下,一边是虚拟空间不断涌现的新局面,另一边是缺乏对数字时代有效回应的现有滞后制度。在法律规定不足、社会规范阙如的社会现实下,为保证网络平台的正常高效运行,旨在约束网络服务提供者和用户在特定网站行为活动的网络用户服务协议应运而生。网络用户服务协议虽没有法律制度的普遍约束力,但足以约束意在产生或相互间已经产生权利义务关系的网络服务提供者及用户等双方主体。同时,其面向不特定网络用户可重复使用的特点在一定程度上节省了契约缔结的时间等成本消耗,能够快速使双方进入同一权利义务体系之中互为制约,简便网络用户参与特定网络平台活动的中间过程,为用户生成内容的产生提供良好的基础。此外,网络用户服务协议对用户生成内容相对开放和温和的态度,也对用户参与

网络平台内容创作起着积极的鼓励作用。以油管为例,2005 年 12 月油管正式发布后,其平台视频播放量每天高达 300 万条,同时每天又有近乎 8000 条视频被用户上传至平台,[①]且其平台视频量与用户量仍在增加,大有扶摇直上之势。概言之,网络用户服务协议在约束特定平台和其上用户的同时,也为用户利用平台内容提供了较为和谐的环境和机会,促进了用户生成内容在平台内的广泛播放和传递,且在吸引更多用户参与进来的同时,释放大量用户自创自制的多样化内容,增强了用户生成内容的曝光率,为用户生成内容的传播提供了规则支持。用户生成内容的价值很大程度上往往在于同网站上其他用户生成内容批量呈现被欣赏,[②]而网络用户服务协议在进一步规范特定平台经营氛围的同时,也为大量用户的加入提供了可靠的规则基础,从而加强用户黏性,吸引用户生成内容产生,也实现了用户生成内容的普遍传播。

其次,稳定平台秩序,推进平台经济持续发展。网络用户服务协议由网络服务提供者事先订立完成、面向不特定网络用户群体反复使用且被普遍称为"点击合同"等特点无疑会使其落入格式合同之列。正如学者所说,格式合同的条款大多是在经历过多年的实践、汲取各种事件的处理智慧后被固定下来的。它们通常由特定行业中频繁从事相关工作具有一定话语权和丰富实践经验的群体制作。经验表明,这些格式合同能够促进贸易的发展。[③] 具有格式合同特征的网络用户服务协议无疑在网络社会发展中起着重要作用。在法律制度尚未成熟的数字技术领域,实现和持续保证数字空间的稳定及发展事关新技术引领下社会进步的大局。一方面,网络用户服务协议能够拟制补救因法律空缺可能引发的虚拟环境激荡的不良后果,这在一定程度上使网络环境朝着组织化方向迈进。网络用户服务协议将参与特定网络活动的主体有效纳入协议条款的约束之

---

① See Edward Lee, *Warming up to User-Generated Content*, 2008 U. Ill. L. Rev. 1459(2008).

② See Steven Hetcher, *User-Generated Content and the Future of Copyright: Part Two-Agreements Between Users and Mega-Sites*, 24 Santa Clara Computer & High Tech. L. J. 829(2008).

③ 参见傅静坤:《二十世纪契约法》,法律出版社 1997 年版,第 118 页。

中，以契约规则实现网络社会中的自我治理，使网络活动在组织秩序之中稳步进行。与此同时，网络用户在网络用户服务协议的指导下有序参与网络活动，从而形成井然有序的网络氛围。另一方面，网络服务提供者依托网络用户服务协议所创设的平台规则和制度规范，充分利用较为和谐有序的网络环境，积极进行平台经营模块的开发和运营，在法律调整的灰色领域通过自我治理与网络用户之间建构较为融洽的交易秩序，营建新的交易格局。在此过程中，利用网络用户服务协议的利己约定，能够实现对用户生成内容的货币化应用，开拓出平台经济发展的另一路径，为平台经济的持续发展贡献合同优势。

最后，丰富文化输出，增加社会文化多样性。从经济学意义上来看，格式条款的经济基础和价值导向在于其能够促进市场交易行为的完成，同时提高经济活动效率，此外还能在一定程度上增加社会财富，具有社会福利价值。置于互联网语境下的用户服务协议在互联网生态中发挥着同样作用。其除了在促进用户生成内容广泛传播、提高用户生成内容使用频度且实现平台经济的持续稳定发展之外，还在增进社会文化多样性方面起着积极的推动作用。通过对用户服务协议的现实考察和剖析，我们发现用户服务协议虽承认特定用户对其生成内容的版权，但之后多借用协议内容将这些享有版权的用户生成内容以无偿方式授权给网络服务提供者在全球范围内使用。也就是说，在用户服务协议的主导下，内容生成主体将其在生成内容之上的权益让渡出一部分，由网络服务提供者代为行使，而网络服务提供者基于增强用户黏性、吸引访问流量等经济目的，倾向于将用户生成内容向平台注册用户开放，以吸引更多用户的加入和更多用户内容的生成，如此营造一种良性循环，最终满足网络服务提供者的谋利意图。这看似在网络用户服务协议的约束下，网络用户不得不放弃其在生成内容之上的权益，而在学者利奥·贾科布·斯特拉希莱维茨（Lior Jacob Strahilevitz）看来，放弃权利是放弃财产的一种极具吸引力的手段，它能够尽量减少原权利人因权利的享有而产生的交易和决策成本。此外，权利放弃也在某种程度上服务于其他社会目标，比如与利他主义理念相吻合，即权利的放弃在一定场景下可以看作是将资源转移到更高价值的利用途径上。换言之，从网络服务提供者的市场追求和发展目标来看，这些在用户服务协议中被授权给网络服务提供者使用的用户生成内容之上的权益，将会提高社会福利，[①]使网络用户得以接触和使用到具有不同风格、不同特点的多样内容，在丰富文化输出的同时，从整体上也增加社会文化的多样性。

三、网络用户服务协议对内容生成主体的冲击

互联网生态中网络用户服务协议的推行在一定程度上避免因法律规则的缺失而产生的网络无序状态，在维持网络活动行为秩序的同时，积极促进用户生成内容的大量产生和实时传播。但前文我们也提到，互联网背景下的用户服务协议，多由网络服务提供者提前拟定，在网络用户接受其服务时一并同意，由此形成对双方具有约束力的契约关系。一般来说，网络服务提供者的商业模式即是要求用户数量持续增长以实现规模化效应。[②] 而用户内容生成场所的免费提供，以及生成内容的免费使用和传播是数字社会吸引关注的有效途径。因此，网络服务提供者多通过网络用户服务协议约定释放内容生成主体的相关版权，以提高对应内容在特定平台的传播效率，从而服务于其吸引平台用户量、完成间接营利的目的追求。然而，网络用户服务协议作为由网络服务提供者主导完成的合同文本，不可避免会存在向网络服务提供者倾斜的情形，对内容生成主体的诸多利益产生潜在威胁。

第一，网络用户在网络用户服务协议订立前主观能动性小，接受特定服务须被动“一揽子”接受协议约束。有学者提到，用户生成内容权利被侵犯的情形往往区别于物理世界。在现实社会中，侵犯作品权益的主体通常与作者之间并无关联或者说存在极小的关联，侵权行为多由第三方实施。而在网络世界中，用户生成内容除了面临被第三方侵权的风险，还

① See Lior Jacob Strahilevitz, *The Right to Abandon*, 158 U. Pa. L. Rev. 355(2010).

② 参见熊琦：《互联网产业驱动下的著作权规则变革》，载《中国法学》2013 年第 6 期。

会受到与之生成主体间存在契约关系的对方当事人的不当处分。换言之,在用户生成内容的权益分配阶段,因受制于已经开始发生效力的网络用户服务协议的约束,网络服务提供者和用户都将在协议建构的权益配置框架中享有各自权利和承担相应义务,但从协议制定到发布再到订立,用户并不享有对等的话语权,全过程均由网络服务提供者主导完成。虽然用户在协议接受阶段享有完全自主的决定权,但因协议内容已由网络服务提供者单方确定,此刻留给用户的自主选择权只有"接受并留下"或者"拒绝则离开"的形式选择,并不触及协议的实质内容,更不用提权益配置规则更改意向实现的可能性。网络用户在其生成内容权益配置和行使问题上基本丧失话语权,被动地接受网络服务提供者预先订立的规则规范,在一定程度上可以认为特定网络服务提供者侵犯了这些内容生成主体在版权保护领域创造性输出方面的自主处置权益。① 网络服务提供者利用其在协议订立过程中所处的控制性地位,利用网络用户的谈判劣势,②将本应与其同处于平等私主体地位进行缔约的网络用户置于事实上并不平等的谈判场合中,网络用户的合同自由被限制,从而出现契约关系失衡的局面。如王红霞教授所提,网络服务提供者作为网络用户服务协议的制定主体,从一开始就已经享有决定协议内容的权利,而网络用户只能对协议内容表示全部接受或全部拒绝,并没有与网络服务提供者就协议个别条款进行商讨的余地。③

第二,协议中用户就其生成内容享有的权益缺乏周延性,无法合理分得生成内容的价值。从网络用户服务协议对用户生成内容之上版权利益的配置条款来看,用户生成内容一经发布,只要其能够落入版权法的客体范畴,就能被网络服务提供者认同其上的版权,但网络服务提供者同时也

---

① See Steven Hetcher, *User-Generated Content and the Future of Copyright: Part Two-Agreements Between Users and Mega-Sites*, 24 Santa Clara Computer & High Tech. L. J. 829(2008).

② 参见崔立红、梁婉颖:《数字时代版权合同中未知使用方式问题研究:不完全契约理论的视角》,载《山东大学学报(哲学社会科学版)》2021 年第 1 期。

③ 参见王红霞、杨玉杰:《互联网平台滥用格式条款的法律规制——以 20 份互联网用户注册协议为样本》,载《上海政法学院学报(法治论丛)》2016 年第 1 期。

以条款约定形式将版权利益从内容生成主体手中拿走。就用户生成内容在特定平台的版权利益而言，未经网络服务提供者许可或转让授予，有关用户在特定平台似乎仅为特定内容名义上的版权主体，无法因其生成内容的许可或转让得以使用而分享有益价值。简言之，在权利行使阶段，因网络用户服务协议对用户生成内容知识产权分配及行使规则的设置，用户不能支配其生成内容权利具体行使阶段的事宜，甚至无法参与其中。史蒂文·赫彻（Steven Hetcher）在一篇文章中就脸书平台用户服务协议条款的设置指出，“脸书试图通过不合理的内容使用条款窃取本应由用户享有的权利。但通常用户并不清楚他们对自己创作内容所拥有的权利。因此，当这些权利被践踏时，用户没有过多的反应也就不足为奇了”。[①] 此外，网络用户服务协议就用户注销后其在注册期间生成的用户内容处理问题鲜有提及。如此便为内容生成主体对生成内容的后续利用埋下隐患。同样以脸书为例，由上文对网络用户服务协议的现实考察可知，脸书在内容生成主体注销账户后选择依然保留其他用户对该内容的使用权益。由此不排除这样一种场景的出现：内容生成主体在使用脸书上传其生成内容时尚未功成名就，该内容在当时看来并不具有太大的市场价值甚至没有价值，但多年之后，内容生成主体在相应领域取得较大成就，知名度攀升，其早年内容便被视为“珍品”，被争相传颂和研究。此时，脸书拿出当年用户服务协议，以合同约定为由主张对该内容的版权利益。在这种情形之下，用户生成内容之上的权益应如何划分又应如何行使？和脸书相类似的用户服务协议约定效力又如何？归根结底，问题的根源在于：一方面，网络用户服务协议对用户生成内容相关权益约定的周延性缺失使现实生活中无法避免不合理分享用户生成内容价值局面的出现；另一方面，网络用户服务协议在网络服务提供者的主导下过度强调网络服务提供者的利益而忽视内容生成主体的权利，致使用户和网络服务

---

① Steven Hetcher, *User-Generated Content and the Future of Copyright: Part One-Investiture of Ownership*, 10 Vand. J. Ent. & Tech. L. 863(2008).

提供者之间不能合理分享内容价值。

第三，网络用户服务协议对用户权利、义务及责任设置不对等，打击用户参与网络活动的积极性。经过上文对网络用户服务协议的分析，我们发现，围绕用户生成内容之上的版权无论进行何种程度的二次分配，因用户生成内容引发的侵权责任都无一例外由内容生成主体独自承担。对此现象，有学者给出解释，这些网络服务提供者之所以尊重用户对其生成内容的版权，是因为当网站陷于侵权风险时，其更倾向于以避风港条款将自己从侵权指控中剥离，而非系内容的相关权利人以出版商身份被追究相关责任，这种原始权利很可能在网络经营中为其带来麻烦和危机。[①]由此便出现网络用户服务协议中特定用户在其生成内容之上权利、义务及责任之间的严重不对等情况。虽然网络用户服务协议多在文本中表明，用户享有对其生成内容的版权，而网络服务提供者仅享有无偿或有偿使用的权利，但在多数学者看来，这种规定不过是网络服务提供者在用户生成内容引发纠纷时得以完美脱身的"利己条款"，[②]其意在转嫁用户生成内容可能存在的潜在侵权风险，说到底其初衷和目的仍是保证自身的发展和经营。网络用户服务协议对内容生成主体版权利益的剥削和自身责任承担上的漠视，虽然短期内可能促进平台经济价值的快速提升甚至飞跃，但从长远来看，并非明智之举。一方面，权责方面的失衡真相一旦在实践纠纷中被捅破，将引起舆论的巨大反击，对平台之后的发展运营毫无疑问将产生不良影响；另一方面，用户对责任的过度承担将引发用户群紧张，这种不安及畏怯左右着参与网络活动的用户心理，长此以往难免会引发用户对网络活动的排斥和抗拒，从而打击其参与网络活动的积极性，进而会影响网络生态的良好营建。

---

① See Steven Hetcher, *User-Generated Content and the Future of Copyright: Part Two-Agreements Between Users and Mega-Sites*, 24 Santa Clara Computer & High Tech. L. J. 829(2008).

② Steven Hetcher, *User-Generated Content and the Future of Copyright: Part Two-Agreements Between Users and Mega-Sites*, 24 Santa Clara Computer & High Tech. L. J. 829(2008)；尤浩：《版权平台化对短视频创作的影响》，载《中国出版》2020 年第 11 期。

第二节　网络用户服务协议配置版权的效力分析

2007 年 10 月，美国几家在用户生成内容领域居于领先地位的互联网和媒体公司宣布，在综合吸取过往用户生成内容领域发现的问题解决经验的基础上，共同商议订立《用户生成内容服务原则》，该原则效力及于签署此文本的各网络服务提供者。《用户生成内容服务原则》的订立，意在有效管理和应对互联网社会中不当侵犯用户生成内容的各类现象，为用户营造较为友好的内容生成环境，尊重并承认用户对其生成内容的相应权利，以期鼓励平台用户上传下载业经授权或享有版权的原创内容。除此之外，该原则对用户生成内容的合理使用等权利限制方面也作出了相应描述，并就用户隐私保护等问题给出回应。从《用户生成内容服务原则》的制定基础来看，它是互联网生态下由存在利益往来的不同行业间的利益相关者协商订立的一套指导方针。一方面，《用户生成内容服务原则》不同于现有版权法规范，并非由国家强制力制定实施的法律文本，而是基于商业活动在经营行为之下与私主体之间达成的、旨在自我约束规范特定领域相关主体行为、具有行业规范性质的自治文本；另一方面，《用户生成内容服务原则》又以版权相关法的价值目标和立法宗旨为出发点和落脚点，在现有法律框架内协商解决网络环境中用户生成内容的具体问题。这在一定程度上反映出协议自治与法律监管之间的互为补充特点。遗憾的是，并非所有处于用户生成内容领域领先地位的网络服务提供者均同意此原则的通过，以及自愿接受此原则束缚，谷歌、脸书等互联网巨头即不在同意之列中。[①]

虽然《用户生成内容服务原则》并未得到来自用户生成内容领域所

---

① See *The Principles for User Generated Content Services*: *A Middle-Ground Approach to Cyber-Governance*, 121 Harv. L. Rev. 1387(2008).

有网络服务提供者的青睐,但其在用户生成内容相关问题的解决上给出了良好的方案指引。数字技术的发展进一步引发社会各界对因法律滞后而对社会进程产生不利阻碍的担忧。尤其在互联网环境中,面对层出不穷的新现象新问题,一边是参与网络活动各方主体的应接不暇和疲于应对,另一边是法律制度的缺失或调整的不适时。在网络利益的巨大吸引和开发欲望的驱使下,于网络活动中占据主导和支配地位的网络服务提供者开始寻求新的途径以快速分得网络红利。正如学者所说,自我治理在传播领域的吸引力日益呈现增加趋势。[①] 其部分原因在于:互联网所特有的互联互通、交互式对话等性质,能充分挖掘社会群体内心的自主性和表现自我的渴望。在网络技术的助推下,智力成果的表达和作品创作已经成为人人可及的实践活动,而将自己的智力成果发放至大众手中共同传阅和欣赏,甚至超越作品创作成为更为关键的一步。换言之,交互式对话对网络社会提出了交互式传播的迫切要求。在此基础上,互联网中性、自由、开放等特点将协议自治的效能不断放大直至成为网络社会普遍采纳的治理方式。回到版权领域,北川善太郎认为,版权市场理论本身即是一种契约自治模式,蕴藏在市场交易之中。所谓版权交易的契约自治,旨在解决多媒体版权面临的种种问题,核心在于改变传统社会中版权人与被许可人之间的行为秩序。[②] 具言之,传统环境下,基于版权许可制度,版权人往往只需被动等待对作品存有使用需求的人主动向其提出许可请求,然后由其决定是否授予使用许可。与此不同的是,数字技术的出现,在一定程度上使得许可效率大为降低,而对传播效率的要求成为关键因素。因此,版权人若一味坚持继续沿用传统社会中的“被动”许可规则,可能会面临“彻底”丧失其作品利益的危险局面,这便要求版权人“主动”适应传播效率的要求,将许可使用由传统社会中的“申请—许可—收益—使用”模式,转向网络世界的“许可—使用—收益”模式,即契约自治。

---

① 参见[英]詹姆斯·柯兰、[英]娜塔莉·芬顿、[英]德斯·弗里德曼:《互联网的误读》,何道宽译,中国人民大学出版社 2014 年版,第 115 页。

② 参见[日]北川善太郎:《网上信息、著作权与契约》,渠涛译,载《外国法译评》1998 年第 3 期。

以契约媒介的形式设计用户生成内容之上的版权利益，在一定程度上可以有效缓解和应对数字环境下不断加深的对作品商业性利用需求和版权保护要求之间的矛盾与障碍，使技术、商业往来和版权保护之间的共生共存共发展成为可能。[①] 申言之，契约法理中的主体平等、意思自治、契约标的财产性等要素使合同理念的张力在版权实践中得到延伸，与版权实践之间实现有效结合。[②] 就用户生成内容而言，在合同自治的基础上，网络服务提供者和用户依据平等的私主体地位，经过商讨协定，拟制出既反映平台经营利益又顾及用户专有权益的协议文本，从某种意义上达成“共同得益”的良好结果。但综观实践中网络用户服务协议中涉及用户生成内容版权的配置条款，会发现其多向网络平台利益倾斜。“在没有任何限制的情况下将版权转移给继受人时，就版权中的财产权而言，继受人实际上已经取代了原始版权人的地位而成为真正的版权人。”[③]不合理的契约内容极易造成契约自由与契约正义间的失衡。有学者提到，协议治理的目标应该是既赋予消费者责任，也赋予消费者权利。[④] 在有关用户生成内容权益分配和使用问题上，用户在协议自治中不应仅是责任承担的主体，同时也应该是实体权益的享有主体。在鱼龙混杂的互联网环境中，要想保证协议自治的合理有效、实现用户生成内容价值的最大化，需要我们基于契约关系建立的合理性及合法性，挖掘契约设计版权配置中存在的现实问题，综合探寻网络服务提供者对用户生成内容的权益及实现路径。

一、网络用户服务协议配置版权的合理性

在前文中，我们通过审视民法与版权法间的关系图谱，提到意思自治

① 参见[日]北川善太郎：《网上信息、著作权与契约》，渠涛译，载《外国法译评》1998 年第 3 期。

② 参见杨红军：《版权许可制度论》，知识产权出版社 2013 年版，第 283 页。

③ 杨红军：《版权许可制度论》，知识产权出版社 2013 年版，第 283 页。

④ 参见[英]詹姆斯·柯兰、[英]娜塔莉·芬顿、[英]德斯·弗里德曼：《互联网的误读》，何道宽译，中国人民大学出版社 2014 年版，第 116 页。

理念在版权法中同样适用且存在适用先例和基础，同时也指出私人治理对版权法的补充促进作用，以此肯定契约自治在版权配置中的合法性地位。但仅有以契约关系配置版权的合法性前提还不足以表明数字时代私人治理所能够发挥的巨大效能。因此，我们需要进一步探寻建立版权配置契约关系的合理性，在以契约关系配置版权合法合规的基础上找寻其市场价值和经济利益，为版权配置领域契约关系的建立提供效益支撑。在笔者看来，建立版权配置契约关系的合理性表现在以下几个方面：其一，版权配置领域建立契约关系可以有效发挥知识等外部性价值，在一定程度上可以认为其是经过外部性规则同时实现作品内部优势与外部优势的有力举措，能够有效弥合“公地悲剧”和私人专有之间的鸿沟，在促进作品传播平衡多方利益的同时，对唤醒作者社会责任感起着重要的推动作用；其二，高效、迅速、便捷是订立契约的核心优势，建立契约关系解决互联网环境中版权配置的难题，可以有效实现网络世界对作品最大化利用的要求，最大限度地发挥作品价值；其三，在版权配置领域建立契约关系，是对价机制内在机理的外化表现，其进一步反映数字时代精细化分工的需求与意旨，有利于不同利益主体就同一客体各取所需，从而实现共赢。

第一，版权配置领域建立契约关系的正外部效应。有这样一个例子，关于公共物品的外部性规制问题，埃莉诺·奥斯特罗姆（Elinor Ostrom）列举的关于洛杉矶地区恶性抽水案例给出较好的应对举措建议。“法律对地下水的使用权益没有给出明确的规定，从而导致每个需要用地下水的个人均从个人利益出发，试图最大限度地使用地下水以满足私利。长此以往，区域地下水资源严重退化，‘公地悲剧’出现。为了摆脱上述对公共地下水资源的不合理使用，同时缓解地下水资源退化问题，用水需求者在法律缺位的情况下自发组织建立民间协会，共同讨论商议地下水使用问题，并由抽水者共同对地下水资源进行适当管理，最终形成了有效的对公共资源自主治理的模式……新知识发现者的边际私人收益远远低于社会使用知识的边际社会收益”。[①] 除此之外，知识具有典型的非排他性特点，在一定程度上可以看作公共资源。作品是创作者通过智力劳动产生的智力成果，版权法为作者设定一定时期的专有权，作为对作者智力劳动的回报。但作品作为知识类别之一，终归具有公共资源的属性，对作品的过度保护会引发“反公地悲剧”，最终使作品丧失其社会价值，束之高阁；而对作品若不加限制地使用则会引发“公地悲剧”，同样造成无知识可用的尴尬局面。上述情形也正是互联网环境下作品保护与利用间争议之症结所在。囿于法律对互联网社会特有现象调整规则的空白，不加限制传播和使用受保护作品的现象在网络空间频繁发生且屡禁不止，而作者群体要求加强网络社会版权保护力度的呼声也日渐高涨。本书认为，既然知识具有公共资源的原始属性，那么订立契约关系可以有效促进知识正外部性在网络环境中的释放。一方面，订立契约关系可以满足网络用户对作品内容的使用，实现作品正外部性最大范围的发挥；另一方面，订立契约可以设立一系列规则保护作品之上作者的相关利益。此外，以订立契约的形式化解互联网社会作品利用中的症结，不仅能够有效释放作品（知识）本身的正外部性价值，而且可以发挥契约关系在虚拟世界中的外部性作用。具体而言，在作者、网络服务提供者以及作品利用者之间，根据各自的利益需求，围绕特定作品以契约形式形成一定具有约束力的治理关系，既顾及投资者保持开发和扩大虚拟世界的动机，也照顾到用户二次创作和欣赏使用的需求，同时，契约关系的存在使作者免于遭受无止境不受控的侵权行为，从而有力维护了其在特定作品之上的固有利益。[②] 基于此，虚拟世界中的艺术和文学创作能够广为传播并真正扩展到公共领域，继而社会公众均可以享有从契约关系中溢出的效益，实现并扩大网络世界中的公共利益。简言之，一方面，互联网社会中，契约关系

① 贾丽虹：《外部性理论研究——中国环境规制与知识产权保护制度的分析》，人民出版社 2007 年版，第 276、251 页。

② See Erez Reuveni, *On Virtual Worlds: Copyright and Contract Law at the Dawn of the Virtual Age*, 82 Ind. L. J. 261 (2007).

的订立在弥合作品利用“公地悲剧”和私人专有之间的鸿沟上发挥着不可磨灭的正外部性价值。另一方面,互联网环境中,作者作品的传播与推广使用,需要网络服务提供者的流量扶持,作者在顺应市场需求不断修正创作内容的同时,[①]也在与网络相关利益主体进行博弈并往往通过让渡部分利益的方式实现最迫切的特定需求。正因如此,在有关契约关系的建立中,作者的社会责任会得到有效发挥,作者享有作品之上相关权利的同时也会向社会释放一定公共利益,从而推进版权法利益平衡目的的实现,在发挥作品自身正外部性时一并表现出因契约关系订立所产生的正外部性效能。

第二,契约效率促进作品价值有效发挥。迈克尔·A. 艾因霍恩(Michael A. Einhor)认为,管理知识产权的目的及追求应该是最大限度地发挥知识产权的价值,而非最大化保护知识产权,[②]笔者赞同此观点。如前所述,作品创作是作品传播的前提,而作品传播又是作品创作的源泉。保护作品的直接目的在于尊重和回报作者的智力成果,但其根本目的旨在通过赋予作者于作品之上一定利益激励其将作品置于市场之中,促进作品传播和使用。随着数字技术的成熟与发展,如何促进作品的广泛使用,以及如何促使作品价值最大限度地发挥成为互联网社会当下不断探索和亟待解决的难题。一方面,信息技术的发展对传统作品提出数字化要求,作品数字化正在成为互联网屡见不鲜的现象。在此情形下,依托纸质类有形媒介进行传播的传统作品通过“0”和“1”的代码转换,一跃成为以数字形式存在于虚拟世界中。虽然这使特定作品的传播更为便捷和高效,但也对特定作品之上作者的可控制性产生冲击。当作者基本丧失对其作品传播的话语权和控制力,作者基于此作品的版权也就无从谈及。因此,传统作者开始批判、反对甚至抵制未经许可的作品数字化现

① 参见赖名芳:《网络文学平台与作者如何共生共赢——来自著作权领域部分专家学者的声音》,载《中国新闻出版广电报》2020 年 5 月 14 日,第 5 版。

② 参见[美]迈克尔·A. 艾因霍恩:《媒体、技术和版权:经济与法律的融合》,赵启彬译,北京大学出版社 2012 年版,第 78 页。

象,但收效甚微,要么未对广袤的互联网世界产生一丝涟漪,要么是因为对专有权的重申阻碍作品的广泛使用而两败俱伤。另一方面,随着网络社会的进一步开放和加入成本的持续走低,越来越多的人参与到网络活动中,成为虚拟世界中的一员。相应地,数字化作品开始成为互联网社会中的鲜明符号,且在网络环境中开疆拓土,大有燎原之势。数字化作品的盛行在一定程度上摆脱了传统作品数字化过程的重重阻碍,为互联网文化环境的丰富提供了坚实的内容基础,但其在产生和传播过程中也不可避免地引发了版权归属困惑。法律规制的空缺,使数字化作品在权利配置及行使等过程中持续引发争议,如何配置其中的权益成为网络文化发展中亟须解决的问题。由此,在利益相关主体之间以建立契约关系的形式解决版权配置难题,从而推动作品价值释放成为网络社会中的一道靓丽风景线。当互联网领域亟待解决的新问题遇见法律缺失或法律规则下的初始分配规则无法实现对作品的最大化利用等情况时,以订立契约的私人治理方式应对特定问题成为有效的解决途径。正如崔建远教授所言,效率是契约的基本价值之一,契约效率在鼓励更多交易出现的同时,也在积极地活跃相关市场有力推进资源的优化配置。[①] 以版权许可为例,“从经济学的角度看,版权许可过程是资源的再分配过程,这种资源的再分配促进了效率的最大化,因为许可方往往没有足够的独自实施版权的条件或者能力,将作品使用权许可他人使用就会避免由于许可方主客观条件的局限而可能造成的资源浪费,从而有力地促进作品资源的充分利用以及蕴藏于作品中的价值能量的释放”。[②] 版权许可这种以契约形式对利益的再分配在一定程度上实现了效率最大化的目标,是契约效率在版权领域生效的有力例证。

第三,对价机制内在机理的外化表现。所谓对价机制,在版权领域是指作者通过出让其在作品之上一项或多项专有权,以获得对作品有使用

---

① 参见崔建远主编:《合同法》,法律出版社 2003 年版,第 18 ~ 19 页。

② 杨红军:《版权许可制度论》,知识产权出版社 2013 年版,第 82 页。

需求一方的报偿。在对价机制之下,版权方和作品需求方可以通过版权许可或转让等方式,在一方让渡权益而另一方支付价金的前提下实现各自所需。进一步而言,实践中,无论是物理世界还是虚拟世界,版权人多将版权以许可或转让的方式让渡给商业主体,在一定程度上将作品外化为一种经济资产,由转让或许可而产生的收入作为版权人让渡其作品利益而获得的报偿和认可。对于承接作品利益的商业主体而言,其通过对作品的利用和传播获得因二次分配作品权益所产生的利润,而作品在商业化过程的风险通常也随着作品权益一并转嫁,由特定商业主体承担。① 由此可见,授权许可及转让是版权人获得经济利益的重要手段,②也是对价机制在版权领域的鲜明应用。契约关系的建立在一定程度上亦是对价机制内在机理的外化性表现。不难发现,合同订立双方往往是在各方有其所需的情况下完成的协商。如"物物交换"时期,当对方拥有自己所需的物品,而对方所需物品自己又恰巧存在剩余时,"物物交换"的前提及条件即已达成,"物物交换"的愿望也得以实现。正如冯晓青教授所提到的,版权人许可他人使用其创作的作品,是其从作品获益的重要手段,无论是作品的转让还是作品的许可权制度本身都已经兼顾了作者收益的预期性和使用者对作品的使用利益。③ 这还可以理解为之所以在特定主体之间存在对价的交换是因为在此特定主体之间存在性能交换的可能性。从网络用户服务协议的盛行来看,网络服务提供者提供网站内容的行为正是网络用户所追求的服务,而网络用户遵守并执行协议条款是其使用网络服务提供者服务的前提,协议条款正是网络服务提供者所求利益的体现。④

---

① 参见崔立红、梁婉颖:《数字时代版权合同中未知使用方式问题研究:不完全契约理论的视角》,载《山东大学学报(哲学社会科学版)》2021 年第 1 期。

② 参见杨红军:《版权许可制度论》,知识产权出版社 2013 年,第 117 页。

③ 参见冯晓青:《我国著作权合同制度及其完善研究——以我国〈著作权法〉第三次修改为视角》,载《法学杂志》2013 年第 8 期。

④ See Matthew D. Walden, *Could Fair Use Equal Breach of Contract: An Analysis of Informational Web Site User Agreements and Their Restrictive Copyright Provisions*, 58 Wash. & Lee L. Rev. 1625 (2001).

除此之外，对价机制并非总在完全符合双方期待值的情况下才会发生。具言之，绝对契合的“物物交换”往往存在于理想状态之中，而实践中并不多见。由此便使交易双方存在讨价还价的可能，契约订立的另一个价值——定分止争因此显现。如理查德·瓦特（Richard Watt）所言，在一定程度上可以理解为契约关系的建立具有解决问题的最大化优势。原因在于：契约订立的过程即利益有关方之间的谈判，在建立契约关系的期望中，站在利益“对立面”的双方均会尽最大可能商议出双方共同接受的解决方案和结果，并自愿置于其约束之下。[①] 总之，建立版权配置契约关系在一定程度上是利益相关方在价值交换方面的博弈，契约关系的本质可以理解为在竞争中寻求合作，在合作中保持竞争，是对价机制内在机理的外化表现。

二、网络用户服务协议配置版权的合法性

亨利·梅因（Henry Maine）在古代法中所提到的“从身份到契约”的时代现象在经过20世纪社会改革后出现重新回归身份的趋势。但在新经济的持续影响下，契约的重要性甚至主导性被再次挖掘，此现象在网络空间中尤为明显。从契约的形成过程来看，契约是在民间组织的力量中产生的具有一定约束力的自治性规范，对补足公权力管制中的空缺具有一定的积极作用，极有可能成为“满足社会规范饥渴最主要的法源”。[②] 在法律规范之外，契约关系的建立及其所产生的“私人间的约束”正在成为社会活动的重要规则。如前所述，契约的订立一方面能够将私主体特定行为囊括进自我治理的范畴，对契约双方产生同法律制约近乎相同的社会效果，通过协商洽谈最大限度满足契约双方的不同诉求，将权益分配控制在双方均能接受的合理范围之内，从而实现调整特定双方社会行为、合理分配权利义务的价值目标。另一方面，自治性措施的采用和推广既

---

① See Richard Watt, *Copyright and Contract Law*: *Economic Theory of Copyright Contracts*, 18 J. Intell Prop. L. 173(2010).

② 苏永钦：《走入新世纪的司法自治》，中国政法大学出版社2002年版，第75～76页。

是对法律阙如的有效补充，又是社会大众在互联网社会中高效参与社会活动的有力举措，同时对风险预测等实现交易安全的前提性步骤具有一定的预示作用。随着数字技术向着高、精、深方向进一步发展，契约自治被越来越多地应用到互联网社会活动中，显见于网络服务提供者与用户间的服务与被服务关系中。网络用户服务协议的广泛推行在促进网络活动高效展开的同时，也引发社会各界人士的密切关注。在互联网用户生成内容的热潮下，网络服务提供者逐渐由单一的内容提供者角色分化出服务提供者角色。但是，当其仅作为内容载体起着承载和传播用户生成内容的"内容容纳场所"作用时，其能否通过网络用户服务协议以建立契约关系的形式实现对用户内容利益的合法占有？对此问题的探究和回答需要我们再度审视民法与版权法间的关系图谱，挖掘意思自治理念在版权法中的意义及运用，探求契约自治在版权领域的应用范式。

第一，契约精神在版权法中的正当延续。《与贸易有关的知识产权协定》以条文形式确定了知识产权的私权利属性，对各成员知识产权立法给出了基础性引领。20 世纪 80 年代，我国《民法通则》业已肯定了知识产权的私权性质，明文设置知识产权条款将知识产权与物权、债权、人身权等权利一并置于民事权利一章。无论是后来《民法总则》还是现行《民法典》，均沿袭这一规定，继续将知识产权置于民事权利范畴之内，在明确与知识产权有关法律的私法地位的同时，也传达出知识产权活动受民事法律规范调整的正当性、必要性及合理性。正如论者所言，版权作为民事权利，其主体离不开也无法脱离一般民事权利主体的规定。[①] 申言之，在权利性质方面，作为知识产权三大传统权利之一的版权，属于民事权利范畴，是一种私权利。在法律位阶方面，版权法作为调整和规制作品创作、使用及传播等全过程的法律规范，直接影响着版权在实践中的行使问题。民法具有高于版权法的位阶，为版权法构建抽象方向，对版权法的修订等起着指引作用。通常认为，在具体部门法对某一现实问题的应对出现空

① 参见骆电、胡梦云：《著作权主体的司法判断》，载《人民司法》2011 年第 21 期。

白时，即可转向起着引导作用的上位法，从价值理念等方面寻求应对方案。在规范效力方面，《民法典》中的相关条款对版权等相关权利在性质属性、所属范畴等问题上给出原则性、抽象性的描述。某种程度上可以理解为《民法典》为知识产权规划出一定领域，较为明确地指出领域边沿，以原则性条款的形式约束知识产权，发挥着导向、引领的作用。与此不同的是，包括版权法在内的有关知识产权规范则在民法构建的领域之内搭建琼楼玉阁，以具体性、明确性的规则性条款，翔实应用于知识产权现实问题的解决。总而言之，版权作为一种私权利，接受民事法律规范的调整，版权法作为部门法是民法的下位法，与民事法律规范是"一脉同源"的关系。但是，版权法与民事法律规范之间也存在一定差异，版权作为私权利在与民事权利存在共性的同时，也具有自己的个性，呈现一定特殊性等典型特点。虽然私权利通常被认为是满足个人需求的个人权利，但版权在私权利属性之外，还显露一定的公益特征。申言之，版权法的设立并不仅以保护作品创作者及作者的权利为单一目标，以二元价值结构为核心，在作品应用和激励作品创作之间找到平衡点也是版权法的核心任务。[①] 一方面，版权法的存在是为了让作者在有限的时间内享有对其智力成果的专有权，从而回馈作者的创作付出成本；另一方面，作者对其作品享有专有权的设置，可以激励更多文艺作品的问世，以丰富社会文化，实现文化积累，进一步推动社会文明的繁荣。正如埃雷兹·鲁维尼(Erez Reuveni)所言，"版权法的存在是为了通过让作者在有限的时间内享有对其创作表达的专有权来促进艺术作品的创作。版权法的基本前提是创造性作品有利于整个社会"。[②] 版权法在某种程度来看旨在纠正经济市场中信息传播过程的失败及其所产生的"公共利益"问题。无论是在技术还是交易方面，作者对作品的传播过程都缺乏绝对的控制能力，

---

① See Niva Elkin-Koren, *Copyright Policy and the Limits of Freedom of Contract*, 12 Berkeley Tech. L. J. 93 (1997).

② Erez Reuveni, *On Virtual Worlds: Copyright and Contract Law at the Dawn of the Virtual Age*, 82 Ind. L. J. 261 (2007).

“搭便车”等擅自使用和传播作品的现象和行为屡禁不止,而版权法正是在有效保障作者智力付出的问题上发挥着重要作用,即通过向作者提供排除他人的合法权利鼓励创作。除此之外,作品一经问世,对作品最大限度利用是最优解,[①]版权法通过设置权利限制等规则,在保障作者对作品利益的同时兼顾作品所能衍生的社会利益,不仅促进作品的广泛传播和利用,还在一定程度上实现和维持作者专有权与社会公共利益之间的平衡。

第二,意思自治理念在版权领域的应用。民法典被形象地比喻为“社会的百科全书”,在与人类社会生活有关的方方面面都可以追寻到民法典的身影。一方面,民法典的市场经济基本法、人类生活基本行为准则的专有地位和特点使其在与人类息息相关的各类事物中充分发挥规范的指引和调治作用;另一方面,蕴含民法典之中的意思自治理念又深刻推动着人类群体活动朝着自由、自主方向发展。所谓意思自治,即在民事活动中,民事主体享有不受非法外力干涉,完全自主、独立地根据自己主观判断设立、变更或终止民事法律关系的权利。概言之,民法典为构建民事法律关系、实施民事法律行为等给出一套较为全面的条文规范,既对市场经济等社会活动划出“可为与不可为、如何为”的行为边界,也为参加市场经济等活动的群体留下较为充足的自治空间,使其在民法典的边界之中较为自由地抒发内心想法,自愿、自主、自由地与他人之间形成民事法律关系,共同接受民事法律规范的调整。合同自由是民法典意思自治理念在社会生活中的一个深刻体现。申言之,合同自由往往意味着相关主体被允许在他们自由选择的基础上订立契约,以便在参与方之间形成互为约束的法律关系,这是合同法律规范的一个重要组成部分。进一步而言,合同自由除了是个人自主选择的权利及体现,还是对公权力等的限制与排除。在有的学者看来,合同自由是自由市场经济在合同法中的关键体现,具有

---

① See Niva Elkin-Koren, *Copyright Policy and the Limits of Freedom of Contract*, 12 Berkeley Tech. L. J. 93 (1997).

重要价值，公权力只有在必要时才能出面以限制个人行为和自由。[①] 网络用户服务协议是合同自由在互联网社会的一个典型应用，更是意思自治在数字环境的体现。网络服务提供者基于服务或内容提供方身份，拟定一份使用平台服务或内容的协议文本，而用户在阅读文本并无不同意见时，即可通过勾选相应选项以表示对协议内容的同意，之后用户便可进入特定平台享受相关服务。网络用户服务协议的广泛应用，是意思自治理念在网络社会的又一次探索与传承。此类协议在法律规范尚未完全可及的新兴领域率先展现，以协议自治的形式将相关权益方纳入自我设定的规则之中互为约束，较为有效地稳定了网络秩序，在一定程度上巩固了数字经济的市场成果。对民法典中意思自治理念的理解及应用场景的关注有利于我们进一步探寻意思自治在版权领域发挥价值的可能性及途径。在此之前，我们需要重申和微探强制性规范与任意性规范在合同自治及合同自由中约束性作用的发挥。强制性规范是指，由法律明确规定的必须遵循不能违背且不能以个人意志予以改变的规范，其往往具有较为严厉的适用要求。而任意性规范相较于强制性规范的刚性，体现出一定的柔性特点，即其为法律主体留有一定的选择余地和空间，使行为主体能够自主决定对某一规范的"为或不为"，通常被认为是指导性规则。面对强制性规范和任意性规范，因二者法律适用要求的不同，合同自由及意思自治在其中的效用也存在不同。具言之，合同自治应在事前、事中及事后全过程遵循强制性规范的刚性要求，即合同订立前应合理审查其中与强制性规范相冲突的内容，以便及时作出更改；在合同履行过程中应避免出现违反法律规定的情形；在合同履行完毕后若发现存在与强制性规范相冲突的情景则应及时矫正和补救。总而言之，合同自治应是强制性规范范畴内的自治，而非脱离法律约束的完全自治。与此不同的是，合同自治在任意性规范的约束中则显得较为柔和。原因在于任意性规范下相关

---

① See Rita Matulionyte, *Empowering Authors Via Fairer Copyright Contract Law*, 42 U. N. S. W. L. J. 681 (2019).

权益人享有一定的自主空间,能够多途径决定“为”或“不为”。清楚意思自治与强制性规范和任意性规范间的关系既是其场景应用的前提与关键,也是挖掘其在版权领域具体应用效力必不可少的一环。笔者认为,版权许可制度是版权领域对意思自治理念吸收消化的最深刻体现之一,其同时也释放出意思自治精神同样适用版权领域的有益信号。从版权法的目标及价值来看,版权法从法律层面对作品之上的版权利益设置了归属规则,即以国家强制力保证作品创作者及其智力成果的初始权益,从一定意义上重申了版权法保护创作、激励创作的直接目的和价值。同时,为我们所认可和接纳的是,版权法的价值目标并不囿于保护作者权益、激励创作层面,其同时也是促进社会文化繁荣、丰富社会文明的推动者。无论创作环境从古至今发生和面临什么样的变化与更替,版权法始终肩负着平衡作品创作与传播利用间关系平衡的使命。因此,作者享有和获取版权价值的关键在于将作品置于广阔的使用者市场之中,去促进作品的广泛使用。换言之,行使版权是发挥版权的效能、实现作品经济价值及社会价值的保障。[①] 包括我国在内的各国版权法也多从法律层面肯定行使版权促进作品传播的经济利益和社会意旨。以我国《著作权法》为例,该法不仅涉及版权原始利益的初始分配规则,同时也通过许可等制度意图有效调整版权交易活动中对相关权益的二次配置。但总体来看,版权法虽然涉及版权市场利益中的再分配条款,但更多是从原版权人享有各类权利的基础上出发,概括式地给出权利授予、转让或许可等情景下采取什么样的方式如何处分权利,这更像是行为指导和柔性推进,并未有太多的强制性规定,而是把版权交易的决定权交还市场,意图通过市场博弈实现作品最大效能及价值的释放。[②] 版权许可制度即是利用市场交易对版权二次分配以实现作品传播和利用的深刻体现之一。申言之,“版权许可是作者

① 参见冯晓青:《我国著作权合同制度及其完善研究——以我国〈著作权法〉第三次修改为视角》,载《法学杂志》2013 年第 8 期。

② 参见赖名芳:《网络文学平台与作者如何共生共赢——来自著作权领域部分专家学者的声音》,载《中国新闻出版广电报》2020 年 5 月 14 日,第 5 版。

行使权利的重要手段，也是他人利用作品的合法形式，同时更是繁荣社会文化的必要环节”。版权许可制度进一步阐述并充分利用了作品创作与传播利用两者相辅相成、互为依赖的关系，认识到作品创作是作品传播的前提，而作品传播又是作品创作的源泉，赋予作品创作活动市场和社会价值。本书认为，对创造性劳动享有的版权仅仅是象征性的，版权许可制度的实质内容是作者能够从这些权利中获得一定的经济权益。① 换言之，版权许可制度的设置使得作者能够从其象征性的法律权利当中以合法授权的方式获得回报，这在体现作者劳动价值的同时也满足作者获得经济利益和社会物质的需求。版权许可制度的兴起在一定程度上是对社会分工精细化发展趋势的回应。在社会分工尚不发达的年代，作者可以融创作、使用等行为于一体参与到作品从创作到最终使用的全过程，并直接主导作品的利用及经济回报。但随着社会经济的不断发展，社会分工呈现精细化的趋势使得对作品的利用途径也更加多样化。基于此种社会变化，单纯依靠作者个人力量已不足以实现对作品的充分利用，作者的自身利益也深受影响。版权许可制度的出现较大程度克服了“作品利用不足”的局限，不仅确保了作者从其作品中获取更大数量的回报，而且促进作品在社会中更为广泛地传播和利用，对平衡作品积累与传播之间的关系发挥着积极的保障作用。作者通过行使版权将对其作品的利用等权利授予他人行使，从而获得相应回报。版权领域对合同自由原则的充分贯彻对满足作者个人利益需求、高效配置社会资源以及实现相关主体间公平价值目标等方面具有重要的意义。② 进一步而言，合同自由及意思自治在版权领域具有较大的应用空间和价值，尤其是在数字经济时代，市场各方参与主体通过契约协议，在法律允许的范围内自主商定作品的利用方式及途径，在作者和传播者、使用者等相关主体之间使用较为适宜的形

① 参见杨红军：《版权许可制度论》，知识产权出版社 2013 年版，第 61、63 ~ 64、73 页。

② 参见杨红军：《版权许可制度论》，知识产权出版社 2013 年版，第 65、126 页。

式分配权利,[①]在实现对作品最佳利用的同时,合理兼顾各方利益,促进共赢。正如学者雅克·德·韦拉(Jacques de Werra)所言,合同法在版权法中始终扮演着重要角色,因为作品利用通常是通过合同约定完成的。作者往往将其作品上的一项或多项权利许可或转让给传播者,这些传播者继而将作品分配给公众。在上述所涉及的各个环节中形成的成熟市场,其运行的基本规则始终蕴含着合同自由精神和理念。[②] 总而言之,民法典意思自治理念在版权法领域具有广泛的应用空间和基础。版权法确定了作品利益的初始分配,而版权的可转让性则是对合同自由及意思自治理念的重申。合理看待版权法与合同法之间相辅相成的关系,既可发挥版权法保护作者权益的制度价值,又可借助合同法的谈判理念促进作品的充分利用,[③]转而保证版权法丰富文化积累的社会目标,这不仅是数字经济时代作品创作、利用与保护的要求,也是推动互联网社会文化繁荣的关键举措。

第三,契约订立的灵活性与法律规范的稳定性互为补充。法律作为国家意志的体现,是由国家制定或认可并依靠国家强制力保证实施的行为规范,具有稳定性、概括性和普遍性等特点。从客观状态来看,法律作为调整社会关系和社会秩序的行为规范,在社会活动中发挥着明示行为效力、矫正违法状态、预防不良后果等作用,因此要求法律应具有一定稳定性。一方面,法律是人类活动的行为准则,其为人类活动构建出的违法界限,使得相关群体能够预判自己作出或将要作出的某种行为的合法性,从而指导相关群体特定行为的实施;另一方面,法律的稳定性是社会发展的必然要求。我们知道,法律是反映特定社会时期物质生活条件的上层

---

① See Rita Matulionyte, *Empowering Authors Via Fairer Copyright Contract Law*, 42 U. N. S. W. L. J. 681 (2019).

② See Jacques de Werra, *Moving Beyond the Conflict Between Freedom of Contract and Copyright Policies: In Search of a New Global Policy for OnLine Information Licensing Transactions-A Comparative Analysis Between U. S. Law and European Law*, 25 Colum. J. L. & Arts 239 (2002).

③ See Niva Elkin-Koren, *Copyright Policy and the Limits of Freedom of Contract*, 12 Berkeley Tech. L. J. 93 (1997).

建筑,既受制于特定的社会环境,又对社会环境起着反作用,与特定社会时期环境相辅相成。这就要求法律不能朝令夕改,而应具备一定的稳定性。从调整内容来看,法律规范较少涉及人类生活的具体行为,而多以概括性导向出现,为特定活动勾画一定范围,至于在范围内如何行事多由相关主体自主决定。具言之,虽然法律规范关涉人类生活的方方面面,但纷繁复杂的人类活动不可能完全被囊括进意在稳定社会秩序而调整社会关系的法律规范之中,法律规范仅是从制度层面为人类活动提供抽象性的指引价值,为相关主体的行为活动提供准则依据、划定边界,而对具体行为细节则在所不问,故而法律具有一定的概括性特点。从适用对象来看,法律规范多将相关群体纳入调整范畴,而非针对具体个人。比如,民法以产生人身关系和财产关系的私主体为调整对象;刑法以实施犯罪行为的群体为调整对象;反不正当竞争法以经营者为调整对象等。虽然各领域法律规范的调整对象不尽相同,但其都是反映出一定的相关群体,而并非具体的个人。因此,法律在使用对象上具有普遍性。与法律规范不同,契约的订立则呈现灵活性、具体性和特殊性等特点。所谓契约,即指在民事行为中,民事主体本着平等自愿、协商一致的原则商定的意在对订立双方产生约束力的协议规则。其灵活性表现在契约双方可在合法前提下自由商议协议内容、分配权利义务,对互为约束的规则享有较大的商定空间和余地。此外,在契约订立后或生效过程中,如果发生新的情形或遇见新的问题,在经利益相关方协商一致后,可随时变更契约内容并作出调整。不同于法律规范的是,契约内容往往具体清晰,契约的订立甚至以具体性为要件,因为契约内容越详细引发争议的可能性就越小,契约也更加为人们所青睐。契约的特殊性体现在其约束对象为特定的个体上。契约往往由民事活动中产生权利义务往来的私主体商定,旨在于特定主体之间形成民事法律关系来约束主体的特定行为。契约内容不具有普遍适用性,仅在约定方之间产生效力,以区别于法律规范的普遍性。契约订立的灵活性、具体性和特殊性优势使契约在规制特定主体之间行为时更能满足相关主体的特殊性和小众性需求,并及时对法律规范的普遍适用性作出补充。E. A. 霍贝尔(E. A. Hoebel)在《初民的法律》一书中曾提道,“法是一个动态发展的过程,在这个过程中,解决问题的方法很少是永久不变的”。[①] 经济基础决定上层建筑,上层建筑则与一定历史时期的经济基础相适应。在法律发展的历史长河中,我们不难发现,法律总是随着社会经济的变化而变动,但这种变动并非朝令夕改式的任意改变,而是基于社会经济发展时代进步所引发的物质生活条件变化下的变动。然而,这种随着社会经济发展而变化的特征,使法律在一定程度上表现出滞后于社会经济水平的特点。换言之,法律规范并不总是与社会经济发展水平相适应。尤其在经济快速发展的当下,信息技术的加速迭代使得法律调整大有捉襟见肘之势。正因如此,契约的价值和意义在数字时代被越来越多地挖掘并推行。互联网的建立架构被描述为“建立在占据不同网络节点的陌生人之间的睦邻友好和合作之上”。[②] 换言之,网络秩序的形成和网络经济的持续运转,在一定程度上得益于互联网对契约文明的延续和承继,在法律规范尚未能完全调整的互联网社会中,契约逐渐崭露头角,其在以私人治理的形式弥补法律滞后所引发的不良后果的同时,也积极推动着互联网经济的发展。伊斯特布鲁克法官在互联网环境中对法律规范与私人治理的关系处理时就曾表示,“如果你不知道什么是最好的,就让人们自己安排”,[③]这暗示了自治和互联网社会中私人治理的重要性。但是,在挖掘和适用契约的同时,我们也应继续坚守法律规范的底线,捍卫法律的领导性地位。或许在数字经济时代,私人自治的劲头正猛,甚至存在“算法即法律”[④]的说法,但本书认为,互联网环境下,遵守法

① [美]E. A. 霍贝尔:《初民的法律》,周勇译,中国社会科学出版社 1993 年版,第 314 页。转引自王利明:《合同法研究》(第 1 卷)(第 3 版),中国人民大学出版社 2015 年版,第 96 页。

② *The Principles for User Generated Content Services: A Middle-Ground Approach to Cyber-Governance*, 121 Harv. L. Rev. 1387(2008).

③ *The Principles for User Generated Content Services: A Middle-Ground Approach to Cyber-Governance*, 121 Harv. L. Rev. 1387(2008).

④ [美]劳伦斯·莱斯格:《代码 2.0:网络空间中的法律》(修订版),李旭、沈伟伟译,清华大学出版社 2018 年版。

律规范是深度释放契约经济价值的前提，私人自治理应在法律的框架内进行。无论是虚拟环境还是物理世界，契约的灵活性与法律的稳定性之间都应是相互补充、互相促进的关系，不应顾此失彼，更不能将两者置于对立面。正如苏永钦学者所谈到的，私法自治的高效盛行，让“公权力”角色从管制者向“社区组织者”转变。这并不是说私人自治挤走了以往由“公权力”主导的法律规范在社会活动中的调整地位，而是使“公权力”从传统的“立法者”身份衍生出“立法控制者”的角色。申言之，“公权力”在立法修法之外，还要对“民间立法”发挥监督、制约和引导等作用，一方面从整体上指导“民间立法”的方向和价值选择，扮演事前指导、制约角色；另一方面及时矫正和审查“民间立法”中的不合理不合法之处，发挥事后监督、监管作用。[①] 总之，随着信息技术的不断发展，私人自治即契约治理在数字经济领域能够快速补足版权法因滞后性所引发的迟缓反应，作出比版权法更为迅速的调整，呈现更易适应市场变化的特点，[②]为建立数字时代版权配置契约关系给出了较为有力的支持，契约与法律规范之间互为补充相互促进的同时也为版权配置契约关系的建立提供了合法性基础。

三、网络用户服务协议配置版权存在的问题

当下，法律规范在网络环境中适用效力的不完全性虽在一定程度上挫伤了虚拟社会的发展进路，但法律规定并非完全不能在网络世界里发挥有效动能。意思自治的民事法律理念和精神在信息时代的价值愈加突显，在法律尚未能涉及的网络领域，相关利益主体在意思自治原则的指导下，通过协商将各自诉求集于合同文本之中，承诺自愿接受合同约束，共同享有和承担因合同订立所产生的权利、义务及责任。信息技术的发展，

---

① 参见苏永钦：《走入新世纪的司法自治》，中国政法大学出版社 2002 年版，第 76 ~ 77 页。

② See Jacques de Werra, *Moving Beyond the Conflict Between Freedom of Contract and Copyright Policies: In Search of a New Global Policy for OnLine Information Licensing Transactions-A Comparative Analysis Between U. S. Law and European Law*, 25 Colum. J. L. & Arts 239 (2002).

不仅拓宽了作品创作、传播和利用的方式与渠道,而且鼓励越来越多的人参与到文化创作活动中,从而促进了社会文化产品积累量持续激增,人类社会的文化氛围愈加浓烈。但与此相伴的是,信息技术对作品近乎无成本的瞬时传播与利用,以及多主体共同参与下无意识的作品创作等行为,进一步加剧了版权配置的疑虑和争议。越来越多的主体意图挤进版权范畴,以期从有利可图的作品之中分得一杯羹,此现象在用户生成内容领域尤为突出。网络服务提供者为攫取其平台之上用户生成内容之利益,同时稳定平台经营秩序、改善平台营运环境,多拟定网络用户服务协议并借协议弥合法律空白,以私人自治的形式将存在利益往来的主体纳入合同约束之中,共同遵守商议规则。如前所述,以契约关系的建立应对互联网社会中版权配置的窘境,具有一定的合理性和合法性。此行为是意思自治精神在版权领域的正当延续和应用,其在充分发挥合同约定灵活性的同时能够与法律的稳定性互为补充,一并推进互联网社会的健康繁荣发展。此外,利用契约关系的正外部性可以有效实现版权法一以贯之的二元价值目标,发挥契约效率优势,以对价机制促进作品价值最大限度发挥。

以契约形式实现版权的二次分配,对互联网社会文化环境的发展起着重要作用。但通过对国内外较具影响力的用户生成内容平台上用户协议中版权配置规则的现实考察,我们发现,各网络服务提供者因在服务范围、经营模式、营利理念等方面存在差异,其网络用户服务协议中对用户生成内容版权配置规则的设置也相应地存在一定差别,但普遍存在的现象是将权利向自身倾斜、漠视用户利益。进一步而言,目前互联网环境中,以网络用户服务协议配置版权的情况虽然较为普遍,也具有一定的合理性和合法性,但其在协议内容拟定、协议订立等阶段仍存在重要问题,存在这些问题的原因主要在于,网络服务提供者和网络用户两方主体间之不同利益诉求与网络服务提供者在网络用户服务协议拟定中绝对主导地位之间的矛盾,且网络用户权利意识较为薄弱等。一言以蔽之,互联网社会中,以网络用户服务协议及契约形式设立版权配置规则,能够高效、便捷地解决作品传播、应用等过程中所发生的问题,但同时也存在以下几处亟待化解的困境。

第一,网络用户服务协议版权配置条款对版权法的平衡理念产生冲击,其格式条款的有效性引发争议。在前文对40个较具影响力的国内外用户生成内容平台中用户服务协议的分析中,我们可以发现,33个网络用户服务协议均提到网络服务提供者享有用户生成内容一定的使用收益权。其中,除了油管在用户服务协议中提到以有偿方式使用其平台用户生成的特定内容,其余32个用户服务协议均明示或默示对其平台用户生成内容享有无偿使用的权益。与此同时,我们发现网络服务提供者在通过用户服务协议配置用户生成之上版权的过程中,其规则内容往往对内容生成主体产生以下几方面的冲击:其一,内容生成主体在网络用户服务协议的"支配"下,主观能动性小,通常只能被动接受协议约束,基本丧失对其有权享有或可能享有权利的主导性。由此可能引发对版权价值的挫伤,造成利益失衡的局面,从而导致版权天平向非作者方倾斜,内容生成主体在版权法上的利益无法得到有效保护,甚至无法实现。其二,网络用户服务协议中特定用户就其生成内容享有的权益普遍存在不周延问题,致使特定用户无法合理享有内容价值,进而也会威胁到特定用户在版权法上的应有权益。其三,网络用户服务协议往往由在网络经营中占据主导或优势地位的网络服务提供者事先拟定,在市场经济自发性、逐利性等特点的驱使下,由网络服务提供者主导完成的网络用户服务协议,普遍存在权利、义务、责任不对等的情况,特定用户本应或本可能享有的生成内容的版权在网络用户服务协议的拟定规则中成为虚设,而用户过多承担与协议中权利配置不对等的责任和义务,会进一步冲击特定用户在版权法上的利益,在一定程度上挫伤了用户参与网络活动的积极性。

当网络用户扮演创作者角色时,其理所应当同时享有另一身份——作者,"作者和平台是一种共生的关系,应该追求一种共赢的模式"。[①] 但

① 赖名芳:《网络文学平台与作者如何共生共赢——来自著作权领域部分专家学者的声音》,载《中国新闻出版广电报》2020年5月14日,第5版。

网络用户服务协议下网络服务提供者与用户之间的关系,似乎因为用户内容的生成开始变得微妙。用户本应因其智力活动所享有的版权被网络服务提供者借用网络用户服务协议设立的规则悄无声息地"易主",更令人难以接受的是,因相应内容产生的义务及引发的责任却并没有随着特定用户相关权利被网络用户服务协议的"消释"而"消散",义务和责任依旧由内容生成主体承担。"在经典的法律观念中,权利与责任通常是一体的,责任是权利的必然结果",①但网络用户服务协议配置下的版权境况则与此大相径庭。

一方面,即使网络用户服务协议在互联网社会被普遍应用,也不能够说明其已完善成熟。网络用户服务协议中问题频发,特定用户合法权利的不合理对待等现象无不威胁着版权专有权。在此情形下,版权法一直以来备受推崇的二元价值目标形同虚设,作者的权利在互联网社会无法受到合理对待,权益的天平倾向作品传播、使用一方,作者专有权与使用者权益、社会公共利益之间的平衡被打破,原有的良性利益博弈在信息技术的冲击下出现裂痕。公共利益和私权保护是版权契约订立的相互对价,②任何一方失去制衡对方的可能性都会危及契约自身的合理性和有效性。如埃雷兹·鲁维尼对网络游戏中版权配置问题的分析一样,游戏开发者和游戏玩家在虚拟游戏中都可能实施引发版权保护的行为,但以网络用户服务协议要求或迫使游戏玩家放弃游戏内创意作品权利的行为会阻碍版权法价值目标的实现。因此,大多数用户的利益是寻求合同法和版权法之间平衡时所必须要考虑的重要问题。③ 随着信息技术的不断更新,"网络规范权"在实践中逐渐出现由网络服务提供者掌握的趋势。所谓网络规范权,即对网络各类活动拟定标准的权利。④ 我们不可否认,

---

① 熊琦:《网络时代著作权法与合同法的冲突与协调》,载《法商研究》2008 年第 2 期。

② 参见杨红军:《版权许可制度论》,知识产权出版社 2013 年版,第 13 页。

③ See Erez Reuveni, *On Virtual Worlds: Copyright and Contract Law at the Dawn of the Virtual Age*, 82 Ind. L. J. 261 (2007).

④ 参见[美]曼纽尔·卡斯特:《传播力》,汤景泰、星辰译,社会科学文献出版社 2018 年版,第 34 页。

网络服务提供者作为网络活动的重要参与方,对网络社会的建设及发展在一定程度上发挥着中流砥柱的作用,但在其实际行使“网络规范权”的同时,公共利益(用户利益)也不应被遗忘,更不应被漠视,“互联网的运行要使公众受益,他们不应该受到国家或市场的歧视”[①],网络用户服务协议知识产权条款对版权法的平衡理念产生的冲击不容小觑。

另一方面,随着网络世界朝着高深方向前进,愈来愈多的问题暴露出来。网络用户服务协议“一家独大”式的拟定过程,引发各界对格式条款内容的有效性争议,实践纠纷已经开始见诸法庭。ProCD 案被认为是“拆封合同”争议中具有里程碑意义的案例。在此案中,美国法院首次承认了“拆封合同”的效力,预示着实务界对“拆封合同”的态度开始由否定向肯定转变。[②] 与此相同的是,2001 年由上海市静安区人民法院审理的“易趣网络信息服务(上海)有限公司诉刘某某支付网络平台使用费案”,也传达了肯定网络用户服务协议效力的态度。上海市静安区人民法院在本案审理中认为,原告拟定的用户服务协议经被告确认后即对双方发生约束效力,这是意思自治精神在网络活动中的体现,用户服务协议合法有效,双方应当遵守。[③] 除了对用户服务协议整体效力认定的争议和认可,司法实务中因网络用户服务协议具体内容引发的诉讼也较为多见。例如,Brower 案和郭某诉河南连邦软件有限公司等计算机软件著作权许可使用合同纠纷案中,法院虽然都肯定了网络用户服务协议的整体有效性,但就其中争议条款给出否定态度。在 Brower 案中,法院对“拆封合同”的效力表示认同,但就争议条款而言,因条款显失公平而被法院认定无效。[④] 同样,在“郭某诉河南连邦软件有限公司等计算机软件著作权许可使用合

---

① [英]詹姆斯·柯兰、[英]娜塔莉·芬顿、[英]德斯·弗里德曼:《互联网的误读》,何道宽译,中国人民大学出版社 2014 年版,第 210 页。

② See ProCD, Inc. v. Zeidenberg, 86 F. 3d 1447(7th Cir. 1996).

③ 参见易趣网络信息服务(上海)有限公司诉刘某某支付网络平台使用费案,上海市静安区人民法院(2001)静经初字第 931 号民事判决书。

④ See Brower v. Gateway 2000, Inc., 246 A. D. 2d 246, 676 N. Y. S. 2d 569, 37 U. C. C. Rep. Serv. 2d 54 (1st Dep't 1998).

同纠纷案”中,法院对网络用户服务协议的有效性并未存疑,但对微软用户服务协议中限制责任条款和排除损害赔偿等明显失衡的条款的有效性不予认可。[①] 另外,在美国最早关于浏览合同争议的 Specht 案中,法院认为“平台对协议内容作出合理显著的通知,且用户实施明确的同意行为是必需的”,基于此,法院否定了被告 Netscape 公司所发布的用户服务协议的效力。[②] 也就是说,用户服务协议有效的前提不仅在于网络服务提供者将协议以用户可以接触的方式予以公布,还需要用户以明示方式表示同意,在此情形下用户服务协议的有效性才可能得到认可。进一步而言,以格式条款为主要表现的网络用户服务协议,在具备合同成立要件的情况下其效力能够得到认可,但网络用户服务协议的整体有效性并不妨碍对具体条款无效的认定。由此可见,网络用户服务协议在具备一定要件的前提下,其可执行性能够获得司法实践的认可。[③] 但从前文 40 个网络用户服务协议样本来看,其中缺乏“同意”“明示”“提醒”等关键要素形式的协议比比皆是。“格式条款的订约人双方在经济实力等方面存在重大差别,但他们在订立格式条款时,地位仍然是平等的”,[④]而网络用户服务协议中对权利、义务及责任分配的不对等,既是过度争夺特定用户权利的体现,也暴露出不合理排除平台方责任的现实问题。

第二,版权配置协议未能完全反映利益相关方真实意愿。市场经济的典型特点即市场自发地配置社会资源,意在通过利益博弈实现社会资源的最大化利用,最大限度发挥社会资源的使用价值。但伴随市场经济优势而来的还有其对社会经济发展的不利影响。数字经济是在信息技术

---

① 参见郭某诉河南连邦软件有限公司等计算机软件著作权许可使用合同纠纷案,北京市第一中级人民法院(2006)一中民初字第 14468 号民事判决书。

② See Specht v. Netscape Communications Corp., 306 F. 3d 17, 48 U. C. C. Rep. Serv. 2d 761 (2nd Cir. 2002).

③ See Matthew D. Walden, *Could Fair Use Equal Breach of Contract: An Analysis of Informational Web Site User Agreements and Their Restrictive Copyright Provisions*, 58 Wash. & Lee L. Rev. 1625 (2001).

④ 王利明:《合同法研究》(第 1 卷)(第 3 版),中国人民大学出版社 2015 年版,第 412 页。

发展过程中市场经济的最新表现形式,是互联网环境在自由经济主体自主博弈的过程中不断实现自我超越和发展。虚拟世界对契约精神的全面贯彻是受市场经济深度影响的表现之一。契约自由在互联网社会中如鱼得水,一方面推动着互联网活动的高效展开,另一方面又受益于互联网的开放性特点,在互联网中"大施拳脚"。但也不可否认,合同往往对实力较强、经济地位雄厚的一方更有利,而相对弱势一方通常将在契约关系中面临较大风险。[①] 也即学者所言,合同的自由常常使得实力雄厚一方能够随心所欲地拟订合同内容,而一旦合同订立,相对弱势一方的权益将岌岌可危。[②] 要约、承诺和对价作为合同成立的先决条件,[③]在互联网环境中愈益显得突兀。网络用户服务协议的普遍应用从某种角度看来,似乎在不断稀释网络用户的议价机会和加重用户议价成本。就网络环境而言,网络服务提供者较用户具有天然的议价能力和博弈优势,当采用私人自治途径对网络版权作品进行配置时,在一定程度上可以理解为是以合同自由原则指导版权交易以实现权利的二次分配,由此这不可避免地使得网络环境中版权配置滑向利益失衡的窘境。[④] 而议价能力不足是网络用户在利益博弈中处于弱势地位的关键原因。议价能力指具有利益关系的谈判双方通过采用不同的谈判策略,与相对方之间达成的或影响谈判结果的自身能力,[⑤]受谈判参与方的替代性选择及各自产出价值决定。[⑥]

---

① See Rita Matulionyte, *Empowering Authors Via Fairer Copyright Contract Law*, 42 U. N. S. W. L. J. 681 (2019).

② See Rita Matulionyte, *Empowering Authors Via Fairer Copyright Contract Law*, 42 U. N. S. W. L. J. 681 (2019).

③ See Erez Reuveni, *On Virtual Worlds: Copyright and Contract Law at the Dawn of the Virtual Age*, 82 Ind. L. J. 261 (2007).

④ 参见周恒:《著作权许可合同中利益失衡问题的治理——以〈欧盟数字化单一市场版权指令〉为镜鉴》,载《知识产权》2021年第5期。

⑤ See Thomas C. Schelling, *An Essay on Bargaining*, 14 J. Reprints Antitrust L. & Econ. 257 (1984).

⑥ See Samuel B. Bacharach, Edward J. Lawler, *Power and Tactics in Bargaining*, 34 Indus. & Lab. Rel. Rev. 219 (1981).

较为不幸的是,参与到网络活动中的网络用户往往很少能够意识到其网络行为为网络服务提供者创造的价值,也较少关注甚至并不在意其生成的网络内容的经济价值,而更多沉浸于因参加网络活动而产生的满足感、充盈感之中。由此,网络用户多不具备与网络服务提供者协商的关键“手牌”,从而丧失在网络用户服务协议拟定中的话语权和议价能力。

在合同订立中,一方话语权和议价能力的丧失,从根本上将会使合同自由原则发生偏离。通常认为,合同自由包括是否订立的自由、订立何种合同的自由以及怎样订立合同的自由。用户对网络用户服务协议的同意和确认,从形式上看来似乎并不存在任何瑕疵,满足合同成立的所有要件。但经过上述对网络用户服务协议的实践考察及结合网络应用经验,我们不难发现,合同自由的三要素在网络用户服务协议中表现为用户“接受或离开”的绝对选择,[①]而未能给予用户任何商议余地和空间。申言之,网络用户服务协议所特有的准入性质和订立方式,使协议提供者往往借助其优势地位滥用合同自由原则,而用户为实现使用网络服务的愿望和期待,在进入平台时不得不“一揽子”接受用户协议的所有内容,无论其是否已经认真阅读用户协议内容或是否同意其中的每一规则。[②] “信息技术的发展和契约关系的广泛建立,使得‘同意’出现脱离合同建立时的原有之意。尽管对合同条款的双方同意一直以来都是订立合同的基本要求,也正是‘同意’赋予了合同合法性及合理性地位。但在当下的网络环境中,‘同意’正在失去其关键价值,成为一纸空文。”[③]“如何在合同自由的体制之下,维护合同正义,使经济上的强者,不能假借合同自由之名,压榨弱者,是现代法律所面临的艰巨任务”,[④]也是网络环境订立合同建

---

① See Rita Matulionyte, *Empowering Authors Via Fairer Copyright Contract Law*, 42 U. N. S. W. L. J. 681 (2019).

② 参见王红霞、杨玉杰:《互联网平台滥用格式条款的法律规制——以 20 份互联网用户注册协议为样本》,载《上海政法学院学报(法治论丛)》2016 年第 1 期。

③ Mark A. Lemley, *Terms of Use*, 91 Minn. L. Rev. 459 (2007).

④ 王泽鉴:《民法学说与判例研究》(第 7 册),北京大学出版社 2009 年版,第 37 页。

立契约关系所应反思的紧迫问题。以版权为对象的许可制度只有在平等、正义契约观念影响下的版权制度环境中才有产生和不断完善的土壤，所谓的合同自由原则也并非绝对的自由，而应是在兼顾正义前提下的自由。[①] 换言之，“合同正义是对合同自由的必要限制”，[②]秩序、公平和自由作为法律的首要目的，[③]其相互之间既互为制约，又相辅相成，离开任何一个要素，其余目的价值都将成为无源之水、无本之木。“较弱的合同一方当事人应该受到更多保护，双方当事人都有义务更多地考虑到他方的利益，而合同的概念应重新调整并转变为一种包含合作、团结和公平义务的法律关系”，此为合同正义。[④] 然而，网络用户服务协议对版权配置规则的设置，普遍存在以“虚假”的合同自由掩盖合同争议缺失的事实，使合同自由脱离合同正义，从而出现版权配置未能完全反映利益相关方尤其是用户真实意愿的不合理局面。

第三，版权配置协议向立约方即网络服务提供者不合理倾斜。网络服务提供者的市场逐利心理，以及用户在互联网环境中较网络服务提供者而言天然的弱势地位所引发的话语权不对等、议价能力不足等问题都是网络用户服务协议中版权配置产生偏差的原因。除此之外，网络用户自身权利意识不强、法律意识淡薄、维权积极性不高等现实问题也是造成网络用户服务协议正义阙如的一大缘由。申言之，一方面，虽然知识产权理念随着信息技术的发展逐步被大众接受，且大众知识产权保护意识不断提升，但总体而言，社会公众对知识产权仍缺乏深入了解和认知，其在权利拥有和利用上也显得力不从心；另一方面，知识产权维权程序烦琐、时间成本高、赔偿金额低等司法现状，在一定程度上造成公众对知识产权

---

① 参见杨红军：《版权许可制度论》，知识产权出版社 2013 年版，第 11、127 页。

② 王利明：《合同法研究》(第 1 卷)(第 3 版)，中国人民大学出版社 2015 年版，第 96、109 页。

③ 参见[英]彼得·斯坦、[英]约翰·香德：《西方社会的法律价值》，王献平译，中国人民公安大学出版社 1989 年版，第 3 页。

④ 参见[德]海因·克茨：《欧洲合同法》(上卷)，周忠海、李居迁、宫立云译，法律出版社 2001 年版，第 15 页。

维权的淡漠心理,从而引发公众消极应对侵权的普遍选择。此外,用户参与网络活动、创作网络内容的多元要因,亦不同于传统社会中"以写换利""以创作谋生"的单一创作动因。互联网时代,海量用户参与网络文化创作,其或是意在实现自我价值,或是兴趣爱好的表达,或是消遣时间,等等,而此种种动因使用户较少甚至并不在意能够从自己创作内容之上获取多少经济利益,由此在一定程度上使用户对权利分配方案及规则关注度不高。从上文对 40 个网络用户服务协议的实践考察中不难发现,在注册成为平台实名用户时,40 个平台无一例外会事先给出网络用户服务协议,或以链接形式,或以弹窗形式直接跳出,更有平台强制用户阅读协议内容,只有协议内容在平台显示足够预定时长之后,用户才能够操作下一步。可见,就网络用户服务协议内容而言,网络服务提供者为用户提供了充足的审阅和考虑时间,但鲜有用户提出异议。或许是用户在浩瀚的互联网世界中已经对其被动及弱势地位麻痹,陷入了"自暴自弃"式循环之中,但其维权积极性不高及权利意识淡薄的表现不可否认。概言之,在版权配置向立约方及网络服务提供者不合理倾斜现状的产生原因中,网络用户权利意识淡薄是一个重要部分。

第三节 网络服务提供者对用户生成内容的利益实现路径考量

随着 WEB 2.0 愈加成熟,甚至 WEB 3.0、WEB 4.0 乃至 WEB 5.0 的渐次出现,用户生成内容所蕴含的深层次商业价值越来越为网络经营者所青睐。越来越多的用户生成内容平台出现在互联网世界,同时也有越来越多的网络服务提供者开始寻求多元复合的经营模式。由网络平台提供网络内容(以网络内容服务平台为主)的传统单一经营模式逐渐被拥有海量内容且类型多样的以用户生成内容为主的网络平台取代。当然,随着用户生成内容领域竞争的日趋激烈,无论是传统的网络内容服务提供者,还是在 WEB 2.0 环境下兴盛起来的网络技术服务提供者,都正在寻求多样化转型,以适应瞬息万变的网络社会。伴随网络服务提供者在用户生成内容领域持续注入的心血和精力,网络服务提供者开始注意到用户生成内容之上的版权,逐步意识到了用户生成内容之上版权行使的间接商业价值。与此同时,网络服务提供者不再刻意隐瞒其意图获取用户生成内容之上权益的愿望,开始通过网络用户服务协议等自下而上的自我治理形式与相关用户协商,以期实际掌握平台之上用户生成内容的潜在价值和衍生利益。从前文对网络用户服务协议的实践分析中我们发现,大多数网络服务提供者选择尊重用户对其生成内容的版权,仅是通过许可、转让等方式以对版权的二次分配占据对用户生成内容使用、收益等方面的权益。当然也不排除个别网络用户服务协议声明网络服务提供者在特殊情况下是特定用户生成内容的原始版权人。

对用户生成内容之上版权的确认,既是社会经济发展的必然要求,也是法治社会持续稳定前行的重要环节,更是互联网活动有序开展的基础和前提。正如学者所提到的,"原创性的东西一旦问世,则无论社会层面还是个人层面,都将面临这样一个问题——谁能够获得这个创造性东西的经济回报,谁又可以在此创造性东西岌岌可危时有权管理和控制它"。[①] 版权主体制度存在的意义也正在于此,版权制度一方面是"立法宗旨表现和基本制度构成",另一方面是"权利承受资格和权益分立依据",同时还是"主体范围确认与权利归属规定"。[②] "产权是被社会认可的,经济主体对有价值资产的使用权。"用户生成内容产权的确认,不仅关系到相关资源配置方案的有效可行,更决定了谁将拥有对用户生成内容处分、使用及收益等决策权,同时也进一步确定了资源应用中的责任承担主体。[③] 产权范畴的不同,在某种程度上深刻影响着版权配置的差异,而

① Robert P. Merges, *The Concept of Property in the Digital Era*, 45 Hous. L. Rev. 1239 (2009).

② 吴汉东:《知识产权法》,法律出版社 2021 年版,第 175 页。

③ 参见[法]埃里克·布鲁索、[法]让·米歇尔·格拉尚:《契约经济学:理论和应用》,王秋石等译,中国人民大学出版社 2011 年版,第 107 ~108 页。

产权配置方式的差别,最终将导致作品利用效率上的迥异。[①] 简言之,对用户生成内容之上产权的确认是用户生成内容后续使用和利益分配的基础。获得用户生成内容的产权,即已在一定程度之上触到用户生成内容潜在的商业利益。由此便不难理解,确认用户生成内容版权归属的重要性和首要性。互联网社会的持续繁荣,离不开网络经营者的苦心经营。尤其随着用户生成内容的盛行,越来越多的目光被吸引到网络服务提供者在互联网社会中扮演何种角色的问题上。无论"版权平台化"赋予网络服务提供者对平台内容之上版权原始取得的提议,还是蕴藏在"协议自治"中以意思自治精神为指导主张通过建立契约关系授予网络服务提供者对其平台内容版权二次分配之后利益的做法,均存在一个共同之处,即网络服务提供者对其平台之上用户生成内容享有一定的权益。

用户生成内容产权及相关利益的确认对其自身发展乃至网络活动的开展都产生着重要影响。然而,如果用户生成内容之上的产权没有得到良好的界定,或并未合理且健康地顺应网络经济发展趋势,其可能会对互联网经济运行和经济绩效产生不良影响。[②] 换言之,网络环境下用户生成内容之上作品权益的划分和配置,不仅是相关参与主体间权益公平配置的反映,更关涉到互联网社会的进一步发展以及网络活动的加倍活跃。进行更深层次的理解,即用户生成内容之上权益的合理配置既是个人利益的体现也是社会公益的要求。处理网络内容生成主体与特定网络服务提供者之间关于用户生成内容的权利关系,一方面要求我们深入探寻网络服务提供者享有用户生成内容之上相关权益的原因,为平台为何享有以及具体享有哪些权益给出理论支撑;另一方面则需要我们搭建起一条数字环境下能够实现网络服务提供者对用户生成内容权益的有效路径,在回应网络服务提供者利益的同时助力用户生成内容的持续繁荣,进而实现丰富互联网文化的根本目的和价值追求。

---

① 参见熊琦:《著作权法中投资者视为作者的制度安排》,载《法学》2010 年第 9 期。

② 参见[法]埃里克·布鲁索、[法]让·米歇尔·格拉尚:《契约经济学:理论和应用》,王秋石等译,中国人民大学出版社 2011 年版,第 109 页。

一、对网络服务提供者“作者论”的反驳

从版权法律规范来看,版权主体资格的原始确认大抵有两种途径:第一,自然人对因其实施创作行为而产生的作品享有作者身份。而由法人或非法人组织主持,创作内容反映法人或非法人组织意志,且由法人或非法人组织承担责任的作品,法人或非法人组织被视为此作品的作者,通常被称为“拟制作者”。概言之,“一般作品版权主体资格依作者身份(包括自然人作者和法人作者)确认”。[①] 第二,未实际实施创作行为或存在其他特殊情况的主体在特定情形下,亦可通过法律规定或合同约定原始取得作品的版权。比如,我国《著作权法》对职务作品、视听作品及委托作品等版权归属问题的规定。对此,有学者将版权法上对版权主体资格的原始确认总结概括为“创作标准、约定标准、责任标准和投资标准”四类。[②] 创作标准即版权法对“第一作者”最直接的认定和承认,其是对版权归属一般规则的总结,旨在强调和重申版权法中“实施创作行为的人即是作者,原始享有其作品之上版权”的一般原则。创作标准同时指出作者身份系因“创作”这一事实行为而产生,并不囿于法律行为的实施也不受民事行为能力的限制。例如,一位孩童自小喜爱阅读,博览群书,在6岁那年写的一本小说广受好评,这位尚处于无民事行为能力状态的孩童仍然享有对其创作小说的版权,也当然能够被称为“作者”。原因就在于在创作标准这个一般规则下,“创作行为”是作者身份认定的关键,而“创作行为”又是事实行为,不为相关主体的民事行为能力所限。约定标准、责任标准和投资标准主要指对特殊作品版权主体资格的确定规则。约定标准的典型表现即委托作品,具体来说,委托作品的版权归属原则上依照委托人和受托人之间的合同约定,在没有约定或约定不明的情况下视为由受托人即具体实施创作行为的主体获得。责任标准即作品的版权主体资

① 吴汉东:《知识产权法》,法律出版社2021年版,第180页。

② 焦和平:《类型化视角下网络游戏直播画面的著作权归属》,载《法学评论》2019年第5期。

格并不归于实际执笔人,而由最终承担作品社会、法律等责任的主体享有,比如法人作品、特殊职务作品。投资标准即由对作品创作提供主要资金支持的人获得版权主体资格,比如电影作品版权由制片人原始取得即此标准在实践中的具体反映。①

面对社会公众参与网络活动日益高涨的热情,用户生成内容的持续繁荣已为既定事实,而网络服务提供者嗅到用户生成内容所释放的商业价值之后,争相开设相关栏目,吸引用户加入参与平台内容创作,以攫取其中利益。网络服务提供者能否享有用户生成内容之上原始的版权主体资格,适用版权法下版权配置规则,关键在于考量其与内容生成主体之间的关系能否落入版权法已有的调整范畴。综观互联网社会中网络服务提供者的经营模式和发展趋势,我们发现互联网环境中网络服务提供者以内容服务提供者和技术服务提供者两类为主。网络内容服务提供者,即网络服务中供用户欣赏、使用的内容由网络服务提供者直接提供。此种模式下网络服务提供者与用户间的关系仍表现为传统由生产者到消费者的单项信息流传播模式,即网络用户被动地接收和使用由网络服务提供者提供的信息内容,而不具有自主创作的空间和可能性。与此不同的是,网络技术服务提供者具有一定的开放性,同时对用户创作行为表现出极大的包容性。其服务信息主要源于网络用户的"创作"行为,而网络服务提供者在通常情况下扮演创作之外的内容承载者角色。虽然随着数字经济的成熟,网络服务提供者逐渐出现不同模式相融合共同发展的趋势,但在同一平台之上对不同栏目的设置仍会因为信息内容生成方式的不同而落入不同的调整规范。总体而言,网络内容服务提供者之上信息内容版权配置问题较为明朗,能够落入版权法的调整范畴予以规范,而技术服务提供者之上相关内容版权归属问题的解决则存在不同的呼声,似乎在现有版权法律规范的适用上也存在一定难度。下文主要围绕网络技术服务提供者对用户生成内容可能存在的版权利益问题进行讨论。

---

① 参见焦和平:《类型化视角下网络游戏直播画面的著作权归属》,载《法学评论》2019 年第 5 期。

第一,对网络服务提供者作者身份论的批驳。在版权法律体系中,作者、传播者和使用者分别作为作品创作、作品传播和作品最终利用等重要环节的主要参与者,共同影响着版权领域有关活动的开展。但不可否认,作者作为文化产品的创作者和生产者,其相较于作品传播者和最终利用者具有自己独特的价值和地位。换言之,作者处于由作者、传播者和使用者构成的版权法律体系的中心。[①] 所谓作者,即实际实施创作行为且因此创作行为产生能够获得版权法保护的智力表达的创作者。“在版权法律关系中,作者概指通过创作的事实行为而成为主体的自然人作者”,由此也可以看出,版权法意义上的作者原则上指向自然人主体,且此自然人应切身实施了创作这一事实行为。在版权权利取得问题上,各国版权法大抵采取“创作主义原则”,[②]即经过对思想的表达,智力成果一旦具有独创性,则无论此智力成果是否发表,作者均享有版权。换言之,按照版权法一般原则,作者身份的自然获取只有同时满足以下条件才可能实现:其一,从主体属性上讲,应是自然人;其二,此自然人实施了创作这一事实行为。反观网络服务提供者不难发现:一方面,其在用户生成内容中所扮演的角色并非或者极少是亲力亲为的创作者,尤其是以用户生成内容为主要经营模式的网络服务提供者,其多以单纯的技术服务提供者身份出现。具体来说,网络服务提供者在用户生成内容的“创作”过程中所发挥的作用仅限于提供与物理世界纸质载体相似的承载场地或技术支持,而并未参与到创作活动中成为创作者,也并非实施创作这一行为的主体。另一方面,网络服务提供者是自然人或法人、非法人组织基于市场经营活动搭建起来的以互联网为技术基础的服务系统,其本身并不具备自然人属性,从物理外观上看其无法自然取得作者身份。因此,从版权法律关系来看,网络服务提供者并不具有成为作品原始作者的自然属性,其并不能当然成为用户生成内容的“第一作者”。相应地,网络服务提供者对

---

① See Alina Ng, *The Social Contract and Authorship: Allocating Entitlements in the Copyright System*, 19 Fordham Intell. Prop. Media & Ent. L. J. 413 (2009).

② 吴汉东:《知识产权法》,法律出版社 2021 年版,第 177 ~ 178 页。

版权“一体两权”[①]完全享有的合理性很难形成。

除不具有成为作品原始作者的自然属性之外，我们认为，网络技术服务提供者在一定程度上也较难以合作作者身份成为用户生成内容的作者之一。原因在于合作作品的成立应至少以“合作作者间有合作的共同合意”及“合作作者实施了共同的创作行为”为共同前提。[②] 就“合作作者间有合作的共同合意”这一要件而言，一方面，网络用户加入特定网站，其主要目的多在于享受由网站提供的相关服务，是以“服务接受者”或者说网络消费者的身份进入网站的，而非从一开始即抱着“合作意图”加入相关网站；另一方面，虽然网络各平台在用户注册成为网站常驻用户时，通常以用户服务协议作为要约，在获得用户对用户服务协议的确认即承诺时，就视为双方就协议所涉及的内容“达成共识”，且往往在用户服务协议中就用户生成内容的版权配置问题作出一定约定，但回顾前文对 40 个网络用户服务协议内容的研析，我们发现，网络服务提供者极少甚至并不存在主动参与用户生成内容创作活动的意向，仅是表达了其对用户积极参与网络内容创作活动的鼓励。换言之，用户内容生成之前网络服务提供者与网络用户并不存在“共同创作的合意”。就“合作作者实施了共同的创作行为”这一要件而言，网络服务提供者也并不具备。前文提到，承载用户生成内容的网络平台多以技术服务类为主，且此类平台并不会实际参与到海量用户的内容生成活动之中，其在用户内容的生成过程中往往扮演着纯粹的技术提供者角色，为网络内容的生成主体提供场所或者说“载体”支持。因此，我们认为，网络服务提供者并没有实际参与用户生成内容的创作过程，未能给予用户生成内容创造性共享，不足以成为用户生成内容的合作作者。

第二，对网络服务提供者“视为作者”资格论的质疑。从国际立法来看，各国版权法在作者地位的取得上，除了对自然人因创作行为自然获得作

---

① 指著作权兼具人身权和财产权双重属性。参见吴汉东：《知识产权法》，法律出版社 2021 年版，第 194 页。

② 参见吴汉东：《知识产权法》，法律出版社 2021 年版，第 182 页。

者身份的规定，还提出相关权利人或组织可以通过法律规定或合同约定的方式成为版权权利主体，“视为作者”并在一定程度上产生版权主体资格。[①] 比如法人作者、职务作品、电影作品和委托作品。探究网络服务提供者在现有版权法律规范范畴内对用户生成内容之上的版权权益问题，其核心在于明晰网络服务提供者与有关用户在版权法上能够构成何种关系。

首先，就法人作者来说，由法人或者非法人组织主持完成的创作活动，且创作内容反映法人或者非法人组织意志，同时作品之上的权利、义务及责任由法人或者非法人组织享有和承担的，此法人或者非法人组织可“视为”此创作内容的作者，通常被称为“拟制作者”。网络服务提供者能否成为有关用户生成内容的法人作者并享有此特定用户生成内容的版权，关键看此用户生成内容是否由网络服务提供者主持完成且反映此网络服务提供者的意志。更为重要的是，因用户生成内容而引发的权利纠纷及责任后果均由网络服务提供者承担。只有同时符合以上所有要素的情况下，网络服务提供者才有可能成为特定用户生成内容的“拟制作者”。但通过对网络用户服务协议内容的分析，不难发现，网络服务提供者对由用户生成内容而产生的责任承担避之不及，40 个分析对象无一例外提到因用户生成内容而引发的责任后果由有关用户全部承担。或许我们可以认为，互联网经济之下的网络服务提供者并无意成为用户生成内容的作者，而仅倾向于从中分得客观的经济利益，更不用说其本身已通过用户服务协议排除自身成为用户生成内容“拟制作者”的可能。

其次，网络用户与网络服务提供者之间似乎也不全是委托关系，不能简单以委托作品的配置规则回应用户生成内容在网络服务提供者和用户间的版权配置问题。委托作品是作者接受他人委托而创作的反映委托人意志和要求的作品。[②] 该类作品以存在委托合同关系、创作内容体现委托人意志和要求为两大特征。当下互联网社会，网络服务提供者与用户

---

① 参见吴汉东：《知识产权法》，法律出版社 2021 年版，第 178 页。

② 参见吴汉东：《知识产权法》，法律出版社 2021 年版，第 191 页。

之间存在多种关系情形，其中以“签约模式”“合作分成模式”“服务模式”为典型。[①] 如前所述，我们在此只讨论在“服务模式”下用户生成内容之上版权利益的分配问题。在“服务模式”下，网络服务提供者仅作为技术服务提供者为用户提供技术方面的支持，网络用户实施的创作行为系其自身意志和情感的抒发，并非在网络服务提供者的具体要求下完成，也不受限于网络服务提供者的意志。此外，网络用户服务协议是用户接受网络服务提供者的服务、遵循平台活动的准入规则，其与意在于特定主体之间形成委托法律关系的委托合同存在本质区别。因此，委托作品的权利配置规则并不能完全适用于用户生成内容。

再次，职务作品上的版权利益能够在法人或非法人组织及创作者之间共同分享。其主要原因在于职务作品是自然人（创作者）为完成法人或非法人组织交代的工作任务而实施创作行为产生的作品。[②] 申言之，职务作品的构成应以同时具备以下要素为前提：一是自然人与法人或非法人组织之间存在劳动合同关系；二是特定作品的完成是自然人为完成单位（法人或非法人组织）的工作任务而产生，此工作任务系自然人所应当履行的员工工作职责。由此情形下产生的作品能够被称为版权法意义上的职务作品。职务作品版权的归属虽然因其类别不同而相异，但只有在满足上述两要素时，才可能被认定为职务作品，从而实现作品权益在法人或非法人组织与自然人创作者之间的共同分享。在“服务模式”下，海量用户生成内容是网络用户在参加互联网活动过程中所自发产生的智力表达，既不是网络服务提供者特有意志的抒发，也非用户履行工作职责的表现。其在要素外观上缺乏与职务作品的一致性，故用户生成内容之上作品权益的配置规则不宜落入职务作品规范范畴。

最后，网络服务提供者也难以成为用户生成内容的投资者。“印刷机无可挽回地改变了作者的作品在道德主张与经济主张之间的平衡”。[③]

---

① 参见焦和平：《类型化视角下网络游戏直播画面的著作权归属》，载《法学评论》2019 年第 5 期。

② 参见吴汉东：《知识产权法》，法律出版社 2021 年版，第 187 期。

③ ［美］保罗·戈斯汀：《著作权之道》，金海军译，北京大学出版社 2008 年版，第 32 页。

随着传播技术的出现和更新迭代,其在推动产业发展的同时也催生了版权保护需求。“版权法因图书贸易而生,并随版权产业的丰富和繁荣而不断发展,所以版权法始终以保障版权产业的利益为首要立法目标”[1]。多数学者认为,版权主体的二元结构是国际立法中版权法一以贯之的深层次理念。[2] 所谓版权主体的二元结构,即版权法既尊重创作者的主体地位,同时也肯定投资者在作品传播等利用过程中所释放的中坚力量,通过授予投资者在作品上的一定权益,视其为版权权利主体。换言之,在相关法律规范的支持下,投资者无须再通过协议约定的方式与创作者商议特定作品的权利归属和利用机会,而是可直接借助法律的规定,成为法律意境中正当的版权原始权利主体。电影作品版权由制作者享有即是投资者享有版权在法律层面的最直观体现。进一步而言,投资人虽然没有实际参与作品的创作活动,但其是作品完成之后传播和利用的关键推动力,而作品价值的充分发挥依赖于投资人的经济优势。从某种意义上看,版权法意在以权利配置规则激励作品创作和传播,在此背景之下可以认为,效益是版权制度变革过程中所需考虑的关键因素。[3] 由此可见,将能够为作品创造较大市场效益的投资者视为享有版权的特殊主体,符合版权法追求作品效益最大化的经济目标,具有合理性基础。就如熊琦教授所言,“保护创作者和激励创作者只是版权法中正当性的符号表达,版权法的根本目的在于保护作者中的投资者”。[4] 在互联网社会中,网络服务提供者

---

① 刘铁光:《著作权主体的二元结构及其权利配置——兼评 2020 年〈著作权法〉修正的主体制度》,载《知识产权》2021 年第 8 期。

② 参见刘铁光:《著作权主体的二元结构及其权利配置——兼评 2020 年〈著作权法〉修正的主体制度》,载《知识产权》2021 年第 8 期;熊琦:《著作权法中投资者视为作者的制度安排》,载《法学》2010 年第 9 期;王利明:《对〈合同法〉格式条款规定的评析》,载《政法论坛》1999 年第 6 期;Erez Reuveni, *On Virtual Worlds: Copyright and Contract Law at the Dawn of the Virtual Age*, 82 Ind. L. J. 261 (2007)。

③ See Robert P. Merges, *Intellechual Property in the New Technological Age* (4th edition), New York: Aspen Law & Business Press, 2006, p. 13; Paul Goldstein, Copyright, *Patent, Trademark and Related State Doctrines* (5th edition), Foundation Press, 2002, p. 6;熊琦:《著作权法中投资者视为作者的制度安排》,载《法学》2010 年第 9 期。

④ 熊琦:《著作权法中投资者视为作者的制度安排》,载《法学》2010 年第 9 期。

或许是考虑到其在平台开发过程中的经济投入,面对用户生成内容的盛行和蕴含的商业价值,其对通过取得用户生成内容之上版权利益以保护其投入的路径表达出强烈的兴趣。[①] 即便如此,我们也认为,以提供客观中立技术服务为主的技术服务提供者在用户内容生成过程中相较于投资者而言,仅起到承载用户生成内容、为内容传播和应用提供场所的载体作用,并不足以成为用户生成内容的投资者而与内容生成主体之间建立投资与被投资的关系,也就不具有从中分享版权利益的法律地位。换言之,版权法在某些情况下赋予投资者版权主体的地位,旨在实现版权法所追求的经济目标,最大限度发挥作品的市场价值,也即在此特殊情况下,投资者所具备的经济优势在作品利用问题上要优于自然人作者权利享有所衍生的市场利益。但在这里我们不应该将投资者和"场所缔造者"相混同。换言之,版权法奖励的是作品的创作者和"引导创作者实现收益的投资者"[②],而不是那些在虚拟世界为创作者简单提供创造场所或者促进这种创造的工具的扮演者。[③] 然而,虽然缺乏法律规则的适用性,但网络服务提供者往往借用网络用户服务协议,与用户之间形成契约关系,从而以用户协议为约束规则,实现版权利益从用户向平台的转移。

版权法既保护作者因创作行为取得的版权专有权,又维护传播者或投资方在作品流转使用中的传播利益,同时还为社会公众留出一定空间以尊重公众接受文化熏陶的机会。版权法平衡专有权与公共间利益价值目标的实现,在一定程度上依赖于其在作者、传播者及读者等相关主体之间建构的以合作作品、法人作者、委托作品、职务作品等为事例的版权配置规则的实施,但此类传统规则并不能完美地预测和适用于发生在虚拟

---

① See Erez Reuveni, *On Virtual Worlds: Copyright and Contract Law at the Dawn of the Virtual Age*, 82 Ind. L. J. 261 (2007).

② 熊琦:《著作权法中投资者视为作者的制度安排》,载《法学》2010 年第 9 期。

③ See Steven Hetcher, *User-Generated Content and The Future of Copyright: Part Two-Agreements Between Users and Mega-Sites*, 24 Santa Clara Computer & High Tech. L. J. 829(2008).

空间的用户创作行为。[①] 网络服务提供者对用户生成内容之上的版权利益也无法借助“作者权理论”获得法律上的确认,从法律规范角度承认版权平台化效力任重道远。

二、网络服务提供者享有用户生成内容利益的可期待性

基于现行的版权法律规范,网络服务提供者较难借助版权配置规则获得有关用户生成内容的原始版权,但这并不意味着网络服务提供者无法享有用户生成内容的作品权益。如前所述,版权利益除了能够通过创作等行为的实施或有关事实的发生引发原始取得之外,还可以因许可、转让等对版权的二次分配继受取得作品的版权财产权。互联网环境下不断出现的新现象和新问题使现行法律疲于应对,也在一定程度上显露出法律规则应对虚拟环境新局面和新问题的有心无力。面对有关法律规则在互联网社会缺失的现状,以及网络服务提供者对用户生成内容权益争取的诉求,合理有效地回应用户生成内容之上网络服务提供者和特定用户间的利益关系,是营造稳定的互联网秩序及实现网络社会持续繁荣的前提。

就用户生成内容的版权归属疑虑,迈克尔·里德认为,在互联网社会中,在相关法律缺失且自上而下调整面临失灵的情况下,当用户生成内容的正确归属或作者身份不能依据现有规范确定的情况发生时,包括法院在内的公权力应尽可能以不具有过度侵蚀性的方式进行干预,以此来保护信息内容的自由流动,同时降低社会公众获取网络平台上内容时可能存在的障碍。[②] 换言之,在规则缺失且已有法律不足以应对互联网社会的新境况并表现出一定的滞后性时,我们可以以自下而上的协议治理方式,通过在相关利益主体之间建立契约关系以约束双方在互联网活动中的具体行为,来弥补因自上而下公权力调整规则的缺失所引发的互联网

---

① See Erez Reuveni, *On Virtual Worlds: Copyright and Contract Law at the Dawn of the Virtual Age*, 82 Ind. L. J. 261 (2007).

② See Michael Reed, *Who Owns Ellen's Oscar Selfie? Deciphering Rights of Attribution Concerning User Generated Content on Social Media*, 14 J. Marshall Rev. Intell. Prop. L. 564(2015).

治理难题。在用户生成内容领域，以协议自治商定对用户生成内容之上版权的二次配置，赋予网络服务提供者基于用户生成内容权益再分配的利益，在维护公共需求、满足网络服务提供者营利要求和有效管理用户生成内容等方面都发挥着积极作用。有学者以编舞从业者利用订立契约填补有关领域权利配置规则空白的事例来说明，协议自治对新领域作品权利配置问题的应对和行业发展所起到的有力影响，表现为以下四点：第一，以许可或者转让的形式将作品权益授权他人使用换取经济回报，能够为作者再次投入新作品创作活动提供经济基础；第二，许可或转让作品的行为，能够增加作品在社会空间的曝光量，让作者收获足够多的社会影响力；第三，通过协议约定，作者可以有效控制及约束他人对作品的利用，保证作品使用方在合同约定的范围内行使作品权益；第四，以许可或转让等方式对作品权益进行二次分配，有利于作品的广泛传播，从而为作品制作足够多的副本，有利于其影响力的持续彰显。① 具体而言，通过协议自治实现对用户生成内容之上版权的二次分配，赋予网络服务提供者之于用户生成内容版权财产权的可期待价值，一方面可以借助网络平台特有的传播优势，实现用户生成内容价值更大程度的发挥，进一步丰富互联网文化内涵；另一方面赋予网络服务提供者在用户生成内容之上一定权益，能够有效调动网络服务提供者参与互联网活动的积极性，为互联网社会的发展提供持续源动力支持。此外，对用户生成内容享有的相关权益，在一定程度上便于网络服务提供者对相关内容进行管理且增加其管理的主动性，为规范用户生成内容市场秩序、营造健康有序的网络环境发挥着重要作用。换言之，海量用户生成内容在丰富互联网文化积累、进一步渲染网络社会多元化文化氛围的同时，因其之上版权存在于实施创作行为的特定用户之上，又在一定程度上加剧了数字空间中版权碎片化的现状，最终不利于作品传播的版权的整理利用。因此，以契约自治将分散于不同用户

---

① See Shanti Sadtder, *Preservation and Protection in Dance Licensing: How Choreographers Use Contract to Fill in the Gaps of Copyright and Custom*, 35 Colum. J. L. & Arts 253 (2012).

存在于不同内容的版权,通过再分配的途径集中到网络经营者(平台)的手中,对有关用户生成内容的社会价值的最大限度发挥起重要作用。

通过订立协议,在特定网络服务提供者和相关用户之间建立契约关系,对用户生成内容版权财产权进行二次分配,既是版权法效益原则的体现,也是民法典意思自治精神在互联网社会的再一次实践,此举措在弥补法律空白、推进作品利用和贯彻市场经济对价机制等方面发挥着积极作用。申言之,合同约定和技术支持共同构成了数字经济时代电子版权的有效管理系统,预示着一个全自动的版权保护系统正在形成。① 互联网空间所产生的一系列新的现象和问题虽然为现行法律带来了挑战和冲击,但其同样也为新的治理路径的形成提供了源流。正如学者所言,"互联网的非层次架构为契约文化的繁荣和发展提供了理想的环境","互联网的开放性和互动性特征为契约文化的进一步成熟供应了核心生命力支持"。② 因此,建立契约关系在数字经济下成为一种能够填补互联网法律空缺的卓越替代方案,内容生成主体、网络服务提供者和信息内容最终使用者可以自由地商定适用于彼此的特定规则,而无须公权力的介入和干预,从而逐渐形成一个自下而上、灵活多元的版权治理模式。③ 或许"互联网的确需要偏离传统的自上而下的规制权威,需要走向有更多共识的治理空间,以及更加灵活的自我规制和自我治理"。④ 协议自治在信息社会愈益凸显的价值和功用,在一定程度上揭示了合同关系是作品创作和传播监管系统的核心与关键。⑤ 版权法所赋予作者的专有权只有顺利转化成对作者

---

① See P. Bernt Hugenholtz, *Copyright, Contract and Code: What Will Remain of the Public Domain*, 26 Brook. J. Int'l L. 77 (2000).

② P. Bernt Hugenholtz, *Copyright, Contract and Code: What Will Remain of the Public Domain*, 26 Brook. J. Int'l L. 77 (2000).

③ See Robert P. Merges, *The Concept of Property in the Digital Era*, 45 Hous. L. Rev. 1239 (2009).

④ [英]詹姆斯·柯兰、[英]娜塔莉·芬顿、[英]德斯·弗里德曼:《互联网的误读》,何道宽译,中国人民大学出版社2014年版,第125页。

⑤ See Martin Kretschmer, *Copyright and Contract Law: Regulating Creator Contracts: The State of the Art and a Research Agenda*, 18 J. INTELL PROP. L. 141 (2010).

的经济奖励时，才能有效彰显版权法激励创作的目的，而经济奖励在社会分工朝着精细化方向发展的技术时代，更多地通过作者与第三方签订作品使用合同，转移作品财产权的方式实现。进一步而言，合同约定在版权领域一直扮演着重要角色。原因在于合同自治往往是促进版权作品利用的最有效工具。通过合同，作者通常将其在作品之上享有的一项或多项权利以许可或者转让等方式让渡给传播者，而传播者随后将获得授权的作品分发给公众。这一作品流动的全过程中，基本规则始终是合同自由。[①] 在互联网社会中，协议自治发挥着清晰网络规则、提升交易效率、配置作品产权等枢纽作用，[②]为用户生成内容相关权益在特定用户和网络服务提供者间的分配提供指导依据，在赋予网络服务提供者之于用户生成内容版权财产权可期待价值的同时，也为用户生成内容的进一步繁荣提供了规范保障。

三、网络服务提供者对用户生成内容利益的实现路径：契约关系 2.0 的构建

从现阶段网络环境中有关用户生成内容版权的分配情况来看，多数网站选择利用网络用户服务协议取得相关用户的许可或授权，从而以二次分配的方式获得用户生成内容之上一项或多项经济权利。网络用户服务协议既是网络用户进入特定网站成为网站常驻用户的准入规则，又是明确用户和网络服务提供者间权利义务关系、约束用户使用服务的行为及网络服务提供者提供服务等全过程的文本依据。面对互联网法律的不完备和某些领域的阙如，协议自治正在成为互联网时代推进用户生成内容继续繁荣发展的有力举措。一方面，建立契约关系，并赋予网络服务提供者之于用户生成内容著作财产权的期待价值，有利于激发网络服务提供者广泛吸纳用户生成内容并建立相关栏目及模块，充分挖掘用户生成

---

① See Jacques de Werra, *Moving Beyond the Conflict Between Freedom of Contract and Copyright Policies: In Search of a New Global Policy for OnLine Information Licensing Transactions-A Comparative Analysis Between U. S. Law and European Law*, 25 Colum. J. L. & Arts 239 (2002).

② See Frank H. Easterbrook, *Contract and Copyright*, 42 Hous. L. Rev. 953 (2006).

内容潜在的商业价值，创设利用用户生成内容营利的途径及方式等方面的热情，在满足网络服务提供者经营需求和营利要求的同时，进一步调动其参与用户生成内容领域活动的积极性；另一方面，围绕用户生成内容将网络服务提供者和特定用户以契约形式关联起来，能够在用户生成内容市场形成有效的管理场景。申言之，网络服务提供者和相关用户以契约关系为束缚，而网络服务提供者作为平台的建设者和管理者，在契约关系的加持下，当然对其平台之上用户生成内容享有一定的管理权限。同时，赋予网络服务提供者之于用户生成内容版权财产权的期待利益，在一定程度上有利于充分彰显网络服务提供者管理平台内容的积极性和主动性，化被动管理为主动推进，而网络用户在此管理规则及模式的束缚下，自然也会强化甚至优化生成内容。从总体上看，用户生成内容市场将趋于规范，最终以健康的互联网文化秩序和氛围回馈于用户生成内容领域，实现虚拟世界文化范畴的"双赢"。另外，从版权法的订立目的来看，保护作品的意图并不完全在于对创作行为的奖励，反而更凸显对推进作品进入市场增加作品利用机会的鼓励。随着社会分工的精细化发展，作者在作品具体利用中的作用显得杯水车薪，"单纯依靠作者本人很难实现作品的充分利用，最终只会使作者丧失许多通过作品获利的机会"。通过订立契约，将特定用户生成内容之上部分或者全部的版权经济利益授权给网络平台，能够"很大程度上克服作者本人'作品利用不足'的局限性，在确保作者能够从作品的创作中获取更大数量回报"[①]的同时，也能够充分挖掘作品市场利益，发挥作品在市场经济中的特有价值。"权利配置方式的差异，最终导致作品利用效率上的差别"，[②]在网络服务提供者与特定用户之间以契约关系实现用户生成内容之上版权的二次分配，在一定程度上能够缓解版权原始取得前提下特定用户对用户生成内容利用不足致使生成内容价值无法充分呈现的尴尬处境。

---

① 杨红军：《版权许可制度论》，知识产权出版社 2013 年版，第 65 页。

② 熊琦：《著作权法中投资者视为作者的制度安排》，载《法学》2010 年第 9 期。

在当代互联网环境中,网络用户服务协议虽然发挥着建立契约关系的现实功能,但从网络用户服务协议的订立过程来看,网络服务提供者对其内容的设定拥有绝对话语权,其在用户生成内容版权利益的分配问题上也很难站在中立的立场之上,导致出现利益的天平容易向契约实际订立方严重倾斜的不良局面。我们发现,网络用户服务协议普遍对内容生成主体的版权利益造成一定冲击,主要表现在三个方面:一是网络用户在面对网络用户服务协议时主观能动性不足,迫于网络服务提供者的强势地位,大多只能选择被动地“一揽子”接受协议所有内容并置于其约束之下;二是网络用户服务协议普遍存在网络用户就其生成内容享有的权益不周延而无法合理享有内容价值的不公平局面;三是网络用户服务协议在权利、义务及责任的分配上存在严重不对等问题,在一定程度上将影响网络用户参与网络活动的积极性。进一步来说,虚拟世界中以契约形式设计版权配置的方案及路径具有现实意义和实际价值,但从对网络用户服务协议样本的分析来看,其中存在一些较为棘手亟待解决的显著问题,集中体现为三点:其一,网络用户服务协议知识产权条款对版权法平衡理念产生一定冲击,格式条款外观及其权责设置的失衡性使协议自身的有效性引发争议;其二,契约自由脱离契约正义,版权配置方案和规则未能完全反映利益相关方的真实意愿,网络用户在网络用户服务协议中的话语权基本被剥夺;其三,从网络用户自身来看,因对虚拟世界中的权利认识不足等,网络用户显露出的淡薄的权利意识,从某种程度上加剧了版权配置向立约方即网络服务提供者不合理倾斜的现状。质言之,当下互联网社会所自发产生的以网络用户服务协议订立契约关系、约束网络服务提供者及网络用户之间权利、义务关系的现象,虽对互联网活动的推进和有序开展发挥着一定的积极作用,但从总体上看,其较为不合理的权利配置等内容并不利于互联网社会秩序的长期稳定及维持,网络用户服务协议所显露出的缺乏合理性、违背契约正义及扭曲契约自由等问题,[①]需要

---

① See Steven Hetcher, *User-Generated Content and the Future of Copyright: Part One-Investiture of Ownership*, 10 Vand. J. Ent. & Tech. L. 863(2008).

我们重新审视数字经济下在网络社会中建立契约关系的合理路径，使其既能充分彰显格式条款便捷、高效等优势，又能持续促进互联网经济的健康发展，同时还能牢牢把握民法意思自治理念，在民事行为规范的应有之义中平稳行进。因此，我们要重新审视互联网环境下网络服务提供者与网络用户之间的利益关系，积极探索网络服务提供者对用户生成内容权益的实现路径，不仅要彰显私人自治的有效性、代表性理念，[1]同时也要体现契约订立的平等、自愿及诚实要求和原则，既要显示对公共利益的尊重，也要发挥市场调节的优势，还应为公权力监督留出一定空间。[2] 概言之，围绕用户生成内容之上版权利益的配置，为平衡网络服务提供者与网络用户之间的利益关系，实现网络社会的良性运转，本书认为，构建兼顾效率、公正和自由，融理、法、情于一体的反映数字经济需求的新型契约关系是互联网社会发展的应有之义。

第一，以实现作品保护和作品传播二元价值的动态平衡为指导方针。美国学者詹姆斯·S. 科尔曼（James S. Coleman）在《社会理论的基础》一书中就交易主体的实力对交易活动平等性可能存在的影响作出分析。科尔曼在书中提到，如果相关交易主体相互之间在经济等领域存在实力上的差距，那么此交易活动的进行将不会实现利益配置的最佳状态。[3] 换言之，相关主体实施交易活动的目的在于实现各自在对方那里获得可期待的潜在利益，是一种以已有的“闲置”利益寻求对方那里为自己“急需”的“他利益”从而实现“互利”的活动。在科尔曼看来，互利与平等往往是难以兼容的，原因在于交易双方在交易活动中所能获得的利益在一定程度上取决于交易者自己的市场实力。[4] 在市场经济中，利益的不平等分

---

① See *The Principles for User Generated Content Services: A Middle-Ground Approach to Cyber-Governance*, 121 Harv. L. Rev. 1387(2008).

② 参见赵旭东主编：《中华人民共和国电子商务法释义与原理》，中国法制出版社 2018 年版，第 195 页。

③ 参见［美］詹姆斯·S. 科尔曼：《社会理论的基础》，邓方译，社会文献出版社 1999 年版，第 307 页。

④ 参见［美］詹姆斯·S. 科尔曼：《社会理论的基础》，邓方译，社会文献出版社 1999 年版，第 156 ~ 157 页。

配似乎是市场活动的一个固有特征,①市场参与主体在各交易活动中极力争取对自己最为有利的交易机会是市场经济最为核心的表现。无论用于交换的利益是否完全等值,只要其在满足各方需求紧迫度上是一致的,那么我们即可认为此市场交易行为处于动态平等之中。在互联网环境下,网络服务提供者较参加网络活动的用户而言在资源获取等方面享有天然优势,其在满足互联网市场准入门槛之后,在资金实力等的加持下可以自主搭建互联网经营平台吸引网络用户加入。此种关系下,网络服务提供者与网络用户之间以传统的“经营者—消费者”关系呈现,网络用户能否进入由网络服务提供者搭建的网络平台,取决于其对网络用户服务协议所设置的客观进入条件的满足,以及主观上的同意。由此可见,能否顺利享有经营者提供的网络服务,不仅取决于网络用户的主观状态,同时也受到来自平台给出的客观条件的制约。此客观条件,即网络服务提供者向意在进入平台获取特有服务的网络用户发出的要约。申言之,能否进入特定平台享有相关服务,关键在于网络用户是否接受网络服务提供者的要约并作出承诺。至此,网络用户与网络服务提供者间的契约关系建立,共同置于此契约文本的约束之下。但正如学者雅克·德·韦拉所言,处于数字经济时代的互联网社会下,契约双方之间利益的动态平衡应该被强调,这不仅是因为动态平衡正在成为影响虚拟世界契约顺利订立与否的关键要素,更是因为参与网络活动的每一方角色都有可能在另一场活动中发生互换。② 维护契约关系的动态平衡从一定意义上来说即维护网络活动参与主体的期待利益。

在互联网社会中,网络用户与网络服务提供者之间关系密切,共存于数字经济同一条链条之上。就特定用户生成内容来说,内容生成主体与

---

① See Rita Matulionyte, *Empowering Authors Via Fairer Copyright Contract Law*, 42 U. N. S. W. L. J. 681 (2019).

② See Jacques de Werra, *Moving Beyond the Conflict Between Freedom of Contract and Copyright Policies: In Search of a New Global Policy for OnLine Information Licensing Transactions-A Comparative Analysis Between U. S. Law and European Law*, 25 Colum. J. L. & Arts 239 (2002).

网络服务提供者之间表现出一种共生关系，[①]虽然从网络用户服务协议来看，二者分处于利益博弈的两边，但博弈的最优状态即是实现共赢，此共赢结果正是网络内容生成主体与特定网络服务提供者之间契约关系的最佳体现。所谓网络服务提供者与特定用户之间的利益博弈，即版权法一以贯之的二元价值目标在互联网社会用户生成内容领域的再次强调。通过协议商定以自我治理的形式实现对用户生成内容之上版权利益的再分配具有法律规范上的正当性和效率追逐上的合理性，正在成为数字空间分配版权利益的关键方式和手段。在协议自治过程中，应充分体现对各方参与主体的尊重，既不能完全剥夺内容生成主体对其生成内容的版权许可利益，又应避免"一刀切"地否定网络服务提供者在作品传播效率提升中所体现的特有价值。申言之，虚拟空间中网络服务提供者和相关用户都存在需要保护的版权利益，但不能因为网络服务提供者在契约订立中的绝对话语权而无视网络用户本应享有的权益。此举不仅不利于版权法价值目标的实现，同时也可能会影响网络用户参与网络活动的积极性，削弱其参与网络活动的内在动力。以虚拟世界游戏运行为例，良好的契约协议在保持游戏开发商开发和扩大虚拟世界中游戏份额的动机的同时，也会顾及游戏玩家参与游戏发展游戏的关键作用。这样不仅利于游戏开发商和游戏玩家之间利益共存形成建立良好的契约关系，也会使得整个公众享受其中的溢出效应。[②]

在数字经济下，关注用户生成内容的传播效率是互联网开放性和包容性在作品利用方面的体现。正如熊琦教授所言，信息技术的发展进一步推动传播技术的成熟，但传播技术的应用以及对传播效率的珍视，必须以权利人能够从新的传播技术中取得应该收获的利益为前提。[③] 换言

---

① 参见赖名芳：《网络文学平台与作者如何共生共赢——来自著作权领域部分专家学者的声音》，载《中国新闻出版广电报》2020 年 5 月 14 日，第 5 版。

② See Erez Reuveni, *On Virtual Worlds：Copyright and Contract Law at the Dawn of the Virtual Age*, 82 Ind. L. J. 261 (2007).

③ 参见熊琦：《互联网产业驱动下的著作权规则变革》，载《中国法学》2013 年第 6 期。

之,传播效率在数字经济时代虽然占据着举足轻重的地位,但这并不能磨灭许可效率在作品利用中的基础性作用,传播效率的发挥应以许可效率的优先满足为前提。进一步而言,在订立契约实现网络服务提供者在用户生成内容之上的版权利益的同时,应兼顾许可效率和传播效率,既尊重内容生成主体在特定用户生成内容之上的著作专有权,又照顾到网络服务提供者在作品传播及利用过程中所起到的重要作用,以追求作品保护和作品传播二元价值的动态平衡为指导方针,将公共利益和私权保护作为网络环境中版权契约订立的对价,[①]构建互联网社会"以作品保护夯实作品传播,以作品传播激励作品保护"的协议自治模式。申言之,以实现作品保护和作品传播二元价值的动态平衡为指导方针,在虚拟空间实现对相关用户生成内容"保护与传播"的同步同频。只有看到作品保护在作品传播中的基础性地位,才能进一步促进对作品创作的激励。同样,作品传播的纵深发展要求更高水平的作品保护,以对作品的实践应用倒逼作品保护机制和路径在互联网环境中的创新与升级。总体而言,在数字空间中,作品保护是推动作品高质量传播的关键,而作品传播又激励着对作品更高水平的保护,两者相互促进、互为依托,共同构成网络社会契约关系建立的基本理念。

第二,有效发挥公权力在契约订立全过程的监督作用。契约关系的建立是意图产生利益交换的特定主体就利益交换的方式、时间、处置等方面的问题作出协商,最终形成一套为双方共同认可的规则,并以此为约束,具体适用于契约订立双方的有关行为。如前所述,契约的订立和契约关系的形成是相关主体意思自治的表现,是主体自主意志发挥和自由选择的结果。也正是在契约自由精神的影响下,契约文本才能充分体现出订立主体的内心所想,相较于法律规范呈现一定的自主性和灵活性。虚拟社会相关法律规范的缺失,加之新兴领域对参与主体自主探索和研习的需要,促成了契约自治在网络空间中的"大施拳脚",为互联网社会的

① 参见杨红军:《版权许可制度论》,知识产权出版社 2013 年版,第 283 页。

持续发展提供了“规则”基础。但契约自治在互联网环境的过度援用,一定程度上引发数字经济下契约自由精神扭曲的不良局面。数字经济造就的新兴领域因法律规范的缺失,给参与主体尤其是主导方施与了较大空间的自主权,如何经营和运行新兴领域,往往由先进入的主导主体自发决定。以网络用户服务协议的订立为例,随着网络用户在虚拟空间自发进行创作活动的风靡,网络服务提供者敏锐地嗅到其中蕴含的商业价值,与网络用户身单力薄、不成气候的网络影响力相对比,称网络服务提供者为互联网活动开展的主力军并不为过。网络服务提供者通过拟定网络用户服务协议,将意图进入其平台享受服务的网络用户纳入由其意定的协议约束之中。但经由上文对目前用户生成内容领域较具影响力的网络用户服务协议中用户生成内容版权权益分配规则设置的考察,我们发现网络服务提供者多借助其在网络活动中的主导地位,利用在由其创设场所(特定网络平台)中的绝对话语权,较为任意地侵蚀内容生成主体即网络用户对生成内容的特定版权利益。

随着社会经济的发展,契约自由已非契约形成之初的“完全自由”,而应是契约正义束缚下的有限自由。正如王利明教授所言,“在现代社会,合同正义是对合同自由原则的必要限制,能够保障缔约当事人在平等自愿的基础上缔约和履约,并保障合同的内容体现公平、诚实信用的要求”。[①] 就契约正义而言,其呈现为分配正义和矫正正义。分配正义体现在契约订立时,对契约规则的商议及约定有无违背平等自由等原则精神。矫正正义则发挥事后调整作用,即在契约关系产生之后终止之前,发现契约规则存在不尽合理、合法的内容时,通过相关主体的及时干预,最终化解契约中不合时宜的内容。在规制诸如互联网社会中网络用户服务协议等此类格式条款的方式中,最值得留意的就是私法的控制机能。[②] 申言之,因为利益在市场经济下很少可以实现平等分配,所以在一定程度上需

① 王利明:《合同法研究》(第1卷)(第3版),中国人民大学出版社2015年版,第103~109页。

② 参见王泽鉴:《民法学说与判例研究》(第7卷),北京大学出版社2009年版,第37页。

要对合同自由进行某种程度的监管和限制，以规范参与版权产业非作者主体的权利积累。① 此外，有学者主张有限的合同自由，意在克服某些主体试图“利用合同扩大其版权利益从而与版权法惯有目标相冲突的危险”。② 在虚拟空间中契约的订立或许更应该与约翰·罗尔斯（John Rawls）所主张的契约关系相吻合，即以正义和公平原则指导契约关系的建立。③ 本书认为，互联网领域契约正义的体现除需要立约相关主体自觉遵循之外，更应借助公权力力量，有效发挥公权力在契约订立全过程的监督管理作用。网络空间中的一般法律背景和制度框架由公权力给出，具体细则和内容实施则由参与网络活动的社会主体协商拟定，即在法律框架中浸入自治渠道。④ 进一步来分析，如果公权力在社会秩序中所扮演的角色是制定一般的法律原则，以方便私人自治领域具体讨论如何遵守和履行法律要求的细则，那么在虚拟空间利用公权力建立明确、普遍和反映公平原则的法律的重要性至少和在物理世界中一样重要。⑤ 此外，公权力对网络社会协议自治的管理体现在对协议文本的事前审查、事后矫正等全过程。事前审查主要通过介入特定行业和特定领域，强令经营者报送其协议文本予相关单位审核，对于其中不合理不合法之处责令查改；事后矫正则由专门政府组织对正在适用的协议文本进行审查，就其中不公平条款发布禁止使用、限期整改的指令。⑥ 总体而言，在互联网环境下协议自治中，公权力施展和发挥区别于传统领域公权力自上而下单方

---

① See Rita Matulionyte, *Empowering Authors Via Fairer Copyright Contract Law*, 42 U. N. S. W. L. J. 681 (2019).

② Niva Elkin-Koren, *Copyright Policy and the Limits of Freedom of Contract*, 12 Berkeley Tech. L. J. 93 (1997).

③ 参见[美]约翰·罗尔斯：《正义论》，何怀宏、何包钢、廖申白译，中国社会科学出版社 2009 年版。

④ See *The Principles for User Generated Content Services: A Middle-Ground Approach to Cyber-Governance*, 121 Harv. L. Rev. 1387(2008).

⑤ See *The Principles for User Generated Content Services: A Middle-Ground Approach to Cyber-Governance*, 121 Harv. L. Rev. 1387(2008).

⑥ 参见苏号朋：《格式合同条款研究》，中国人民大学出版社 2004 年版，第 305 页。

面的控制与命令，而更多体现为“从管理到治理的转变”，[①]在体现出对互联网活动自主性、开放性及包容性尊重的同时，将公权力干预作为最后一道防线，能有效保护相关主体在虚拟空间的参与利益。需要强调的是，鉴于数字经济较传统领域的新颖性特点，公权力在有效发挥其对契约订立全过程监督作用时，应以以下要素为审查要点：其一，契约内容对作品传播、利用等是否发挥积极影响；其二，契约规则的设立是否能够促进版权享有者之间权利义务的平衡分配；其三，契约订立是否彰显促进社会进步、满足公共利益的精神。[②]

第三，鼓励社会力量参与监督用户生成内容权益分配协议文本订立过程。网络用户在以建立契约关系为主要目的的网络用户服务协议订立过程中话语权微弱的原因在于：一方面，网络用户与网络服务提供者之间实力悬殊，网络用户较难实际享有参与协议订立的机会；另一方面，网络用户在互联网社会“人微言轻”局面的产生在一定程度上受制于网络用户对权利获取及行使的淡漠态度，顺其自然、任其发展、随遇而安的消极态度，使得本可以通过用户积极维权而争取的正当权益也随之消散。换言之，网络用户对权利维护的消极态度在一定程度上进一步放任了网络服务提供者过度利用主导话语权优势不合理获取用户权益的行为。“数字经济的基础是作者的独创性作品，作者应当参与作品的开发利用，有权决定开发的范围和形式，并在其作品的经济价值每次被利用时，获得公平的报酬。”[③]从版权及私法法理来看，特定网络用户对其生成内容之上版权利益享有正当且合法合理的支配地位，网络用户服务协议并不能基于相关网络服务提供者的主导地位而肆意侵蚀网络用户的相关权益。因

---

① 陈兵：《竞争法治下平台数据共享的法理与实践——以开放平台协议及运行为考察对象》，载《江海学刊》2020 年第 1 期。

② 参见陈昌柏：《知识产权战略：知识产权资源在经济增长中的优化配置》(第 2 版)，科学出版社 2009 年版，第 86 ~ 87 页。

③ 崔立红、梁婉颖：《数字时代版权合同中未知使用方式问题研究：不完全契约理论的视角》，载《山东大学学报(哲学社会科学版)》2021 年第 1 期。

此，在发挥协议自治在互联网社会的积极效用的同时，应充分关注网络用户参与协议订立的正当地位，为网络用户留出一定的话语权空间，在尊重其参与协议订立权益的同时，也应积极鼓励和呼吁网络用户行使订约方主体资格的权利，吸纳其对契约订立的合理建议和要求，实现虚拟世界网络服务提供者与参与用户在利益交换活动中的共赢。

网络用户对协议订立的热情和参与程度在一定范围内可以影响契约内容在相关权益分配设置上的正义及公平，较好地将契约正义容纳进契约自由之中，实现正义与自由的互为融合。此外，健康高效的网络契约关系建构同样也离不开社会力量的监督和推进。例如，2003 年 3 月由中国消费者协会针对不平等格式条款发起的"营造放心消费环境"主题活动，以"格式条款系列点评"为活动主旨，意在发挥社会团体对因市场活动订立契约的内容的监督作用，以有效维护消费者在市场交易中的正当权益。[①] 虽然中国消费者协会作为社会团体所扮演的社会监督者角色无权直接干预经营者对不公平格式条款的使用，但其在一定程度上对提高消费者（网络用户）对不公平协议内容的辨识能力和权益维护能力发挥着积极作用。"数字经济发展本质上就是多元主体在多元平台上经由多元路径实现的多元价值追求的扁平化和去中心化的生产消费过程"，[②]应当鼓励社会力量参与用户生成内容权益分配协议文本订立过程的监督活动，建立综合全面的社会监督体系，强化消费者协会等社会团体的监督能力，同时促使经营者及行业协会在网络用户服务协议拟订中及时自查凸显自律精神。简言之，只有参与社会治理的多元主体在共同合意的意愿下就具体事项开展治理活动，才能从根本上解决数字经济新领域出现的各种新问题新情况。[③]

---

① 参见《2003 年主题 营造放心消费环境》，载中国消费者协会网 2014 年 12 月 8 日，https://www.cca.org.cn/xxgz/detail/16941_3.html。

② 陈兵：《竞争法治下平台数据共享的法理与实践——以开放平台协议及运行为考察对象》，载《江海学刊》2020 年第 1 期。

③ 参见张康之：《论主体多元化条件下的社会治理》，载《中国人民大学学报》2014 年第 2 期。

总而言之，以协议自治形式赋予网络服务提供者之于用户生成内容版权财产权的可期待价值，是版权二次分配在虚拟世界的再次应用。但如何实现用户生成内容之上版权利益在网络服务提供者和用户之间高效、便捷的转移和利用，是相关契约协议所应关注和重点思考的问题。本书认为，网络服务提供者与用户间契约关系的建立一方面应反映私法精神，在现有法律界限内以正式的规则文本为指导，虚心接受来自公权力及社会力量的审查监督，彰显契约正义；另一方面应主动吸纳网络用户的可行性建议和意见，避免不公正不合理格式条款对版权行使产生不良影响，最终在互联网社会形成兼顾效率、公正和自由，融理、法、情于一体，反映数字经济需求的新型契约关系。

CHAPTER 04

第四章

利益调和:第三方版权人对用户生成内容过度制约的缓解

尼尔·S.泰勒(Neil S. Tyler)在分析互联网领域的音乐盗版问题时提到,流媒体的出现和广泛应用在节省和提高用户享受音乐的成本及便利度等方面发挥着显著优势。[①] 在尼尔·S.泰勒看来,所谓流媒体,是数字技术在虚拟空间应用的一种特别形式,其区别于在下载歌曲后设备对特定歌曲副本的永久保存,而是以缓冲形式满足本次歌曲播放需求,待歌曲播放结束缓冲记录即被清空,播放设备并不会存储相应歌曲副本。[②] 流媒体的推广使用使网络用户在一定程度上免于"先下载后使用"的负累,解放了网络内容对设备存储空间的限制,不仅能够促进相关内容在网络上的进一步传播,丰富社会文化累积量,而且在降低网络

① See Neil S. Tyler, *Music Piracy and Diminishing Revenues: How Compulsory Licensing for Interactive Webcasters Can Lead the Recording Industry Back to Prominence*, 161 U. Pa. L. Rev. 2101(2013).

② See Neil S. Tyler, *Music Piracy and Diminishing Revenues: How Compulsory Licensing for Interactive Webcasters Can Lead the Recording Industry Back to Prominence*, 161 U. Pa. L. Rev. 2101(2013).

用户获取网络内容成本方面也起着重要作用。进一步而言,随着社会经济发展、信息技术水平不断提升,社会公众搜索和利用作品的方式及途径正在发生翻天覆地的变化。流媒体的出现在一定程度上预示着数字媒体时代的到来,在数字技术的加持下,社会公众访问、创建和复制信息内容的能力得到持续提升,[①]从市场获得他人作品的边际成本不断降低。[②] 申言之,新的交流及表达方式在新技术的见证下推陈出新,社会公众正在通过不同的途径展现自己。正如迈克尔·里德对“自拍文化”的理解,他认为自拍是一种数字语言行为,就目前而言,或许只有在数字领域,才能实现以非语言的形式(自拍)实时将自拍者的情感淋漓尽致地烘托及传达出来。[③] 随着数字技术在社会公众生活中的深度应用和推广,于物理世界规则体系下形成的稳定的作品利用关系在数字环境中面临被瓦解的险境,版权规则的基础似乎已经开始动摇。[④] 就作品利用而言,人们普遍认为物理世界中作品版权人和社会公众分处于主动授权和被动消费的两端,相互牵制又互不侵犯,共同形成并维持物理世界健康有序的作品利用格局。然而,随着数字技术“飞入寻常百姓家”,社会公众复制作品利用作品的方式开始变得容易,甚至可以轻松绕过版权人的制约,不费吹灰之力便“自由翱翔”于浩瀚的作品海洋之中。学者汤姆·W.贝尔(Tom W. Bell)认为与数字技术普及相伴而来的是网络消费者把作品归为公共财产,肆意使用而无须付费。[⑤] 出现这种现象的原因或在于消费者认知偏差,版权意识淡薄,或在于消费者对数字环境下可免费利用作品的过于自信。

---

① See Samantha Von Hoene, *Fair Use in the Classroom: A Conundrum for Digital User-Generated Content in the "Remix" Culture*, 7 Hastings Sci. & Tech. L. J. 97(2015).

② See Tom W. Bell, *The Specter of Copyism v. Blockheaded Authors: How User-Generated Content Affects Copyright Policy*, 10 Vand. J. Ent. & Tech. L. 841(2008).

③ See Michael Reed, *Who Owns Ellen's Oscar Selfie? Deciphering Rights of Attribution Concerning User-Generated Content on Social Media*, 14 J. Marshall Rev. Intell. Prop. L. 564(2015).

④ See Tom W. Bell, *The Specter of Copyism v. Blockheaded Authors: How User-Generated Content Affects Copyright Policy*, 10 Vand. J. Ent. & Tech. L. 841(2008).

⑤ See Tom W. Bell, *The Specter of Copyism v. Blockheaded Authors: How User-Generated Content Affects Copyright Policy*, 10 Vand. J. Ent. & Tech. L. 841(2008).

开放包容的互联网精神在造就时代神话的同时,也为社会公众打开一扇自由创作的大门。一台具备上网功能的智能设备即可满足社会公众随时随地抒发情感参与网络信息内容创作及传播的要求,用户生成内容开始风靡。申言之,互联网技术的普及一方面为社会公众提供了参与文化创作活动的平台,降低以往物理世界进入文化领域的门槛,使更多的人能够轻易涉足文化领域,体验文化创作;另一方面,网络环境的日益扩张和用户规模的日渐扩大,在一定程度上引得侵权行为滋生且不易被控制,侵权成本低廉,互联网甚至成为侵权方的辅助工具。① 正如学者汤姆·W. 贝尔所言,创作一部作品通常需要花费作者很多精力,无论是物质上还是精神上,而利用数字技术复制一部作品往往并不会消耗复制者太多精力。② 从一个角度来讲,用户生成内容在互联网的盛行,是社会公众参与文化创作、彰显社会动能的有力体现,其无论在丰富社会文化储备提升社会文化基底的公共层面,还是在充分表达个人魅力有效抒发个人情感的私人层面,都起着重要作用。从另一角度来讲,网络用户生成的信息内容,虽部分具有原创性,但不排除用户衍生内容、用户复制内容的存在。而用户衍生内容及用户复制内容的产生过程不可避免地涉及对第三方版权人版权作品的利用。沃伦·B. 奇克认为用户生成内容与第三方版权人之间的矛盾与争议主要在用户衍生内容和用户复制内容中发生。如果仅仅是对已有作品的(过度)复制而未加入内容生成者的创造性内容,则很难落入法定的版权侵权豁免范畴。③ 正如学者所提到的,在互联网环境中,对现有作品的衍生性使用是信息时代版权争议的重要主题,"当新技术发展时,出现的新的或者意想不到的复制享有版权的作品的方式往

① See David E. Ashley, *The Public as Creator and Infringer: Copyright Law Applied to the Creators of User-Generated Video Content*, 20 Fordham Intell Prop. Media & Ent. L. J. 563(2010).

② See Tom W. Bell, *The Specter of Copyism v. Blockheaded Authors: How User-Generated Content Affects Copyright Policy*, 10 Vand. J. Ent. & Tech. L. 841(2008).

③ See Warren B. Chik, *Paying It Forward: The Case for a Specific Statutory Limitation on Exclusive Rights for User-Generated Content under Copyright Law*, 11 J. Marshall Rev. Intell. Prop. L. 240(2012).

往对版权法提出利益平衡的新挑战"。[①] 在用户生成内容风靡的背景下,构建起数字版权生态系统,需要我们充分考量第三方版权人与内容生成主体之间的利益关系,以利益平衡理念为指引,既有效保护第三方版权人的版权利益,又兼顾社会公众接触文化内容参与创作的要求。如爱德华·W. 普洛玛(Edward W. Ploma)和 L. 克拉克·汉密尔顿(L. Clark Hamilton)所提到的,版权法所意实现的规则价值涵盖社会、政治、经济、教育和艺术等各个方面,它不能仅仅专注于作者的权利保护,也应顾及广泛的使用者的利益。[②] 概言之,我们应以"权利保障的激励机制为基础,以利益平衡的调节机制为手段",[③]最终在数字空间中实现版权法所一以贯之的二元价值目标。

第一节　问题的提出及现有方案的不足

用户生成内容中用户衍生内容涉及第三方版权人的切身利益,要想实现用户生成内容的长足、健康发展,首先要面对的就是处理好第三方版权人的版权利益,平衡第三方版权人与内容生成主体之间的权利关系。值得一提的是,网络用户对处于公共领域或不享有版权的信息内容再利用,其二次创作或衍生出新的内容的行为因不涉及版权争议,自然不会牵扯到第三方版权人的版权利益,故本章仅讨论利用尚享有版权的作品进行二次创作所引发的版权利益分配问题。用户衍生内容即网络用户在他人已有作品的基础上进行剪辑、修改、添加等所形成的不同于之前作品且在网络上公开可用的智力成果,多以重混形式呈现。以衍生方式的不同

---

① David E. Ashley, *The Public as Creator and Infringer: Copyright Law Applied to the Creators of User-Generated Video Content*, 20 Fordham Intell. Prop. Media & Ent. L. J. 563(2010).

② See Edward W. Ploma, L. *Clark Hamilton, Copyright: Intellectual Property in the Information Age*, Routledge and Kegan Paul Ltd. 1980。转引自吴汉东:《知识产权法》,法律出版社 2021 年版,第 234 页。

③ 吴汉东:《知识产权法》,法律出版社 2021 年版,第 233 页。

对用户衍生内容进一步分类,可分为横向用户衍生内容和纵向用户衍生内容。横向用户衍生内容即网络用户将从属于不同作品内容的片段或不构成作品的信息以拼接、组合等形式衔接在一起,并赋予其不同于原作品内容或信息的新的传达理念,以"重混作品"和"汇编作品"为典型。在本书看来,"重混作品"与"汇编作品"虽然同属于横向用户衍生作品,但二者之间存在差异,不能一概而论。所谓重混作品,即在组合、拼接不同作品片段的基础上注入重混者的思想情感,以独特的艺术结构将其思想内容外化为表达,且此表达并不与原作品的潜在市场相冲突,而是以不一样的内容表达呈现出与原作品关联度较低的效果。例如,美国音乐歌手但杰·莫斯(Danger Mouse)在重混说唱歌手杰伊 – Z(Jay-Z)的《黑色专辑》和披头士乐队《白色专辑》基础上创作的衍生作品《灰色专辑》和我国自由职业者胡戈通过重混法制类节目片段、《无极》电影片段等对电影《无极》情节进行另类解读所制作的网络视频短片《一个馒头引发的血案》都是重混作品。所谓汇编作品,"是指汇集若干作品、作品的片段或者不构成作品的数据或者其他材料,对其内容的选择或者编排体现独创性的作品,包括报纸、期刊、百科全书、文选、数据库等"。[①] 从汇编作品的定义中不难看出,汇编作品之所以能够成为版权法的客体,受版权法保护,关键是其在编排体例上具备独创性,而非传统作品在内容表达上的独创性。申言之,汇编作品和重混作品虽然从产生方式来看,均是对已有作品的利用,但重混作品倾向于在内容表达上的创新,而汇编作品则侧重于编排方式上的创新,前者在于内容,后者在于形式,故虽同属于横向用户衍生内容的类别,但二者之间存在一定差异。纵向用户衍生内容即网络用户以在先作品为蓝本,在已有作品的情节之上加以改编和延伸,传达出不同于原作品的新的表达内容。例如,美国艺术家杰夫·昆斯(Jeff Koons)在摄影师布兰奇(Blanch)拍摄的一位女性腿部作品基础上,添画上三位女性的腿部,并增加巧克力、冰淇淋等甜品元素,同时以尼亚加拉

① 吴汉东:《知识产权法》,法律出版社 2021 年版,第 18 页。

瀑布作为画作的背景，并以《尼亚加拉》命名，该作品即典型的纵向用户衍生作品。我国《著作权法》条文中对“改编权”“翻译权”等的设置，亦是对已有作品纵向衍生行为的反映。值得注意的是，重混作品和改编作品之间也存在一定差异。一方面，重混作品是对在先作品的横向衍生，其中多包含不止一部已有作品。而改编作品多是基于一部在先作品实施的衍生行为，从属于纵向衍生内容。另一方面，重混作品对在先作品的利用多超出原有作者的预期，较少甚至不会落入在先作品的相关市场或者说并不会干扰在先作品的潜在市场。[①] 而改编作品多是在相关市场领域对在先作品的再利用，这也是版权法普遍设置改编权以保护作者利益的原因之一。总而言之，用户衍生内容在开拓网络社会文化存储量、丰富网络用户文化生活等方面扮演着重要角色，越来越成为网络活动中不可或缺的重要一环。但因其涉及对在先作品的利用，不得不引发社会尤其是第三方版权人对用户衍生内容侵犯版权的担忧。《2021 年中国短视频版权保护白皮书》调查数据显示，2019 年 1 月至 2021 年 5 月，“12426 版权监测中心”对 10 万原创短视频作者的作品进行监测，累计删除原创短视频盗版 416.31 万条，其中 92.2% 的独家作者和 63.7% 的非独家原创作者被侵权。[②] 可见，虽然用户衍生内容包含巨大的社会价值，能够释放大量的信息信号，但如何在保证用户衍生内容价值释放的同时合理保障第三方版权人的版权利益，是数字信息时代所必须面对并妥善应对的重要课题。

无论是市场失灵理论还是利益平衡价值追求，版权法对版权人的保护均通过授予其对特定作品的专有权以实现版权人对其作品的有效控制。“版权的专有权属性意味着权利人可以凭借自己的意志控制作品的使用，并可以通过向法院申请颁发禁令的方式阻止他人使用，虽然这可以为作品创作提供制度激励，但作品被滥用的风险始终存在，最终成为高高

---

① 参见华劼：《共享经济视域下重混创作版权法律制度的构建》，载《南京社会科学》2018 年第 9 期。

② 参见《2021 年中国短视频版权保护白皮书》，载微信公众号“12426 版权监测中心”2021 年 5 月 18 日，https://mp.weixin.qq.com/s/OaQ8E4QkUB9ALa3rrOfvLQ。

悬在后续创作者头顶上的'达摩克利斯之剑'"。[①] 为避免作品在网络空间被不合理利用而出现侵犯版权人专有权的不利局面,版权人或许会选择不将作品公之于众等极端方式保护其作品。但就未公开作品而言,其往往意味着作者实际上丧失或者放弃对作品之上版权的行使机会。[②] 原因在于,作品价值的开发和释放往往与作品传播利用相伴而行,只有作品存在被他人利用的潜在愿景和可能,作品的价值才会真正彰显,作者的专有权才可能以经济形式回馈到作者手中。用户衍生内容虽是以对在先作品的利用为基础,但数字技术的发展与普及往往使作者无法及时在浩瀚的网络世界中准确抓取对其作品不合理利用的场景,无论是维权成本还是维权难度对单个作者来说均属实较高。为有效应对用户衍生内容对版权作品不加约束广泛利用的情形,第三方版权人正在尝试以各种有效途径实现与网络用户之间的"和谐共生"。威廉·费舍尔(William Fisher)将第三方版权人与衍生用户之间的关系概括为五类:其一,第三方版权人明示接受网络用户对其内容的衍生行为而不加指责,甚至放弃维权。例如,许多音乐家根据知识共享规则向网络用户提供他们的音乐,允许网络用户以此衍生创作。其二,第三方版权人默示接受网络用户对其作品的修改。进一步而言,即版权人清楚地知道其作品正在被他人未经许可利用,但版权人并未采取措施阻止此类行为。其三,第三方版权人选择性地对未经许可利用其作品的行为予以维权。换言之,第三方版权人会容忍一些对其作品的利用行为,但如果对作品的利用以不合理甚至不合法形式显现时,第三方版权人将制止用户对其作品的利用行为。比如《哈利·波特》系列小说的作者J. K. 罗琳容忍对《哈利·波特》以多种形式出现的同人小说,但当同人小说中出现明显的不适合青少年群体阅读的色情或露骨情节时,J. K. 罗琳会阻止相关主体对其作品的相关利用行为。同样,乐高集团也采取类似的版权立场。其四,第三方版权人主动开发衍生

① 杨红军:《版权禁令救济无限制适用的反思与调适》,载《法商研究》2016 年第 3 期。

② 参见刘家瑞:《论知识产权与占有制度》,载《法学》2003 年第 10 期。

市场,充分挖掘对其作品利用所产生的衍生作品的市场价值,以实现衍生作品的货币化。其五,第三方版权人拒绝任何未经授权对其作品利用的行为,以促使衍生者向其支付许可使用费用。[①] 有学者提到,伴随数字技术所呈现的高深发展趋势,越来越多的网络用户参与到对既有作品的衍生行为中来,同时越来越多的第三方版权人为维护自己在作品之上的专有权利开始抵制或者试图控制此类行为。[②] 如此一来,第三方版权人与内容衍生用户之间产生了激烈的矛盾且争议不断。一方面,若基于对信息时代新现象的包容,同时以社会文化繁荣为意旨,对用户衍生内容施与宽容的规制态度,则不免影响第三方版权人的切身利益,使第三方版权人的合法权益无法得到有效保障;另一方面,如果过度强调第三方版权人基于版权法所享有的专有权,而忽视用户衍生内容在数字媒体时代所释放的特有价值,这不仅会阻碍版权作品内在价值在网络社会的有效发挥,而且可能使得社会公众在"风险厌恶心理"的支配下降低参与文化创作的热情,从而打击社会公众的积极性,最终不利于社会文化的丰富繁荣。因此,如何在有效保障第三方版权人合法权益的前提下实现既有作品内在价值的有效发挥,为用户衍生内容开拓和留出一定的创作机会是本章希冀解决的问题。

"哪里有独创性表达,哪里才有保护;哪里有独创性表达,哪里就有保护。"[③]值得注意的是,本章展开讨论的前提是用户衍生内容本身构成作品,且能够成为版权法所要保护的客体,享有版权。只有基于此,第三方版权人与内容衍生用户之间就衍生作品之上的版权利益才存在配置的可能性。换言之,就那些因缺乏独创性而不足以成为版权法意义上作品的

---

① See William W. Fisher Ⅲ, *The Implications for Law of User Innovation*, 94 Minn. L. Rev. 1417 (2010).

② See William W. Fisher Ⅲ, *The Implications for Law of User Innovation*, 94 Minn. L. Rev. 1417 (2010).

③ 韦之:《著作权法原理》,北京大学出版社 1998 年版,第 20 页。转引自张书青:《非法演绎作品后续利用行为的侵权定性》,载《电子知识产权》2018 年第 3 期。

用户衍生内容而言,因其对原作品未经许可的使用本身即可看作复制行为,甚至可能构成对原作品的抄袭,我们倾向称之为用户复制行为,而不在用户衍生内容之列予以讨论。正如梅琳达·J. 施林索格(Melinda J. Schlinsog)所说,目前围绕用户生成内容最大的争议是其中的衍生内容类别。其整体表现为用户在创作作品过程中使用了受版权保护的作品内容,但又额外添加了原创表达。① 在莲花发展公司诉博兰德国际侵权案件中,审理法院同样认为衍生作品的要素之一就是其从在先作品中获取部分受保护内容。② 进一步而言,包括版权法在内的知识产权专门制度所保护的仅是容易被识别的知识产品。"例如,作品必须是非抽象性的独创性表达,且借助可为人们感知的有形载体形式而存在。"③此外,知识产品的内容应当是具体和新颖的,且附带有关于该知识产品专有的告示,具体性和新颖性是行为人对已有思想架构赋予的具体的血肉,而非对现有事物的简单改造。④ 总而言之,第三方版权人与用户生成内容之间的争议主要集中于未经授权的用户衍生内容。⑤

前文我们将用户衍生内容进一步分为横向用户衍生内容和纵向用户衍生内容,其中包含数字环境中较为常见的重混行为所产生的重混内容、汇编作品及演绎作品等类别。面对互联网社会中不同形式的用户衍生内容,在未经许可的前提下擅自使用尚在版权保护期作品的行为,不可避免会引发如何分配内容衍生用户与第三方版权人之间版权利益的讨论,同时也会在司法实务界泛起涟漪。从司法实践中总结经验和丰富理论,再以理论为向导指引今后用户对在先作品的利用行为是本部分论述的要

---

① See Melinda J. Schlinsog, *Endermen, Creepers, and Copyright: The Bogeymen of User-Generated Content in Minecraft*, 16 Tul. J. Tech. & Intell. Prop. 185(2013).

② See Lotus Dev. Corp. v. Borland Int'l, Inc., 49 F. 3d 807 (1st Cir. 1995), affd 516 U. S. 233 (1996).

③ 张书青:《非法演绎作品后续利用行为的侵权定性》,载《电子知识产权》2018 年第 3 期。

④ See Rudolf Callmann, *Unfair Competition in Ideas and Titles*, 42 Calif. L. Rev. 77 (1954).

⑤ See Warren B. Chik, *Paying It Forward: The Case for a Specific Statutory Limitation on Exclusive Rights for User-Generated Content under Copyright Law*, 11 J. Marshall Rev. Intell. Prop. L. 240(2012).

义。下文将围绕合理使用规则在用户衍生内容的适用空间及演绎作品、汇编作品和重混作品等在实践中引发的版权归属争议等问题，深入探寻第三方版权人与内容衍生用户之间的利益关系，为建立反映利益平衡的数字版权生态系统寻求有利路径。

一、合理使用的判定

网络用户在既有作品基础之上进行再创作的行为能否落入合理使用范畴而免于承担因对作品未经许可使用而产生的侵权责任？在国内外司法实践中，对在先作品不同的利用场景有着不同的裁判结果，内容衍生用户对既有作品的何种利用方式可以避免第三方版权人的侵权主张？又是哪种利用行为会触发侵权责任的承担？通过以下几个案例，我们或许可以从中总结出有用经验。

（一）伦茨诉环球唱片公司案[①]

1. 案件事实

2007 年 2 月，原告斯蒂芬妮·伦茨以"Edenza"为网名在油管上发布了一段自己拍摄的时长约 29 秒的短视频。视频内容为伦茨蹒跚学步的儿子跟随歌曲"Let's Go Crazy"迈动舞步的场景，其中歌曲"Let's Go Crazy"在视频中的持续播放时长约为 20 秒。2007 年 6 月，环球唱片公司根据《美国千禧年数字版权法案》的"通知—删除"规则，向油管发出删除伦茨所发布的上述视频的通知，原因在于环球唱片公司认为此视频侵犯了其对歌曲"Let's Go Crazy"的版权。油管在收到环球唱片公司的删除通知后即将其平台伦茨发布的上述视频删除，并以电子邮件形式告知伦茨，警示伦茨若多次侵权其将面临被平台强制关闭账号的风险。伦茨在收到删除通知后根据《美国千禧年数字版权法案》的"反通知"规则向油管平台申诉，主张其并未侵犯环球唱片公司对歌曲"Let's Go Crazy"的版权，要求油管平台恢复其在平台发布的被删除的上述视频。随后，油管平

① See Lenz v. Universal 572 F. Supp. 2d 1150 (N. D. Cal. 2008).

台将上述视频恢复。2007 年 7 月，伦茨向美国加州北部地区法院提起诉讼，要求环球唱片公司为其滥用“通知—删除”规则的行为承担责任，同时就其对伦茨侵犯版权的不实控告及干扰伦茨与油管平台之间因网络用户服务协议所形成的权利义务关系作出赔偿。

2. 案件争议

伦茨诉环球唱片公司案中最核心的一环即伦茨在上述时长 29 秒的自拍短视频中对歌曲“Let’s Go Crazy”的使用是否构成合理使用，以及合理使用在版权实践中是侵权人被诉侵权后的抗辩还是使用人使用作品时即享有的权益？围绕这一问题，本案被告环球唱片公司认为：根据《美国千禧年数字版权法案》的避风港条款，版权人在发现相关平台存在侵犯其版权的信息内容时不必考虑这些内容是否对其作品存在合理使用的情形；不能要求版权人在根据“通知—删除”规则向平台发出删除通知前自行评估被请求删除内容的合理使用问题。原因在于，合理使用仅是对侵犯版权行为的后期谅解，而非法律或版权人授予相关使用人的前期使用权。随后，环球唱片公司指出，《美国千禧年数字版权法案》的避风港条款甚至没有提及合理使用问题，更不用说会要求版权人自行审视他人对其作品的使用是否能够落入合理使用范畴。其认为即使根据《美国千禧年数字版权法案》版权人有义务对存在侵权可能的信息内容就合理使用问题进行评估，但此义务也只有在版权人收到反通知后才会被触发。申言之，在环球唱片公司看来，合理使用仅是使用人对侵权行为的一种抗辩。因此，在被控对版权人作品存在侵权可能的侵权人提出合理使用作为其辩护之前，版权人无须主动评估利用其作品的行为是否属于合理使用。

虽然原告伦茨与被告环球唱片公司均不否认上述争议视频对“Let’s Go Crazy”这一享有版权歌曲使用的事实，但原告伦茨并不赞同环球唱片公司将合理使用归为侵权抗辩的主张。相反，伦茨认为合理使用是版权法授予相关使用人对尚在版权保护期内的作品免费使用的权益，而不必考虑版权人的意愿。原因之一即在于美国版权法并未将未经授权但构成对版权人作品合理使用的行为划入侵犯版权之列。具言之，使用人在未取得相关版权人授权的情况下对版权人作品内容的使用若构成合理使用,根据美国版权法,此使用人不必因此承担侵权风险。由此看来,伦茨对合理使用性质的主张恰与环球唱片公司相对立,即在伦茨看来,合理使用虽然在过往司法实践中常以防御、抗辩的角色出现,但此并非合理使用在法律上的原始使命,反而会引发一定的误导。事实上,合理使用与利用版权作品的行为相伴而生,即在使用作品之时合理使用就应被作出辨别,而非在提出侵权诉求之后仅作为对侵权抗辩的存在。

在听完原告伦茨和被告环球唱片公司的辩论后,法院最终并未支持被告环球唱片公司对合理使用的主张,并强调为了对未经授权即使用受版权保护作品行为的善意与恶意区分,根据《美国千禧年数字版权法案》向网络平台提交删除通知的版权人必须对使用人使用作品的行为作出合理使用的评估。法院对此给出的理由是:网络平台作为中立的第三方,其往往善意地接受版权人对相关使用人未经授权使用作品行为的投诉。在保护版权人版权利益的同时,为了充分尊重使用人在平台上的相关权益,版权人应当对其删除通知行为作出一定"承诺",即在向平台发出删除通知之前,理应对相关使用其作品的行为作出真正的、良好的、诚信的评估。换言之,本案中法院明确将《美国千禧年数字版权法案》评估使用作品的行为能否落入合理使用范畴的义务置于了有权向平台发出删除通知的版权人身上。就对作品的使用是否构成合理使用而言,法院认为:一部新的作品或者相关信息内容中若涉及对在先作品全部或部分的使用,那么其要么构成合理使用,要么不构成合理使用。无论合理使用的主张在何时被提出来,均不会影响在后作品构成合理使用与否的既定事实,即"合理使用是作品的固有品质,它要不在作品创作时既已存在,要不就自始不存在"。[①] 这在一定程度上反映出在传统涉及合理使用判断的案件中,对合理使用性质的界定并不会对整个案件产生颠覆性影响,也就解释了为何

① David E. Ashley, *The Public as Creator and Infringer: Copyright Law Applied to the Creators of User-Generated Video Content*, 20 Fordham Intell. Prop. Media & Ent. L. J. 563(2010).

在过往相关案件中未就此问题予以明确的现象。然而,在适用《美国千禧年数字版权法案》的“通知—删除”规则时,对合理使用的评估是重要的。因为“通知—删除”规则赋予版权人在网络空间中较大的维权空间,使其基本处于没有任何司法审查监管的自主维权环境之中,并授予其将用户内容从平台删除的“绝对权利”。而相关网络用户在收到删除通知后若进行反通知等申诉行为,则需要付出实际的成本支出。故为了平衡网络用户与第三方版权人在网络平台中的权利义务关系,要求版权人利用“通知—删除”规则请求平台删除网络用户特定内容时,应首先评估此特定内容是否存在合理使用的情节。

3. 案件启示

2008 年 8 月,美国加州北部地区法院对此案作出裁定,明确了版权人在不确定未经授权使用其作品的行为是否构成合理使用时,不得对相关平台作出删除此内容的通知。法院认为,为了有效约束网络环境中版权人对“通知—删除”规则的利用,应当要求版权人以诚信理念进行自我约束。换言之,版权人根据“通知—删除”规则向网络服务提供者发出删除特定内容通知的行为应是基于公平诚信原则,在合理考察及评估网络用户使用其作品行为无法落入合理使用范畴并确实存在侵权可能的前提下,善意作出的而非不假思索或是恶意的通知。如果版权人在没有适当考虑合理使用规则的情况下即向网络服务提供者发出删除通知,那么被删除内容的网络用户有权以虚假投诉为由向相关版权人提出索赔请求。正如学者所言,伦茨案中法院对合理使用规则应用场景的认定,可以看作是对合理使用规则地位及应用的又一重大突破,伦茨案使得合理使用在数字空间的适用方式及范围逐渐清晰。① 在“通知—删除”规则之下,版权人负担着对网络用户使用其作品能否构成合理使用的评估义务。换言之,诚信既是对版权人向平台提出内容删除通知的要求,也进一步明晰了

---

① See Warren B. Chik, *Paying It Forward: The Case for a Specific Statutory Limitation on Exclusive Rights for User-Generated Content under Copyright Law*, 11 J. Marshall Rev. Intell. Prop. L. 240(2012).

合理使用在避风港原则之下的判断主体,即由版权人也就是删除通知提出者作出预判。如果版权人未经思索不考虑合理使用情节即利用网络机械程序向平台提出删除用户特定内容的通知,则相关用户可以就此向版权人主张虚假投诉并要求索赔。

从伦茨案中我们或许可以得出这样的启示,就合理使用规则而言,并非任何情况下都需要版权人自己审查对其作品的使用行为是否能够落入合理使用范畴,也并非任何情境下对合理使用性质的争辩都具有现实意义。但随着信息技术的发展和互联网生态的逐渐成熟,数字版权生态系统的构建和维护对传统版权法提出更高要求。网络环境中版权法二元价值目标的实现要求我们不能一味地将保护对象锁定在版权人利益之上,也要兼顾网络用户的相关权益,适度调和第三方版权人与网络用户间的版权关系。这就要求在"通知—删除"规则之下,为版权人设定一定的诚信义务,使其能够在纷繁复杂的网络空间有效维护自己版权利益的同时,合理顾及网络用户参加网络活动彰显个人性格的需求。换言之,版权人在发现对其作品未经授权的使用并认为此使用行为不合理影响到其版权利益而向网络服务提供者发出删除通知前,应秉持诚信理念对利用其作品的行为作出是否满足合理使用的评估,由此于某种程度上基于数字空间赋予版权人一定义务,在保护其版权利益的同时兼顾网络用户参与创作的时代需求,助力数字版权生态系统建设。

(二)优酷网络技术(北京)有限公司诉深圳市蜀黍科技有限公司案[①]

1. 案件事实

原告优酷网络技术(北京)有限公司(以下简称优酷公司)以独占专有形式享有电视剧《三生三世十里桃花》在中国一定期限的信息网络传播权。被告深圳市蜀黍科技有限公司(以下简称蜀黍公司)为"图解电

---

① 参见北京互联网法院民事判决书,(2019)京0491民初663号;北京知识产权法院民事判决书,(2020)京73民终187号。

影”应用程序和网站的运营商,“图解电影”应用程序和网站以提供在线图文电影解说服务为主营业务,其主页有“十分钟品味一部好电影”等宣传语。在《三生三世十里桃花》播放期间且优酷公司获权期内,蜀黍公司所运营的“图解电影”平台出现对电视剧《三生三世十里桃花》的图文解读版本(以下简称图文解读版),其由382张图片构成并配之以解读文字。其中,382张场景图均截取于《三生三世十里桃花》剧集,文字为图文解读版作者自行添加。在“图解电影”平台观赏图文解读版,可选择5秒/张、8秒/张等自动播放速度,也可以点击形式手动播放。经查证,优酷公司发现“图解电影”平台提供的图文解读版存在连续图集,基本涵盖电视剧《三生三世十里桃花》的主要画面和全部情节。优酷公司认为蜀黍公司所运营的“图解电影”平台侵犯了其对《三生三世十里桃花》的信息网络传播权,将蜀黍公司诉至北京互联网法院,要求蜀黍公司承担侵权赔偿责任及维权合理支出。

2. 案件争议

本案中图文解读版是否构成对电视剧《三生三世十里桃花》版权的侵犯,关键在于判断图文解读版对《三生三世十里桃花》画面的应用是否构成合理使用。就此问题,被告蜀黍公司认为“图解电影”平台所发布的图文解读版是以区别于电视剧连续画面播放的形式结合图片和文字进行的再创作,其核心在于文字本身而非图片。文字是创作人以视频为参考对剧集情节进行的二次诠释,观众如果去掉文字仅看所截取的382张图片没有任何意义。蜀黍公司同时强调,创作者看完电视剧进行文字分享时需要一定数量的剧集图片予以配合因此作出故事情节陈述,并且如果将这382张图片进行连续播放也仅能持续几秒钟,相对于总剧集为58集的《三生三世十里桃花》播放总长度来说,此图文解读版更像是一个预告片,起到一定的宣传作用。因此,被告蜀黍公司主张“图解电影”平台所发布的图文解读版是对电视剧《三生三世十里桃花》的合理使用,并不存在侵犯原告版权的情形。

法院在查明案件事实后认为本案争议的图文解读版并不构成对电视

剧《三生三世十里桃花》的合理使用。北京互联网法院提到,依照我国《著作权法》有关规定,构成对版权作品的合理使用应同时满足三个要件:第一,使用的作品是已经发表的作品;第二,使用行为不能影响该作品的正常使用;第三,使用行为不能不合理地损害版权人的合法利益。就本案中图文解读版而言,首先,此图文解读版并不能划入对电视剧《三生三世十里桃花》的适当引用之列。虽然影评类作品不可避免地需要介绍影视剧作品本身,甚至需要再现影视剧作品的部分画面以进行有针对性的评述,但在本案中存在争议的图文解读版中的图片近乎全部来自原有剧集已有的表达。进一步而言,虽然其将本以视频或者连续画面播放的动态形式改编成图片集静态形式,但具体表达的内容并未发生实质性的变化,远远超出以评论为目的适当引用必要性的限度。即使被告蜀黍公司辩称"按照一般类电影作品每秒 24 帧计算,涉案图片集仅'引用'原作品 0.5% 的画面内容",但合理引用的判断标准并非取决于引用比例,而是取决于介绍、评论或者说明的合理需要。从本案争议的图文解读版来看,其使用目的并非评论性引用,所以不能认定其为对电视剧《三生三世十里桃花》的适当引用。其次,此图文解读版影响了电视剧《三生三世十里桃花》的正常播放和传播。为本案所争议的图文解读版中的图片分散来自电视剧画面,创作者额外添加的文字解说系对剧情的描述和诠释,在一定程度上呈现了整部剧集的具体表达,受众群体可通过浏览图文解读版快速了解电视剧《三生三世十里桃花》的关键画面、主要剧情。故受理法院认为"图解电影"网站所发布的对图文解读版起到了实质性的替代作用,影响了作品的正常使用。最后,法院认定此图文解读版不合理地损害了电视剧《三生三世十里桃花》版权人的合法权益。原因在于,本案争议的图文解读版对原电视剧产生了一定的替代效应,本应由电视剧《三生三世十里桃花》版权人享有的相应市场份额被此图文解读版瓜分甚至占据,提供此图文解读版的行为将对原电视剧市场价值产生实质性影响。虽然被告蜀黍公司认为争议图文解读版对原电视剧具有"宣传效果",但从市场角度看,以宣传为目的与以替代为目的的提供行为存在明显差异。本案争议的图文解读版并不以向公众提供保留剧情悬念的推介、宣传为目的，而是通篇涵盖电视剧《三生三世十里桃花》的主要剧情和关键画面。法院认为，在一般情况下，类似本案图文解读版的发布很难激发观众进一步观影的兴趣，不具备符合权利人利益需求的宣传效果，将会损害版权人的合法权益。总而言之，被告蜀黍公司提供本案争议图文解读版的行为已经超过对电视剧《三生三世十里桃花》适当引用的必要限度，影响电视剧《三生三世十里桃花》的正常播放和传播，损害相关版权人的合法权益，并不属于合理使用。

一审法院最终认定被告蜀黍公司运营的"图解电影"平台发布本案争议图文解读版的行为侵犯了原告优酷公司的版权，要求其承担相应赔偿责任。在一审判决作出后，蜀黍公司提起上诉，北京知识产权法院经审理驳回其上诉，维持一审判决。

3. 案件启示

随着信息技术的发展，社会公众对在先作品的利用方式不断推陈出新，新的利用作品形式层出不穷，网络空间的进一步开拓更是为社会公众打开了自由参与文化创作的大门，越来越多的人进入网络内容生成领域，成为网络内容生成群体中的一员。网络文化在此背景下得到极大丰富，网络空间的信息内容呈现一派欣欣向荣之势。但随之而来的是部分网络用户对在先作品不加限制使用的乱象，第三方版权人与内容生成主体间的矛盾日益凸显。本案优酷公司与蜀黍公司关于信息网络传播权的纠纷在用户生成内容领域或许仅是沧海一粟，但此案为内容生成主体今后的内容衍生行为敲响了警钟。申言之，用户衍生内容作为互联网时代网络文化生成的独特渠道，具有一定的时代意义和社会价值，但若任由网络用户无边界地自由使用他人作品，不仅会扰乱既有的版权生态，也会在一定程度上干扰用户生成内容相关市场的健康发展。从优酷公司与蜀黍公司的信息网络传播权纠纷一案中我们可以看出，版权市场并不排斥网络用户因创作需要等对在先作品的使用，如果内容生成主体对在先作品的使用符合合理使用要件，能够落入合理使用范畴之内，则其使用在先作品的行为并不会触发侵权责任机制。正如本案法院在审理过程所提到的,影评类作品通常不可避免地需要引用影视剧作品本身以完成对相关剧情的基础介绍前提,而且往往以再现影视剧作品部分画面的形式进行有针对性的评述。但值得强调的是,这并非为内容生成主体打开一扇使用他人作品不受限的天窗,而是进一步明确了用户生成内容尤其是用户衍生内容,其在创作过程中若不可避免需要用到第三方版权人的作品内容,应恪守合理使用规则,将对他人作品的使用控制在合理的限度之内。

在数字技术时代,要实现用户衍生内容的长足发展,关键在于合理使用规则的恰当应用。在明确版权相关规则的同时,相关部门及主体应积极推进网络用户对版权规则的学习和消化,鼓励网络用户在熟知版权规则的前提下参与网络内容生成活动,为营造数字版权生态系统贡献力量。具体而言,首先,网络用户在进行网络内容衍生创作时,应将使用在先作品的篇幅控制在适当的引用限度之内。用户衍生内容虽然是在既有作品的基础之上进行创作,在一定程度上可以理解为衍生内容源于既有作品,但这并不意味着衍生内容是对既有作品的照搬与单纯复制。换言之,用户衍生内容是在既有作品基础上融入新的思想和表达,通过相关主体赋予衍生内容区别于既有作品的新的独创性内容。所以,在用户衍生内容的创作过程中应注意控制使用既有作品的篇幅,把握引用的边界与限度,避免向"抄袭"倾斜。其次,用户衍生内容应避免对既有作品产生替代作用。所谓替代作用,即依照既有作品生成的内容基本可以看作是对既有作品的搬运与总结,通过生成内容大概可以知晓既有作品的完整情节,而无须观阅既有作品。用户衍生内容虽然涉及对既有作品的使用,但如前文所提,用户衍生内容应具有区别于既有作品的独创性,其市场空间应以此独创性表达为核心而非对既有作品的重述。最后,用户衍生内容不存在不合理损害第三方版权人合法权益的情形。第三方版权人的合法权益在一定程度上可以理解为因其创作行为而本应获得的版权利润和作品市场份额,即其在有关作品传播与利用等过程中的可期待利益。相关内容衍生主体在内容生成过程中应注意获得在先作品版权人的授权许可,或者利用合理使用规则避免不合理侵占在先作品的既有市场及相关市场而引发不合理损害第三方版权人合法权益的争议。

(三)霍辛扎德诉克莱因夫妇案[①]

1. 案件事实

原告霍辛扎德在油管平台上上传一部由其参演并制作的短视频,总时长5分34秒,原告在短视频中扮演一个名为“Bold Guy”的虚构男性角色。短视频具体讲述了此虚构角色与不同女性相遇并通过各种方法追求上述不同女性的故事。原告将此短视频命名为“Bold Guy v. Parkour Girl”。上述短视频在油管上传播之后,被告克莱因夫妇于2016年2月在油管平台上传一部名为“The Big, The BOLD, The Beautiful”的短视频。被告在这段短视频中表达了对原告“Bold Guy v. Parkour Girl”短视频内容的评论与批评,并在“The Big, The BOLD, The Beautiful”短视频中穿插了原告“Bold Guy v. Parkour Girl”短视频的部分内容。在被告近14分钟的“The Big, The BOLD, The Beautiful”短视频中,使用了原告“Bold Guy v. Parkour Girl”短视频中的内容3分15秒。在被告上述短视频上传至油管平台的两个月后,原告霍辛扎德依据《美国千禧年数字版权法案》的“通知—删除”条款向油管平台发出删除通知,要求油管平台删除被告克莱因夫妇的上述短视频,理由在于被告克莱因夫妇所上传的上述短视频涉及对其短视频“Bold Guy v. Parkour Girl”未经授权的使用。油管平台在收到原告霍辛扎德删除通知之后于当天从平台删除了被告克莱因夫妇的上述短视频。几天后,原告霍辛扎德因同一事由以克莱因夫妇侵犯了其版权为由向美国纽约南区法院提起诉讼。

2. 案件争议

根据原告霍辛扎德对被告克莱因夫妇所制作的短视频“The Big, The BOLD, The Beautiful”所提出的侵犯其版权的主张,受理法院经审理后认

---

① See Matt Hosseinzadeh v. Ethan Klein and Hila Klein. 276 F. Supp. 3d 34(S. D. N. Y. 2017).

为,本案的最大争议点在于被告克莱因夫妇的短视频"The Big,The BOLD,The Beautiful"是否构成对原告霍辛扎德短视频"Bold Guy v. Parkour Girl"的合理使用。因此,审理法院根据以往判例实践指出,任何特定情况下考虑对一件既有作品的使用是否构成合理使用,必须从以下 4 个要素具体分析:第一,考虑对既有作品使用的目的和特点,比如这种使用属于商业性质还是出于非营利的教学目的;第二,被使用作品在版权法上的性质;第三,被使用部分相对于既有作品整体而言的数量及质量;第四,使用行为对既有作品的潜在市场或价值可能产生的影响。

就第一要素而言,"抄袭"或者"复制"在先作品最好的免责辩护即声称后产生作品是基于对在先作品的评论或批评而不可避免地需要使用到在先作品的片段。本案中,原告霍辛扎德向法院主张被告克莱因夫妇未经其许可即使用其作品的行为侵犯了其版权利益,法院经审查后认为被告克莱因夫妇的"The Big,The BOLD,The Beautiful"短视频虽然涉及对原告霍辛扎德"Bold Guy v. Parkour Girl"短视频的使用,但被告克莱因夫妇使用原告涉案短视频的目的并不在于单纯地复制和搬运,而是在使用原告涉案短视频片段基础上表达自己对其视频内容的批判与看法。因此,关于影响合理使用判断的第一要素上,法院作出了有利于被告克莱因夫妇的裁决,认定被告克莱因夫妇的短视频是对原告霍辛扎德短视频的批评和评论。

判断是否构成合理使用的第二要素是对被使用作品性质的考察。对此被告克莱因夫妇辩称,因原告曾表述由其上传的短视频"Bold Guy v. Parkour Girl"是根据其亲身经历所演绎的,故原告霍辛扎德"Bold Guy v. Parkour Girl"短视频是对原告真实经历的复述,是事实性情节再现,不具有虚构性,因此原告霍辛扎德"Bold Guy v. Parkour Girl"短视频并不具备创造性,不能构成版权法意义上的作品。对于被告克莱因夫妇对原告涉案短视频作品性质的质疑,法院并不认同。法院提到,从原告涉案视频的表达内容及原告的庭上辩论中不难发现,由原告霍辛扎德制作的"Bold

Guy v. Parkour Girl”短视频完全是虚构的,并非源于原告真实经历的复述,即使短视频中“Bold Guy”这一角色的出现来自原告生活经历的启发,也无法否认原告涉案短视频足以构成版权法意义上的作品的事实。具体而言,如果因一位作家的创作灵感来自其生活经历而据此否认此作品的创造性并将其归为事实内容,那么小说题材恐将不复存在。因此,关于影响合理使用判断的第二要素上,法院作出了有利于原告的裁决,认定原告霍辛扎德制作的“Bold Guy v. Parkour Girl”短视频具有较高的创造性。

影响合理使用认定的第三个要素是对在先作品使用数量及质量的判断。本案中法院就这一要素作出了中立裁决。关于第三个要素的分析,被告克莱因夫妇认为其对原告霍辛扎德制作的“Bold Guy v. Parkour Girl”短视频的使用数量和质量不足以影响对其短视频“The Big, The BOLD, The Beautiful”构成合理使用的认定。原因在于,就其长达 14 分钟的短视频来说,原告“Bold Guy v. Parkour Girl”短视频在其短视频中仅占据 3 分 15 秒。也就是说,被告克莱因夫妇所发布的涉案短视频除了对原告涉案短视频的使用,还有远长于对原告涉案短视频使用片段的自我创作部分。对此,法院并不认同。法院指出,判断合理使用的第三个要素的检验目的并不在于从表面上厘清被诉作品中使用在先作品的篇幅长度,而在于明确被诉作品对在先作品的使用本质与使用目的。即使在本案争议发生后,有第三方用户将被告克莱因夫妇“The Big, The BOLD, The Beautiful”短视频对原告霍辛扎德“Bold Guy v. Parkour Girl”短视频的使用长度予以汇总,数据显示被告克莱因夫妇的涉案短视频使用了原告霍辛扎德涉案短视频总长度 5 分 34 秒中的 3 分 15 秒,但法院也并未因此就第三个因素作出对被告不利的裁决。法院认为出于评论或批评对在先作品的需要,在一定程度上必须引用足够多的在先作品的片段以充分显示对其内容的评论或批评。复制在先作品片段的目的也不在于搬运或抄袭,而是简述在先作品的内容或最为核心的部分。虽然本案中原告霍辛扎德涉案视频中的大部分内容被被告克莱因夫妇涉案视频复制引用,但很明显这样的复制引用对评论和批评是必要的。

第四个判断要素即使用行为对既有作品的潜在市场或价值可能产生的影响。就被告克莱因夫妇的短视频"The Big,The BOLD,The Beautiful"是否影响了原告霍辛扎德"Bold Guy v. Parkour Girl"短视频的市场利益这一问题,法院指出,围绕合理使用认定的第四个影响要素,值得关注的是这一要素关心的并非衍生作品对在先作品的使用是否破坏了在先作品的衍生市场,而是考虑此衍生作品是否不合理侵占了在先作品的相关市场。简言之,即衍生作品是否成为在先作品的市场替代品,与在先作品产生市场替代关系。据此,法院认为被告克莱因夫妇的短视频"The Big,The BOLD,The Beautiful"并不能取代原告霍辛扎德"Bold Guy v. Parkour Girl"短视频的市场地位而成为其替代品。因为被告克莱因夫妇的涉案短视频的核心表达在于对原告霍辛扎德涉案短视频的评论和批评,其内容并未也不存在与原告涉案短视频的重合与替代。因此,在关于影响合理使用判断的第四要素上,法院作出了有利于被告的裁决,认定被告克莱因夫妇的短视频"The Big,The BOLD,The Beautiful"并不会影响原告霍辛扎德"Bold Guy v. Parkour Girl"短视频的市场利益。

法院最终认定被告克莱因夫妇的短视频"The Big,The BOLD,The Beautiful"中对原告霍辛扎德短视频"Bold Guy v. Parkour Girl"的复制引用构成合理使用,其不承担侵犯原告霍辛扎德版权的不利后果。

3. 案件启示

对在先作品的使用可以分为消费性使用和转换性使用。[①] 所谓消费性使用,即使用者为满足个人观赏等对在先作品的需求,以一定方式获取在先作品并利用其全部内容的消费方式。而转换性使用则更多指向基于对在先作品二次创作的需要,以借鉴性、批判性等方式使用在先作品的情形。[②] 通常来说,对在先作品的转换性使用增加了不同于在先作品的新

---

① See Perfect 10 v. Google Inc. ,416 F. Supp. 2d 828,847 (C. D. Cal. 2006).

② 参见杨红军:《版权禁令救济无限制适用的反思与调适》,载《法商研究》2016 年第 3 期。

的创作目的和特征,满足独创性要素后能够成为新的作品,享有版权受版权法保护。在霍辛扎德诉克莱因夫妇案中,法院经过审理认定被告克莱因夫妇在原告霍辛扎德短视频“Bold Guy v. Parkour Girl”基础上所制作的短视频“The Big,The BOLD,The Beautiful”并不构成对原告版权的侵犯,反而因被告涉案短视频系对原告涉案短视频的评论和批评而认为其构成对原告涉案短视频的合理使用,最终拒绝了原告要求被告因此承担不利后果的诉求。互联网技术的成熟和普及,使得用户衍生内容如雨后春笋般涌现,内容衍生用户面对第三方版权人的版权制约,如何走出一条康庄大道,本案给出了较好的道路指引。

与我国“图解电影”第一案[优酷网络技术(北京)有限公司诉深圳市蜀黍科技有限公司案]不同,在霍辛扎德诉克莱因夫妇案中,被告克莱因夫妇对原告霍辛扎德的涉案短视频并非简单地搬运和复制,而是在其短视频“The Big,The BOLD,The Beautiful”制作中即明确以对原告涉案短视频的评论及批评为目的,且融入除原告涉案短视频片段之外的创造性篇幅,以明显区别于原告涉案短视频特点的内容与原告涉案短视频共同存在于油管平台之上(2016 年 8 月被告克莱因夫妇向油管平台发出了反通知要求)。无论是我国界定合理使用的三要素法还是美国法院提出的四要素检验法,均是对衍生作品使用在先作品这一事实的判断,其不仅反映了版权法追求利益平衡的二元价值目标,也从某种程度上凸显了合理使用制度的经济价值。在纷繁复杂的虚拟世界中,面对第三方版权人与内容衍生用户之间日益激增的矛盾,如何发挥合理使用规则的优势是司法实务界必须考量的时代课题。值得关注的是,无论是伦茨诉环球唱片公司案,还是优酷网络技术(北京)有限公司诉深圳市蜀黍科技有限公司案,抑或霍辛扎德诉克莱因夫妇案,内容衍生用户并不总处于文化创作的劣势地位,第三方版权人的版权利益也并非总被忽视。在数字信息时代,合理利用在先作品创作出更多优秀内容的衍生创作行为会获得时代的嘉奖与鼓励,但以“换汤不换药”的障眼法复制搬运在先作品的行为同样会遭受到社会的指责并承担相应的责任。要想在用户生成内容的时代浪潮中把握机会实现所求,既需要我们以利益平衡原则为指引,贯彻版权法的平等性目的,也要求我们保持与社会发展相适应的理念追求,体现版权法的时代性价值,同时还应谨记立足国情反映内需,以彰显版权法的本土化特征。

二、演绎作品的版权归属

吴汉东教授在《知识产权法》一书中提道,“演绎作品是指对已有作品进行改编、翻译、注释、整理而产生的作品”,[①]同时还指出,演绎作品是对诸如改编、翻译、注释、整理等“二次作品”的概称,泛指在已有作品基础上再创作而成的各类作品。正如吴汉东教授所言,演绎作品是以在先作品为蓝本,在已有作品的基础之上通过二次创作而形成的新的作品。笔者认为演绎作品可进一步分为广义演绎作品和狭义演绎作品,广义演绎作品囊括所有对在先作品二次创作所产生的新的作品,狭义演绎作品则仅指以在先作品为蓝本,并于在先作品情节之上加以改编和延伸,且传达出不同于在先作品的新的表达的作品,即包含上文所提到的纵向用户衍生内容之列。本部分“演绎作品的版权归属”的讨论仅围绕狭义演绎作品展开。无论是司法实践还是理论研究,演绎作品的版权归属均是版权领域的重要命题之一。一方面,演绎作品的创作不仅涉及衍生用户的权益,也涉及对在先作品的使用而与第三方版权人的版权利益息息相关,如何就演绎作品之上的版权利益在第三方版权人及演绎者之间合理分配始终是版权领域的重要问题;另一方面,未经授权即使用在先作品且在此基础上所产生的新的作品是否享有版权以及能否落入版权法保护的范畴,围绕此问题的争议一直以来众说纷纭、莫衷一是。围绕上述狭义演绎作品版权归属的两大问题,笔者意图从国内外司法实践中找寻经验,以期对第三方版权人与内容衍生用户之间的版权调和问题有所裨益。下面列

---

① 吴汉东:《知识产权法》,法律出版社 2021 年版,第 180 页。

示的龚某某诉浙江泛亚电子商务有限公司、王某案或许会对此有所启示。[①]

(一)案件事实

原告龚某某是一名歌曲爱好者,2007 年 4 月有感于自己的炒股经历和火爆的股市现象,根据信乐团歌手阿信演唱的歌曲《死了都要爱》的曲调重新填写歌词,创作出《死了都不卖》歌曲,发表在网站之上,署名“凯哥”。经查证,由原告龚某某作词的《死了都不卖》与信乐团阿信演唱的《死了都要爱》歌词均有 189 个字,其中 83 个字相同,且两歌词中每个语句的字数均相同,但分别以炒股和爱情为主题,在表达上具有明显差异。同年 5 月,原告龚某某要求被告王某演唱由其作词的歌曲《死了都不卖》。被告王某录唱后将录音文件通过 QQ 应用程序传送给原告龚某某。原告收到此录音文件后将其发布在个人网站主页。之后,原告龚某某、被告王某作为《死了都不卖》歌曲的填词人和演唱者受邀参加上海人民广播电台《记录 2007》节目、新民网《新闻夜总会》栏目、杭州电视台《新闻60 分》节目访谈。在访谈中,被告王某均提到其从原告龚某某处(或从朋友处)获得《死了都不卖》的歌词并演唱。与此同时,被告王某和被告浙江泛亚电子商务有限公司签订版权许可使用合同,约定被告王某将《死了都不卖》的歌词许可被告浙江泛亚电子商务有限公司使用,被告浙江泛亚电子商务有限公司负责向滚石唱片公司取得歌曲《死了都要爱》中曲的使用权,并推广《死了都不卖》这首歌及演唱者王某。随后,经被告王某修改歌词后的《死了都不卖》歌曲(作词:王某)开始在被告浙江泛亚电子商务有限公司的娱乐基地网站传播。经比对,被告王某与原告龚某某各自版本的《死了都不卖》歌词均为 189 个字,其中 23 个字不同,表达主题均为炒股。原告龚某某知悉后,以浙江泛亚电子商务有限公司、王某侵犯其对《死了都不卖》歌词的版权为由将二者一并诉至法院,要求两被告停止侵权行为,赔礼道歉并承担相应的赔偿责任。

---

① 参见上海市浦东新区人民法院民事判决书,(2007)浦民三(知)初字第 120 号。

(二)案件争议

针对原告龚某某提出的版权侵权主张,被告浙江泛亚电子商务有限公司和被告王某均不予认可。被告浙江泛亚电子商务有限公司辩称,其娱乐基地网站上所发布的《死了都不卖》歌曲由王某(被告)作词、滚石唱片公司作曲,并且浙江泛亚电子商务有限公司均已获得作词人王某(被告)、作曲人滚石唱片公司的使用许可,不存在侵权问题。另外,原告龚某某所主张权利的《死了都不卖》(龚某某作词版本)是对信乐团阿信歌曲《死了都要爱》的抄袭,两歌曲不仅句式结构相同,字数也一样,虽然内容分别为炒股和爱情,但版权法并不保护主题和题材,仅保护思想的表达。因此,由原告龚某某填词的《死了都不卖》因是对已有作品未经授权的使用,属于侵权作品,自始不具有版权,依法不应享有版权法的保护,原告请求权基础不存在。被告王某认为《死了都不卖》的歌词系对《死了都要爱》歌词的抄袭,无论是原告龚某某还是其自身均不享有对《死了都不卖》歌曲的版权。

从被告浙江泛亚电子商务有限公司和王某的答辩中不难看出,本案的争议焦点在于未经授权而创作的演绎作品是否享有版权,能否得到版权法的保护。在剖析这一问题之前,首先应该对争议对象的版权法客体性质予以明确,即原告龚某某版的《死了都不卖》能否被称为对《死了都要爱》的演绎行为,能否成为版权法意义上的演绎作品?

就原告龚某某版《死了都不卖》歌词而言,法院经查证后认为,虽然其歌词总字数及每句字数与《死了都要爱》均一样,但《死了都不卖》歌词中只有83个字与《死了都要爱》相同,且《死了都不卖》内容是对股市现象的一种反映,而《死了都要爱》是对爱情情感的一种表达,两者之间具有明显差异。此外,《死了都不卖》通过原告的独特表达,凸显一定的创造性,原告理应享有《死了都不卖》歌词的版权,有权因被告等人的侵权行为提起诉讼。反观被告王某版的《死了都不卖》,其无论是字数还是内容表达,均与原告《死了都不卖》歌词相似,且在创作及发布时间上被告王某版《死了都不卖》要晚于原告龚某某版《死了都不卖》,同时有充分证据证明被告王某曾接触过原告龚某某版《死了都不卖》歌词。因此，被告王某版《死了都不卖》歌词构成对原告龚某某版《死了都不卖》歌词的抄袭，不能构成新的作品。在肯定原告龚某某对其作词的《死了都不卖》歌词的版权之后，法院就被告所主张的未经授权而创作的演绎作品不能享有版权的观点作出否定回应。理由在于，原告龚某某版《死了都不卖》歌词是否构成对信乐团阿信演唱歌曲《死了都要爱》的侵权，这是原告龚某某与《死了都要爱》歌曲版权人之间的权利处置问题，并不是本案审理的范围，也不影响原告龚某某在其《死了都不卖》歌词被侵权时向侵权人主张权利。法院最终认定原告龚某某是《死了都不卖》歌词的版权人，被告浙江泛亚电子商务有限公司和王某未经许可擅自使用原告龚某某的歌词《死了都不卖》，构成对原告龚某某版权的侵权，应当承担相应的侵权责任。判决作出后双方均未提起上诉，一审判决生效。

(三)案件启示

未经授权使用在先作品并加入新的创作而产生新的作品，这一新的作品能否成为版权法保护的客体并享有版权，一直以来是理论与实务界争论的热门话题。上海浦东新区法院审结的龚某某诉浙江泛亚电子商务有限公司、王某案向我们给出一个较为明晰的方向指引。我国《著作权法》虽未明确定义“演绎作品”及其权利归属等相关问题，但《著作权法》第 13 条规定，通过改编、翻译、注释、整理已有作品而产生的作品，其著作权由改编、翻译、注释、整理人享有，但上述人群在行使著作权时不得侵犯已有作品权利人的著作权。此条规定实际上是对由对在先作品的演绎行为而产生的演绎作品的版权归属情况的规定，在一定程度上明确了第三方版权人和演绎者之间的版权利益关系。申言之，演绎者对其区别于在先作品的创作部分享有版权，能够获得版权利益。但就演绎作品中属于在先作品创作性的部分版权利益依然归属于在先作品的版权人，不能因为演绎者的衍生行为而不合理占据或影响本应当由原权利人享有的版权利益。这就是所谓的“双重权利双重许可”，即演绎作品之上既有在先作品版权人的版权利益，又存在演绎者因演绎行为对新的作品内容的新的版权。换言之,演绎作品之上综合汇集了在先作品版权人和演绎者的版权,演绎者在行使演绎作品之上版权时需同时考量在先作品版权人的利益。进一步而言,未经授权即使用在先作品所产生的演绎作品,在其具备新的独创性内容有演绎者的创作性付出时,依然可以成为版权法的客体并享有版权,而不会因为存在授权瑕疵而自始剥夺其版权法地位。正如吴汉东教授所言,未经授权而创作的演绎作品同样享有版权。毕竟,版权法是以保护独创性表达为原则,只要对在先作品的演绎行为具备独创性,那么此演绎作品即可享有版权,而无论其是否具备合法来源。[①] 然而,在未经授权而创作的演绎作品领域,我们尤其要注意辨明“权属”与“权源”的关系。[②] 演绎作品的授权来源如果不合理,就会存在侵权的潜在风险,其在作品创作的前置程序即权利获取上就可能存在瑕疵。但作为私法的民法精神,从来不是以惩罚侵权人为立法目的,而是以“填平原则”为指导。所谓“填平原则”,即“侵权人只需承担与侵权行为相对应的侵权责任,并不会因为在先的侵权行为而丧失对自己劳动成果的专有权”,也即“对在先权利的侵犯不影响在后权利的获得”。[③] 简言之,未经授权而创作的演绎作品仍然可以获得版权,成为版权法的保护客体,这是对版权法利益平衡理念的反映,也是对公平原则的深刻体现。

值得一提的是,美国“斯图尔特诉阿本德案”[④]同样支持未经授权而创作的演绎作品享有版权。此外,为平衡第三方版权人与演绎者之间的版权利益,同时考虑到社会公共利益,“斯图尔特诉阿本德案”的受理法院并未支持原告所提出的禁令救济诉求。法院认为,被告的演绎作品取得了较大的市场反响,引起较为强烈的社会效应和轰动,如果满足原告诉求禁止被告的演绎作品继续存在于市场上,将会对社会公共利益产生一定损害。另外,被告的演绎作品在创作阶段花费了大量人力、物力和财

① 参见吴汉东:《知识产权法》,法律出版社 2021 年版,第 181 页。

② 参见吴汉东:《知识产权法》,法律出版社 2021 年版,第 181 页。

③ 孙玉芸:《论非法演绎作品的法律保护》,载《南昌大学学报(人文社会科学版)》2012 年第 5 期。

④ See Stewart v. Abend, 495 US 207,228 – 229(1990).

力,若不假思索地一味禁止被告的演绎作品在社会上传播,对被告的创作投入是不公平的。基于公共利益理论和公平原则,法院并未判令禁止被告的演绎作品在市场上的传播,而是责令被告向原告支付一定的在先作品使用费,以平衡原告与被告之间的版权利益。无论是传统社会还是当下的数字信息时代,版权法的价值目标不仅在于保护作者对其作品的专有权,同时也在于激励创作丰富社会文化。随着互联网技术的高精深发展,用户衍生内容现象愈加普遍,这要求我们在尊重和保护第三方版权人利益的同时,也应合理顾及内容衍生用户的在后权益及社会公共利益,不可一刀切式地阻挡用户衍生内容的传播与此现象的拓展。

三、汇编作品的界定

我国《著作权法》规定,汇编作品即由若干作品、作品的片段、不构成作品的数据或者其他材料汇编而成的在内容选择或编排方式上体现一定独创性的作品。汇编作品的版权由汇编者享有,但汇编者行使汇编作品之上的版权时不能侵犯原作品之上的版权。如前所述,汇编作品是横向用户衍生内容中的重要类别之一。虽然汇编作品在制度规范层面已经具备较为清晰的内涵界定,但在司法实践中关于汇编作品的界定和权利归属仍存在层层迷雾。尤其是在数字空间中,有效界定汇编作品的边界明确相关权利人的版权,使得网络内容衍生用户能够知悉自己可能取得的版权法地位及权益,不仅关系到广大网络用户参与网络创作活动的积极性和第三方版权人的版权利益,更关系到数字版权生态系统的顺利构建。下面列示的黄某某诉内蒙古大学出版社、广西壮族自治区外文书店案[①]对此或许会有所启示。

(一)案件事实

原告黄某某于 2002 年 9 月与上海外语教育出版社订立图书出版合

① 参见广西壮族自治区南宁市中级人民法院民事判决书,(2008)南市民三初字第 48 号;广西壮族自治区高级人民法院民事判决书,(2009)桂民三终字第 48 号。

同,由上海外语教育出版社出版其编著的《法语交际口语手册》一书,第一版时间为2002年11月。原告黄某某编著的《法语交际口语手册》一书共设“功能表达法”与“情景表达法”两部分,收录具有基本言语功能和生活场景的表达方法,全书均以句型形式呈现。2007年11月,由被告内蒙古大学出版社出版的《实用法语会话900句》第一版面向市场发行,被告广西壮族自治区外文书店售卖有《实用法语会话900句》一书。《实用法语会话900句》一书分为4个篇章,分别为“奥运精神篇”“日常交际用语篇”“社会交际用语篇”“公共场合用语篇”。原告黄某某认为被告内蒙古大学出版社出版的《实用法语会话900句》一书明显是对其《法语交际口语手册》的抄袭,侵犯其版权,已对其造成严重的负面影响,要求被告内蒙古大学出版社承担相应的侵权责任,并要求被告广西壮族自治区外文书店停止售卖侵权书籍《实用法语会话900句》。南宁市中级人民法院审理后认为,由被告内蒙古大学出版社出版的《实用法语会话900句》一书并不构成对原告黄某某版权的侵犯,对原告黄某某的主张不予支持,判决驳回黄某某的诉讼请求。在一审判决作出后,原告黄某某上诉至广西壮族自治区高级人民法院,请求撤销南宁市中级人民法院的相应判决。后经广西壮族自治区高级人民法院审理,支持了上诉人(一审原告)黄某某认为《实用法语会话900句》侵权的主张,并作出改判。

(二)案件争议

从一审法院对原告黄某某侵权主张的驳回,到二审法院对上诉人(一审原告)黄某某侵权主张的认可,这其中不仅是上诉人(一审原告)黄某某维权的胜利,也反映了司法实务界对汇编作品界定及权属问题的进一步厘清。

本案存在两个关键问题,即原告黄某某编著的《法语交际口语手册》是否属于汇编作品,以及被告内蒙古大学出版社出版的《实用法语会话900句》一书有无侵权的情形和可能。一审中被告内蒙古大学出版社辩称,由其出版的《实用法语会话900句》并不构成对原告黄某某编著的《法语交际口语手册》的抄袭。原因在于,无论是《实用法语会话900句》

还是《法语交际口语手册》,均是对日常法语会话用语的汇编,日常用语本身是没有独创性的,单个句子并不能成为作品,所以以单句形式所呈现的日常用语,法语也好中文也罢,均无法受版权法保护。况且由被告内蒙古大学出版社出版的《实用法语会话 900 句》一书的作者是大学法语教授,其完全有能力对相关日常用语进行翻译,没有侵权的必要。原告黄某某为证明被告内蒙古大学出版社出版的《实用法语会话 900 句》存在对其《法语交际口语手册》抄袭的情况,提交证据被告作品抄袭部分出处一览表,证明被告内蒙古大学出版社出版的《实用法语会话 900 句》与其编著的《法语交际口语手册》有 200 句完全相同和 18 句部分相同的句子,重复比例达 24.22%。此证据证明力获得一审法院的认可。

一审法院经审理后指出,我国《著作权法》所保护的客体是思想的表达方式,而非思想本身。在审理版权侵权案件时,应当以原告及被告争议作品的表达方式为审理判断的对象。本案中,原告黄某某编著的《法语交际口语手册》一书以单句形式汇编中文对照法语的日常用语,为汇编作品。汇编作品的独特性既可以体现在按照特定要求对内容进行选择上,也可体现在内容编排方式上。而与本案有关的日常用语因是在人们长期的生活习惯中所形成的最常见也是最基础的日常交流用语,具有一定的固定性和稳定性,但从用语表达上来看其因泛使用性而丧失了新颖性、独特性等特征,不具有法律所要求的独创性,所以原告黄某某的汇编作品《法语交际口语手册》一书的独创性应体现在对日常交际用语的编排体例上。从对原告黄某某编著的《法语交际口语手册》和由被告内蒙古大学出版社出版的《实用法语会话 900 句》两书的对比中不难看出,两部作品的体例编排差异较大,并不相同。法院认为,虽然被告内蒙古大学出版社出版的《实用法语会话 900 句》与原告黄某某《法语交际口语手册》一书有 200 句完全一致,但考虑到两部作品均是对日常用语的汇编和收录,不可避免会存在雷同之处,所以对原告黄某某的主张不予认可。

二审法院对案件事实作出进一步梳理之后,认为原告黄某某编著的《法语交际口语手册》一书无论是在题材的选择和编排上还是在主题内容的设置上，抑或在文字的组词和运用等方面，均投入了大量的智力劳动，足以构成具有独创性的汇编作品。而经对比，被告内蒙古大学出版社出版的《实用法语会话 900 句》一书，在主题设置和场景选择上与原告黄某某编著的《法语交际口语手册》一书存在部分完全一致的情况，同时所使用的单句也有 200 句完全相同，占据被告内蒙古大学出版社出版的《实用法语会话 900 句》一书总表达量的近 1/4，其不仅在语法表达上一致，而且中文翻译也一样。原告（上诉人）黄某某在其编著的《法语交际口语手册》一书中精心设计的主题及句子均是属于原告（上诉人）黄某某享有版权的表达，被告（被上诉人）内蒙古大学出版社出版的《实用法语会话 900 句》对前者书籍全部或部分的"搬运"行为构成抄袭，侵犯了原告（上诉人）对《法语交际口语手册》一书的版权。广西壮族自治区高级人民法院最终判决被告（被上诉人）内蒙古大学出版社承担相应的侵权责任，被告（被上诉人）广西壮族自治区外文书店停止销售书籍《实用法语会话 900 句》。

（三）案件启示

对作品片段或非作品信息的汇集整理所形成的新的内容，能否成为版权法意义上的汇编作品并受版权法保护？通说认为只要新的内容在编排体例呈现方式上体现一定的独创性，即可构成汇编作品受版权法保护，但若其在体例安排上仅是循规蹈矩，并未形成新的编写方式，则极可能会因为缺乏独创性而被排除在版权法的保护之外。Feist 案[①]即这一事例的典型反映。Feist 案的争议点是特定格式的电话簿能否成为版权法保护的客体，美国最高法院最终认为对事实的一般性罗列并不能获得版权法的保护，驳回了争议对象（电话簿格式）受版权法保护的主张。在黄某某诉内蒙古大学出版社、广西壮族自治区外文书店案中，一审法院的审理意见与 Feist 案有着"异曲同工"之意。具体来说，一审法院认为无论是原告所创作的《法语交际口语手册》，还是被告所出版的《实用

① See Feist Publications, Inc. v. Rural Telephone Service Company, Inc. (1991).

法语会话 900 句》,其表达内容均是日常用语在中文和法语之间的转换,而日常用语作为日常交流及生活不可避免用到的词句,常常因为独创性的丧失而不能成为版权法意义上的客体。因此,一审法院排除了原告编著的《法语交际口语手册》在内容表达上享有版权的可能性,进而将独创性判断对象限缩于对原告编著的《法语交际口语手册》编排体例上,最终以两争议书籍在编排体例、结构设计上存在明显差异为由认定被告出版的《实用法语会话 900 句》不构成对原告编著的《法语交际口语手册》的侵权。

值得注意的是,二审法院并未限制于从编排体例这一条途径判断争议对象是否构成作品,而是就汇集对象的不同对最终所形成的汇编内容能否构成作品作了类型化分析。具言之,若是对作品片段或完整作品的汇编,则侧重于从编写体例、结构设计上判断整部汇编内容的可作品性。原因在于,对既有作品的汇编整理,主要意图往往在于追求特定领域作品汇集后的整体性、全面性和完整性,通过新颖的编排方式为受众群体提供一部便于阅读、减少搜集等负累的作品,实现"一劳永逸"的良好效果。与此不同的是,对不构成作品的信息材料、数据内容等进行汇编,除了在编排体例上体现独创性,内容设计和选择上同样能够体现独创性。具言之,作品获得版权法保护的前提在于作者在作品完成过程中的独创性付出。在汇编信息材料等非作品内容时,汇编者的独创性劳动往往不仅体现在对信息材料等的编排和整理上,同时也显露于编排信息材料等过程中对信息材料的重新梳理。在黄某某诉内蒙古大学出版社、广西壮族自治区外文书店案中,二审法院对一审判决的纠正之一,即在对原告的汇编作品《法语交际口语手册》内容表达独创性的认定上。二审法院认为虽然表达内容以日常用语为主,但经过原告(上诉人)根据自己对中文和法语学习的经验积累对相关日常用语施以特有的设计和再表达,原告(上诉人)的个性特征和独有创意已赋存在这些日常用语之中,故原告(上诉人)理应对其汇编作品《法语交际口语手册》享有完整的版权。

四、重混作品的版权配置

随着数字技术的出现,互联网硬件设施普及,人们通过智能设备进入虚拟世界参与网络活动的成本渐次降低,参与热情持续高涨。越来越多的人成为网络用户中的一员,在驰骋于承载海量信息内容的网络世界的同时,人们不再满足于充当被动接收讯息的传统消费者角色,取而代之的是主动加入网络内容生成主体之列。社会公众主动参与网络信息内容创作活动已经成为虚拟世界一道亮丽的风景线。在用户生成内容进一步丰富和拓展网络社会文化环境的同时,其中以用户衍生内容为主所引发的版权争议也在不断冲击着网络文化环境,而重混作品引发的争议尤为激烈。如前所述,重混作品是对多个既有作品或作品片段的重新解读,属于横向用户衍生内容,即在组合、拼接不同作品片段的基础上注入重混者的思想情感,以独特的艺术结构将其思想内容外化为表达。且此表达并不与原作品的潜在市场相冲突,而是以不一样的内容表达呈现出与原作品关联度较低的效果。重混作品的创作方式及形成过程常常引发第三方版权人的不满,但囿于现有版权法规范未明确重混作品权利归属及配置规则,因重混作品而引发的版权争议在数字时代显得尤为激烈。合理分析重混作品之上的版权配置情况,不仅关系网络用户参与网络活动的热情,而且与第三方版权人的版权利益密切相关。如何有效地协调第三方版权人与网络用户在重混作品之上的版权利益,是数字信息领域必须面对的时代命题。为此,笔者意通过对《一个馒头引发的血案》所引起的版权争议进行分析,[①]为对上述问题的有效应对提供可用思路。

(一)争议背景

2005 年 12 月,由陈某某导演的电影《无极》在我国上映。2006 年 1 月,自由音乐人胡某用 5 天时间、2 台电脑及 1 张盗版碟片,[②]通过剪辑、

---

① 通说认为,《一个馒头引发的血案》系对陈某某导演的电影《无极》进行的戏谑式嘲讽,陈某某曾言会状告《一个馒头引发的血案》的制作人胡某,但本争议并未通过法院审理予以解决,最终不了了之。

② 参见卢衍鹏、向宝云:《中国当代戏仿文化解读》,载《当代文坛》2006 年第 4 期。

插播等形式，以电影《无极》为蓝本，融入法制类电视节目的主持方式，并用《灰姑娘》乐曲、洗发水广告、RAP 唱法、爱因斯坦解说相对论物理场景等各类作品及表现形式，衍生出短视频《一个馒头引发的血案》，该视频讲述了一场杀人案的侦破过程，时长近 20 分钟。[①] 胡某在《一个馒头引发的血案》中通过对电影《无极》部分视频画面的借用，综合其他作品或节目形式表达了对电影《无极》荒谬剧情的批判，以衍生内容形式显示对电影《无极》剧情的嘲讽。《一个馒头引发的血案》在胡某个人网站被上传后，引得各大平台争相转发与报道，激起较大的社会反响。同年 2 月，陈某某获悉《一个馒头引发的血案》的视频内容及社会影响后，认为胡某对电影《无极》的使用不仅超出了合法范围，同时也表现出一定程度的道德意识缺失，遂宣称为维护正当权益，将起诉胡某。虽然胡某在此之后通过媒体就“戏讽”《无极》的行为向陈某某公开“道歉”，但其并不承认自己对《无极》的衍生行为构成侵权。陈某某的维权意愿同样在广大网友间引得一片哗然。在陈某某将起诉胡某的声明发出后，万名网络用户自愿发起声援胡某的签名活动。随着此事在网络上的发酵，陈某某与胡某间关于电影《无极》及短视频《一个馒头引发的血案》的争议被推上风口浪尖。

（二）具体争议

虽然《一个馒头引发的血案》所引起的版权之争最终并未通过法院审理予以解决，但其在第三方版权人及衍生作者之间引发的争议乃至社会间的争讨值得进一步研究，为探索一条调和第三方版权人与内容生成主体间的权利道路指明方向。暂且不讨论陈某某导演起诉胡某的短视频《一个馒头引发的血案》侵犯电影《无极》相关权利的原告适格问题，陈某某导演认为胡某的短视频《一个馒头引发的血案》对电影《无极》的使用或者说评论超出了使用作品的合理及正常范围，构成了对电影《无极》之上有关权利的侵犯，胡某应因此承担法律上的不利后果。《无极》的制片

① 参见《一个馒头引发的血案》，载搜狐视频 2005 年 12 月 28 日，https://tv.sohu.com/v/dXMvMzQxNDA5NC8xNDg3NjcwLnNodG1s.html?src=pl.

人中国电影集团公司和北京21世纪盛凯影视文化交流有限公司的律师认为，胡某制作短视频《一个馒头引发的血案》的行为侵犯了电影《无极》版权人保护作品完整权等利益，理应承担相应责任。与强烈谴责胡某制作《一个馒头引发的血案》的行为不同，2006年2月，在上述争议持续发酵后，时任国家版权局版权司司长王自强就相关问题在答记者问时提到，版权法往往允许出于介绍剧情或者阐明观点的需要适当引用既有作品的情节或片段，但是若超过必要限度不合理地使用既有作品，则将会面临侵权的风险。具体到《一个馒头引发的血案》这则短视频对电影《无极》的使用争议中，《一个馒头引发的血案》是否构成对《无极》的侵权，关键在于司法机关的判断。[①] 除此之外，多数学者并不认同《一个馒头引发的血案》侵犯《无极》版权的主张。相反，多数学者认为胡某所创作的《一个馒头引发的血案》符合版权法独创性要求，能够成为版权法的客体，享有版权。至于其对电影《无极》的使用，多数学者主张胡某所创作的《一个馒头引发的血案》系以戏谑为题材，基于滑稽模仿的形式，目的在于通过新颖的表达方式实现对电影《无极》的评判，不可避免会使用到在先作品即《无极》的内容，根据法律相关规定，《一个馒头引发的血案》构成对《无极》的合理使用，并非侵权。[②] 梁志文教授认为，"在合理限度之下，滑稽模仿者借用原作进行再创作，有利于社会文化事业的发展，也有助于保护表达自由价值的实现。因此，基于表达自由而使用作品，并不是侵权行为"。此也即对美国法官霍姆斯"作品不是禁忌"观点的又一佐证。[③]

---

① 参见严励：《Web 2.0时代的法律思考》，载《新闻爱好者》2007年第2期。

② 参见梁志文：《作品不是禁忌——评〈一个馒头引发的血案〉引发的著作权纠纷》，载《比较法研究》2007年第1期；罗莉：《谐仿的著作权法边界——从〈一个馒头引发的血案〉说起》，载《法学》2006年第3期；苏力：《戏仿的法律保护和限制——从〈一个馒头引发的血案〉切入》，载《中国法学》2006年第3期；温万名：《我国模仿讽刺作品的版权法保护——从〈一个馒头引发的血案〉与〈无极〉的著作权纠纷引申》，载《编辑之友》2008年第3期；邓社民：《数字环境下著作权合理使用与侵权的法律边界——由〈一个馒头引发的血案〉引起的思考》，载《法学论坛》2006年第6期；谢小瑶：《论TRIPs协议中三步检验法的理论与适用——以〈一个馒头引发的血案〉为例》，载《浙江社会科学》2010年第9期。

③ 参见梁志文：《作品不是禁忌——评〈一个馒头引发的血案〉引发的著作权纠纷》，载《比较法研究》2007年第1期。

(三)争议启示

《一个馒头引发的血案》虽然是经由电影《无极》启发,使用电影《无极》的部分视频画面所完成的衍生作品,但其并未延续《无极》的剧情,也并非对《无极》的简单解读,而是以此表现了一场光怪陆离的连环杀人案破案过程。美国艺术家罗伯特·劳申伯格创作的美术作品《信号》和胡某的《一个馒头引发的血案》有着异曲同工之妙。《信号》是罗伯特·劳申伯格以剪辑、翻拍、重印等方式,将发生于不同时期不同地域的各类重大历史事件显现于一起的美术作品,综合涵盖了照片粘贴、绘图、刷印等绘画形式,将越南战争、肯尼迪施政演说、登陆月球等事件集中表现出来,表达作者之于时代进步所释放出的各类信号的感叹。[①] 正如胡开忠教授所言,《信号》这一作品虽然大量使用了已经存在的他人的作品,但这种使用的本意并不在于评论这些作品,因此,重混行为并不等同于引用。[②] 申言之,在组合、拼接不同作品片段的基础上注入重混者的思想情感,以独特的艺术结构将其思想内容外化为表达,且此表达并不与原作品的潜在市场相冲突,而是以不一样的内容表达呈现与原作品关联度较低的效果的创作行为,不是对既有作品简单的消费性使用,因其足以构成转换性使用而被排除在侵权风险之外。进一步而言,重混作品因融合了重混者独特的思想情感和新颖的表达方式,与传统的消费性使用作品不同,在其对既有作品的使用不超出合理范畴的前提下,不必惊慌于第三方版权人之于作品的专有权。换言之,在前述场景下,内容衍生用户不仅免于经受侵犯他人版权的风险,而且独立享有因其重混行为而产生的作品的版权。

无论是横向用户衍生内容,还是纵向用户衍生内容,通过上述对各类案件的分析和探讨,本书认为,基于传统版权法的二元价值目标,为进一步贯彻版权法的平等性目的,同时结合数字时代的典型特征,彰显我国国情,反映我国数字空间发展的特有需求,不宜"一刀切"式地绝对保护第三方版

① 参见李茜:《生活即是艺术——探究罗伯特·劳申伯格的"混合艺术"》,载《艺术百家》2012 年 S2 期。转引自胡开忠:《论重混创作行为的法律规制》,载《法学》2014 年第 12 期。

② 参见胡开忠:《论重混创作行为的法律规制》,载《法学》2014 年第 12 期。

权人的版权利益而满足其限制甚至杜绝用户生成内容产生和发展的不合理诉求。具言之，内容生成主体是否提前获得第三方版权人的使用许可，与其利用此在先作品所创作的新的内容能否享有版权之间并无绝对关系，即获得在先作品作者的使用许可并非在后作品获得版权的前置条件，“权属”的确定并不依赖于“权源”的合理，“权源”也并非影响“权属”确立的核心。一方面，用户生成内容能否成为版权法的客体受版权法保护，关键在于其是否满足作品构成要件而具有可再现性、独创性和客观表达性；另一方面，协调缓和第三方版权人与内容生成主体之间的权利关系，根源并不在于限制和阻碍社会公众参与创作活动，根本性问题在于合理分配用户生成内容尤其是用户衍生内容之上的版权利益，实现数字信息时代第三方版权人与社会公众之间版权利益的新的平衡。值得关注的是，即使内容生成主体未支付相应对价即擅自使用第三方版权人享有版权的作品（比如汇编作品、狭义演绎作品等），基于对社会公众利益的考量和禁令救济措施适用场景的“不经济”，也应避免对涉嫌侵权的用户生成内容尤其是用户衍生内容传播的绝对禁止，而应以更为经济高效的治理路径代为处理。

第二节　可选择性方案之一：改进第三方版权人的权利行使方式

“没有合理的垄断就不会有足够的信息生产出来，但是有了合法的垄断又不会有太多的信息被使用。”[①]吴汉东教授用“二律背反”来描述版权独占性及限制性之间的关系特点。所谓“二律背反”，是指“双方各自依据普遍承认的原则建立起来的、公认正确的命题之间的矛盾冲突”。[②] 为调和第三方版权人在版权作品之上的专有权和社会公众合理接触作品间

---

① ［美］罗伯特·考特、［美］托马斯·尤伦：《法和经济学》，张军译，上海人民出版社、上海三联书店 1994 年版，第 185 页。

② 吴汉东：《知识产权法》，法律出版社 2021 年版，第 233 页。

的权益矛盾,版权法对第三方版权人版权设置一定的限制,在特定场景下,使用版权人版权作品的行为并不会因为存在侵权表征而将使用人陷入被诉的不利境地。正如吴汉东教授所提到的,版权法的效益目标从根本上来说即实现利益平衡并竭力使这种平衡达到最大化和最优化。[①] 版权法利益平衡价值目标的实现一方面依靠权利激励机制,通过赋予创作者在其作品上的版权专有权之形式,激发作者继续创作的积极性,在鼓舞更多的人参与到文化创作活动中的同时,以版权专有权形式对作者在先的创作行为给予一定程度上的慰藉,满足其以创作赚取社会生活依靠的希冀;另一方面版权法又以权利限制为立法技巧,在作者版权专有权之上设置一定的限制场景,当使用者的使用行为满足特定要求时即可免于作者版权专有权的控制,而得以不经作者许可在法律限定的范围内"自由"使用。进一步而言,为版权法所追求和强调的利益平衡往往是通过权利配置及限制规则予以实现的。[②] 如汤姆·W.贝尔所言,"从版权法的立法目的及宗旨来看,其仅是为版权所有者提供足够的收入以平衡他们因创作活动而花费的支出。任何超过这个支出数额的给付都存在不合理牺牲公共利益的潜在威胁"。[③] 毋庸置疑,无论是"作者—传播者—读者"三位一体的物理世界,还是"人人均是作者"的虚拟空间,版权法的二元价值追求仍然是调整版权关系的核心意旨。因此,最大限度实现用户衍生内容之上的版权利益,应继续坚持二元价值目标的指引,进一步于数字信息时代体现版权法的平等性、时代性和本土性。

从司法实践中不难发现,随着互联网环境的日渐普及和逐渐成熟,与用户生成内容持续兴盛相伴而来的是第三方版权人"面红耳赤"般的维权行为。未经授权对既有作品不加限制地重混、演绎、汇编等行为,以及相关内容在网络技术下近乎失控的高速传播等场景,在第三方版权人看来无不

---

① 参见吴汉东:《知识产权法》,法律出版社 2021 年版,第 232 页。

② 参见吴汉东:《知识产权法》,法律出版社 2021 年版,第 232 页。

③ Tom W. Bell, *The Specter of Copyism v. Blockheaded Authors: How User-Generated Content Affects Copyright Policy*, 10 Vand. J. Ent. & Tech. L. 841(2008).

挑战着其忍耐的限度。无论对既有作品的使用行为是否实际影响了第三方版权人的可期待利益，第三方版权人都会往往不假思索地向未经其许可即已使用其作品的相关主体主张权利；或者以“通知—删除”规则为权利保护盾牌，秉持“一经发现即告删除”的决绝姿态，要求网络服务提供者删除未经许可使用其作品而产生的衍生作品，限制甚至杜绝该衍生作品在网络世界中传播；或者直接以对其作品的相关使用行为构成对其版权专有权的侵犯为由，一纸诉状将内容衍生主体诉至法院，要求内容衍生主体承担相应责任。可见，第三方版权人的版权利益在传统版权规则之下，享有一套近乎完备的保护规则。但正是这套在物理世界产生和完善的版权规则在一定程度上加剧了虚拟世界中版权相关主体间的紧张关系。本书认为，互联网环境所呈现的开放性及包容性特点，是“人人参与、万众创新”的文化氛围得以形成的关键。而传统版权法规则在网络环境中的不恰当适用在某种程度上阻碍了“万众创新”场景的继续发展。因此，在探讨数字空间第三方版权人与内容衍生用户之间权益配置新格局之前，首先应解决用户生成内容所面临的不合理制约现状。从司法实践中用户生成内容所引发的诸多争议来看，用户生成内容主要存在使用既有作品行为性质上的争论和第三方版权人因被侵权而主张的救济方式选择上的不适时。对此，本书建议通过完善适用版权限制场景和规范利用版权禁令救济的方式，缓解传统版权规则之下第三方版权人版权专有权对用户生成内容现象的不合理制约现状。

一、完善版权限制场景

在各国版权法历史上，对版权人版权专有权的限制主要通过合理使用、强制许可和法定许可等制度规则予以实现。萨曼莎·冯·霍恩（Samantha Von Hoene）曾提到，用户生成内容价值的充分释放以完善合理使用在网络空间的适用余地为前提，[①]此处，笔者将就“完善版权限制

① See Samantha Von Hoene, *Fair Use in the Classroom; A Conundrum for Digital User-Generated Content in the "Remix" Culture*, 7 Hastings Sci. & Tech. L. J. 97(2015).

场景”,重点讨论其上的合理使用规则。在前文所列举的与合理使用规则有关的案例中,对第三方版权人作品的使用无论是最终被认定为合理使用的伦茨案,还是因不存在新的独创性部分而涉及对既有作品的过度使用最终未能落入合理使用范畴的“图解电影第一案”,抑或是对既有作品的衍生性使用显露嘲讽等新的创作方式而又因其符合合理使用规则得以在网络平台继续传播的克莱因夫妇案件,都分别从合理使用适用场景、合理使用判断要素等方面对互联网环境下用户生成内容版权限制(合理使用)的问题予以明确。从各国立法来看,在合理使用的判别要素上存在两种主流形式。一是采纳和沿袭国际条约《伯尔尼公约》中有关合理使用情形的“三步检验法”,即在特殊情况下不至于损害作品的正常使用,且此种使用不存在危害既有作品之上作者合法权益的潜在风险。二是最先在美国判例中创设性使用的“四要素判断法”。具体而言,按照“四要素判断法”,对使用在先作品的行为能否落入合理使用范畴进行判断时,综合考虑如下四点:第一,使用既有作品的性质和目的,包括是基于商业性使用还是非商业性使用。第二,考虑既有作品本身的性质特征,即此既有作品是事实性作品还是虚拟性作品。若是事实性作品,则其客观性程度较高,发挥作者个人意志及创意的空间相对较小,故而对此类作品的使用更容易落入合理使用范畴之内。相反,若是虚拟性作品,则其所依据的客观事实情节较少甚至没有涉及,在创作过程中独创性空间较为充足,故而对此类作品的使用较为容易被排除在合理使用之外。第三,对在后作品对在先作品的使用部分占在先作品全部内容的比例进行考量。换言之,虽与此相关的实际案件中,被告常以使用在先作品的分量在其之后创作的作品中占比不及九牛一毛来抗辩,但值得一提的是,判断对在先作品的使用比重并非单纯以其在在后作品中所占比例为要素,同时也会考量在后作品所借用的在先作品部分在在先作品全部内容中的比重。举例来说,若乙创作一部百万字的现代小说,其在创作过程中借鉴参照甲的同类别小说,并引用了甲小说中八百字。八百字相较于一部百万字的作品而言,如沧海一粟不足一提,但如果被引用的甲的此篇小说总共仅有一千字，那么，可以断言乙在创作小说过程中借用甲的八百字符合合理使用规则吗？第四，在后作品对在先作品的使用是否会对在先作品的市场价值产生不利影响，或者说在后作品是否会产生对在先作品的不合理替代关系，从而影响在先作品的可期待市场利益。现在我们继续讨论刚才所提到的三个案例，从前文对该三个案例的介绍不难发现，它们均系第三方版权人对内容生成（衍生）主体未经授权即使用其版权作品的行为提起的诉讼。无论是第三方版权人对“通知—删除”规则的“滥用”，还是被诉侵权的内容生成（衍生）主体的积极应诉，都在一定程度上反映了社会公众知识产权意识的提高，也突出了合理使用规则在网络空间中的重要性。

为有效应对互联网社会中各主体对既有版权作品鱼目混珠式的使用，本书建议进一步明确合理使用规则在数字环境中的适用空间。明确在网络环境中“通知—删除”请求发出前，第三方版权人事先对他人使用其作品行为是否符合合理使用规则的评判义务。就合理使用的性质而言，理论界对其多有争议，分见于“侵权抗辩说”和“权利享有说”。所谓“侵权抗辩说”，意指合理使用规则并非使用者从一开始即从版权法意义上享有的权益，而是合理使用作为对版权人权利限制的规则，只有在版权人向相关使用人主张权利时，使用人以合理使用为理由的抗辩场景中才会发生。换言之，使用人合理使用的主张并不能因使用人的使用行为被自动唤起，而仅有在相关版权人向其主张权利时以抗辩理由提起。与此不同的是，“权利享有说”认为，合理使用即版权法从一开始赋予相关使用人以特定方式使用他人在先作品的权利，无论是否被第三方版权人主张权利，使用人自始即可依据合理使用规则主动维护自己在特定情形下不经许可使用第三方版权人在先作品的权利。在物理世界中，无论是“侵权抗辩说”还是“权利享有说”，其对第三方版权人和相关使用者的使用行为区别并不明显，关键原因在于在物理世界中，一旦第三方版权人对相关使用者未经许可的使用行为质疑，其往往仅有要求公权力介入这一条途径作为选择。简言之，在物理世界中，合理使用规则的讨论通常在侵权主张场景中发生，而这一场景又依赖于公权力的加入。此时，无论是权利享有说还是侵权抗辩说,其均面向唯一且相同的适用场景。故而在此情形下对作品使用者并无实质性影响。而网络空间不同,避风港规则的设立,不仅为网络服务提供者提供有效摆脱帮助侵权的诉累机会,还使得第三方版权人得以在诉讼之前以“私人治理”的形式维护自身权益。因此,网络服务提供者在第三方版权人发出“通知—删除”请求后,多配合第三方版权人删除相关内容,除非被删除内容用户有合理证据证明其上传内容不存在侵权情形。申言之,在虚拟空间中,第三方版权人被赋予“自查自纠”的较大维权空间,此有别于物理世界中侵权与否需由所介入的公权力最终定夺,在网络空间中,第三方版权人利用相关制度规范,可先行对有关行为作出评判并产生实质影响。在此场景下,若依然坚持合理使用“侵权抗辩说”,则将在极大程度上威胁用户生成内容现象的持续繁荣。因此,本书认为,一方面,在网络空间中,确定合理使用规则“权利享有说”的性质地位,赋予使用者一定的权益空间,明确在网络环境中“通知—删除”请求发出前,第三方版权人事先对他人使用其作品行为是否符合合理使用规则的评判义务,以诚实信用原则为约束,使第三方版权人为其明知系合理使用而执意发出删除通知的行为承担不利后果,这在一定程度上能够稳定网络秩序。另一方面,在遵循合理使用规则在物理世界中“法定主义”原则的基础上,探求其在网络社会中同时遵循“灵活主义”原则的空间,在为用户生成内容的进一步发展提供制度支持的同时,营造相对和谐的内容生成环境。在合理保护第三方版权人于网络空间中对其版权作品所享有的专有利益的同时,一并关注和照顾到用户生成内容持续繁荣所需要的自由环境,综合吸纳“三步检验法”和“四要素判断法”的精华与核心,以合理使用规则的灵活适用,助力用户生成内容领域相关纠纷实现适时性、科学性的化解与解决。

二、规范利用版权禁令救济

版权禁令救济是侵权责任中的停止侵权这一责任承担方式在版权法领域的具体体现。具言之,版权禁令救济,即第三方版权人就使用者未经许可对其作品使用而触发侵犯其作品之上专有权的情形下,向法院请求相关使用人停止对其作品未经授权的使用行为,同时禁止侵权行为下所产生的作品在社会层面的传播。经过对版权禁令救济在司法实务中适用情况的调查发现,“只要被告的行为被认定为侵权且仍在持续中,禁令救济请求就会被支持”。但是,“禁令救济的无限制适用既不符合版权的权利结构,也受禁令自身功能的局限,在健全的版权生态中应该对应着禁令救济的调适性适用”。[①] 通过对司法实践中相关争议处理有用经验的总结发现,版权禁令救济无限适用现状的形成主要存在以下三点原因:第一,受版权排他性属性与禁令救济无限适用之间互为表里关系的影响。版权以“权利束”构造为外观表现,专有性或者说排他性是版权“权利束”所赖以维持的根本支撑。因此,法院和评论者主张广泛适用财产规则而非责任规则以保护版权。理由在于缺少了禁令救济,版权将是不完整的或者说不是真正意义上的财产权。如理查德 · A. 爱泼斯坦(Richard A. Epstein)所提到的,“在任何综合性的法律结构中,财产规则都应该支配着责任规则”。[②] 换言之,在救济选择上,禁令救济似乎应该占据支配性地位。由此看来,版权的排他权属性和禁令救济无限制适用之间存在必然的联系,即“排他权属性是禁令救济无限制适用的内在动因,而禁令救济无限制适用是排他权属性在救济领域的具体表现”。[③] 第二,受版权领域侵权赔偿数额常处于飘浮不定的不确定状态的影响。“创新性本质决定了作品具有类似‘特定物’的属性。由于缺乏可替代的市场参照对象,附着于作品之上的版权很难给予准确的市场定价。价值评估上的困难不仅制约着版权交易的进行,也同样影响着以赔偿作为唯一救济形式的责任规则在诉讼实践中的运用。此外,被诉诸保护的大量作品都是此前从未在市场上发行或许可他人使用的作品,缺乏可量化的参考价格。技术

① 杨红军:《版权禁令救济无限制适用的反思与调适》,载《法商研究》2016 年第 3 期。

② Richard A. Epstein, *The Clear View of the Cathedral: The Dominance of Property Rules*, 106 Yale L. J. 2091 (1997).

③ 杨红军:《版权禁令救济无限制适用的反思与调适》,载《法商研究》2016 年第 3 期。

的快速发展和日益复杂化也增加了确定损失的难度。"[1]第三,版权领域赔偿救济履行上的难度促使第三方版权人倾向于选择禁令救济维护自己权益。"即使赔偿数额能够被容易地确定,履行上的困难也会阻止责任规则的适用。随着数字化时代的来临,针对网络服务提供者的替代侵权或诱导侵权的诉讼越来越多,而且涉及的作品数量巨大,范围广泛,在此情况下,最终确定的赔偿数额往往会超出网络服务提供者所能承受的限度。无力清偿的可能性会使单纯的赔偿性救济显得非常不充分。此外,损失赔偿不可能阻止重复性的侵权,不断上升的诉讼成本会阻止原告提起诉讼。除非赔偿数额巨大,否则单纯的填补性赔偿很难对侵权者产生有效的威慑作用。在互联网环境下,大量侵权者的债务清偿能力非常有限,与其对版权人所造成的损失相比远远不成比例,在缺少禁令救济的情况下,版权人的权利保护将很可能落空,禁令救济也因此成为补救损害特别是制止侵害的唯一现实方式。"[2]版权禁令救济的无限制适用固然对保护第三方版权人之于版权作品的专有权发挥着重要作用,但从社会公共利益视角出发,版权禁令救济的无限制适用在版权法二元价值目标的实现道路上显得格格不入,甚至大有背道而驰之意。具言之,版权禁令救济的无限制适用不仅会造成在先作品于市场领域的低效使用,同时还会阻碍知识的传播,对社会文化发展产生一定的阻滞效应。此外,版权禁令救济的无限制适用为投机性诉讼的发生创造了天然有利条件,存在引发大量投机诉讼的潜在风险。[3]

随着禁令救济越来越多地被第三方版权人提起,司法实践领域似乎已经开始自我反思。在《新大头儿子和小头爸爸》版权纠纷一案中,虽然二审法院认定央视动画存在未经许可对大头儿子文化公司享有版权作品的使用行为,侵犯了大头儿子文化公司的版权,理应承担相应的侵权责任,但在综合考量《新大头儿子和小头爸爸》的创作背景和社会效果等多

---

① 杨红军:《版权禁令救济无限制适用的反思与调适》,载《法商研究》2016 年第 3 期。

② 杨红军:《版权禁令救济无限制适用的反思与调适》,载《法商研究》2016 年第 3 期。

③ 参见杨红军:《版权禁令救济无限制适用的反思与调适》,载《法商研究》2016 年第 3 期。

重因素之后,二审法院并未支持大头儿子文化公司所提出的停止侵权的禁令救济请求,而是以提高赔偿金额的方式替代停止侵权责任的承担。[①]同样,前述“斯图尔特诉阿本德案”的受理法院也并未支持原告所提出的禁令救济诉求。该案中,法院认为,被告的演绎作品取得了较大的市场反响,引起较为强烈的社会效应和轰动,如果满足原告诉求禁止被告演绎作品继续存在于市场上,将会对社会公共利益产生一定损害。可见,无论是传统社会还是当下的数字信息时代,版权法的价值目标不仅在于保护作者对其作品的专有权,同时还在于激励创作丰富社会文化。随着互联网技术的高精深发展,用户衍生内容现象愈加普遍,这要求我们在尊重和保护第三方版权人利益的同时,合理顾及内容衍生用户的在后权益及社会公共利益,不可“一刀切”地阻挡用户衍生内容的传播与此现象的拓展。为此,我们应该采取措施规范版权禁令救济在互联网社会甚至物理世界的任意性适用,维持数字空间中版权维权领域的合理秩序。一方面,积极推行财产性救济,发挥其在版权领域对禁令救济的替代性功能。从版权法设立的二元价值目标来看,版权法并非纯粹保护版权人版权利益的完全私权利意义上的私法制度,其同时也彰显出一定的公法追求。禁令救济的无限制适用虽然在版权人版权保护问题上发挥着近乎完美的作用,但也恰恰显露出其忽视社会公共利益的负面影响。以财产性救济代替禁令救济,既可以有效弥补版权人基于版权作品的利益损失,也可以在一定程度上维护社会公众使用作品的需求,同时还能够丰富社会文化,彰显版权保护的适当性和灵活性,契合版权法时代性及平等性的制度要求。另一方面,避免禁令救济的无限制适用并非对其适用的禁止,而是在合理空间范围内,禁令救济的有用价值依然存在彰显的必要,但禁令救济的适用场景应予以优化。具体而言,在禁令救济适用过程中,需加强对权利人诉讼动机的考量,避免投机性诉讼的过度产生;同时,提高对被诉作品公益性价值的判断技巧和关注度,“就被诉作品而言,如果不存在替代性产品

① 参见浙江省杭州市中级人民法院民事判决书,(2015) 浙杭知终字第 358 号。

或者实现产品替代的成本极高,且经济赔偿又足以收回作品创作成本时,再适用禁令救济显然就会对公共利益造成损害”。[①] 此外,合理关注禁令救济的效力范围,从时间、空间及对作品的使用行为等方面综合把握禁令救济的适用范围。“就版权而言,禁令应具体到被告对作品的使用方式,即便使用笼统的表述,在执行时也不能涵盖被告所实施的、与判决认定事实无关的作品使用行为,因为不同的作品使用方式在是否构成侵权的定性上存在差异,彼此之间不存在自然的传导性。”[②]至于禁令救济在空间上的效力,“因版权的效力辐射到全国范围内,因此与之相应的禁令效力也不应受审理法院管辖区域的限制”。[③] 而在禁令救济适用时间跨度方面,随着新的版权限制和例外制度的出现,之前被认定为侵权的行为可能会变成合法行为,而无期限的版权禁令会造成对被告的不公。在具体期限的设定上,可参照最高人民法院《关于审理侵犯商业秘密民事案件适用法律若干问题的规定》第 17 条关于商业秘密保护禁令的规定,将版权禁令的期间延伸到行为不再被视为违法时止。

第三节　可选择性方案之二:构建版权配置新格局

WEB 2.0 引爆的用户生成内容现象,在繁荣网络文化事业的征程中发挥着举足轻重的作用。有学者直言,用户生成内容现象的风靡正在并将持续对人类社会繁荣产生重要影响,而用户生成内容在人类社会文化发展中扮演着里程碑式的角色。[④] 就用户生成内容而言,其既存在对内容生成主体的私人利益,也蕴含着广泛的公共利益。申言之,实现用户生

---

① 杨红军:《版权禁令救济无限制适用的反思与调适》,载《法商研究》2016 年第 3 期。

② 杨红军:《版权禁令救济无限制适用的反思与调适》,载《法商研究》2016 年第 3 期。

③ 杨红军:《版权禁令救济无限制适用的反思与调适》,载《法商研究》2016 年第 3 期。

④ See William W. Fisher Ⅲ, *The Implications for Law of User Innovation*, 94 Minn. L. Rev. 1417 (2010).

成内容之上的版权利益，不仅是对数字信息时代“万众创新”现象的直接激励，而且还是挖掘其中赋存公共利益的深层次体现。沃伦·B. 奇克提到，用户生成内容上所蕴藏的公共价值是多方面的，其中最为核心的即用户生成内容现象较大程度丰富了社会知识财富，活跃了社会公众间在文化领域互动的气氛，使得传统世界中以自上而下为主所营造的文化氛围逐渐向自下而上“万众推进”的氛围相倾斜。[①] 值得强调的是，用户生成内容之上版权利益的实现，并非总是内容生成主体个人利益与第三方版权人及社会公众利益间的博弈，尤其在数字环境中，用户生成内容之上的私人利益可能存在与社会公共利益相重合的“友善”形态。[②] 如前所述，用户生成内容在 WEB 2.0 的推动下，其多元创作动因的特性更加明显，追求纯粹个人经济利益的意愿已相对削弱。随着社会经济水平的提高和物质生活的相对满足，人们越来越多地将精神需求摆放在重要地位，相应地，对文化欣赏的要求越来越趋向多样化。在此背景下，用户生成内容的私人利益与社会公众利益趋于重合，进一步反映出用户生成内容现象在数字空间中的普适性和社会化。

与用户生成内容丰富社会文化输出、壮大网络文化基数、繁荣数字空间文化氛围的有益影响不相匹配的是传统版权法所构建的单一作者权保护环境的规则制约。亚伯拉罕·贝尔（Abraham Bellt）和吉迪恩·帕乔诺夫斯基（Gideon Parchomovsky）认为，各国所现行的版权法尚停留在调整纯粹物理世界作品创作现象层面，其在虚拟世界“大众参与、万众创新”的新的创作现象中略显吃力，甚至略有故步自封之势。[③] 具言之，在用户生成内容逐渐发展成为网络世界主要文化创作形式的数字信息时代，内容共享和社群创作正在成为网络文化活动的典型特征，“协作”更成为互

---

① See Warren B. Chik, *Paying It Forward: The Case for a Specific Statutory Limitation on Exclusive Rights for User-Generated Content under Copyright Law*, 11 J. Marshall Rev. Intell. Prop. L. 240(2012).

② See Warren B. Chik, *Paying It Forward: The Case for a Specific Statutory Limitation on Exclusive Rights for User-Generated Content under Copyright Law*, 11 J. Marshall Rev. Intell. Prop. L. 240(2012).

③ See Abraham Bellt, Gideon Parchomovsky, *Copyright Trust*, 100 Cornell L. Rev. 1015(2015).

联网社会"作者身份获取"的新的重要形式。然而,在此变化之下,版权法仍固守传统调整模式,坚持版权的"单一作者"配置规则,仍旧以"专有权+控制权(收益权)"的传统形式应对网络世界用户生成内容现象。从某种程度来看,传统版权规则在数字空间中对用户生成内容现象的不合理适用,在一定程度上损害了内容生成主体的创作动机,同时根据传统版权法的有关规定,"它拒绝给予对作品完成付出贡献的创作者群体相应奖励",且导致了用户生成内容价值的不完全释放及未充分利用,甚至造成过度诉讼,引发本可以避免的诉讼负累,浪费一定的诉讼成本和资源。[①] 亚伦·佩扎诺夫斯基(Aaron Perzanowski)和杰森·舒尔茨(Jason Schultz)认为,完全适用传统的版权法规则以调整数字空间中用户生成内容现象显得较为不合时宜。其原因在于,产生于物理世界的传统版权法,是在综合权衡现实世界中各利益主体间的权益较量后所制定的,其于无形中在作品创作者与作品消费者之间建立了一种不可避免的紧张关系。[②] 他们同时指出,版权法的调整规则应是在综合考量创作者与消费者之间的利益关系并调和作品专有权和社会公众利益矛盾的基础上,结合时代背景、技术发展水平等各领域不同要素所形成的。随着社会技术更替等新的现象的出现,版权法应摒弃一成不变的态度,代之以对新的社会场景加以适应。[③] 值得提及的是,变化的是版权法对新的现象的调整规则,但在此过程中应时刻秉持版权法一以贯之的二元价值目标,坚持以版权法的根本目的和立法宗旨为指引。

为促进虚拟世界文化环境的进一步发展和优化,我们需要在有效保护版权人于作品之上版权利益的同时,合理关注内容生成主体的潜在价值期待,为用户生成内容的繁荣营造友好的发展环境,创造继续兴盛的制

---

① See Abraham Bellt, Gideon Parchomovsky, *Copyright Trust*, 100 Cornell L. Rev. 1015(2015).

② See Aaron Perzanowski, Jason Schultz, *Reconciling Intellectual and Personal Property*, 90 Notre Dame L. Rev. 1211(2015).

③ See Aaron Perzanowski, Jason Schultz, *Reconciling Intellectual and Personal Property*, 90 Notre Dame L. Rev. 1211(2015).

度契机。因此,构建适时的用户生成内容版权利益实现路径,营建数字版权生态系统,调和第三方版权人与内容生成主体之间的版权利益关系是为明智之举。围绕前述用户生成内容在产生和传播过程中所引发的与第三方版权人之间的利益矛盾,本书意从权利限制和权利配置两个维度出发,一方面通过完善适用版权限制场景和规范利用版权禁令救济的途径,完善规范第三方版权人权利行使方式;另一方面在构想建立版权开放许可制度、推广应用知识产权共享规则及设立推行版权信托模式的基础上,构建数字空间第三方版权人与内容衍生用户之间权益配置新格局。

如吴汉东教授所言,版权法利益平衡精神的实现主要依靠权利配置和权利限制两种途径。[①] 数字空间健康有序创作环境的营建及作品使用和传播方式的良性拓展不仅需要对第三方版权人权利行使路径作出进一步完善,同时也需要规范网络用户使用第三方版权作品的行为。进一步而言,从版权法的价值目标来看,其制度设计的初衷并不仅仅在于保护第三方版权人版权专有权,还肩负着社会发展、经济进步、艺术繁荣、教育启发等公益性活动的助力者任务。[②] 因此,版权相关规范的施行不应囿于第三方版权人于作品之上专有权的保护。当然,关注互联网世界网络用户参与文化创作的热情并非以完全无视第三方版权人的版权利益为代价。这要求我们在合理保护第三方版权人正当版权利益的前提下,去探寻一条能够实现用户生成内容与在先作品之间和谐共存的新道路,于数字空间之中寻求内容生成主体与第三方版权人之间权益的动态平衡。在本书看来,上述意在实现的第三方版权人与内容生成主体间权益的动态平衡,既不能以第三方版权人版权专有权的完全牺牲为代价,也不能一刀切式地阻止用户生成内容的产生,应坚持以构建数字空间第三方版权人与内容衍生用户之间权益配置新格局为目标,通过建立版权开放许可制度、推广应用知识产权共享规则及设立推行版权信托模式等途径,探求一

---

① 参见吴汉东:《知识产权法》,法律出版社 2021 年版,第 232 页。

② See Edward W. Ploma, L. Clark Hamilton, *Copyright: Intellectual Property in the Information Age*, Routledge and Kegan Paul Ltd. 1980. 转引自吴汉东:《知识产权法》,法律出版社 2021 年版,第 234 页。

条版权专有权行使与作品使用收益相分离的有利道路。

一、推广应用知识共享许可协议

知识共享许可是由“知识共享组织”最先发起的知识产品使用方式。“知识共享组织”由詹姆士·博伊尔(James Boyle)等人于2001年创立,该组织以促进第三方版权人与作品使用者之间的良性有效互动为宗旨,进一步实现社会大众对知识共享的诉求和期望。[①] 具言之,知识共享许可即有意参与知识共享活动的第三方版权人与一定范围内的不特定用户以知识共享许可协议为衔接,将彼此的权利义务连接在一起。知识共享许可协议围绕第三方版权人同意相关群体以预先商议的形式自由使用其有关作品的表意为传达内容,同时在这种“自由使用”之上附加以一定的前提约束,即相关群体因以约定方式自由使用第三方版权人作品而产生的新的作品,应以同样的方式在相同场所授予不特定用户自由使用的机会。此即知识共享许可协议的核心要义和知识共享许可的关键所在。由此可以看出,知识共享许可在一定程度上体现了第三方版权人对其版权专有权从专有控制到部分控制的转变,[②]是顺应数字时代对作品广泛传播和使用需求的回应,更是第三方版权人与作品使用者之间为实现动态权利平衡的自主探索。该情形反映了互联网环境下,第三方版权人与作品使用者之间由传统版权法所拟制的对立状态在某种意义上趋于消散,转而表现为第三方版权人与作品使用者间“共同发展”“相互扶持”新的关系格局的形成。在兼具开放性和包容性等特征的互联网社会,万众参与的知识创新活动屡见不鲜,在这样一种开放式的知识创新需求与情景下,保护知识的最佳方式不再是传统版权法所做的那样——赋予版权人对作品的专有控制权,以“一对一”式的直接许可给予他人以使用其版权作品的机会,而是被充分发挥知识所蕴含的使用价值取代实现对其保护

---

① 参见吴汉东:《知识产权法》,法律出版社2021年版,第239~240页。

② 参见刘银燕:《未经许可的演绎作品著作权问题研究》,载《河南财经政法大学学报》2021年第1期。

的目的。在此过程中能够较大程度发挥版权作品的市场价值,实现进一步创新,这无论是对第三方版权人还是新的作品创作者来说都是利大于弊的。[①] 目前,就知识共享许可的类型而言,存在 6 种不同的使用方式,分别为"署名(CC BY)""署名—非商业性使用(CC BY-NC)""署名—禁止演绎(CC BY-ND)""署名—相同方式共享(CC BY-SA)""署名—非商业性使用—禁止演绎(CC BY-NC-ND)""署名—非商业性使用—相同方式共享(CC BY-NC-SA)"。[②]

值得一提的是,从目前发展来看,"知识共享组织"作为自发形成的民间非公益性组织,其实质是从第三方版权人与作品使用者的实际需求出发,通过自发性的自治方式最大限度满足虚拟环境中第三方版权人与作品使用者对相关作品的不同利益追求。换言之,知识共享许可活动的有效形成和开展并不依赖于公权力的强制推动,在互联网社会中,以网络平台为媒体中介,积极促成第三方版权人的作品使用授权,以鼓励和激发特定网络平台用户参与文化创作的积极性,使其不至于在风险厌恶心理的影响下逐渐远离网络文化活动,这不失为明智之举。因此,本书认为,在数字技术日益发展的今天,出于调和第三方版权人和内容生成主体之间权益矛盾的目的,在实现平台经济良性发展的同时,推动网络文化向着高精深方向前进,网络服务提供者尤其是以鼓励用户参与平台创作生成用户内容为主的用户生成内容型平台,有必要主动联系相关版权人,与第三方版权人达成合作,以合同自治的形式同第三方版权人和平台用户之间签订知识共享协议,为用户生成内容创作环境的良好形成发挥关键的媒体中介作用。申言之,一方面,知识共享协议的推广应用离不开网络服务提供者的参与。用户生成内容现象下,为充分释放用户生成内容的网

① See Sawhney-M., Prandelli-E., *Communities of Creation: Man-aging Disrribuited Innovation in Turbulent Market*, 42 California Management Review 20(2000). 转引自王睢:《开放式创新下的占有制度:基于知识产权的探讨》,载《科研管理》2010 年第 1 期。

② 刘珊、黄琴:《网络用户生成内容版权侵权自治模式的法治化探索》,载《中国出版》2018 年第 12 期。

络价值,其前提即存在用户生成内容的友好环境。网络服务提供者作为第三方版权人和网络用户参与网络活动的场所提供者,具有天然的营造合同治理环境的优势。同时,用户生成内容良性环境的形成从某种意义上来看,对网络服务提供者之后发展与经济收益“百利而无一害”。因此,无论是从公共利益出发,还是从网络服务提供者的私人利益考量,网络服务提供者在知识共享协议的推广应用中都占据着举足轻重的地位。另一方面,网络服务提供者在推广适用知识共享协议的过程中,应积极促成与第三方版权人的合作,吸引第三方版权人加入其知识共享计划之中。需要强调的是,知识共享活动的促成不能以牺牲第三方版权人的合法权益及可期待利益为代价而盲目要求第三方版权人加入知识共享计划之中。简言之,网络服务提供者促成知识共享协议订立的前提在于尊重第三方版权人的期待版权利益,并非“一刀切”地对第三方版权人版权利益的绝对剥夺。唯有蕴含灵活性、科学性、可发展性等的知识共享协议,才能切实实现数字空间中第三方版权人与内容衍生用户之间权益的合理配置。

二、建立版权开放许可制度

我国2020年修正的《专利法》,以专门条款形式补充规定了专利的开放许可制度规则。专利开放许可制度是指,专利权人以书面形式向国务院专利行政部门表达其愿意许可任何意图使用其专利的单位或个人,在满足其预设的条件后对其专利的使用请求。预设条件通常包含许可使用费的给付标准及方式,这些条件将由专利权人在向国务院专利行政部门提交专利开放许可声明时一并明确,最后由国务院专利行政部门就相关事宜面向社会予以公告。有意实施此开放专利的单位或者个人,以书面形式通知专利权人,且依照国务院专利行政部门公告的许可使用费标准及支付方式支付有关使用费后,即被视为已获得实施此专利的许可。作为回报,国务院专利行政部门会对专利权人声明开放专利许可期间的专利年费给予相应的减免。但值得注意的是,以专利开放许可方式获得的实施专利的许可为普通许可，被许可人不具有排除第三人或专利权人同时实施此专利的权利。至于因专利开放许可而引发的纠纷，当事人可以协商解决，在协商无果的情况下既可以向国务院专利行政部门提出调解申请，也可以向法院提起诉讼。在吴汉东教授看来，设立专利开放许可制度，一方面能够有效促进专利技术供需双方之间的沟通联系，从而降低专利权人寻找专利实施伙伴所付出的成本，同时也使得相关专利的需求方能够及时快捷地获取专利信息，在一定程度上缓解专利许可使用领域信息不对称的局面；另一方面，专利开放许可制度的实施在某种程度上可以降低专利许可的交易成本，增强专利被许可人转化专利的意愿，提高专利许可人专利实施的效率。此外，专利开放许可制度能够有效盘活专利的市场活力，维持甚至延长专利在经济社会中的有效寿命，进一步提高专利的质量效益。[①] 不难发现，数字信息环境下，专利开放许可制度的实施在专利权人专利的高效实施和社会对相关专利需求的满足等方面都起着关键的衔接作用。同时，专利开放许可制度的实施也缓解了互联网背景下专利权人对其专利控制不足及专利滥用的风险，还在缓和专利权人及专利使用者之间矛盾等方面发挥着积极作用。如学者刘珊和黄琴所提到的，将专利开放许可制度引入版权领域，在一定程度上能够有效解决版权领域作品内容供需信息不平衡、不对称的现实问题，同时还可以便利作品许可使用程序，降低因作品使用而付出的搜索等成本，推动版权作品更为广泛地传播和使用。[②]

在版权领域建立版权开放许可制度，不仅可以促进第三方版权人和作品使用者之间的有效联系，避免使用者“欲用之而无所寻”的尴尬局面的频繁发生，还能够降低搜索作品内容、寻求作者同意等意在获权过程所花费的额外成本，进而增强社会公众使用作品的意愿以及提高版权作品的传播及使用效率。在此基础上，版权作品所蕴含的价值能够得到充分

---

① 参见吴汉东：《知识产权法》，法律出版社 2021 年版，第 436 页。

② 参见刘珊、黄琴：《网络用户生成内容版权侵权自治模式的法治化探索》，载《中国出版》2018 年第 12 期。

释放。就用户生成内容领域而言,建立版权开放许可制度,即在使用人使用作品之前,第三方版权人即已通过国家版权相关部门发布版权作品的使用许可,虽然这是对传统版权领域"先许可—后使用"的延续,但其不同于传统版权许可制度"使用人申请—版权人许可—使用人使用"的表现形式,而代之以"版权人许可—使用人使用",不再囿于"一对一"式"申请—授权"的古板模式,在一定程度上减轻了作品使用人于网络世界"大海捞针"般找寻版权人的负累。对第三方版权人来说,版权开放许可制度的建立有利于其将对作品之上的专有权转化为作品使用后的经济等实际收益,促进其作品在网络世界的传播和使用,增加其社会影响力。然而,值得注意的是,建立版权开放许可制度,首先应以第三方版权人的许可声明为基础。第三方版权人以书面形式向国家版权相关部门声明其愿意许可他人使用其有关作品的请求。从性质来看,许可声明为与不特定第三人订立合同的要约,声明一经公告即表明此第三方版权人愿意承担因此声明的成立而产生的义务及责任,一旦不特定第三人依照声明内容实施相关行为,即可认为该不特定第三人面向第三方版权人发出的要约作出了承诺,其之间形成合同关系,共同接受因该合同的订立所产生的权利义务。当然,在不特定第三人的承诺到达第三方版权人前,第三方版权人有撤回其要约的权利。从内容来看,许可声明应至少明确有关作品许可使用的具体条件,比如使用方式、使用费用、使用期限等。从争议处理来看,因版权开放许可而引发的第三方版权人和不特定第三人之间的纠纷,可以比照专利开放许可制度,在双方协商无果的情况下,选择交由国家版权相关部门调解或向法院起诉。其次,版权开放许可以不特定第三人为被许可主体。这意味着第三方版权人版权开放许可声明发布后,其不能拒绝任何一个作出使用其相关作品承诺的人,任何第三人在符合许可条件的情况下都可能也都有机会成为其有关作品的使用人。再次,版权开放许可声明和使用人的使用承诺均需以书面形式作出,这有利于第三方版权人及使用人清晰了解其所欲知晓的具体信息。最后,版权开放许可应以非独占性使用为许可方式。进一步而言,开放许可的公开性和快捷便利性，决定了其只能以非排他的方式作出。

三、设立推行版权信托模式

在讨论建立版权信托制度之前，有必要简单了解一下信托制度的机理。所谓信托，即委托人出于对受托人的信任，将其相关财产在一定时期内的所有权及管理权置于受托人之下，受托人基于诚信原则按照委托人的意愿，以自己名义为相关财产之上受益人的利益或特定的其他目的管理或处分相关财产。进一步而言，信托制度的核心在于在一定期间内分离特定财产之上的所有权与收益权。具体来说，信托关系一经成立，受托人即取得了特定财产之上的所有权，得以以此财产合法权利人的外观行使处分等权益，而因处分信托财产等行为产生的信托利益归于委托人或相关受益人所有。当然，受托人自身享有依信托事务而获取报酬的权利。正如学者方嘉麟所述，“信托一旦设立，信托财产即自行封闭与外界隔绝”。① 申言之，信托自设立后，信托财产即从委托人、受托人和受益人等相关主体的自有财产中分离出来，以独立运作的财产显见于社会，仅以实现信托目的为存在的必要，②故而具有当然的独立性。除此之外，因管理不当而引发的财产损失并不要求受托人承担无限责任，即受托人基于信托关系对信托财产的管理责任，仅在信托财产可预见价值的有限范围内承担。在虚拟世界中，用户生成内容现象之下是第三方版权人与内容生成主体因版权作品的未经授权使用而引发的激烈矛盾。从传统版权作品使用市场来看，第三方版权人就版权作品的利益实现而言，往往需要付诸作品的传播和使用。换言之，只有版权作品在不特定人群中得到充分的使用，第三方版权人的版权利益才能够较大程度地实现。同样道理，第三方版权人在网络世界中积极维护自己基于版权作品的专有权，抑制网络用户对其作品的使用，原因通常在于网络用户未经许可对其作品的使用

① 方嘉麟：《信托法之理论与实务》，中国政法大学出版社 2004 年版，第 3 页。转引自文杰、文鹏：《版权信托制度：版权运用机制的创新》，载《出版发行研究》2012 年第 1 期。

② 参见文杰、文鹏：《版权信托制度：版权运用机制的创新》，载《出版发行研究》2012 年第 1 期。

行为,不合理侵犯了其在版权作品之上的可期待利益,由此引发第三方版权人对内容生成主体的强烈不满。但随着信息技术的发展,若依然囿于第三方版权人集版权作品专有权与收益权于一身的传统状态,则可能不仅会打击网络用户参与文化创作活动的积极性,而且会影响版权作品的传播和使用效率,最终反噬第三方版权人的可期待版权利益,造成“两败”的局面。为此,我们需要找寻合理路径,以缓解数字空间中第三方版权人和内容生成主体之间的矛盾,在满足各方实际诉求的同时,保证网络文化的持续繁荣。

亚伯拉罕·贝尔和吉迪恩·帕乔诺夫斯基曾提道,“财产政策的制定必然需要考虑到所有者数量、资产配置和权利范围这三个不同维度的问题”。[①] 从这三个维度来考量,版权信托模式能够在第三方版权人和内容生成主体之间的矛盾中发挥有效的调和作用。具言之,基于用户生成内容现象的特殊之处,设立版权信托制度,促使第三方版权人就版权作品的专有权与收益权分离,将第三方版权人所在意的作品收益保留在其手中,而把用于转变成利益回报的版权专有权在一定期限内“让渡”出去,转由内容生成主体管理和处分,且由第三方版权人(委托人)和内容生成主体(受托人)共同享有这期间所产生的收益。也就是说,在第三方版权人和内容生成主体之间建立信托关系,第三方版权人作为委托人,“让渡”其在版权作品之上一定时期的专有权(管理权),作为回报,其有权收取因信托作品的使用而产生的收益。内容生成主体作为受托人,取得一定时期内对版权作品的管理处分权,得以在法律允许的范围内以自己的意志使用作品,但由此产生的利益应在其和委托人之间分配。进一步而言,受托人(内容生成主体)在信托关系存续期间,不仅会产生因对信托作品的使用而得到的利益,在满足一定条件的情况下,还会产生衍生作品。就因使用信托作品而产生的利益来说,此利益当然应归属于委托人即第三方版权人所有,此“使用而生的利益”即内容生成主体应为其使用作品的行

① Abraham Bellt, Gideon Parchomovsky, *Copyright Trust*, 100 Cornell L. Rev. 1015(2015).

为所支付的报酬。就衍生作品之上的利益而言，因衍生作品系受托人（内容生成主体）基于信托关系在管理信托作品期间所产生，系受托人（内容生成主体）个人行为所产生的结果，其版权专有权应由受托人（内容生成主体）单独享有。但信托关系之下，委托人（第三方版权人）同样作为信托行为的受益人，其有权取得因衍生作品使用而获得的部分收益。因此，基于信托关系，第三方版权人和内容生成主体之间就用户衍生内容之上的版权利益状态趋于明晰。正如学者所言，“版权信托制度将管理作品的权利集中在一个人身上，同时将因专有权行使而得到的利益分散到各个贡献者中”。[①] 版权信托模式，能够实现第三方版权人与内容衍生主体之间对信托作品支配权与收益权的分离，有效避免因权利碎片化带来的作品价值释放不能的不利后果，从而充分保障版权人的切身利益以及防止版权作品闲置现象的发生。[②] 值得注意的是，在版权信托模式中，仅版权财产权益够作为信托的客体进入到信托关系之中成为信托财产，而版权人身权因其特殊的人身属性不能成为信托的客体。

---

① Abraham Bellt, Gideon Parchomovsky, *Copyright Trust*, 100 Cornell L. Rev. 1015(2015).

② 参见文杰、文鹏：《版权信托制度：版权运用机制的创新》，载《出版发行研究》2012 年第 1 期。

CHAPTER 05

第五章

责任重构:网络服务提供者对版权作品应尽义务的思考

2006年乔纳森·L.茨特瑞恩(Jonathan L. Zittrain)教授在《哈佛法律评论》发表“The Generative Internet”一文,该文章分析了“创生性互联网”在社会发展过程中引发的一系列现象,以翔实的情境分析阐明网络服务提供者在数字空间中的角色扮演,提醒我们在享受网络服务提供者所带来的时代红利的同时,有必要重视纷至沓来的版权盗版、计算机病毒等不良现象,去寻求数字空间持续繁荣的出路。[①] 从印刷时代到广播时代,再到互联网时代,版权作品的创作和传播在不同技术背景下以相异的形式呈现。但殊途同归,经由不同历史时期的淬炼,文化领域逐渐形成以创作者、传播者和使用者等为核心的利益相关格局。在区分版权作品产生、传播和使用活动在印刷时代、广播时代和互联网时代中的演变时,学者佩吉·瓦尔克(Peggy Valcke)和玛丽克·莱纳茨(Marieke

① See Jonathan L. Zittrain, *The Generative Internet*, 119 Harv. L. Rev. 1975 (2006).

Lenaerts)提到三个关键性要素:一是版权作品的来源,在一定意义上可以看作为创作版权作品的行为主体;二是传播作品的主体;三是作品传播过程中所依赖的传播技术。[①] 具体来说,印刷时代版权作品多由以创作为业的专业作者创作和提供。进入广播时代后,制片人概念在技术变革中出现,版权作品逐渐从原始创作者手中脱离,由占据资本优势的制片人实际掌控,制片人开始成为版权作品的现实权利人。随着技术革命的深入开展,互联网时代为社会大众提供了以往任何时期都不曾切实实现的"人人参与、人人创作"的机会。社会公众在边际成本几乎为零的数字空间中,热衷于信息内容创作活动,开始成为版权作品的创作主体。由此看来,与印刷时代、广播时代及互联网时代相对应的是,版权作品来源在"专业作者—制片人—社会公众"中的演变。就作品的传播主体而言,印刷时代版权作品的传播多寄托于专业印刷出版物的出版商群体,他们雄厚的经济实力使得版权作品能够顺利在市场上实现交易和流转。与此相类似,广播时代作品传播普遍需要借助信息服务提供商的参与。进一步而言,版权作品通过特定技术在广播组织的运作下,轻易便可实现社会层面的广泛传播。互联网时代版权作品的传播同样需要信息服务提供者参与,而社会公众依靠特有的信息传播服务普遍参与到作品传播活动中,不仅是作品的创作者、使用者,也是作品传播环节的重要参与者。在传播技术的利用问题上,印刷时代作品传播依托于打印机、印刷机等产生于工业时代刚刚成熟的机器设备;广播时代的作品传播不再囿于打印机等物理设备,开始向信号领域拓展;互联网时代信号传播技术渐次成熟,基于互联网信息内容访问进口、网络运营商和消费设备等技术设备的支持,社会公众可以随时随地进入互联网空间,参与虚拟世界的各类活动。正如学者所提到的,毋庸置疑,印刷出版物时期出版物陷入版权侵权风波时,作者难辞其咎,因作品引发的版权责任原则上由作者承担,当然也存在作者

① See Peggy Valcke, Marieke Lenaerts, *Who's Author, Editor and Publisher in User-Generated Content? Applying Traditional Media Concepts to UGC Providers*, 24 Int'l Rev. L. Computers & Tech 119 (2010).

不知情情况下由出版商承担的场景。而信号广播时期,因广播作品产生版权争议时责任开始向广播平台倾斜。在互联网“人人参与,人人创作”背景下,网络用户原则上应对其生成内容负责,但实践中,第三方版权人往往将责任诉求转移至网络服务提供者身上。[①]

学者劳伦斯·莱斯格指出,“当人们的生活向网络转移后,人们受到的规制就减轻了。网络空间的架构——至少曾经是这样——降低了政府对人们生活的规制能力”。[②] 在法律无法完全触及的网络空间中,在新的约束及规范产生和成熟之前,网络空间中私人利益色彩浓厚,人们为应对自身利益被侵蚀的不利局面,处心积虑地从现有法律中找寻对自己有利的条文规范,甚至会曲解法律深意,[③]努力地选择弥补利益缺口的最优方案。显而易见的是,相对于大海捞针般于互联网空间中确定具体的侵权主体,向有关平台主张权利将会更加便利有效。这样不仅可以快速锁定责任承担方,而且平台实力往往胜于自然人主体,在一定程度上利于权利人利益补偿或赔偿诉求的实现。出现此种与现实法律所要求的责任承担主体相背离的情况,原因之一在于网络空间的出现与发展虽然与物理世界亦步亦趋,但其不免呈现不同于物理世界的显著特点。如前所述,网络空间的出现,一方面弱化了版权作者与传播者间共同利益趋向下“一荣俱荣,一损俱损”的黏合局面,同时也在一定程度上放大了版权人与传播者间的利益矛盾。正如劳伦·G. 盖洛(Lauren G. Gallo)学者所提到的,在用户生成内容领域,版权人与相关网络服务提供者在利益关系上存在明

---

① See Peggy Valcke, Marieke Lenaerts, *Who's Author, Editor and Publisher in User-Generated Content? Applying Traditional Media Concepts to UGC Providers*, 24 Int'l Rev. L. Computers & Tech 119 (2010).

② [美]劳伦斯·莱斯格:《代码 2.0:网络空间中的法律》(修订版),李旭、沈伟伟译,清华大学出版社 2018 年版,第 27 页。

③ 参见[德]马克斯·韦伯:《论经济与社会中的法律》,张乃根译,中国大百科全书出版社 1998 年版,第 34 页。

显的竞争趋向。[1] 具言之,版权人目的在于维护其对作品的专有权,而网络服务提供者则意在吸引网络流量,利用平台上的信息内容赚取广大网络用户的注意力,从而与大量用户间形成服务黏性,最终以延迟收益的形式形成平台利益。另一方面,互联网技术的成熟使得作品传播方式得到极大改进,作品传播不再受制版权人的点头同意即可轻松供他人传阅。换言之,网络空间大大降低了版权人对作品的控制可能性,版权人对作品的专有控制被打开一个缺口,网络用户获取版权内容变得容易起来。在此背景下,版权人为了守住其版权利益,在网络空间继续对其版权作品进行强有力保护,会要求相关网络服务提供者与有关用户一同承担起侵犯版权作品的责任。由此不难看出,版权人、作品传播者和作品使用者原本在物理世界就表现出强利益相关关系的三方主体,经过网络空间的重新组合,具体表现在第三方版权人、网络服务提供者和网络用户之间,形成了互为制约又彼此依赖的"鼎足三分"格局。与此同时,网络空间相较于物理世界而言,正在改变的三方主体间就版权作品的利益与责任配置尚未稳定下来。[2]

主体之间的权利配置与主体之间的义务配置具有很大程度的关联性。版权人权利的保护需要以权利相对方即义务履行方履行义务为保障。概言之,数字空间中版权人版权利益的实现与网络服务提供者及网络用户有关义务的履行是一体两面的问题。版权人版权利益需要网络服务提供者及用户履行相应义务来实现。具体而言,版权法在制定过程中仅设定了版权人所享有的各类权项及保护期限,而各个权项的权利边界则只能通过个案诉讼予以确定。从某种意义上来说,无论是版权的设立还是版权的行使,都具有一定程度的"相对性",也即版权人的权利范围与义务履行方的义务边界基本重合。在互联网技术发展之初,为有效应

---

① See Lauren G. Gallo, *The (Im)possibility of "Standard Technical Measures" for UGC Websites*, 34 Colum. J. L. & Arts 283(2011).

② 参见[美]劳伦斯·莱斯格:《代码 2.0:网络空间中的法律》(修订版),李旭、沈伟伟译,清华大学出版社 2018 年版,第 3 页。

对虚拟技术加持下作品传播给第三方版权人带来的利益风险,美国于20世纪90年代颁布《美国千禧年数字版权法案》,以平衡第三方版权人、网络服务提供者和网络用户之间的利益关系,实现互联网社会的持续发展。[①]《美国千禧年数字版权法案》提到的"通知—删除"规则受到多国青睐,在互联网领域被广泛应用。但随着互联网空间的深度发展,"通知—删除"规则所确定的网络服务提供者消极配合第三方版权人维权的政策要求,已经不能完全满足网络空间秩序稳定的要求。越来越多的版权人对网络服务提供者提出承担相关责任的要求,试图说服立法机关重新审视网络空间中网络服务提供者所应承担的义务范畴。学者尼古拉斯·托马斯·德丽莎(Nicholas Thomas DeLisa)认为,就普通网络用户来说,面对纷繁复杂充斥着海量信息内容的网络世界,让他们自行判断相关信息内容是否侵犯第三方版权人专有权,并在此基础上作出行为选择,是不现实也是不切合实际的。[②] 从某种程度上说,网络用户的行为实施受网络服务提供者的影响和引导,若仍然将网络服务提供者置于维护网络秩序的消极与被动位置上,无论是对第三方版权人还是网络用户都显得不合时宜。尤其在大数据、云计算、元宇宙等伴随新技术出现的新的场景中,网络服务提供者在网络空间中的角色已不仅仅是前互联网时代的技术中立方,而是开始由最初的单纯网络服务中介向网络内容提供等多元角色发展。[③] 申言之,网络服务提供者朝着多元化角色发展的过程,逐渐打破了传统"通知—删除"规则所实现的利益平衡,对权利义务格局提出了新的要求。网络用户在"通知—删除"规则之下权利应用的实际缺失现象随着数字技术的进一步发展日益明显。虽然"通知—删除"规则为网络

---

① See Jordan Sundell, *Tempting the Sword of Damocles: Reimagining the Copyright/DMCA Framework in a UGC World*, 12 Minn. J.L. Sci. & Tech 335(2011).

② See Nicholas Thomas DeLisa, *You(Tube), Me, and Content ID Paving the Way for Compulsory Synchronization Licensing on User generated Content Platforms*, 81 Brook. L. Rev. 1275(2016).

③ 参见熊琦:《著作权法"通知—必要措施"义务的比较经验与本土特色》,载《苏州大学学报(法学版)》2022年第1期。

用户提供了对不真实“删除”请求的“反通知”机会,以确保网络用户实际未侵权的信息内容得以正常在网络空间中传播,但在实践中,网络用户似乎并没有如第三方版权人和网络服务提供者那样充分积极地利用《美国千禧年数字版权法案》为其设置的权利,反而稍显颓废。同样,“通知—删除”规则在网络空间深度发展的背景下开始显露出对第三方版权人的“不友好”。具体而言,“通知”请求发出的前提是第三方版权人自主发现和监督到网络服务提供者存在侵犯其版权的内容。也就是说,第三方版权人需要投入一定的检测成本以及时发现网络服务提供者侵犯其版权的信息内容。值得注意的是,第三方版权人的经济实力往往千差万别,并非所有的第三方版权人均有能力及时对各网站上可能存在侵犯其权利的内容进行检测。此外,同一侵权内容如打地鼠般在第三方版权人“通知”请求发出并被相应平台“删除”后不久在另一平台再次出现的重复侵权情形让第三方版权人苦恼不已。《美国千禧年数字版权法案》制定之初旨在通过“通知—删除”规则,为尚处于萌芽阶段的互联网社会留足发展空间,保护网络服务提供者免于承担来自第三方版权人较为严厉的责任追究。具体而言,只要网络服务提供者在接到版权人的侵权通知后,对相关信息内容采取一定措施,就可使得自己从侵权行为中脱离。但从实践来看,网络服务提供者多是消极参与版权维权活动。在接到第三方版权人删除通知后,网络服务提供者通常会不假思索地将所指内容予以删除,而全然不顾“通知—删除”背后的价值意义,逐渐使得“通知—删除”规则趋于教条化、刻板化。[①] 尽管随着数字技术的进一步发展,多数网络服务提供者仍驻足于“通知—删除”规则为其搭建的避风港之中,但司法实践正在成为完善“通知—删除”规则适用场景的“风向标”。

2012 年,北京市海淀区人民法院审结一例百度文库版权纠纷案,显

---

① See Carmit Soliman, *Remixing Sharing: Sharing Platforms as a Tool for Advancement of UGC Sharing*, 22 Alb. L. J. Sci. & Tech 279(2012).

示了“通知—删除”规则在网络空间适用场景的新尝试。原告韩某在浏览百度文库时发现，多位网络用户未经许可将其代表作《像少年一样飞驰》上传至百度文库，供不特定的人以免费方式在线阅读或下载。之后，韩某多次致函北京百度网讯科技有限公司（以下简称百度公司），要求其妥善处理这一情况，但双方均未就处理结果达成一致意见。韩某遂以信息网络传播权被侵犯为由，向北京市海淀区人民法院提起诉讼，要求百度公司停止侵权等。百度公司辩称百度文库为信息存储空间，其中的信息内容均由网络用户上传，且在接到韩某的侵权通知之后，百度公司及时将侵权内容予以删除，根据“通知—删除”规则，百度公司不存在过错，不应承担侵权责任。北京市海淀区人民法院经审理后认为，“百度公司经营百度文库，一般不负有对网络用户上传作品进行事前审查、监控的义务。但这并不代表百度公司对百度文库中存在的侵权行为可以不施加任何干预和限制”。法院指出，涉案作品为知名作者的知名作品，且此前韩某作为作家代表之一曾就百度文库侵权事项与百度公司协商谈判，百度公司理应在之后的运营中对韩某的作品承担较高的注意义务。百度公司消极等待权利人通知的做法在主观上存在过错。[①] 生产技术新的发展必然带来社会规范的革新，生产技术的变革需要配套的社会规范与其呼应。如学者詹姆斯·博伊尔（James Boyle）所言，“若假设所有的社会安排、等级制度、权利意识形态等都将保持不变，变化的只有生产技术，那将会多么愚蠢”。[②] 经济学中平台概念在双边市场理论的基础上建立，平台在这一双边市场中以中介身份影响着相互依赖的双方客户群体，在满足双方客户群体利益需求的同时，通过向双方提供信息和交易机会，降低客户双方的交易成本。[③] 我国《互联网平台落实主体责任指南（征求意见稿）》将平台

---

① 参见北京市海淀区人民法院民事判决书，(2012)海民初字第5558号。

② James Boyle, *Shamans, Software, and Spleens-Law and the Construction of the Information Society*, Cambridge: Harvard University Press, 1996, Preface xv.

③ 参见[美]戴维·S.埃文斯：《平台经济学：多边平台产业论文集》，周勤、赵驰、侯赟慧译，经济科学出版社2016年版，第5页。

定义为依靠互联网技术，在特定的规则规范下使相互依赖的双边或多边主体交互创作价值的“商业组织形态”。而周学峰等学者曾提到，“网络平台，就是指网络中介，即网络中间服务提供商”。[①] 但随着网络服务提供者在网络活动中表现出的较高的参与度和活跃度，其传统的纯粹信息传播中介身份正在悄然发生改变。一方面，网络服务提供者在网络活动中以经营者身份出现，为网络用户提供网络交流场所和技术等支持；另一方面，随着用户生成内容红利的持续释放，诸多网络服务提供者不再满足于以旁观者身份驻足于用户生成内容领域之外，而是在中介身份之上，积极探求参与用户生成内容活动的有益实践，寻求继经营者之后的参与者身份。角色的变化、内涵的拓展，使网络服务提供者不再仅是第三方中介中立身份的扮演者，其同时以参与者身份融入版权内容创作、传播和利用活动中，寄望于从中挖掘和获取利益。因此，意在调整网络服务提供者纯粹中介身份的传统相关规范随着数字技术的持续发展在适用中愈显捉襟见肘。如霍姆斯法官曾提到的，“相较于逻辑分析，法律的生命更在于经验。法律的生命流淌于时代需求、主流道德、政治理论以及对公共政策的直觉之中，甚至于法官的集体偏见”。[②] 或许是出于对自我权利的绝对维护，抑或是对政策方向的敏锐嗅觉，第三方版权人开始不满足于“通知—删除”规则赋予其请求清理网络侵权内容的权利，要求网络服务提供者为其平台内容的产生和传播承担一定注意义务的呼声日渐高涨。

纳普斯特音乐分享平台由盛转衰直至宣告破产，在一定程度上是数字空间极速发展之初利益失衡局面下网络平台不得不面对的结局之一。成立于20世纪90年代的纳普斯特是一款免费音乐下载软件，为网络用户提供了一个以压缩数字格式上传和下载音乐内容的平台。A&M唱片公司认为纳普斯特的服务类型严重威胁到其版权利益，以替代侵权为由

---

① 周学峰、李平主编：《网络平台治理与法律责任》，中国法制出版社2018年版，第9页。

② ［美］小奥利佛·温德尔·霍姆斯：《普通法》，冉昊等译，中国政法大学出版社2006年版，第1页。

将纳普斯特诉至法庭。[①] 而纳普斯特以其平台之上用户对版权音乐的使用符合合理使用要求为由，主张原告 A&M 唱片公司的诉求不能成立。法院不以为然，将其与“索尼案”[②]相区分，认为索尼设备的制造商无法决定也不能控制人们购买其产品后的实际用意。但相比之下，纳普斯特在某种程度上有能力监管其平台用户的具体行为，因此，纳普斯特有义务这样做。“格罗斯特案”[③]同样强调网络服务提供者对其平台内容负有一定监管义务。在纳普斯特破产之后，音乐分享市场在一段时期内处于空缺状态，格罗斯特公司趁机推出一款音乐共享软件，迅速在音乐共享市场立足，并占据一定市场份额。与纳普斯特不同，格罗斯特公司充分吸取纳普斯特破产的教训，其音乐共享软件运用一种更为先进的 P2P 技术，格罗斯特公司无须为软件运行提供任何服务即可实现用户间的文件检索与下载。格罗斯特公司的音乐软件不可避免引得版权主体的关注，米高梅工作室以其侵权为由将其诉至法院。美国最高法院大法官认为，格罗斯特公司所提供的音乐共享服务有明显的教唆引诱网络用户实施侵权行为的故意，且其通过投放平台广告获取高额收益。虽然该音乐共享服务具有实质性非侵权用途，但其也要为用户因使用服务而实施的侵权行为承担责任。法院遂根据“引诱规则”，认定格罗斯特公司构成引诱侵权。无独有偶，我国“捷成华视网聚（常州）文化传媒有限公司与青岛创意无限文化传媒有限公司信息网络传播权纠纷”一案中，[④]审理法院通过对青岛创意无限文化传媒有限公司“应知”侵权情形存在的认定，认为青岛创意无限文化传媒有限公司应对涉案电影在其平台的传播负有较高的注意义务，其放任链接涉案电影在其平台任意传播的行为构成帮助侵权，应当承担相应的责任。“湖南广播电视台与广州市千钧网络科技有限公司信息

---

① See A&M Records, Inc. v. Napster, Inc., 239 F. 3d 1004 (9th Cir. 2001).

② See Sony Corp. of America v. Universal City Studios, Inc., 464 U. S. 417 (1984).

③ See Metro-Goldwyn-Mayer Studios Inc. v. Grokster, Ltd. 545 U. S. 913 S. Ct. 2764, 162L. Ed. 2d 781(2005).

④ 参见江苏省常州市武进区人民法院民事判决书，(2018)苏 0412 民初 3172 号。

网络传播权纠纷”一案中，法院同样主张被告广州市千钧网络科技有限公司未能对其平台内容尽到合理的审查义务，虽然没有直接实施上传侵权内容的行为，却为他人实施侵犯原告版权的行为提供了帮助，并且在相关视频播放过程中投放广告，获得较多点击量，获取不菲收益。[①] 最终法院认定广州市千钧网络科技有限公司侵权责任成立，应向湖南广播电视台承担侵权责任。

不难发现，网络服务提供者的责任义务随着数字空间的完善成熟，正在由过往的“弱义务”向“强义务”转变，与此相伴的是对网络服务提供者跳脱消极义务身份的要求，至少要求其在用户生成内容领域扮演起积极的“看门人”角色，主动承担一定的注意义务。无论是 2007 年 10 月由美国多家领先互联网企业和传播公司牵头签订的《用户生成内容服务原则》，还是《欧盟电子商务指令》《单一数字市场版权指令》，抑或《德国版权服务提供商法案》，均对网络服务提供者的主动注意义务提出了一定要求，都主张网络服务提供者在履行有限义务的前提下，积极利用技术手段探索平台治理的新路径。从我国 2019 年以来出台或修改的《网络短视频平台管理规范》、国务院办公厅《关于促进平台经济规范健康发展的指导意见》、《网络信息内容生态治理规定》、《关于进一步压实网站平台信息内容管理主体责任的意见》以及最高人民法院《关于审理侵害信息网络传播权民事纠纷案件适用法律若干问题的规定》等相关规范文件可以看出，我国对“通知—删除”规则之下网络服务提供者的消极义务表现出一定的完善趋向，大有加大网络服务提供者对其平台内容产生、传播等活动监管力度之趋势。在数字技术时代，对于势头正猛的用户生成内容领域，要想有效应对第三方版权人、网络服务提供者及网络用户之间的关系变化，寻求三者之间的利益平衡，于数字空间中形成新的版权生态秩序，有必要对网络服务提供者的义务履行作出能够回应时代之呼的变革，以在厘清网络服务提供者义务框架及边界的基础上，探索用户生成内容现象下版

---

① 参见湖南省长沙市中级人民法院民事判决书，(2018)湘 01 民初 1114 号。

权作品权益保护的有益路径,而这些问题的探讨与解决均以网络服务提供者对版权作品应尽相应义务为前提。

第一节　网络服务提供者对版权作品应尽义务的理论分析

从数字空间的发展实践来看,网络服务提供者主要包括网络内容服务提供者和网络技术服务提供者两大类别。所谓网络内容服务提供者,即“主动向网络用户提供内容的网络主体”。换言之,网络内容服务提供者经营场所内的信息内容主要由服务方产生或上传,其具有与物理世界的出版商相同的法律地位,是其上传内容的真实性和合法性的第一负责人。所谓网络技术服务提供者,指“提供接入、缓存、信息存储空间、搜索以及链接等服务类型的网络主体”。[①] 随着网络活动的频繁开展,网络活动呈现欣欣向荣之势。越来越多的网络技术服务类主体被提出,其内涵也趋向于精细化。《美国千禧年数字版权法案》将网络技术服务提供者的服务类型分为“临时性数字网络传输服务”“系统缓存服务”“信息存储服务”“信息搜索、定位服务”等四类。《欧盟电子商务指令》则将网络技术服务提供者的服务类型分为“纯粹传输服务”“缓存服务”“宿主服务”三类。值得强调的是,无论是对网络技术服务提供者作出精细化区分的制度规范,还是笼统以网络技术服务提供者为讨论对象的理论研究,其主要意图多在于厘清数字空间中网络服务提供者在相关活动中的法律地位及权责配置等关键性问题。

以信息内容生产主体角色参与到网络活动的网络内容服务提供者,毋庸置疑应保证其信息内容来源的合法性与正当性,否则就要面对不利

① 最高人民法院民法典贯彻实施工作领导小组主编:《中华人民共和国民法典侵权责任编理解与适用》,人民法院出版社 2020 年版,第 263 页。

的法律后果。而从表征上看，对信息内容不产生实质影响的网络技术服务提供者，似居于信息内容利用的客观辅助位置，以中立方的身份参与到网络内容的传播活动中。但正如学者所言，伴随着数字经济的深入发展，网络技术服务提供者正在从一个单纯的技术类场所支持者向“介入性平台”转变。[①] 从某种程度上来说，数字技术的深刻应用分化了网络技术服务平台的中立性，重新赋予了网络技术服务提供者在信息内容传播过程中的媒体属性。[②] 具体而言，网络技术服务提供者在加入网络活动之初是以向需求方提供技术支持换取对价获得经济利益的经营模式盈利，其从本质上区别于网络内容服务提供者吸引网络流量以信息内容盈利的经营模式。但随着算法技术的愈加成熟，一方面，以算法规范网络秩序的效果日渐明显，网络技术服务提供者逐渐由网络活动的边缘位置走向中心，开始主动参与到网络活动的全过程。如学者曾白凌所言，在算法技术得到切实应用的背景下，网络技术服务提供者发生了从“用户驱动”到“驱动用户”的关键性变革。[③] 网络技术服务者在吸引了足够的网络用户而形成一定的用户黏性之后，利用网络用户对其平台的关注，引导既是平台消费者又是平台内容生产者的用户持续发布能够进一步吸引边缘用户进驻平台的内容，从而增加平台曝光赚足流量获得延迟收益。[④] 另一方面，数字空间对算法技术积极干预以维持网络秩序稳定的鲜明作用，在加深网络技术服务者在网络活动中地位的同时，也让敏锐的网络技术服务提供者嗅到了来自互联网红利的味道。刻于经营者骨子里的逐利本质进一步增强了网络技术服务提供者深入参与网络活动以赚取利益的愿望。

---

① 参见鲁谷辰：《论网络谣言治理的平台责任》，载《新闻爱好者》2021 年第 8 期。

② 参见曾白凌：《媒介权力：论平台在算法中的媒体责任》，载《现代传播（中国传媒大学学报）》2021 年第 10 期。

③ 参见曾白凌：《媒介权力：论平台在算法中的媒体责任》，载《现代传播（中国传媒大学学报）》2021 年第 10 期。

④ See Carmit Soliman, *Remixing Sharing: Sharing Platforms as a Tool for Advancement of UGC Sharing*, 22 Alb. L. J. Sci. & Tech 279(2012).

随着网络服务提供者向综合性服务领域迈进，要求强化其义务、明确其责任的呼声日渐高涨。面对第三方版权人接连要求网络服务提供者承担侵权责任的版权纠纷，虽然网络服务提供者多以其是信息内容"存储空间"提供者为由，声称其在网络信息内容产生和传播活动中仅扮演着技术支持的中立性、工具性、被动性角色，并不参与信息内容的修改、筛选等具体活动，因而不应承担相应的审查义务和责任，但从司法实践来看，网络技术服务提供者的此类主张并未完全得到审理法院的普遍认同。刘晋名等学者认为，就现实情况而言，网络技术服务提供者实际上已经具备了"推介、置顶、修改、删除、屏蔽特定信息的能力"。[①] 相应地，网络技术服务提供者中立性技术支持者身份正在悄然变化，"典型的媒体和文化行业特征"正在凸显。[②] 哈罗德·伊尼斯(Harold Innis)曾言，某种媒介在稳固的实践中能够从一定程度上影响为它所传播的信息内容的特征。进言之，与新媒介应用相伴的往往是一种新文明的产生。[③] 在用户生成内容繁荣兴盛的背后，隐藏着第三方版权人对其版权利益流失的担忧。网络服务提供者一方面积极参与用户生成内容活动，以经营者身份为网络用户营建信息内容生产场所，提供技术支持；另一方面其作为参与者，广泛涉足网络内容生产。无论是经营者身份，还是参与者角色，其均对网络服务提供者提出义务善尽的要求。

一、从经济学视角看网络服务提供者对版权作品承担义务的合理性

网络服务提供者借助互联网信息技术，利用其鲜明的载体物理特性为进入互联网的公众营造了一个得以交互式交流的场所，并以颇具特色

---

① 田丽、李彤：《"饭圈"治理的平台责任：内涵、边界与监督》，载《新闻与写作》2021 年第 12 期。

② 参见刘晋名、艾围利：《"避风港规则"的法律适用困境及消解路径》，载《南京社会科学》2020 年第 8 期。

③ 参见[加]哈罗德·伊尼斯：《传播的偏向》，何道宽译，中国传媒大学出版社 2018 年版，第 26、118 页。

的规则约束平台内的有关活动。如前所述,随着互联网活动的深刻开展,网络服务提供者的纯粹中立性属性逐渐呈现与趋利性混合的倾向。申言之,网络服务提供者作为网络活动场所的缔造者、提供者和维系者,无论是从社会发展需求还是从法律法规要求来看,多以对其第三方中立身份的设定为前提,使其在网络活动中发挥一定的管理作用。但值得强调的是,网络服务提供者参与网络活动并主动为社会公众营建交流场所的行为,从本质上来说是追逐利益获取回报的经营者思维的体现。笔者认为,为实现用户生成内容领域版权作品保护边际成本与边际利益间的平衡,同时有效弥合第三方版权人与网络服务提供者在用户生成内容现象中的价值差距,要求网络服务提供者对版权作品承担一定义务具有合理性。

首先,就网络服务提供者鲜明的市场主体地位来看,其经营者身份即要求其就经营范围内事项的安全性、合法性等尽到合理的注意义务及保障义务。根据《反垄断法》第 15 条的规定,经营者是从事商品生产、经营或提供服务的有关主体。作为网络服务提供者之一的网络技术服务提供者,借助互联网技术,以为网络用户提供特定活动场所为经营模式,当然属于经营者范畴。同时,《民法典》第 1198 条为经营者设定了一定程度的安全保障义务。具体到网络服务提供者而言,一方面,基于诚信原则,网络服务提供者应秉持诚信、善意的服务精神,无论在为网络用户提供技术服务的过程中,还是在拟定用户服务协议等活动中,都应信守承诺,合理确立义务范畴,善尽网络服务提供者的义务及责任;另一方面,网络服务提供者在追求经营利益的同时,应以不损害他人利益和社会利益为前提,合理保障有关用户及相关主体的既有利益,维护平台内健康稳定的经营秩序。换言之,随着数字经济如火如荼地开展,网络服务提供者的经营者色彩愈益明显,网络服务提供者因其经营虚拟场所从网络用户参与网络各项活动中收取数字经济红利的同时,也应承担起与其所享权利相当的经营义务。具体而言,就权利义务间的平等性来看,“享有多大程度的权利,就需要履行多大程度的义务”。宪法和法律在赋予权利人在某领域一定权利的同时，也会为其在相应领域提出相应程度的义务履行要求。基于此，网络服务提供者以经营者身份参与网络活动，在注意力经济新形势下吸引网络用户流量从而获得延迟收益的同时，履行一定平台秩序维护等义务责无旁贷。此外，权利义务的一致性特点也为网络服务提供者履行一定义务提出要求。所谓权利义务的一致性，即权利义务的赋予和设立是相对的，一方享有多大程度的权利，那么与其同在一个范畴的另一利益相关主体就应履行多大程度的义务。相反，一方需要承担多大程度的义务，另一方就享有多大程度的权利。如前所述，第三方版权人、网络服务提供者和网络用户在数字空间中形成了关系密切的利益相关关系，互为制约又共同推进。网络服务提供者不仅是第三方版权人和网络用户在数字空间中相互沟通的桥梁和链接点，更是三者之间妥善处理彼此权利义务的关键点。质言之，对网络服务提供者的义务配置应当与其能够介入和影响网络活动的程度和能力相匹配。[①] 尤其是用户生成内容领域，网络服务提供者不应躲藏于纯粹技术服务提供者的身份之下赚取超越技术服务提供中立者的利益报酬，而是应履行与网络经营者权益相当的平台秩序维护等义务，以推进数字空间第三方版权人、网络服务提供者、网络用户等相关利益主体间利益的动态平衡。

其次，基于对市场正外部性效应的追逐，从某种意义上看，网络服务提供者就相关网络活动承担起一定的治理义务，能够较大程度满足秩序维持所消耗的边际成本与网络服务提供者边际利益之间平衡的要求，最终实现数字经济发展以最小防范成本获得最佳保护收益的号召。在用户生成内容领域，网络服务提供者基于网络用户在其平台上传发布的信息内容吸引海量网络用户的注意，而网络用户通过上传发布信息内容获得参与网络活动的满足感，第三方版权人则通过授权有关用户对其版权内容的使用收取版权利益。如此以“第三方版权人授权—网络服务提供者

① 参见胡凌：《从开放资源到基础服务：平台监管的新视角》，载《学术月刊》2019 年第 2 期。

提供场所—网络用户上传—使用者使用”的版权作品理想利用闭环生态链即在网络空间中形成。实践中网络用户上传至网络平台的信息内容往往因存在授权程序上的瑕疵而面临第三方版权人的追责。第三方版权人为有效保护其版权利益，往往要求相关网络服务提供者与网络用户一同承担侵权责任。根据卡尔多·希克斯(Kaldor Hicks)效率理论，若网络服务提供者为维持平台持续履行相应义务所支付的总成本并未超过其在平台经营过程中所获得的总收益，即如果网络服务提供者因平台经营而获得的收益完全可以对因进行平台管理而支付的成本进行补偿，那么这种“非自愿的财富转移”实际上就实现了卡尔多·希克斯效率，网络服务提供者即有义务为保护第三方版权人的版权利益而实施一定行为。赵旭东等学者将卡尔多·希克斯效率的核心内涵集中概括为如下三点：一是经济活动的投入和产出间的比例关系，在一定程度上决定了经营者是否有必要去预防经营过程中可能发生的损害。只有在所能够预防的损害大于因预防损害而花费的成本时，经营者才会认为这是一种有效并值得付出的预防。二是在存在利益相关关系的诸多主体中，前述预防损害发生的义务和责任应当由对损害发生的防止具有独特优势的主体承担。三是当利益相关主体预防损害发生的能力相当时，如果其中某个主体对预防损害发生所花费的成本最低代价最小，那么预防损害发生的义务和责任应当由此花费最小预防成本的利益相关主体承担。[①] 另外，从危险控制理论来分析，同样能够得出网络服务提供者有义务实施一定行为以保护第三方版权人版权利益的结论。在蒂莫西·吴(Timothy Wu)看来，数字空间中技术服务提供者较第三方版权人而言，享有控制侵权行为成本更低、能力更强的优势。[②] 正如吴汉东教授所言，“侵权人的危险控制力往往大于受害人对危险的控制力”。[③] 面对网络空间海量的信息内容，第三方版权人不仅很难从中准确发现并定位侵犯其权益的内容，而且想要锁定擅

① 参见赵旭东：《电子商务法释义与原理》，中国法制出版社 2018 年版，第 280～281 页。

② See Timothy Wu, *Copyright Communications Policy*, 103 Mich. L. Rev. 278(2004).

③ 吴汉东：《论网络服务提供者的著作权侵权责任》，载《中国法学》2011 年第 2 期。

自利用其作品的侵权人也实属不易。但对于网络服务提供者来说,其为网络用户提供了传播信息内容的便利场所,在经营相关场所的过程中所表现的平台控制能力要远强于第三方版权人。换言之,要求并未实际参与平台内容编辑、上传等的网络服务提供者对用户生成内容承担起一定的责任,实际上是附加一种风险责任于网络服务提供者,此举措的背后原因在一定程度上可以理解为网络服务提供者的经营行为启动了侵权信息产生与传播的风险,①比如法院认为纳普斯特侵权而判定索尼不侵权就属此种情形。具言之,一方面,网络服务提供者能够通过内部规则和治理能力较为快速地确定实施具体侵权行为的特定用户;另一方面,经营者权利在一定程度上能够有效管控平台侵权行为的发生。简言之,网络服务提供者较第三方版权人而言,具有较高的危险控制能力,从某种程度上占据着风险控制的成本优势,故而使其在经营场所范畴内履行一定的信息内容监管义务无可厚非。但值得强调的是,对网络服务提供者提出承担义务的要求并不是无边界无限制的,如劳伦斯·莱斯格所言,网络服务提供者基于对第三方版权人版权利益的尊重和保护所采取的措施,应以所付出的边际成本和其所获得的边际利益相平衡为前提,②不能一味强调网络服务提供者的义务承担而忽视其在有关版权侵权行为中的非核心地位。

最后,在数字经济背景下用户生成内容领域,第三方版权人、网络服务提供者与网络用户之间就用户生成内容之上的权利义务配置,无论是在制度规范层面还是在实践中均尚不明晰,若简单按照已有规范约束第三方版权人、网络服务提供者与网络用户之间的行为动向,则在物理世界中于版权领域就利益相关方之间基本实现的动态平衡在数字空间可能会发生失衡。新的生产力的出现一定伴随着生产关系的变革,也会相应引发利益配置的变化。进一步而言,互联网技术的迭代更新,已经使得原有

---

① 参见李欢:《重思网络社交平台的内容监管责任》,载《新闻界》2021 年第 3 期。

② 参见[美]劳伦斯·莱斯格:《代码 2.0:网络空间中的法律》(修订版),李旭、沈伟伟译,清华大学出版社 2018 年版,第 183 页。

的版权配置格局悄然变化,版权作品的专有控制权不再完全掌握于版权人手中,为物理世界所推崇的许可效率在虚拟环境下黯然失色,面对传播效率至上的新一代互联网经济,第三方版权人与网络服务提供者之间的价值差距正在被逐渐拉大。不受地域、时间限制的互联网社会,使人人得以快速进入其中,但人们沉浸于自己也难以控制后续发展的传播效率之中,肆意享受来自互联网的高效、便捷以及使用信息内容的低边际成本。而在第三方版权人看来,互联网高传播效率的背后,是技术应用对其版权利益的剥削与争夺。正如曾俊博士所提到的,在互联网用户生成内容的盛行与繁荣之下,版权人与网络服务提供者之间无论是在权利配置问题上,还是在面对版权被侵犯后的责任承担上,均存在一定的价值差距。[①]具言之,在互联网社会中,网络服务提供者正借助用户生成内容大量消费流量红利,坐收因网络用户对第三方版权人版权作品的上传等利用行为而产生的利益。但在网络用户因版权作品的不当利用而被第三方版权人追责时,网络服务提供者以其仅是信息内容存储空间的提供者并非具体侵权行为的实施者为由,拒绝第三方版权人向其主张权利赔偿的要求,在侵权行为后果承担上为自己开脱。但正如前文所提到的,第三方版权人受制于网络环境的高度虚拟化,很难具体锁定侵权个人,即使找到具体侵权人,也常因侵权个人薄弱的实际赔偿能力而不了了之。版权人因其作品权益被侵犯而产生的损失,最终只得由其自己承担。由此可见,在互联网用户生成内容领域,第三方版权人与网络服务提供者之间的权利配置正发生失衡,权益的天平在实践中向网络服务提供者倾斜。因此,为有效弥合第三方版权人与网络服务提供者之间在作品利用问题上的价值差距,有必要要求网络服务提供者在享有因用户生成内容而带来的平台利益的同时,应履行一定义务,承担相应责任,从而有效保护第三方版权人的可期待版权利益,合理维持网络社会健康发展所

---

① 参见曾俊:《论〈欧盟版权改革指令〉第 17 条对中国在线内容分享平台责任的启示》,载《德国研究》2020 年第 3 期。

需要的稳定秩序。

二、从法学视角看网络服务提供者对版权作品承担义务的正当性

佩吉·瓦尔克和玛丽克·莱纳茨在对比利时相关法律分析的过程中,具体提到了网络服务提供者就其平台内容承担责任的出版商模式和托管服务模式。[①] 所谓出版商模式,即当网络平台的内容由网络服务提供者自己创作或上传时,因平台内容所产生的有关责任将由网络服务提供者独自承担。网络服务提供者责任承担的出版商模式,实际上是将网络服务提供者看作物理世界的出版商主体,因社会公众对其出版物具有一定的信赖利益,所以保护社会公众因信任有关出版物信息内容的质量和合法性而作出的购买或阅读的决定,需要出版商对其出版物内容的传播承担独立责任。但值得强调的是,出版商模式并不普遍适用各类网络服务提供者。换言之,仅当网络服务提供者以内容服务提供者身份参与到网络活动中时,源于印刷媒体时代的出版商模式才能够较为合理地得到适用。相较于出版商模式,托管服务模式的适用场景相对宽松。托管服务模式,即网络服务提供者作为其经营平台的管理者,以托管者身份介入网络用户上传信息内容的行为之中,当网络服务提供者知道用户上传内容存在瑕疵涉及侵犯他人版权的情形时,应履行一定的义务,及时采取行动以防止侵权行为的继续发生。托管服务模式为网络服务提供者就平台内容承担责任给出了一定的豁免空间,但司法实践中对网络服务提供者责任豁免的边界和情形较难评估,实际操作起来面临较大困难。[②] 因此,无论是主要约束网络内容服务提供者的出版商模式,还是主要约束网

---

① See Peggy Valcke, Marieke Lenaerts, *Who's Author, Editor and Publisher in User-Generated Content? Applying Traditional Media Concepts to UGC Providers*, 24 Int'l Rev. L. Computers & Tech 119 (2010).

② See Peggy Valcke, Marieke Lenaerts, *Who's Author, Editor and Publisher in User-Generated Content? Applying Traditional Media Concepts to UGC Providers*, 24 Int'l Rev. L. Computers & Tech 119 (2010).

络技术服务提供商的托管服务模式,在适用场景上均表现出一定的受限性,但不可否认,网络服务提供者对其平台内容的产生、传播和利用等活动履行一定义务承担一定责任已为大势所趋。从法学视角来看,令其对版权作品承担相应义务具有正当性基础。

一方面,网络服务提供者的管理者身份不容小觑。以避风港原则为例,无论是《美国千禧年数字版权法案》还是《欧盟电子商务指令》,抑或我国的《信息网络传播权保护条例》等,其中均有涉及适用于网络服务提供者的避风港规则。当网络服务提供者知道其平台特定内容存在侵犯他人版权的情形时,及时采取措施将有关内容予以删除或作出与侵权程度相当的处理,这样就能够使网络服务提供者免于侵权责任的承担。换言之,网络服务提供者因其经营平台的行为而被法律法规附加一定的注意义务,以保障其平台环境和秩序的健康与稳定。原因在于,网络服务提供者作为其经营场所的管理人,不仅可以有效实现有关法律法规给予经营者合法经营的制约和要求,也能够以最低成本激发网络服务提供者对其经营场所的管控优势,促使其最大限度发挥监管效能,保证特定场所在合法、合理背景下运营。除此之外,如卡米特·索利曼(Carmit Soliman)所提,网络服务提供者的监管身份同时源于其与网络用户签订的网络用户服务协议。[①] 通过对网络用户服务协议的认可,网络用户得以进入特定平台,享受由此网络服务提供者提供的个性化服务。当然,其享有服务的前提是以遵守协议内容为代价。值得注意的是,网络用户实际上以贡献信息内容和花费时间为对价换取网络服务提供者的有关服务,而绝非表象所体现的"免费"。[②] 网络服务提供者往往在网络用户服务协议中设定其与网络用户之间的权利义务,并引导网络用户尊重他人知识产权从而培养其知识产权意识。正因如此,网络服务提供者与网络用户之间在

---

① See Carmit Soliman, *Remixing Sharing: Sharing Platforms as a Tool for Advancement of UGC Sharing*, 22 Alb. L. J. Sci. & Tech 279(2012).

② 参见刘道远、王洁玉:《"互联网+"商业模式下自媒体平台服务商责任分析》,载《商业经济研究》2017年第10期。

网络用户服务协议成立的前提下形成了合同关系,承认彼此在合同中约定的权利义务。例如,网络用户遵循合同约定、履行尊重他人知识产权的义务即是网络服务提供者在用户生成内容领域管理网络用户生成、上传信息内容的过程,其将间接对第三方版权人的版权利益产生影响,或好或坏。因此,卡米特·索利曼指出,数字空间中网络服务提供者扮演着两个至关重要的角色,一是监管者角色,二是教育者角色。[①]无论从哪一角色出发,均能够在一定程度上释明网络服务提供者履行相应义务的正当性。

另一方面,根据损害原因力理论,网络服务提供者有义务对平台内容的合法合规做出一定努力。以纳普斯特案和索尼案为例分析如下:在纳普斯特案中,虽然纳普斯特向审理法院主张其仅是技术服务提供者,并未参与其平台内容的实际上传等活动,不应对平台用户上传等分享音乐的行为承担责任,但审理法院认为,纳普斯特作为为用户分享音乐而开发的内容分享类平台,其有能力且有必要对平台内容履行一定的注意义务,以避免侵犯他人版权利益的内容被不当发布。申言之,审理法院主张纳普斯特作为音乐分享网站的提供者,其已经不完全是中立性的第三方,因其平台内容引发的版权争议不应以技术中立原则而绝对排除其对此的有关责任。换言之,纳普斯特分享平台的属性和经营方式等本身是其上内容侵权事件发生的原因之一。反观索尼案,作为录影录像设备的索尼机器在售出后,被其中一个买家用于录播尚在版权保护期的版权作品,版权人因此将索尼公司诉至法庭,要求其承担侵权责任。与纳普斯特案不同,索尼案的审理法院认为,索尼公司生产录音录像设备并不具有控制其顾客后续以何种方式利用此设备的能力和义务,索尼设备本身具有实质性的非侵权用途,故索尼公司与顾客利用索尼设备盗录版权作品的行为之间并不具有必然联系,索尼公司也不应就顾客对此设备的后续利用行为履

---

① See Carmit Soliman, *Remixing Sharing*: *Sharing Platforms as a Tool for Advancement of UGC Sharing*,22 Alb. L. J. Sci. & Tech 279(2012).

行控制义务。也就是说，索尼公司生产索尼设备的行为并非消费者利用其设备实施侵犯他人版权行为的必然原因，因而也就对特定侵犯版权的结果不具有原因力。所谓原因力，是指导致被侵权人权利被侵害这一后果的数个影响原因之中，就损害结果的发生或者扩大而言，各个原因在其中所施与的作用力。通过对原因力的分析，可有效总结出造成侵权结果发生的各个原因的作用强弱，从而较为合理地分配责任。吴汉东教授曾提道，"在网络版权侵权损害中，网络服务提供者与网络用户实施的不同侵权行为，都与版权损害有因果关系。从共同侵权人对损害结果所起作用来看，相对网络用户而言，网络服务提供者拥有更为专业，更为先进的技术，这是一种技术优势。根据损害原因力理论，责令有专业技术的网站经营者承担连带责任是合理的"。[①] 也就是说，用户生成内容领域，在造成第三方版权人版权利益遭受侵犯的这一事实中，网络服务提供者就此结果的发生施与一定的作用力，是导致这一后果发生的原因之一。根据损害原因力理论，网络服务提供者应当就其经营用户生成内容类平台的行为履行一定的注意义务，当其未能合理有效履行注意义务时，即面临承担侵权责任的风险。另外，值得强调的是，与网络用户相比，网络服务提供者更具有采取措施预防平台内容发生侵权结果的优势。因此，将合理的内容注意义务分配给网络服务提供者，无论从边际成本还是技术支持上来看，都具有一定的正当性和科学性。

三、网络服务提供者对版权作品承担义务的图谱勾画

乔丹·桑德尔(Jordan Sundell)就网络服务提供者的义务履行方式及程度，表达了类型化的意见建议。具体而言，乔丹·桑德尔认为，当网络服务提供者的主要收入来自用户生成内容时，其应当承担起较《美国千禧年数字版权法案》中"通知—删除"规则更高的注意义务和标准。[②] 换言

---

① 吴汉东：《论网络服务提供者的著作权侵权责任》，载《中国法学》2011 年第 2 期。

② See Jordan Sundell, *Tempting the Sword of Damocles: Reimagining the Copyright/DMCA Framework in a UGC World*, 12 Minn. J. L. Sci. & Tech 335(2011).

之，当一个网站的经营并未围绕用户生成内容进行时，即使用户生成内容存在侵犯他人版权的可能，网络服务提供者只要在收到第三方版权人的通知之后，及时删除平台争议内容，便可在某种程度上避免因侵权内容向第三方版权人承担责任的不利后果。但是，若网络服务提供者较为明显或实际上倾向于以用户生成内容来吸引网络流量获得延迟收益，并且此收益构成网络服务提供者的主要获利来源时，该网络服务提供者即负有较高的监管其平台内容合法合规的义务和职责。通过前文对网络服务提供者承担责任的合理性和正当性分析我们不难发现，网络服务提供者对其平台内容履行一定的注意或监管义务，主要有两个方面的原因：一是当网络服务提供者以技术服务提供者的身份出现，为网络用户提供内容生成的场所和平台时，其此类技术提供服务在为社会文化发展提供赋能的同时，也为对第三方版权人版权利益的保护埋下了一定的隐患，无论是从卡尔多·希克斯效率理论还是风险控制理论来说，网络服务提供者就其平台内容的生成、传播等活动履行一定的注意义务，都是以最低成本付出换取最大社会收益的最优路径。另外，根据损害原因力理论，网络服务提供者也有义务有责任就其平台侵权内容的发布采取一定措施。二是随着数字技术的发展，网络服务提供者普遍开始由纯粹的技术服务提供者向多元化功能转变，逐渐融合内容提供和技术提供等不同服务领域，成为典型的综合类服务者。网络用户的生成内容经由网络服务提供者的再次编辑、修改之后最终得以发布。在此场景下，网络服务提供者很难从内容侵权的争议中剥离。但是，正如学者所言，无论是带有明显营利色彩的技术服务提供者，还是对用户内容稍加修改后发布的准内容服务提供者，其终究并非网络内容的直接生成主体，若不加区分即令网络服务提供者承担过重的版权侵权责任，恐怕会在打击网络经营者经营网络活动积极性的同时，对互联网经济的进一步发展产生不利影响。正如学者所言，“平台的内容监管责任是风险责任和内容责任的混合体”，[①]在界定网络服务提

① 李欢：《重思网络社交平台的内容监管责任》，载《新闻界》2021 年第 3 期。

供者有关义务时应注意结合并区分其不同的身份角色，避免无限制地对网络服务提供者附加过重的义务和责任，“在依据版权保护技术发展合理提升平台责任标准的同时，仍应当考虑平台的实际承受能力”①。笔者建议从网络服务提供者义务承担原则与义务履行边界两个维度勾画网络服务提供者对版权作品义务设立的图谱，“限制网络服务提供者的义务责任边界，确保互联网经济发展的持续进步，同时兼顾互联网社会服务种类的多样性和服务质量的卓越性”。②

就网络服务提供者的义务承担而言，应以第三方版权人权利得到充分救济、合理填补损害及利益平衡原则为指导，既要顾及第三方版权人在数字经济时代版权利益的合法合理保护，也应关注网络服务提供者承担相应义务的能力和效力。此外，网络服务提供者于互联网经济中的正当权益亦不容忽视。在网络服务提供者的义务设定上，要以实现互联网社会各利益相关主体间的动态平衡为价值目标，不宜偏向任何一方。从权利充分救济及填补损害原则来看，第三方版权人权利得到充分救济与合理填补损害两者之间相辅相成、互为表里。一方面，第三方版权人的权利救济应以损害填补为前提，不能过分要求网络用户及网络服务提供者不合理地承担第三方版权人于网络社会的权益损害和赔偿。根据因行为人不当行为造成被侵权人受损害而对其损失进行赔偿的“填平规则”，在网络服务提供者对第三方版权人权益损害并不存在主观过错的情形下，不应加重网络服务提供者的责任。另外，网络服务提供者作为其经营场所的管理者和经营者，应当提前采取与其平台经营能力相当的算法过滤技术等措施，在一定程度上促使平台内容的合法合规。另一方面，网络服务提供者的义务设定和履行，应不仅关注第三方版权人的合法权益，营造健康有序的互联网版权生态环境，为数字环境下第三方版权人版权利益的

---

① 朱开鑫：《从“通知移除规则”到“通知屏蔽规则”——〈数字千年版权法〉“避风港制度”现代化路径分析》，载《电子知识产权》2020 年第 5 期。

② Lauren G. Gallo, *The (Im) possibility of "Standard Technical Measures" for UGC Websites*, 34 Colum. J. L. & Arts 283 (2011).

保护和实现在有限能力的范围内贡献力量,而且也要结合特定网络用户的行为实施及行为后果,理性梳理网络用户与网络服务提供者对第三方版权人利益损害后果的责任配置。至于网络服务提供者义务承担中的利益平衡原则,如吴汉东教授所述,网络服务提供者是互联网经济的重要参与者,没有其提供的技术支持和相关服务,合理正当的信息内容将面临无法有效传播的困局。所以,就网络服务提供者而言,其应与网络用户一同承担起连带侵权责任,以在数字时代有效保护第三方版权人的版权利益。但也应注意到,网络服务提供者的连带侵权责任不能滥用,避免在非理性状态下干扰到信息技术的应用和发展。[①] 在网络服务提供者的义务承担问题上坚持利益平衡原则,"是为了在版权保护与技术创新之间寻求利益平衡,其目的在于促进版权产业与互联网产业的健康发展"。[②] 利益平衡精神的贯彻在用户生成内容领域最直接的体现之一即是对网络平台义务承担的有限性要求。在 IO Group, Inc. v. Veoh Networks 案中,[③]IO Group 以其享有版权的影视作品被网络用户未经许可上传至 Veoh Networks 网站供不特定网络用户观看为由,主张 Veoh Networks 侵犯了其版权,要求 Veoh Networks 向其承担相应的侵权责任。Veoh Networks 辩称,其为网络服务提供者之上信息内容不侵犯他人版权做出了实质性的努力,比如在网站显著位置标识"禁止侵犯他人版权",设立专门部门处理版权争议事务,采取措施应对同一用户的重复侵权行为及不同用户就同一作品的重复侵权行为等,因此其无须就 IO Group 版权作品在其平台上受到侵犯的事实承担侵权责任。法院在审理此案件过程中,对 Veoh Networks 的主张表示支持,认为网络服务提供者就版权作品的注意义务是在有限范围内的注意,绝非不加限制的完全规避。

如果说网络服务提供者义务承担的程度和方式是以其与第三方版权人和网络用户间的利益相关关系为出发点设立的,那么就网络服务提供

---

① 参见吴汉东:《论网络服务提供者的著作权侵权责任》,载《中国法学》2011 年第 2 期。

② 吴汉东:《论网络服务提供者的著作权侵权责任》,载《中国法学》2011 年第 2 期。

③ See IO Group, Inc. v. Veoh Networks, Inc. ,586 F. Supp. 2d 1132(N. D. Cal. 2008).

者的义务履行边界而言，从某种意义上可以理解为是基于网络服务提供者对其平台上信息内容的管理尺度予以确定的。如前所述，用户生成内容领域当用户上传信息内容的行为触发侵犯第三方版权人版权利益后果时，网络服务提供者在特定情况下需要就此侵权后果承担一定的责任，也即网络服务提供者对第三方版权人的版权作品在其平台上传播的情形负担着有限的注意义务。而此注意义务的实现和履行往往以网络服务提供者对其平台内容在生成、传播等过程中采取一定措施为保障。本书认为，在确定网络服务提供者的义务履行边界厘定其对网络用户生成内容的监管水平时，应将比例原则所传达的精神内涵赋予其中。申言之，当网络服务提供者以管理者身份履行查验及监测网络用户生成内容的义务时，要以适当、必要、均衡为指导。在罗伯特·P.莫杰思看来，通过比例原则，可以把知识产权图景中权利范围、权利限制和侵权救济等联结在一起，体现其中一直以来所隐含的比例性观念。[①] 比例原则在数字环境中用户生成内容领域网络服务提供者义务边界的应用，意指网络服务提供者在采取措施事前预防或者事后治理有关用户可能滥用他人版权作品时，不能仅以避免侵犯他人版权利益这一一元性结果的实现为目标，同时也应合理关注到网络用户自由参与网络活动的民事权益。因此，网络服务提供者对由用户生成的信息内容，一方面应坚持适当性原则，其采取的预防或者治理侵犯版权行为的措施必须"适合于增进或者实现所追求的目标，一旦手段无法有助于目的的达成，这个手段就是违背了适当性原则"[②]；另一方面应贯彻落实必要性原则，在同样能够有效实现监管目的的多种途径中，采取对网络用户等利益相关主体权益干预最小的手段。此外，网络服务提供者履行义务在管理其平台用户生成内容行为的全过程中，应秉持均衡性原则，即其为应对平台内容侵犯他人版权利益这一不利后果而采取的预防或者治理措施，应当与其欲实现的预防或治理目标相一致，不宜

---

① 参见[美]罗伯特·P.莫杰斯：《知识产权正当性》，金海军、史兆欢、寇海侠译，商务印书馆2019年版，第309页。

② 李扬、陈铄：《"通知删除"规则的再检讨》，载《知识产权》2020年第1期。

以超过预防或治理目标的手段不合理地限制网络用户参与网络活动的正当权益。正如李扬、陈铄等学者所指出的,“网络服务提供者针对侵权行为采取的措施,既应当避免侵权后果,维护权利人的合法权益,同时应当注意不得牺牲他人的言论自由和民事权益”。[①]

第二节　网络服务提供者对版权作品应尽义务的框架及边界厘定

美国联邦第二巡回上诉法院汉德法官在审理美利坚合众国诉卡洛尔拖船公司一案时提出,[②]只有当潜在加害者预防因加害行为而致使被害人受损的成本小于损害本身时,提前设定潜在加害人的预防义务才是值得和有效率的,才有理由要求这一潜在加害人承担过失侵权责任。就网络服务提供者而言,随着信息技术的发展和新经济环境的影响,其逐渐在网络服务者角色之外显露出平台秩序管理者的优势及对参与网络经营活动的向往。进一步而言,互联网技术的持续更新,使意在为网络服务提供者留下充分自由空间以为互联网继续发展营造宽松环境的“避风港规则”,在网络用户生成内容风靡的背景下过度偏向网络服务提供者,这在一定程度上引起第三方版权人甚至网络用户的不满。本书认为,随着网络环境的逐渐成熟和网络活动的深入开展,若仍以现有的“避风港规则”将在侵权行为发生后做出相应行为的网络服务提供者完全排除在责任承担主体之外,既不利于当下互联网社会秩序的稳定,也会在一定程度上伤害网络用户对互联网环境的利益信赖和归属感,从而削弱社会公众参与网络活动的积极性,最终将会威胁到网络社会的持续健康发展。正如学者赵鹏所提到的,网络服务提供者“本身在供需匹配中的作用日益主动、

---

① 李扬、陈铄:《“通知删除”规则的再检讨》,载《知识产权》2020 年第 1 期。

② See United States v. Carroll Towing Co., 159 F.2d 169 (2d Cir. 1947).

积极，传统网络法发展出的中立原则很难作为平台法律规制的基础性原则”。[①] 因此，在网络用户生成内容盛行的互联网社会中，围绕网络服务提供者的义务履行及责任承担，我们或许不应囿于网络服务提供者中立服务提供者的第三方角色，而应摆脱此束缚，结合网络服务提供者经营者、参与者及管理者等多重角色，基于其之于网络经济的性质采用多元视角，综合研判其在 WEB 2.0 时代就版权作品的义务框架和责任边界。在笔者看来，网络服务提供者作为网络经济活动的经营者，有必要在其经营范围内履行一定的注意义务。但值得注意的是，这并非不加区分地要求所有网络服务提供者承担相等范畴的普遍注意义务，而是在合理限度内在某种意义上将网络服务提供者的注意义务做出类型化区分。除此之外，就网络用户生成内容领域来看，网络服务提供者一边利用平台内容服务倾力吸引更多网络用户的加入，鼓励网络用户积极参与内容生成活动，一边也以内容生成者身份参与到平台内容生成活动中，向平台用户提供由平台生成的信息内容。简言之，网络服务提供者在 WEB 2.0 时代既扮演着经营者身份，又以参与者角色实际加入平台活动之中。这就要求我们厘定网络服务提供者信息内容提供者的身份，以正确找寻因相关信息内容引发侵权纠纷时的责任承担适格主体。另外，正如传统法律规范对网络服务提供者在其经营领域管理者身份的设定，WEB 2.0 时代虽然网络服务提供者经营者及参与者身份越发突出，但其管理者身份依然存在。如前所述，传统法律规范出于鼓励互联网发展的目的，对网络服务提供者管理责任的设定并不苛刻，相对缓和地将其置于“避风港规则”之下，网络服务提供者只有明知或应知在其管理范围内存在侵权行为而未采取合理有效措施予以制止时，才可能会承担一定的不利后果。与之前互联网环境不同，WEB 2.0 时代网络环境呈现出较为稳定的发展趋势，若一味将网络服务提供者庇佑于“避风港规则”之下，将会引发利益失衡，使版

---

① 赵鹏：《平台公正：互联网平台法律规制的基本原则》，载《人民论坛·学术前沿》2021 年第 21 期。

权人的版权利益在网络社会中处于“风雨”之中，在一定程度上出现保护欠佳的局面。因此，基于网络服务提供者特定范围内的管理者身份，本书认为有必要完善“避风港规则”的适用场景。总之，就网络服务提供者而言，其之于版权作品的义务框架应在综合考量其经营者、参与者及管理者等多重身份的基础上进行构建，同时合理厘定其义务履行的边界。

一、经营者：网络服务提供者注意义务的类型化区分

2019 年 3 月，欧盟议会通过《单一数字市场版权指令》，该指令第 17 条重新界定了“在线内容分享服务提供者”在网络活动中的角色。不同于之前互联网环境对网络服务提供者“是为网络信息交流和交易活动的双方当事人提供中介服务的第三方主体”[①]，即中立第三方身份的普遍认同，根据《单一数字市场版权指令》第 17 条的规定，当在线内容分享服务提供者允许公众访问其用户上传的版权作品或其他受保护内容的，其即实施了指令意义上的向公众传播或向公众提供的行为。同时，在此基础上，该指令要求相关网络服务提供者履行平台内容过滤等义务，以改善网络版权环境。申言之，在互联网经济如火如荼发展的背景下，网络服务提供者敏锐嗅到其中的经济发展势头，不再满足于互联网活动开始之初的“中介”身份，而开始热衷于以“信息传播”等经营优势参与到互联网经济之中，以从中寻求经济利益。与此同时，为有效规范网络服务提供者参与网络经营活动的经济行为，各国开始从政策规范上要求网络服务提供者承担一定的注意义务，为其经济活动附加一定制度约束，以抑制网络服务提供者在市场利益诱惑下可能实施的不当行为。如此一来，随着网络社会的发展，网络服务提供者对其平台用户上传或生成内容是否合理有效履行了注意义务，这直接关系到其是否承担间接侵权责任。[②] 换言之，网络服务提供者注意义务的履行与否，是判断其是否存在过失侵权情形的

① 吴汉东：《论网络服务提供者的著作权侵权责任》，载《中国法学》2011 年第 2 期。

② 参见吴汉东：《论网络服务提供者的著作权侵权责任》，载《中国法学》2011 年第 2 期。

关键。[①] 但是,注意义务本身在外延确定方面的抽象性、模糊性等特点,使得理论研究也好,实践应用也罢往往出现莫衷一是的局面,对注意义务的分析应用更是在一定程度上呈现藏头露尾、顾头不顾尾的境况。另外,网络服务提供者因经济实力等的差异,其通常在经营规模、经营范围、经营方式等方面千差万别,就像德国哲学家莱布尼茨(leibniz)所说,世界上没有两片完全相同的树叶。因此,对于网络服务提供者之间的千差万别,若不加区分而赋以同样程度的注意义务,则"不是拉低注意义务的整体标准,就是过于为难小型平台"[②]。

值得一提的是,随着网络服务提供者参与网络经济活动的日趋活跃,注意义务的承担和履行引起广泛关注。与此同时,学者逐渐摆脱那些对网络服务提供者不加区分而设定注意义务的思路禁锢,开始寻求网络服务提供者注意义务的类型化路线。[③] 如梁志文教授主张:"信息定位服务与信息存储空间服务提供者负有不同的注意义务;即使同为信息存储空间服务提供者,因其商业模式(或服务)不同而负有不同的注意义务。"马忠法教授主张知识产权类型、通知完整程度和平台实力等是影响平台注意义务高低的主要因素,应结合这些要素对注意义务做出类型化处理、个案处理;腾讯研究院院长司晓更是为网络服务提供者知识产权注意义务的设定抽象出"网络服务提供者的注意义务 = 服务类型 × 行为类型 × 权利客体"这一公式。聂振华博士从司法实践出发,通过对相关案例的分析总结,以司法实践为指导,提出注意义务的固定判定标准和浮动判定标准。本书认为,就版权领域网络服务提供者的注意义务而言,对其做出类

① 参见张民安:《过错侵权责任制度研究》,中国政法大学出版社 2002 年版,第 306 ~ 307 页。

② 马忠法、谢迪扬:《论"通知—移除"规则中网络服务平台的法律责任》,载《上海财经大学学报》2019 年第 6 期。

③ 参见梁志文:《我国法上的避风港规则:利益失衡与立法完善》,载《电子知识产权》2011 年第 9 期;马忠法、谢迪扬:《论"通知—移除"规则中网络服务平台的法律责任》,载《上海财经大学学报》2019 年第 6 期;司晓:《网络服务提供者知识产权注意义务的设定》,载《法律科学(西北政法大学学报)》2018 年第 1 期;聂振华:《视频分享网站著作权侵权案件的实证研究》,载《中国应用法学》2021 年第 5 期。

型化区分,是网络服务提供者在网络活动中经营者角色的应有之义。具体来说,网络服务提供者经营网络活动因其经营规模、经营行为等的不同,其所面对的投入和收益也相应存在差异。要求规模大、专业性强等占据经营优势的网络服务提供者承担较高的注意义务,不仅能够促使网络服务提供者的逐利行为合法合规,还可以有效维护平台经营环境,弥补市场经济纯粹趋利性弊端,推动版权生态的健康发展。就本书来看,网络服务提供者的服务类型、经营规模、经营行为及注意义务的对象等是影响版权领域网络服务提供者注意义务高低的四个关键因素,也是确定有关网络服务提供者于版权领域的注意义务时所不能回避而应重点考量的影响因子。

(一)网络服务提供者注意义务的类型化区分应关注网络服务提供者服务的类型化

如前文所提到的,网络服务提供者既可指向网络内容服务提供者,也可指向网络技术服务提供者。若网络内容服务提供者在自己经营领域发表侵权作品,毋庸置疑其将承担直接侵权责任,[①]这与其注意义务高低并无直接关联。网络技术服务提供者则不同,因与其提供技术有关的用户信息内容生成或传播行为往往以其技术提供为前提,只有当技术服务提供者能够证明其已经履行相当程度的注意义务时,才可能免于间接侵权责任的承担。因此,网络服务提供者的注意义务是网络技术服务提供者的注意义务,而不包括网络内容服务提供者。根据技术服务方式的不同及在内容识别和控制能力上的差异,以《信息网络传播权保护条例》为指引,网络技术服务提供者可以具体分为基础网络服务提供者、信息定位服务提供者、信息存储空间服务提供者三类。

所谓基础网络服务提供者,即提供网络接入服务、自动传输服务和缓存服务等进入互联网的技术支持类服务者。与其他两类技术服务提供者相比,基础网络服务提供者并不具备直接干预和影响网络用户的内容生成或传播行为的能力。正如学者所言,基础网络服务提供者面向不特定

① 参见吴汉东:《论网络服务提供者的著作权侵权责任》,载《中国法学》2011 年第 2 期。

的网络用户，为网络环境海量信息生成和传播提供最根基性的技术支持，“仅是为了帮助用户接入网络、传输数据或提高信息访问效率，被动地根据服务对象的指令进行操作”。[①] 虽然基础网络服务提供者可以通过断开链接等暂停或停止服务的方式阻断正在发生的侵权行为，但是，如此阻止侵权行为继续发生的方式往往不能实现对某一版权侵权行为的有针对性打击，而是以特定范围内整体断离互联网的方式换取的模糊处理结果。此外，利用基础网络服务的中断换取侵权行为的停止似有进寸退尺之意，从一定程度上来看是对汉德公式的背离，并不符合损害预防的经济效益。因此，基础网络服务提供者在网络版权侵权领域的注意义务应归于较低之列。

与基础网络服务提供者不同，信息定位服务提供者的业务内容主要表现为提供搜索、链接等服务。进一步来说，信息定位服务是基于网络用户给定的关键词等信息为用户提供信息内容检索服务，并将检索结果以链接形式显示于用户的过程。就搜索服务而言，网络服务提供者主要采取两种形式以满足网络用户找寻特定信息内容的需求。一是直接将搜索条设置于网页显著位置，为网络用户提供海量信息内容供其搜寻锁定目标内容。比如百度引擎等信息搜索网站，均是以在其首页提供信息搜索框的方式，供不特定网络用户输入关键词找寻有用信息。二是网络服务提供者事先将网站内容分门别类对网络内容建立目录索引，以更直观更有效的方式把网站信息内容呈现给网络用户，使其得以根据目录指引更直观地找寻目标内容。此类搜索方式见诸视频分享平台，比如腾讯视频、咪咕视频等，这些视频分享平台通常将视频内容以电视剧、电影、综艺、体育等名目做出分类，同时根据不同名目下视频内容的点播量对其进行排名，以便同时向网络用户推荐。就这两种搜索方式而言，前者系在网站海量信息基础上为网络用户提供的原始性搜索方式，未过多加入网络服务提供者自身的人为干涉因素，仅是消极被动地接收网络用户指令为其提

---

① 司晓：《网络服务提供者知识产权注意义务的设定》，载《法律科学（西北政法大学学报）》2018年第1期。

供意向内容，故而提供此类搜索服务的网络服务提供者面对平台海量信息内容和不特定用户不同的搜索需求，并不需要提前熟知其平台之上的信息内容，相应地，其对平台之上信息内容的控制能力也就相对较弱。而后者因在向网络用户提供搜索服务之前，平台内容已经经过服务提供者的预先分类和选择处理，网络服务者在信息内容的知晓和管理上要强于前者，因此后者较前者对平台信息内容具有较高的控制能力，其注意义务也应高于前者。在网络用户通过不同种类的搜索栏搜索到目标内容时，网络服务提供者即需要以链接的形式将特定内容显示给该网络用户。所谓链接，即由网络服务提供者建立的在某一网页内显示某一具体内容的通道。通常来说，链接被分为一般链接、深度链接两种。一般链接指网络服务提供者在其经营平台内建立的信息所在页面链接。值得注意的是，此类链接并没有直接指向信息内容本身，仅指向网站主页。申言之，网络用户在点击内容链接之后，将会离开设链网站进入被链接网站，而非具体的搜索内容网页。同时，浏览器中链接地址显示的为被链接地址，亦非设链网站地址。深度链接情形之一即在网络用户点击特定链接后，被链接网站信息内容直接显示于设链网站，可在设链网站完成对特定信息内容的下载，并不发生网页跳转情况。具言之，网络用户欣赏使用特定信息内容时并没有离开设链网站，浏览器中链接地址显示的为设链网站的地址。深度链接的情形之二即设链网页并不直接提供网络用户搜寻的特定内容，而是伴随着页面跳转、链接地址变化等现象，将网络用户指引到不同于设链页面的第三方网页，用户搜寻的特定内容即在此第三方页面予以呈现，但网络用户同时并未完全脱离设链网站。正如司晓所言，深度链接能够在实际上向网络用户提供完整的版权内容。但深度链接服务往往不能满足合法链接服务所要求的注明来源、完美呈现、完全跳转和跳转后脱离定向平台等四个条件。① 由此可见，深度链接中设链者对其链接内容

---

① 参见司晓：《网络服务提供者知识产权注意义务的设定》，载《法律科学（西北政法大学学报）》2018 年第 1 期。

具有实际上的管控能力,相应地,提供深度链接服务的主体,其注意义务应高于提供一般链接服务的主体。总而言之,信息定位服务提供者因其接触信息内容的机会和能力要远远超过基础网络服务提供者,故其所应承担的注意义务应相对较高。同时,在信息定位服务内部,提前对平台内容做出分门别类处理的搜索服务提供者的注意义务要高于提供空白搜索栏的服务提供者的注意义务,提供深度链接服务的提供者其注意义务要高于仅提供一般链接服务的提供者的注意义务。

在互联网社会中,信息存储空间服务提供者注意义务的确定在一定程度上可以说是引发网络争议、触发网络纠纷的矛盾集中地。在由上海市黄浦区人民法院审结的上海思远影视文化传播有限公司与合一信息技术(北京)有限公司侵害作品信息网络传播权纠纷一案中,[①]原告上海思远影视文化传播有限公司(下文称原告)因被告合一信息技术(北京)有限公司(下文称被告)经营的优酷网未经授权即传播其享有版权的《合约情人》,要求被告承担相应的侵权责任。被告以争议内容系平台注册用户自行上传且其仅为信息存储空间服务提供者,并未对争议内容施以修改、编辑、推介等行为为由,主张其不存在原告所述的侵权行为。审理法院经审理后指出,被告作为专门从事视频内容分享等业务的信息存储空间服务提供者,在其经营的网站设置影视频道为注册用户上传影视内容提供存储空间时,理应知道通常情况下影视作品的制作需要耗费较大的人力、物力和财力,影视作品的版权人并不会轻易将影视作品免费置于公共领域供不特定用户任意下载或播放这个事实。但在本案中,被告并未尽到合理注意义务而判别涉案影片的真正权利人,在主观上存在过错,应当承担相应的民事责任。信息存储空间服务提供者通过技术投入,为网站注册用户构建信息内容储存的网络空间,一方面供注册用户在此空间内上传和生成其信息资源,另一方面满足其他用户在此空间欣赏和使用平台用户上传和生成的信息内容,由此形成经营闭环,吸引网络用户的关注达

① 参见上海市黄浦区人民法院民事判决书,(2016)沪0101民初22874号。

至平台高收益。申言之，提供信息存储服务的网络经营者，其对平台内的信息内容享有较为便利的接触机会和纠偏能力，即识别和控制能力。且从一定程度来看，其提供的空间存储服务是网站版权侵权行为发生的必要前提。因此，只有具备场所环境时，直接侵权主体才有机会将侵权内容予以公开和传播。[①] 但应该注意的是，并非任何情形下信息存储空间服务提供者都应对其平台用户的版权侵权行为承担责任。例如，由上海市第一中级人民法院终审的一起版权财产权纠纷案就并未因网络服务提供者的信息存储服务责其就用户版权侵权行为承担责任。上诉人(一审原告)阎某某因由其创作完成的戏剧作品未经授权被网络用户制作成视频上传至被上诉人(一审被告)所经营的网络平台，而以版权财产权被侵犯为由要求被上诉人(一审被告)承担相应的侵权责任。一审法院经审理后认为，“一方面，涉案视频为涉案作品的表演，不同于影视作品，制作成本较低，普通的戏剧爱好者也可将其自行制作并上传至网站上，且涉案的戏剧作品作为地方戏，使用方言，本身受众就较少，被浏览的人也少，非视频分享网站的主流内容，故虽然被告网站显示该剧由个人上传，也不能就此认定被告明知或应知该剧的存在及侵权。另一方面，从用户上传到被告网站上的视频内容看，没有作品版权人的任何信息，被告无法从涉案视频得知用户上传的内容侵犯了原告的作品版权……故被告不存在上述主观过错，不构成共同侵权行为”。二审法院经审理后又分别从涉案作品的知名度和是否获利等方面出发，认为涉案作品在市场上缺乏一定的知名度，且被上诉人(一审被告)并未从涉案视频中获得经济利益，因此认定被上诉人(一审被告)不构成对上诉人(一审原告)作品的侵权。[②] 由此可见，网络服务提供者的经营类型是影响其注意义务高低的因素之一，并非唯一的绝对影响因子。对网络服务提供者注意义务高低的考量和类型化区分，除了要关注网络服务提供者的服务类型，还应合理注意其经营规

① 参见上海市高级人民法院民事判决书，(2008)沪高民三(知)终字第62号。法院认为离开网络存储空间和平台，直接实施上传行为的用户就无从上传涉案侵权作品。

② 参见上海市第一中级人民法院民事判决书，(2010)沪一中民五(知)终字第89号。

模、经营行为和注意对象等要素。此外，湖南广播电视台与广州市千钧网络科技有限公司侵害作品信息网络传播权纠纷案①、安乐（北京）电影发行有限公司与世纪龙信息网络有限公司侵犯财产权纠纷案②均提到，因为被告为专业的影视经营平台，其对平台内用户上传或生成的影视作品应具有更高的注意义务。申言之，一方面，信息存储空间服务提供者的注意义务要高于信息定位服务提供者，更高于基础网络服务提供者；另一方面，在信息存储空间服务提供者内部，专业性高的平台的注意义务也应更高。

（二）网络服务提供者经营规模的类型化是确定网络服务提供者注意义务高低的应有之义

学者马忠法、谢迪扬在分析影响网络服务提供者注意义务高低的要素时认为，网络服务提供者的综合实力不容忽视。所谓网络服务提供者综合实力，即其在经济水平、知识产权保护水平、法律团队水平等方面的能力。③ 申言之，网络服务提供者往往以私主体的身份参与到网络经营活动之中，自主经营，自负盈亏。网络服务提供者在经营过程中，通常因在启动资金、后期投入、经营方式等方面存在差异，其在面对平台版权侵权现象时的应对能力也存在迥异。此外，因为经济实力等方面的不同，很难要求不同网络服务者面对其平台内可能发生的版权侵权行为承担相同的注意义务。具体而言，若要求规模较小的平台承担与规模较大平台相当的注意义务，则极易使注意义务形同虚设。正如学者所言，“如果对小型平台的注意义务的要求与大型平台一致，那么不是拉低注意义务的整体标准，就是过于为难小型平台”。④

---

① 参见湖南省长沙市中级人民法院民事判决书，（2018）湘01民初1115号。

② 参见广东省广州市中级人民法院民事判决书，（2009）穗中法民三终字第13号。

③ 参见马忠法、谢迪扬：《论“通知—移除”规则中网络服务平台的法律责任》，载《上海财经大学学报》2019年第6期。

④ 马忠法、谢迪扬：《论“通知—移除”规则中网络服务平台的法律责任》，载《上海财经大学学报》2019年第6期。

欧盟议会2019年3月通过的《单一数字市场版权指令》第17条第6款就是将网络服务提供者按照经营规模的形式做出类型化区分，并在此基础上区别其在经营过程中所应承担的注意义务。具体来说，《单一数字市场版权指令》以网络服务提供商的经营时长、营业额、平台用户量等作为确定网络服务提供者经营规模所需考量的重要因素，并以此对网络服务提供者的注意义务在该指令范围内作出类型化区分。正如《单一数字市场版权指令》第17条第5款中所提到的，确定网络服务提供者的注意义务时，应以比例原则为指引，一方面要根据网络服务提供者的服务类型、网络用户量、平台整体规模及平台内容类别对其注意义务作出区别对待，另一方面还要结合网络服务提供者承担和履行相应注意义务时所采取手段的可用性及其成本消耗作出综合考虑。进一步而言，《单一数字市场版权指令》首先肯定了注意义务类型化的法律意义，其次以经营规模、网络用户数量和服务时长等为区分要素，对网络服务提供者做出区分，并在此基础上给定其不同的注意义务履行范围和要求，以"量体裁衣"的智慧对不同规模的网络服务提供者匹配其能力范围内最适宜的注意程度。这样，在有效激励网络服务提供者合理履行注意义务的同时，也能够及时保护利益相关主体在版权法上的权益，在一定程度上达到"共赢"的和谐效果。为促进《单一数字市场版权指令》的实施，2020年6月，德国联邦司法和消费者权益保护部提交草案新设《版权服务提供商法案》，该法案根据平台营业额、服务时长等将网络服务提供者区分为初创服务提供者、小型服务提供者等，并进一步明确其分别应履行的不同程度的注意义务。

值得一提的是，2021年10月，我国国家市场监督管理总局发布了《互联网平台分类分级指南（征求意见稿）》，其从用户规模、业务种类、平台经济体量及平台限制能力等四个方面出发，将平台分为超级平台①、大

① 超级平台，即在国内上年度活跃用户超过5亿、核心业务至少两类、上年年底市场估值不少于10,000亿元人民币且具有超强的限制商户接触用户的能力的平台。

型平台[①]和中小平台[②]三类。虽然《互联网平台分类分级指南(征求意见稿)》中并未回应网络平台分级分类后注意义务承担的强度问题,但以此为指导,我们能够较为清晰地对网络服务提供者作出分类,并在此基础上赋予其不同的注意义务。申言之,类型化网络服务提供者的经营规模,一方面能够结合各网络服务提供者参与市场经济的活跃性,有针对性地赋予其能力承受范围内的注意义务,使其具备承担相应注意义务的客观可能性;另一方面,“因人而异”地考量不同网络服务提供者承受注意义务的不同能力,有利于鼓励其在合理范围内积极承担义务,即时预见不同发展能力下其所应当承担的社会责任。

(三)分辨网络服务提供者的经营行为是划定其应履行注意义务边界的关键

《信息网络传播权保护条例》提出,如果网络服务提供者在其经营网站过程中,没有从用户上传或生成的版权侵权作品中直接获得经济利益,且在同时满足其他条件的情况下,不承担因用户版权侵权行为而产生的赔偿责任。最高人民法院于2020年修正的《关于审理侵害信息网络传播权民事纠纷案件适用法律若干问题的规定》进一步明确,网络服务提供者因用户版权侵权行为而直接获得经济利益时,网络服务提供者对该网络用户侵害他人版权财产权的行为负有较一般水平更高的注意义务。此外,司法实践中更是进一步针对网络服务提供者特定经营行为对其注意义务履行高低的影响作出解读。具体来看,除从网络用户版权侵权内容中直接获得经济利益之外,为平台内容设置榜单、进行热门推荐或者在网络用户上传、生成内容基础上再次实施编辑、修改等影响信息内容的实质性更改行为网络服务提供者,其注意义务应随之提高。

首先,就网络服务提供者因网络用户版权侵权内容直接获利的行为

① 大型平台,即在国内上年度活跃用户超过5000万、具有表现突出的平台主营业务、上年年底市场估值不少于1000亿元人民币且具有较强的限制商户接触用户的能力的平台。

② 中小平台,即在国内上具有一定的年活跃用户、具有一定业务、具有一定市场估值且具有一定的限制商户接触用户的能力的平台。

而言，在网络用户使用版权侵权作品之前、之中或之后有无插播广告，是目前来说判断网络服务提供者是否存在直接获利行为的最直观最常见方式。但是，值得一提的是，就网络服务提供者在侵权作品被使用全过程中植入广告的行为，并不宜一概而论认定其构成直接获利。具体来说，网络服务提供者作为网络活动的经营者，其参与网络活动的直接目的即从网络经济活动中赚取一定的经济收益。在吸引不特定网络用户注册成为其平台稳定访问用户之后，其即可以利用平台上所形成的具有一定影响力的用户规模，招引有广告投放需求的市场经营者，并以此收取广告费作为平台获利的方式之一。然而，要想认定网络服务提供者利用版权侵权内容直接获得经济收益的行为构成间接侵权，还要综合考量广告投放的针对性和指向性。在湖南广播电视台与广州市千钧网络科技有限公司侵害作品信息网络传播权纠纷案中，[①]审理法院以被告广州市千钧网络科技有限公司提供的播放平台在播放涉案作品时，同时“专门”投放了广告，在涉案作品高播放量的前提下，该被投放的广告也获得了较高的点击量，从而为被告平台创造了一定的收益。结合被告网络服务提供者的其他行为，审理法院认为被告的间接侵权行为成立，应当承担一定的侵权责任。由此可见，利用平台作品播放全过程特意加入广告以宣传特定产品并以此收取广告费的行为，在司法实践中可能被认定为网络服务提供者的直接获利行为。与上述案件不同，在上海文化广播影视集团有限公司诉广州市千钧网络科技有限公司侵害作品信息网络传播权纠纷案中，[②]审理法院并不认为被告在涉案作品上投放广告的行为构成直接获利。法院认为，“被告网站上的涉案作品虽在播放开始存在广告，该广告投入也是视频分享网站赖以生存、经营的经济来源，但广告并非针对涉案作品进行专门的广告投放，而是统一投放、自动加载网站在播放视频前的普投广告，属于网络服务提供者因提供信息网络存储空间服务而收取的一般性广告

① 参见湖南省长沙市中级人民法院民事判决书，(2018)湘01民初1115号。

② 参见上海市普陀区人民法院民事判决书，(2016)沪0107民初12049号。

费、服务费等，不应认定为直接获得的经济利益”。无独有偶，上海市第一中级人民法院在审理一起网络版权纠纷上诉案件时，同样否认了一审原告主张被告就涉案作品投放广告获取直接经济收益的主张，原因在于，二审法院认为涉案作品使用中出现的广告，并非网络服务提供者为涉案作品特定投放的，且网络用户在使用涉案作品时可以自由选择是否观看网络服务提供者所投放的广告。虽然这些被投放的广告为网络服务提供者带来一定收益，但并不能就此认为此广告收益是因涉案作品的直接获利。[①] 不难发现，虽然以上案件中均为网络服务提供者以广告投放赚取广告费的行为，但司法实践中对广告投放行为作出了两种不同的认定。具体而言，如果网络服务提供者对争议作品投放广告的行为同平台其他作品在被使用时出现的广告并无二异，也即当此广告投放系平台依据算法技术代码等提前设置好，在平台有新的内容出现时自动无差异投放时，就很难认定此投放广告赚取广告费的行为是平台借助版权侵权作品的获益行为。相反，此广告费的收取更多是基于其网络经营者身份。但是，当网络服务提供者在特定内容上投放不同于平台在其他内容已经投放的一般性广告，而特别植入专门性广告时，则存在以版权侵权作品直接获取经济收益之嫌疑，那么相应地其专门投放广告的行为使其有义务承担较普投广告时更高的内容侵权注意义务。除以广告投放直接赚取收益之外，就特定影片付费点播的经营模式也能够在一定程度上表明网络服务提供者存在直接获得经济收益的行为。所谓付费点播，即网络服务者为其网站内容设置使用门槛，而用户只有为特定内容支付由平台提前设置好的金额时，才能够接触到作品内容。不难发现，这种经营模式下，用户使用特定作品必然涉及对平台额外支付费用，而平台的这类收入也正是允许用户使用特定作品的特别收益。因此，付费点播形式在某种意义上亦是网络服务提供者利用平台内容直接获得经济收益的方式之一。

其次，网络服务提供者就其网站内容设置榜单进行热度排行以推荐

① 参见上海市第一中级人民法院民事判决书，(2010)沪一中民五(知)终字第89号。

作品使用等特定行为,相应地对其注意义务的承担提出了较高要求。在广州市千钧网络科技有限公司与上海海岛投资管理咨询有限公司侵犯版权财产权纠纷上诉案件[①]中,一审法院经审理认定以下事实,即广州市千钧网络科技有限公司在其经营的 56 网站栏目中显著标识“人气最高”“用户推荐”等内容,将平台内容根据网站平台点击量和受欢迎程度以设置排行榜的形式予以划分。基于此,一审法院认为,虽然广州市千钧网络科技有限公司作为涉案平台的经营者,并没有直接上传涉案侵权作品内容,但其“在网站栏目设置中设有‘人气最高’、‘用户推荐’等内容,涉案争议作品恰恰出现在该网站的‘人气最高’页面中。这表明由被告经营的 56 网站对涉案争议作品进行了整理和推介,对于出现在上述页面中的视频应尽到更高的注意义务”。[②] 案件进入二审后,二审法院同样主张因广州市千钧网络科技有限公司于 56 网站经营过程中设置“人气最高”“用户推荐”等推介页面,其应有能力注意到出现在这类页面中的作品的侵权情况。同时,二审法院强调,涉案争议作品在 56 网站传播期间其正在中央电视台热播,鉴于涉案作品的热播状态,完全有理由相信作为网络服务提供者的广州市千钧网络科技有限公司有机会且有能力注意到此涉案作品在其经营的 56 网站的非授权传播状态。因此,二审法院责令广州市千钧网络科技有限公司承担相应的侵权责任。[③] 由此不难看出,在网络服务提供者主动介入平台内容梳理、分类、推介等带有平台经营者人为干预痕迹,体现平台经营者主观色彩时,相应地在一定程度上可以推导出其在对平台内容进行标注时有接触和了解平台内容的机会及能力,因此,其对相关内容的注意力从客观上来看要强于未被认为干预的平台内容。正是在这种背景下,我们认为,当网络服务提供者以设置榜单区分热播作品、最受欢迎作品等时,其对归于此名目下的平台作品的注意义务也相应要高于一般使用作品。值得关注的是,并非任何融入网络服务提供者人

① 参见北京市第二中级人民法院民事判决书,(2010)二中民终字第 06109 号。

② 北京市第二中级人民法院民事判决书,(2010)二中民终字第 06109 号。

③ 参见北京市第二中级人民法院民事判决书,(2010)二中民终字第 06109 号。

为干预色彩的行为都能够使网络服务提供者对其平台内容的侵权注意义务提高。在上海宽娱数码科技有限公司与咪咕音乐有限公司侵害作品信息网络传播权纠纷案中,一审法院基于被告上海宽娱数码科技有限公司自认其对由其经营的网络平台中的所有视频均会进行人工审核,认为被告上海宽娱数码科技有限公司客观上接触过涉案作品,其有机会有能力发现涉案作品系未被授权的使用,因此认定被告对侵权行为的发生存在一定过错。[①] 被告上海宽娱数码科技有限公司向上海知识产权法院提起上诉。不同于一审法院,二审法院经审理后认为,虽然上海宽娱数码科技有限公司自认其对平台内的所有视频均会进行人工审核,但其对平台作品的审查限于"涉黄、涉暴以及违法的过滤审查,属于网络服务提供者的一般审查,并不涉及对视频具体内容的审查和筛选,故上述一般性的审查不会改变上诉人作为信息存储空间服务提供商的性质,也不能因此认定其负有较高的注意义务进而认定其主观具有过错"。[②] 因此,网络服务提供者在其平台内容经营过程中融入人为因素并不会必然导致其注意义务的提高,只有在其以平台实质内容为主题,将平台内容作出榜单排行、作品推介等反映人为"定义"色彩时,才可能会产生特定网络服务提供者注意义务提高的后果。

最后,当网络服务提供者实际实施对平台内容的编辑、修改等行为时,一方面,因其直接具体接触了平台特定内容,完全有理由认为其能够知晓特定作品的版权状况,并以此要求其对特定内容承担高于一般水平的注意义务;另一方面,当网络服务提供者对用户生成内容施以详尽修改等改变内容原本情节的行为时,网络服务提供者可能会由技术服务提供者身份向内容提供服务者身份转变。然而,这样将会使得网络服务提供者成为此特定内容的生成者,也是此特定内容的第一负责人,当此特定内容存在侵权风险时,网络服务提供者所要承担的可能是直接侵权责任。

---

① 参见上海市杨浦区人民法院民事判决书,(2019)沪0110民初7624号。

② 上海知识产权法院民事判决书,(2020)沪73民终103号。

以网络服务提供者编辑其平台内容为例，同样是上文提到过的湖南广播电视台与广州市千钧网络科技有限公司侵害作品信息网络传播权纠纷一案，[①]法院经审理发现，被告广州市千钧网络科技有限公司在涉案作品中编辑标注了“2012 湖南卫视跨年演唱会”的字样，认为涉案视频“有明显经过编辑的痕迹，公众可以轻而易举地通过搜索功能有针对性地选择观看相关视频”。换言之，网络服务提供者对其平台特定作品的编辑行为，在便利平台用户快捷锁定有关内容的同时，也在一定程度上能够说明网络服务提供者对此相关内容存在实质性接触的情形，由此便可要求网络服务提供者有发现此相关内容存在侵权情况的义务。简言之，网络服务提供者对其平台内容的编辑行为是让其倾注较高注意义务的缘由之一。另外，如前所述，当网络服务提供者对其平台用户生成内容作出实质性修改，使得修改后的内容明显不同于用户生成版本时，此经由网络服务提供者的修改行为新产生的作品在较大程度上可以被认为是由网络服务提供者创作生成的内容，相应地网络服务提供者将成为此新内容的作者或作者之一。毋庸置疑，因此作品引发的侵权争议，将由网络服务提供者或网络服务提供者与修改前的内容生成主体一并作为第一责任人承担相应的责任。

（四）注意义务施与的对象类别对网络服务提供者注意义务高低界定的影响不容小觑

所谓注意义务施与的对象，即需要网络服务提供者在特定情形下履行较高注意义务的平台作品。笔者认为，知名作家的知名作品和多次被诉侵权的内容需要网络服务提供者以较高的关注力履行平台经营者的注意义务。

就知名作家的知名作品而言，一方面，知名作家因其较高的社会知名度和较大的社会影响力，其创作的作品往往会在发布最初甚至尚未发布时即能够引得一定程度的社会轰动和群众效应，新作品的知名度和市场

① 参见湖南省长沙市中级人民法院民事判决书，(2018)湘 01 民初 1115 号。

由此打开。在此情形下，作为网络经营者的网络服务提供者，因自身网络社会重要参与者的身份和角色，很难屏蔽于社会高热度信息之外，所以我们有理由相信网络服务提供者有能力也有渠道事先知晓知名作家的作品内容。当其基于网络经营等行为接触到与知名作家创作内容相同但由作家之外用户生成的网络内容时，其有义务关注存在版权异议的用户生成内容，以改善其网络平台的版权环境。另一方面，对于在社会上存在较大影响力和知名度的作品本身，社会公众普遍对其"耳熟能详"，以社会理性人的视角能够轻易辨别网络服务提供者可能存在的版权侵权内容，因此对作为经营者身份的网络服务提供者提出高注意义务的要求，能够维护特定版权人的社会权益，及时遏制网络服务提供者可能存在的版权侵权情形。例如，在安乐（北京）电影发行有限公司与世纪龙信息网络有限责任公司侵犯版权财产权纠纷案中，[①]审理法院认为涉案作品《不能说的秘密》在社会上具有较高的知名度，被告不能举证证明涉案作品的来源包含合法的授权，也无法证明其就此已经履行了应尽的审查义务。最终，审理法院结合其他影响因素，认定被告对涉案作品在其网站传播的行为未尽到合理的注意义务，侵犯了原告的版权，依法应当承担相应的侵权责任。虽然原被告均不服一审法院判决，向广州市中级人民法院提起上诉，但上诉法院最终作出维持原判的判决，认同一审法院的审理结果。[②] 此外，在另一起信息网络传播权纠纷案件中，法院否认了涉案作品的知名度，并在此基础上指出涉案网络服务提供者不应就此承担过高的注意义务，进而以此驳回了权利人要求涉案网络服务提供者承担侵权责任的主张。法院认为，虽然权利人主张其涉案作品享有较高的知名度，但从实践来看，涉案作品或许在特定空间内确实具备一定的影响力，但这并不必然能够表明其在网络世界中对网络用户同样知名。且从涉案作品在涉案平台的点播率来看，其并不具备较高的关注度，不属于知名作品和热门作

① 参见广东省广州市天河区人民法院民事判决书，(2008)天法知民初字第214号。

② 参见广东省广州市中级人民法院民事判决书，(2009)穗中法民三终字第13号。

品。[①] 由此不难发现,知名作者的知名作品并非由利益相关权利人三言两语即可作出认定,对知名作品的判断亦应经过社会实践的考验,在综合考量各种客观因素的前提下作出系统认定。

除了知名作家的知名作品,平台内容多次被相关权利主体主张侵权也应引起网络服务提供者的高度注意。就平台内容多次被主张侵权而言,其存在两种不同情形:一是网络服务提供者作为信息存储空间,其上不同内容多次被主张权利瑕疵,此时网络服务提供者有义务提高对其平台相关用户生成内容的注意义务;二是当网络服务提供者提供的同一内容被多次主张侵权,即在网络服务提供者对存在侵权风险的内容处理后,此内容再次或多次被上传至网络平台,此时网络服务提供者对特定内容的注意义务也会随之提高。以第一种情形为例,在浙江万影文化发展有限公司诉广州市千钧网络科技有限公司侵害作品信息网络传播权一案中,[②]原告浙江万影文化发展有限公司以由被告广州市千钧网络科技有限公司经营的网络平台存在有侵犯其版权的内容为由,主张被告应承担一定的侵权责任。被告广州市千钧网络科技有限公司辩称其具备《信息网络传播权保护条例》中避风港规则适用的各个条件,不应因平台用户对涉案作品的未经许可使用承担责任。法院经审理后认为,"被告作为专门从事视频分享网站的经营者,已被相关影视作品权利人多次起诉至法院,其应该意识到在注册用户上传的作品中会存在侵权视频问题,对于正在热播的电视剧作品,应当能够尽到合理的注意义务,采取各种措施避免侵权行为的发生"。[③] 由此可见,平台内容多次被相关权利主体主张侵权时,网络服务提供者应在一定程度上对其平台用户生成内容倾注更高的关注度,以善尽经营者的注意义务。

---

① 参见上海市第一中级人民法院民事判决书,(2010)沪一中民五(知)终字第89号。

② 参见广东省广州市天河区人民法院民事判决书,(2014)穗天法知民初字第1352号。

③ 广东省广州市天河区人民法院民事判决书,(2014)穗天法知民初字第1352号。

二、参与者:网络服务提供者信息供给身份的厘定

综上所述,网络服务提供者主要包括网络技术服务提供者和网络内容服务提供者两类。在司法实践中,引起侵权责任承担的争议往往发生于网络技术服务提供者与版权人之间。这是因为,网络技术服务提供者通常被看作为网络活动开展提供场所空间的中立第三方,其主要作用即为社会公众进入网络社会、参与网络活动、实施相关网络行为搭建平台。在 WEB 2.0 时代之前,网络技术服务提供者常被排除在有关侵权责任之外,只要在他人实施侵权行为时或之后履行了法律赋予其的有关义务,即可避免侵权责任的承担。但随着信息技术的进一步发展,网络技术服务提供者逐渐走出中立第三方的身份定义,逐利性质开始显露,经营者角色愈益凸显。此时,网络技术服务提供者作为经营者,有必要承担与经营规模等相宜的注意义务,以在一定程度上促使网络环境的健康化发展。除此之外,还应留意到,随着互联网环境的逐渐成熟,网络技术服务者与网络内容服务者之间的经营界限更加模糊,越来越多的网络服务提供者介于内容服务提供和技术服务提供之间,[①]在其经营的网络平台之上,既积极吸引网络用户的加入,鼓励其参与平台内容的生成活动,又着力借经营优势,以平台名义丰富平台之上的信息内容。质言之,在这种网络技术服务提供与网络内容服务合二为一的普遍现象之中,我们不仅应完善作为网络技术服务提供者的经营者义务,同时也应关注到网络服务提供者作为内容服务提供商出现时的参与者身份。

所谓参与者,即当网络技术服务提供者不仅搭建平台为社会公众参与网络活动提供互联网场所,还加入网络用户内容生成活动,在其成为网络内容生成主体中的一员时,会触发其内容服务提供者的又一身份,毫无疑问,其此时是网络内容生成的参与者。值得注意的是,网络服务提供商

① 参见赵双阁、姚叶:《区块链技术应用于短视频版权保护的优势与局限》,载《中国编辑》2021年第8期。

作为参与者生成网络内容的主要方式有两种:其一,以提供技术服务为主的网络服务提供者在其平台业务正常开展的前提下,以提供网络内容为其拓展业务,直接生成网络内容供用户使用。换言之,网络技术服务为其核心业务,而网络内容服务是对其经营活动的业务加持。以哔哩哔哩用户生成内容平台为例,其创设之初即以提供技术服务为网络用户搭建"共创、共享"的内容分享平台为理念,但同时其也存在平台本身发布的信息内容。在此场景下,哔哩哔哩既是网络技术服务提供者,又是网络内容服务提供者。当由其产生的信息内容引发侵权争议时,其理所当然应作为特定内容的责任人善尽责任承担义务。其二,当网络服务提供者对用户生成内容作出更改,则可能由此引发其网络技术服务提供者的角色向网络内容服务提供者转变,相应地,其相关行为可能触发直接侵权的不利后果。[①] 申言之,在此情形下引发的侵权争议,由相关网络服务提供者承担直接侵权责任还是间接侵权责任,关键在于对此内容生成主体的认定。如果网络服务提供者对用户内容的更改涉及实质性的内容变动,那么在一定程度上即有理由将网络服务提供者视为此网络内容的共同制作人,甚至为单独制作人而使其承担直接侵权责任。如果网络服务提供者仅是以经营者或者管理者的身份对有关内容进行了不影响其实质性内容的变动,那么在此情形下,就很难将技术服务提供者认定为内容服务提供者而使其承担直接侵权责任。但可以经营者身份判断其是否合理履行了注意义务,在其未有效履行注意义务时可责令其承担一定的间接侵权责任。

三、管理者:网络服务提供者适用避风港规则的再完善

网络服务提供者实际参与并实施了网络相关市场活动的经营行为,故而承认其市场经营者身份无可厚非。但是,网络服务提供者在经营其

---

① 参见胡开忠:《"避风港规则"在视频分享网站版权侵权认定中的适用》,载《法学》2009年第12期。

网络平台的过程中，常常伴随着自己生成或上传平台内容的行为，在这一情况下，其往往又是网络活动的参与者，接受有关网络规范的调整。除此之外，我国相关制度规范还赋予了网络服务提供者管理平台内容的管理者角色。国家版权局早在2015年10月下发的《关于规范网盘服务版权秩序的通知》中就已提到网盘服务者在其平台建立管理机制的必要性，并要求其对存储于由其经营平台内的信息内容承担起一定的管理职责，这在一定程度上可以看作是对其管理权的确认。由国家互联网信息办公室发布、于2020年3月正式实施的《网络信息内容生态治理规定》同样强调了网络服务提供者对其平台信息内容的管理权及管理方式。这些规定传达了对网络社会中传播的信息内容的监管，体现了网络服务提供者管理其平台信息内容、履行平台管理主体责任的精神。值得一提的是，国家互联网信息办公室于2021年9月发布的《关于进一步压实网站平台信息内容管理主体责任的意见》中明确提到，随着社会技术的发展，互联网已然成为社会大众参与社会生活、了解社会实时的重要途径。在这一背景之下，网络服务提供者正在成为社会公众进入网络世界的重要渠道。鉴于网络服务提供者在互联网社会中快速传播信息内容的特性，网络服务提供者兼具社会及公共属性的新特征正在彰显，并深刻影响着网络社会的发展。基于此，《关于进一步压实网站平台信息内容管理主体责任的意见》提出，网络服务提供者在保障网络内容安全，维护网络用户权益，维持网络秩序稳定等方面具有无可替代的优势地位。同样，2021年10月，国家市场监督管理总局面向社会发布的《互联网平台落实主体责任指南（征求意见稿）》也提及了网络服务提供者的管理责任，并列举了网络服务提供者在平台内用户管理、平台内容管理和知识产权保护等主要领域的管理责任。

由此不难发现，网络服务提供者对其平台特定领域管理权的享有，是信息技术发展的要求，更是社会进步的要求。具体来说，一方面，信息技术的发展使得社会公众进入新领域的机会增多成本降低，激发了社会公众参与新领域活动的热情和渴望。相应地，越来越多的社会公众受邀开始加入网络活动并沉浸其中。随着网络用户规模的不断壮大和网络内容的爆炸式增长,原有的国家公权力直接监管模式显得日益吃力。出于对监管网络活动成本与效果之间良性平衡的追求,急切需要探索出一条不同于以往国家公权力直接介入的监管模式。另一方面,随着社会发展,网络服务提供者不再满足于仅提供客观技术服务的纯粹中介角色,开始借助社会技术朝着多元服务提供者转型。由此网络服务提供者逐渐发展成为版权人、用户之外的第三方版权利益相关者,实际参与并影响网络版权生态的形成。值得一提的是,多元角色下的网络服务提供者在某种意义上虽仍然是版权人和用户之间沟通、产生关联的桥梁,但此时的网络服务提供者在一定程度上具有主观特点,能够干预和影响版权人与用户间的版权活动。因此,要求网络服务提供者承担其平台活动一定的管理责任无可厚非。自从《美国数字千禧年版权法案》首次就特定网络服务提供者设定避风港规则之后,避风港规则理念被许多国家借鉴。2006 年,我国公布了《信息网络传播权保护条例》,该条例借鉴"避风港规则",规定了为网络用户提供信息存储服务的网络服务提供者不因网络用户生成内容行为承担侵权责任的特定情形。此外,我国 2018 年发布的《电子商务法》对《信息网络传播权保护条例》中所确定的"通知—删除"规则予以完善,发展成为"通知 + 采取必要措施"规则,适时顾及网络用户的合理权益。之后,我国《民法典》侵权责任编再次阐释了"通知—采取必要措施删除"规则。由此不难发现,我国避风港规则的具体适用场景是在接受时代检验中不断自我发展自我完善。

避风港规则是指,当网络服务提供者不实际知道、没有理由知道或者在知道其平台有版权侵权事由存在时,迅速采取行为,删除或采取其他必要措施禁止该侵犯他人版权内容在其平台传播,而免于承担相应的版权侵权责任。避风港规则被提出时正值网络社会兴盛初期,出于鼓励网络社会发展、推进网络活动高涨进行的目的,互联网社会迫切需要一部规则来明确网络服务提供者与网络用户间就参加网络活动所引发的版权侵权责任的区分。进一步而言,在网络盛行之初,平衡网络服务提供者、网络用户与版权人三者之间的权益既是推进互联网社会进一步发展的必要路径，也是鼓励版权人等社会公众参与到网络活动、进入互联网社会的需要。如学者所说，在网络版权环境中，利用避风港规则对网络服务提供商和版权人间的利益作出平衡处理是网络活动健康顺利开展的前提。无论利益天平不合理地朝哪一方倾斜都会影响网络社会的良性发展。如果对网络服务提供者科以过重的责任负担，势必影响网络产业的繁荣发展；如果过度忽视网络服务提供者在互联网社会中的平台责任，又会出现版权人利益无法受到有效保护的不利局面。[①] 申言之，网络服务提供者就其平台内容应否承担管理责任，承担多大限度的管理责任，既是需要合理化解利益矛盾的利益平衡问题，也是需要反映时代特点的时代之问。因此，避风港规则不应是一成不变、墨守成规式的规则，我们应该以辩证的思维结合时代发展来审视避风港规则应有的时代走向和时代之意。

避风港规则是对"技术中立"精神的贯彻，是一种基于"技术中立原则"而不对技术服务提供者科以严格的审查义务的豁免责任。[②] 值得关注的是，避风港规则施行后，实践中逐渐形成了以保护网络服务提供者为主的制度格局，将版权保护的责任更多地施加给版权人本身，并且从某种意义上实现了用户责任与平台责任间的分离，在一定时间内推动了网络社会的快速发展并取得突出成就。

随着信息技术继续朝着高精尖方向发展，互联网社会逐渐形成较为稳定的发展格局，各领域也趋于成熟。在此背景下，原意在于保护网络服务提供者、为相关产业发展营造宽松环境的避风港规则，开始引起版权人甚至网络用户的不满。同时，传统避风港规则在 WEB 1.0 时代所追求的利益平衡在 WEB 2.0 环境下也显得岌岌可危。一方面，正如学者所指出

---

① 参见彭桂兵：《"避风港"规则与网络服务商合理注意义务的确立——以卓易公司案为中心的探讨》，载《当代传播》2017 年第 3 期。

② 参见赵双阁、姚叶：《区块链技术应用于短视频版权保护的优势与局限》，载《中国编辑》2021 年第 8 期。

的那样,传统的避风港规则并未过多关注网络用户,没有为其反驳版权人的“通知”给予诸多鼓励或可能,从而出现了网络用户怠于在“被通知”后积极向网络平台主张权利、自证清白的现象。同时,避风港规则也并未要求网络服务提供者在对版权人的“通知”作出实质性审查后采取行动。因此,传统的避风港规则往往使得网络服务提供者在接到版权人“通知”后不假思索地删除相关网络用户生成的被指控侵权内容,这使得合理使用规则在网络空间趋于“弃置”的状态。[①] 另一方面,从版权人角度来看,因为缺乏对避风港规则适用的有效限制,网络服务提供商往往在接到版权人侵权通知后无差别地删除被指控内容。这一局面在一定程度上纵容了部分版权人对“通知—删除”规则的无限制使用,在网络社会中对网络用户过于严苛,甚至压缩了其合理参与网络活动的空间,出现版权人对避风港规则的无顾忌滥用的现象。[②] 因此,乔丹·桑德尔指出,虽然避风港规则表现出对网络用户参与网络活动的严厉性,但对网络服务提供者却展现了不合理的过度温和与宽容。[③] 如此一来,有学者一针见血地指出,“传统的在线内容分享平台版权责任的配置以‘通知—删除’义务规定的被动注意义务为基础,这种对于网络服务提供者过低的注意义务的设置,不仅不能充分发挥网络服务提供者控制版权侵权行为的技术和管理上的优势,而且对承担主要版权保护责任的版权权利人严重不公平,从而成为当前在线内容分享市场侵权猖獗乱象的重要根源”。[④] 质言之,为实现网络社会的可持续发展,在促进避风港规则发挥其既有优势的前提下,也应结合时代特点,赋予避风港规则新的适用场景,以回应时

---

① See David E. Ashley, *The Public as Creator and Infringer: Copyright Law Applied to the Creators of User-Generated Video Content*, 20 Fordham Intell. Prop. Media & Ent. L. J. 563(2010).

② See Jordan Sundell, *Tempting the Sword of Damocles: Reimagining the Copyright/DMCA Framework in a UGC World*, 12 Minn. J. L. Sci. & Tech 335(2011).

③ See Jordan Sundell, *Tempting the Sword of Damocles: Reimagining the Copyright/DMCA Framework in a UGC World*, 12 Minn. J. L. Sci. & Tech 335(2011).

④ 张晓君、上官鹏:《中国在线内容分享平台版权责任的配置路径——兼评〈数字化单一市场版权指令〉第17条平台承担“过滤义务”的观照》,载《出版发行研究》2021年第7期。

代之问。

本书认为,就避风港规则的适用而言,应明确作为通知人的版权人的主观状态。相应地,同样应适度考量针对版权人的“通知”作出“反通知”时网络用户的主观状态。所谓版权人的主观状态,即版权人发现网络服务提供者经营的网络平台存在涉嫌侵犯其版权的信息内容时,在对网络服务提供者发出“通知”前,版权人对此利用其版权作品的行为能否归于合理使用是否有清晰的认知。若版权人知晓网络用户利用其作品的行为属于合理使用但仍然向平台发出“删除通知”,则版权人主观上存在恶意通知的嫌疑。之所以强调版权人“通知”时的主观状态,原因在于网络社会不同于现实世界,其虚拟空间的典型特质使得使用作品的行为并不能如现实世界一般有效受到版权限制规则的考察。具体而言,在网络社会中,因平台海量的信息内容,出于成本或技术限制等方面的考虑,网络服务提供者往往不能够逐一对其平台之上利用作品的行为作出人工审查,而是通常借助于技术手段,自动将明显的侵犯版权的使用作品行为过滤掉。但在技术监管的环境下,合理使用等版权限制规则的适用遭遇严重挑战。正如人们所了解的那样,合理使用等版权限制规则的适用存在个案性,需要结合具体使用作品的情景予以个案考量,而网络环境下的技术监管往往是在预设的算法规则下,以既有的算法规则自动过滤掉侵权使用作品行为下产生的内容,但因缺乏人工干预,其无法有效考量被过滤掉的信息内容是否属于对既有作品的合理使用。除此之外,面对海量的网站内容,让网络服务提供者对其是否真正侵权作出逐个判断,无论从经济效益还是义务承担上看,都缺乏一定的合理性和正当性。但是,与网络服务提供者不同,版权人作为侵权行为的发现者与提出者,其对特定的信息内容具有一定的查验能力。正如本书第四章所提到的,要求版权人在向网络服务提供者发出侵权“通知”前履行就涉嫌侵权内容对其版权作品构成合理使用的排除审查义务,既能够有效弥补网络服务提供者人工审查成本高的缺陷,也在一定程度上反映出对网络用户参与网络活动的尊重和保护,对最终实现 WEB 2.0 时代网络服务提供者、版权人及网络用户间利益的动态平衡贡献关键作用。因此,明确作为通知人的版权人的主观状态,当版权人明知网络用户使用其作品的行为构成合理使用,仍向网络服务提供者发出“删除”通知,其主观上即已构成“恶意通知”,网络服务提供者在查明相关事实后,可以在法律允许的范围内对该版权人施以一定的责任追究措施。除此之外,应适度考量针对版权人的“通知”作出“反通知”时网络用户的主观状态,若网络用户明知其使用他人作品的行为构成侵权,仍在收到平台转达的版权人“通知”后,恶意向平台发出不存在侵权情形的“反通知”,其行为在增加网络服务提供者、版权人时间消耗等额外维权成本时,主观上即已构成“恶意反通知”,网络服务提供者在查明相关事实后,可以在法律允许的范围内对该网络用户施以一定的责任追究措施。

就“通知”而言,不宜将其限制为版权人提起诉讼的前置程序。事实上,版权人在发现某一网络平台存在侵犯其版权利益的作品内容时,能否省略掉向网络服务提供者发出侵权“通知”这一环节而直接向法院提起诉讼,这一问题曾在理论界引起争议。有学者认为,将版权人向网络服务提供者发出侵权“通知”作为其因平台内容侵权向法院提起诉讼的前置程序,可以在一定程度上使避风港原则在执行适用过程中发挥更大的效率优势。[①] 具体而言,优势一是将避风港原则设为版权人提起诉讼的前置程序,能够在某种意义上降低网络产业发展中应对侵权行为的总成本;优势二是此举在可以减轻各方主体诉累的同时,有效节约司法资源;优势三体现在若放任版权人未“通知”平台侵权行为的现实存在即提起诉讼,有纵容侵权范围进一步扩大的嫌疑;优势四则集中在将版权人“通知”作为提起诉讼的前置程序,有助于利益相关主体积极行使权利,同时促使其有效履行义务推进有关责任的配置。[②] 对此,胡开忠教授表示,“设立通

---

① 参见徐明:《避风港原则前沿问题研究——以“通知—删除”作为诉讼前置程序为展开》,载《东方法学》2016 年第 5 期。

② 参见徐明:《避风港原则前沿问题研究——以“通知—删除”作为诉讼前置程序为展开》,载《东方法学》2016 年第 5 期。

知删除程序的目的就是在权利人和服务提供商之间建立起一种合作机制以减少侵权行为的发生,如果该程序在实践中被权利人回避,则法律的立法目的就很难达到"。胡开忠教授认为,法院在审理此类案件时,应首先对权利人是否履行了通知义务进行审查,如果权利人在起诉前没有有效通知网络服务提供者,且网络服务提供者对侵权行为的发生不存在主观过错,"则应免除服务提供商的责任或减轻其法律责任"。[①] 胡开忠教授虽然提到要求权利人起诉前履行"通知"义务的合理性,但并未绝对地主张将"通知"作为起诉的前置程序。而当法院查明网络服务者确实不知晓其平台侵权行为的发生时,权利人要因此承担不利后果。换言之,如果有证据证明网络服务提供者有能力或实际知晓其平台有关侵权行为的存在,则即使权利人在起诉前未"通知"网络服务提供者,也并不会因此使自己落入诉讼的被动地位。进一步而言,网络服务提供者能否进入避风港并受此原则的庇佑,关键要件之一即要求其对侵权行为的"不知"或"不应知"。如果权利人在起诉前并没有确切的证据证明网络服务提供者明知或者应知侵权行为的存在,则其可以发出"通知",使网络服务提供者实际进入明知的状态。在收到权利人"通知"后,如果网络服务提供者仍对此置之不理,在权利人提起诉讼后网络服务提供者则处于不利的被动地位。在上海文化广播影视集团有限公司诉广州市千钧网络科技有限公司侵害作品信息网络传播权纠纷案中,[②]被告广州市千钧网络科技有限公司以原告在提起诉讼前并没有向其发出书面通知为由,主张其并不实际知晓也没有能力知晓网站侵权行为的发生。法院在审理中对此表示认同,其指出,"原告在获取千钧公司提供涉案记录片视频的在线播放服务后,并未直接联系千钧公司进行删除或者断开链接措施。在没有侵权通知的前提下,要求提供信息网络存储空间服务的网站经营者有主动审查的义务,未免有些苛刻"。审理法院综合考量其他相关要素,最终认

---

① 胡开忠:《"避风港规则"在视频分享网站版权侵权认定中的适用》,载《法学》2009 年第 12 期。

② 参见上海市普陀区人民法院民事判决书,(2016)沪 0107 民初 12049 号。

定被告并不构成对原告版权作品的侵权,不应承担侵权责任。值得一提的是,将"通知"设为权利人提起诉讼的前置程序,能够在一定程度上转移法院审理相关事实时的求证过程,同时实际发挥"通知—删除"规则的制度意义和法律价值,也得以有效弥补网络服务提供商面对海量平台信息无法一一审查的缺陷。但基于上述作用,在考虑和顾及将"通知"作为权利人起诉前置程序之前,我们首先应明确权利人向网络服务提供者发出"通知",是法律赋予其的权利并非义务,义务虽然不能放弃,但法律并不限制和阻止权利人放弃其所享有权利。申言之,我们应避免沉浸于先"通知"后"起诉"带来的优势作用而忽略一开始即为权利人自主享有的"通知"的权利属性。在上海观视文化传播有限公司诉上海全土豆网络科技有限公司版权侵权纠纷一案中,[①]被告上海全土豆网络科技有限公司同样以从未收到过相关权利人要求删除侵权作品的通知作为抗辩理由之一。对此一审法院认为,"只有在网络服务提供者不知道也没有合理理由应当知道服务对象提供的作品侵权时,权利人才必须向网络服务提供者提交书面通知要求删除侵权作品"。二审法院则主张,"如果不要求诸如上诉人(原审被告)上海全土豆网络科技有限公司这样提供专门用于影视作品上传的存储空间的网络服务提供者负担一般注意义务,并采取必要的避免权利侵害的积极行为,而将防止侵害发生的责任完全由权利人来负担,即要求权利人去发现网络上存在的侵权行为,并在通知移除未果后才能追究有关行为人的侵权责任,则无法为权利人提供有效的保护"。就避风港规则"通知"的程序要件来看,正如聂振华所言,司法实践中基本就"通知"并非起诉的前置程序达成了共识。[②]

网络服务提供者既是网络活动的经营者,也是网络活动的参与者,同时还是网络活动的管理者。基于不同的身份属性和角色扮演,网络服务提供者享有的权利、履行的义务以及需要承担的责任之间也存在相应的

---

① 参见上海市浦东新区人民法院民事判决书,(2008)浦民三(知)初字第464号;上海市第一中级人民法院民事判决书,(2009)沪一中民五(知)终字第20号。

② 参见聂振华:《视频分享网站版权侵权案件的实证研究》,载《中国应用法学》2021年第5期。

差异。促进和保障网络服务提供者合理有效地履行其经营者属性下对网络平台信息内容注意义务以及管理者属性下避风港规则的适用，以实现网络服务提供者第三方义务的周延履行，既是厘定网络服务提供者之于版权作品的义务框架及边界的应有之义，更是用户生成内容现象下保护第三方版权人版权的必由之路。

互联网社会的逐渐成熟，在促进越来越多网络产业形成和兴盛的同时，也在挑战着传统社会中形成的法律构架和监管模式。申言之，在物理世界中，形成于传统社会的监管体系往往以“二元结构”呈现。在此“二元结构”下，通常由公权力直接进入社会秩序维持和稳定工作中，以一种“面对面”的形式对监管对象直接进行行为监管，所体现出的权力（利）动向即“公权力—私权利”。随着互联网技术繁荣与进步，公权力于虚拟世界中直接监管网络活动的不便与不效益日渐显现，网络服务提供者在网络活动中的管理优势逐渐显露出来。在互联网繁荣发展的背景下，学者们开始将注意力转向网络服务提供者，探寻网络服务提供者承担网络市场活动看门人角色的社会价值。学者雷尼尔·H. 克拉克曼（Reinier H. Kraakman）在研究第三方中介组织于市场活动中的作用时发现，相比于拥有公权力基础的国家执法部门，一些第三方中介组织在防范其服务范围内的违法行为时具有绝对的成本优势。[①] 因此，克拉克曼建议赋予这些具有管理优势的第三方中介组织有关市场活动的看门人角色。此外，学者乔纳森·斯特兰（Jonathan Zittrain）主张，面对互联网社会中频发且复杂的侵权现象，授予网络服务提供者类似网络市场活动看门人的职责，使其有义务和有权预防及处理发生在其经营平台的侵权行为，不失为明智之举。[②] 正如学者所提出的，网络服务提供者对其平台内容进行管理的责任，从本质上来看，是法律规范施加于网络服务提供者行政法中第三

---

① See Reinier H. Kraakman, *Gatekeepers: The Anatomy of a Third-Party Enforcement Strategy*, 53 B.C. L. Rev. 1 (2012).

② See Jonathan Zittrain, *A History of Online Gatekeeping*, 19 Harv. J.L. & Tech 253 (2006).

方义务的过程。[①] 这里所述的第三方是相对于实施侵权行为的第一方和因侵权行为受到损失的第二方而言的。之所以让网络服务提供者成为第三方义务主体,主要原因在于网络服务提供者所提供的技术平台服务是侵权行为发生的基础。[②] 换言之,网络服务提供者为侵权行为的发生供应了场所条件。所谓第三方义务,即国家公权力赋予私主体参与社会秩序维持等执法任务之权,授予私主体在一定程度内采取措施阻止有害行为发生的责任。[③] 在此背景下,逐渐形成发挥网络服务提供者在网络社会的管理优势、以私主体管理私主体、强化第三方平台监管义务的新型互联网社会管理体系。正如刘鹏教授所提到的,网络服务提供者的平台管理责任正在成为我国数字领域市场监管的重要实现途径。[④] 概言之,形成于物理世界的传统"国家—个人"的二元管理结构,在互联网空间中,逐渐转变成"国家—网络服务提供者—个人"的三元监管格局。如学者所指出的那样,传统社会下所形成的"公权力"和"私权利"之间的博弈,在互联网时代向着更为复杂的"公权力—私权力—私权利"转变,其中既需要协作互助,也不可避免存在博弈对抗。[⑤] 基于此,实现网络服务提供者第三方义务的周延履行需要注意两个方面:一方面,需要完善网络服务提供者履行管理职责的路径和方式,发挥外部监督内部自省的不同优势,促使网络服务提供者设定较为明晰的管理规则,减少网络服务提供者在履行义务中的不确定性和无边界性;另一方面,面对在网络服务提供者履行第三方监管义务所实际形成的网络服务提供者对用户的支配地位现象,要加强公权力对网络服务提供者履行监管义务时行为的合理监督,保障网络服务提供者管理平台信息内容的规范性和系统性。

---

① 参见陈璐颖:《互联网内容治理中的平台责任研究》,载《出版发行研究》2020 年第 6 期。

② See Manns J., *Private Monitoring of Gatekeepers: The Case of Immigration Enforcement*, 2006 U. Ill. L. Rev. 887 (2006).

③ See Kraakman R. H., *Corporate Liability Strategies and the Costs of Legal Controls*, 93 Yale L. J. 857 (1984).

④ 参见刘鹏:《以网管网:第三方平台监管的兴起及其逻辑》,载《治理研究》2021 年第 5 期。

⑤ 参见孔祥稳:《网络平台信息内容规制结构的公法反思》,载《环球法律评论》2020 年第 2 期。

网络服务提供者第三方义务的周延履行既需要平台内部科学、深刻地进行自我管理模式探讨,也离不开外部力量的监管和督导。因此,有必要在网络服务提供者义务履行范畴内引入元规制机制。所谓元规制,即对某一规制本身的又一监管。[①] 具言之,元规制是国家公权力通过制度规范等引导被其规制主体进一步制定管理机制约束内部秩序的规则。加里·科利亚内塞(Cary Coglianese)和埃文·门德尔森(Evan Mendelson)认为,元规制往往适用于解决复杂问题或者应用于处在动态演进中的新兴、特殊行业。[②] 克里斯汀娜·帕克(Christine Parker)提到,元规制即在监管者之外还另有监管群体的存在,它系监管监管者的活动。[③] 布里奇特·M. 赫特(Bridget M. Hutter)则进一步指出,元规制是公权力对私主体比如企业等内部自我管理的监管。[④] 罗伯特·鲍德温(Robert Baldwin)、马丁·卡维(Martin Cave)、马丁·洛奇(Martin Lodge)则对元规制作出更加详细的解释,他们认为元规制实质上是外部公权力监管机构有意识地引导被监管主体,使被监管主体在其内部设立一种既符合社会发展要求,又恰当考虑公共利益的自我约束机制,并由公权力监管机构对此被监管主体的内部自我约束机制进行外部监督的一种监管方式。[⑤] 具体到用户生成领域,用户生成内容领域中网络服务提供者在履行管理等责任时,存在三种核心监管方式:一是来自国家公权力对网络活动的监管;二是网络服务提供者对其平台用户相关行为的监管;三是国家公权力对网络服务提供者监管机制的监管。因此,在网络服务提供者履行平台

---

① 参见侯利阳:《论互联网平台的法律主体地位》,载《中外法学》2022 年第 2 期。

② See Cary Coglianese, Evan Mendelson, *Meta-Regulation and Self-Regulation*, in Robert Baldwin and Martin Caveand Martin Lodge eds. , The Oxford Hand Book of Regulation, Oxford University Press, 2010, p. 152.

③ See Christine Parker, *The Open Corporation: Effective Self-Regulation and Democracy*, Cambridge University Press, 2002, p. 15.

④ See Bridget M. Hutter, *Risk, Regulation and Management*, Oxford University Press, 2006, p. 215.

⑤ See Robert Baldwin, Martin Cave and Martin Lodge, *The Oxford Handbook of Regulation*, Oxford University Press, 2010, p. 152.

管理等相关责任时，为其设定一定的职责边界，在清晰其职责履行外延的情况下，基于公权力监管能够有效促进平台内部监管机制的良性运转，且较大程度地发挥网络服务提供者管理平台的主动性、全面性、周延性等优势。总而言之，出于促进网络服务提供者较为周延地履行其第三方义务的需要，在一定程度上应于网络服务提供者管理网络活动领域完善元规制模式，保障“公权力—私权力—私权利”之间的均衡发展。在国家公权力监管、网络服务提供者监管、国家公权力对网络服务提供者监管机制的监管等三者之间找寻符合互联网社会发展要求的动态平衡，以合理高效保护用户生成内容现象下版权人的版权利益。

第三节　网络服务提供者责任豁免的探讨

面对互联网环境中频频出现的新问题新情况，鉴于网络服务提供者在网络活动中经营者、参与者和管理者的不同身份，对其在不同场景的义务履行和责任承担进行类型化分析，能够较大程度地维持网络社会的稳定，促进网络活动的健康开展。但网络生态系统单纯依靠网络服务提供者并不能完全实现良性运转，原因在于网络活动的开展除了需要网络服务提供者发挥关键作用，网络用户等的角色也必不可少。在用户生成内容现象下，版权人的版权利益频繁遭遇被侵犯的危机，为了有效缓解版权作品权益风险，我们需要做到以下两方面：一方面，明确网络服务提供者在互联网时代的注意义务和管理责任，发挥其监管网络活动的优势；另一方面，合理看待网络用户在版权作品权益风险中的行为影响力。申言之，改善网络社会的版权环境，需要恰当引导和约束社会公众参与网络活动的热情和举动，从行为根源上缓解版权人于网络世界的权益风险。

劳伦斯·莱斯格教授曾指出，互联网社会中的各类现象之所以难以被规制,是由其本身的设计特点决定的。[①] 具体来说,互联网独特的信息性和不受时空限制性等,将人们置于代码信号的背后以虚拟的面容参与社会交流等实体活动。在这一虚拟世界之中,很难得知相互产生空间对话的网络用户"是谁,在哪里,在做什么"。如劳伦斯·莱斯格教授所说,互联网的虚拟性为进入网络世界的每个人都戴上了一枚"巨吉斯戒指",这枚戒指足以让网络用户在互联网社会中隐藏真实的自己,他们做任何行为都不易被发觉。[②] 即使网络服务提供者在经营者、管理者身份之下,对特定领域中的网络活动具有一定的义务和责任,这也并不能否定互联网各方参与者自主生成网络内容、自主传播的信息的现实过程。换言之,互联网社会如同物理世界一般,不仅涉及版权人的版权利益,同时还存在网络用户自主参与网络活动等的社会公共利益。除此之外,网络服务提供者作为网络经营者,其产业创新发展利益也不容忽视。因此,缓解互联网社会用户生成内容现象下版权人版权利益风险,应以保障利益相关关系中各方权益的平衡为前提,坚持"规制与创新、发展与安全、公平与效率的动态平衡"。[③] 如学者劳伦·盖洛曾提到的,规制互联网版权作品使用乱象,必须在相关的关键利益上达成一致,关键利益即版权人的版权保护、社会大众接触和使用作品的公共利益及网络用户的隐私保护。[④] 但归根结底,互联网活动开展的根源在于网络用户的自发性和主动性,实现网络环境的有序性和周延性,不仅需要来自网络服务提供者内部的规制和约束,也需要网络参与主体之外国家公权力的合理干预和引导,同时更需要参与网络活动的每一社会主体的自我"觉醒",主动为网络秩序和谐

---

① 参见[美]劳伦斯·莱斯格:《代码 2.0:网络空间中的法律》(修订版),李旭、沈伟伟译,清华大学出版社 2018 年版,第 67 页。

② 参见[美]劳伦斯·莱斯格:《代码 2.0:网络空间中的法律》(修订版),李旭、沈伟伟译,清华大学出版社 2018 年版,第 67 页。

③ 刘权:《网络平台的公共性及其实现——以电商平台的法律规制为视角》,载《法学研究》2020 年第 2 期。

④ See Lauren G. Gallo, *The (Im)possibility of "Standard Technical Measures" for UGCWebsites*, 34 Colum. J. L. & Arts 283(2011).

稳定贡献自己的能力。正如比尔·科瓦奇(Bill Kovach)和汤姆·罗森斯蒂尔(Tom Rosenstiel)在其书中所提到的,在个性化突出的互联网社会里,甄别是非的责任被赋予每一位网络公民。[①] 因此,实现网络用户生成内容现象下版权人利益的合理保护,不仅是网络服务提供者的责任和义务,也应是网络用户自发遵循的社群规范。在此过程中,我们应避免过度附加网络服务提供者以责任,在要求其善尽相应的义务与责任之外,也要注意对网络用户参与网络活动等相关行为的引导。通过前文分析我们可以知晓,网络服务提供者在不同的身份角色下对其平台内容承担着不同的义务与责任。申言之,网络服务提供者不仅是其平台运营的经营者,也是其平台内容及用户相关行为的管理者,当其自身参与到平台内容创作活动时,还是网络平台信息内容的提供者。基于不同的身份,网络服务提供者需要就其平台的有关行为履行不同的义务。如何看待网络服务提供者履行义务承担责任的属性,是数字环境下版权法所重点关注的问题,也是数字时代有效保护第三方版权人版权利益所必须明确的前提。因此,我们有必要进一步探究数字环境用户生成内容背景下,网络服务提供者承担有关责任的属性及其可予豁免的场景。而在此之前,我们需要明确第三方版权人在数字环境下享有一个怎样的权利范畴,这不仅关系到网络用户创作衍生作品的行为边界,也在一定程度上影响着某一侵权行为所产生的赔偿金额区间。基于此,我们将从关系版权人权利范畴及利益相关人因侵权行为所应承担的赔偿金额的版权相关市场、网络服务提供者在用户生成内容现象下的责任属性、网络服务提供者因平台用户侵犯第三人版权行为的责任豁免这三个方面探寻网络服务提供者在用户生成内容现象下的版权责任承担等有关问题。

---

① 参见[美]比尔·科瓦奇、[美]汤姆·罗森斯蒂尔:《真相:信息超载时代如何知道该相信什么》,陆佳怡、孙志刚译,中国人民大学出版社 2014 年版,第 1 页。

一、版权相关市场的界定

"并非所有未经同意使用知识产品的获利行为都是不当的。"[①]版权法赋予创作者对其作品的演绎权,在一定程度上"可以实现作者对其作品纵向利用的控制,针对作品演绎的相关市场实质上是关于作品利用的纵向市场"。[②] 如果对此作者可以控制的纵向市场界定过于宽泛,则会对社会公众接触作品的正当权益产生潜在威胁,但如果过度缩小纵向市场边界,又会不合理地干扰到作者版权权利的正当范畴。马克·A. 莱姆利(Mark A. Lemley)和马克·麦肯纳在其文章中提到,就反垄断法中对相关市场的定义来看,相关市场是指"能够以垄断价格出售的商品或服务的集合"。同时他们也指出,"一个相关的市场,是某种销售分组,分组内外的商品或者服务之间的需求交叉弹性相对较低"。[③] 在路易斯·卡普洛(Louis Kaplow)看来,知识产权领域尚未对相关市场的概念形成普遍认同,界定相关市场构成的标准也是较为艰难的,他认为,起码就目前来看,知识产权领域相关市场的界定并没有得到有效及规范的指引。[④] 互联网环境下盛行的用户生成内容,因其中用户衍生内容涉及对既有作品的使用而常常陷入版权争议之中。从前文分析来看,用户衍生内容在被第三方版权人主张侵权时,内容衍生用户往往以其对第三方版权人版权作品的使用构成转换性使用为由,试图摆脱责任承担。值得关注的是,无论是美国判例法发展出的"合理使用四要素判断法",还是我国在《伯尔尼公约》基础上采纳的"合理使用三步检验法",其中均涉及对"相关市场"的判断。申言之,当某一在后作品不合理地侵占了在先作品的相关市场利

---

① 杨红军:《反不正当竞争法过度介入知识产品保护的问题及对策》,载《武汉大学学报(哲学社会科学版)》2018 年第 4 期。

② 杨红军:《教材类作品的著作权保护限度》,载《编辑之友》2017 年第 12 期。

③ Mark A. Lemley, Mark P. Mckenna, *Is Pepsi Really a Substitute for Coke? Market Definition in Antitrust and IP*, 124 Harv. L. Rev. 437(2011).

④ See Louis Kaplow, *Why (Ever) Define Markets?*, 100 Geo. L. J. 2055(2012).

益时,在后作品即有可能承担侵权的不利后果。由此不难发现,确定某一作品的相关市场,不仅关系到版权人可行使版权利益的范畴及边界的确定,也关乎其之后衍生作品的合理性及合法性地位。具体而言,“相关市场的界定既与合理使用的分析有关,也涉及损害赔偿的确定”。[①] 一方面,就版权人而言,其享有因其作品在市场传播而获取收益的权利。此也是版权法的政策目的之一,即通过对版权人创作行为的奖励和回报,以激励创作人创作更多的作品并将其在市场上传播。但版权人就其作品传播这一现实能够从中获取多大程度的收益,关键在于其享有在作品传播中多大范围的权利。而此权利的确定需要借助对相关市场的界定。换言之,版权人的版权利益并非无限制地与作品使用行为始终密切联系,只有当作品使用行为落入其提前预设及可预见的传播市场中时,版权人才能获取与此相当的版权利益。相应地,版权人之外的公众若在此版权人可预见的利益范畴内未经许可即对版权作品使用,则将面临侵犯版权的风险。相反,如果公众对版权作品的使用超出版权人预期的版权行使方式及范围,那么公众因未经许可使用作品的行为而承担侵权责任的风险将会大大降低。这也是为什么马克·A. 莱姆利和马克·麦肯纳在其文章中提到“法院在版权案件中有时会通过考虑市场条件来划定版权权利的界限”。[②] 另一方面,相关市场与利益相关人因侵权行为所应承担的赔偿金额的确定有着紧密的联系。就用户生成内容而言,当网络用户基于在先作品衍生出的信息内容,与在先作品的市场受众存在交叉,对在先作品的可预见市场产生一定的竞争关系,那么从某种意义上可以认定此用户衍生内容存在不合理使用在先作品的嫌疑,用户可能会因此承担一定的侵权责任。而因此侵权行为产生的金钱赔付责任往往要结合其在相关市场中对在先作品产生的不正当竞争程度予以确定。

用户衍生内容是否必然涉及对在先作品相关市场的不合理占有并因

① 杨红军:《教材类作品的著作权保护限度》,载《编辑之友》2017 年第 12 期。

② See Mark A. Lemley, Mark P. Mckenna, *Is Pepsi Really a Substitute for Coke? Market Definition in Antitrust and IP*, 100 Geo. L. J. 2055 (2012).

此产生侵权责任，学者对此多持否定态度。克里斯托弗·斯普里格曼(Christopher Sprigman)认为，只有当衍生作品存在抢占在先作品既有市场的潜在威胁时，才需要对在先作品的版权人承担一定的侵权责任。[①]换言之，就用户衍生内容而言，当其未经授权使用版权人的在先作品，并将由此产生的与在先作品足够接近的衍生内容发布在与在先作品同一传播空间时，此衍生作品即可能因存在损害在先作品作者的版权利益而被判令侵权。正如马克·A. 莱姆利和马克·麦肯纳所提到的分析框架，用户衍生内容在多数情况下并不会对在先作品产生威胁，原因在于它们并不会绝对替代在先作品，就目前网络用户衍生内容现象而言，其远不如在先作品完美。但值得我们关注的是，在用户衍生内容领域，应避免陷入玻璃纸谬误虚妄地夸大版权作品的相关市场，而对用户生成内容产生缺乏理性的干扰。基于马克·A. 莱姆利和马克·麦肯纳的分析框架，用户衍生作品仅是从内容上对在先作品的一种补充行为，并非在先作品的市场替代品，其所针对的市场不同，在思想内容上也往往存在差异。[②] 除此之外，萨拉·K. 斯塔德勒(Sara K. Stadler)教授曾表示，判断衍生内容侵权与否，要结合其未经许可使用在先作品的行为是否对在先作品在相关市场中造成了"竞争损害"。如果衍生内容仅是基于非公开范畴的私人使用，则其并不存在产生"竞争损害"的前提，也就无从追究其侵权责任。申言之，判断利益相关主体是否应就衍生内容对在先作品权利人承担侵权责任时，相关市场的界定是关键之一。萨拉·K. 斯塔德勒教授认为，作品的相关市场在一定程度上可以理解为作者在创作之初对其作品预设的一个传播场所，当对其作品的使用超出这个由作者事先确定的场景时，即可认为由此产生的衍生作品已经脱离了此作品的相关市场，而利益相

---

① See Christopher Sprigman, *Copyright and the Rule of Reason*, 7 J. on Telecomm. & High Tech. L. 317(2009).

② See Mark A. Lemley, Mark P. Mckenna, *Is Pepsi Really a Substitute for Coke? Market Definition in Antitrust and IP*, 100 Geo. L. J. 2055 (2012).

关人将免于承担侵权责任。[①] 就版权相关市场的范围而言,本书认为,将其限定在作者正在面对和期待面对的市场之内较为可取。所谓正在面对,即作者已经实际创作并发表的作品类型及内容范畴。期待面对则是作者作品虽尚未进入某一领域或某一主题,但其作品有或蕴含这一趋势。换言之,“在界定相关市场时,可将作者正在服务的消费群体与作品创作时可预见的消费群体结合起来考虑”。[②]

关系版权人权利范畴及利益相关人因侵权行为所应承担的赔偿金额的版权相关市场一经确认,结合版权法的其他规定,用户衍生内容是否构成对在先作品的侵权在一定程度上即能够被较为明确地判断。书写一部在先作品精确的复制品与创作一部衍生作品之间是不同的,因此,克里斯托弗·斯普里格曼主张应对上述两者加以区分。原因在于这样能够有效规范在先作品作者的诉讼行为,一方面鼓励那些真正因用户衍生内容遭受损害的版权人积极维权,另一方面有效反驳并未遭受实际损害的版权人进行投机性诉讼。[③] 总而言之,在个案审查中合理确定在先作品的版权相关市场,对用户衍生内容是否存在侵权情形即利益相关人应否承担侵权责任、侵权责任范畴的确定等问题均发挥着重要影响。

二、网络服务提供者的责任属性

布莱恩·E. 阿尔沙姆(Bryan E. Arsham)在其文章中提到,版权法规定了两种不同类型的责任,分别为直接侵权责任和间接侵权责任。就直接侵权责任而言,未经版权人许可而利用其作品衍生出新的作品并面向不特定人群传播时,此衍生作品的作者则面临承担直接侵权责任的风险。

---

① See Sara K. Stadler, *Copyright as Trade Regulation*, 155 U. Pa. L. Rev. 899(2007).

② 杨红军:《反不正当竞争法过度介入知识产品保护的问题及对策》,载《武汉大学学报(哲学社会科学版)》2018 年第 4 期。

③ See Christopher Sprigman, *Copyright and the Rule of Reason*, 7 J. on Telecomm. & High Tech. L. 317(2009).

但就用户生成内容而言,间接侵权责任的承担受到更大的关注。布莱恩·E. 阿尔沙姆强调,间接侵权责任在用户生成内容领域有两种最直观的表现,即共同责任和替代责任,其指向的对象往往是网络服务提供者。在网络服务提供者从网络用户的直接侵权行为中直接获利,并在知晓且有能力预防的前提下未采取有效措施,致使版权人的损失进一步扩大时,网络服务提供者即会落入间接侵权的范畴,因此承担一定的间接责任。[①]在吴汉东教授看来,“间接侵权行为有两种含义:一是指行为人的行为系他人侵权行为的继续或预备,即其行为帮助和导致了直接侵权行为的发生,如为他人出售、出租、展出之目的而保存侵权复制品的行为,为侵权表演提供设施、场地的行为等。二是指行为人并没有从事任何侵权行为,但由于特定社会关系的存在,依法须对他人侵权行为承担一定的责任”。[②]从前文分析中我们知道,网络服务提供者作为网络平台的经营者,对其平台内容的生成和传播需要履行能力范围内的注意义务,而当其以参与者身份成为其平台内容生成者之一时,则应对由其生成的平台内容承担直接责任。另外,基于损害原因力等理论,网络服务提供者相对其他利益主体,具有应对其平台侵权内容的高管理能力,故网络服务提供者同时还承担着平台管理者角色,在避风港规则的“庇佑”下,管理其平台内容。概言之,基于不同的身份角色,网络服务提供者承担着不同的责任类型,其责任承担背后的理论基础也不尽相同。

首先,就网络服务提供者的平台经营者身份而言,其侵权责任来自网络用户的直接侵权行为,责任属性可归类为间接侵权责任中的替代责任。在 Religious Technology Center v. Net com On-Line Communication Services 案中,美国法院首次将替代责任引入版权侵权领域。[③] 该案审理

---

① See Bryan E. Arsham, *Monetizing Infringement: A New Legal Regime for Hosts of User-Generated Content*, 101 Geo. L. J. 775(2013).

② 吴汉东:《论网络服务提供者的著作权侵权责任》,载《中国法学》2011 年第 2 期。

③ 参见朱开鑫:《从“通知移除规则”到“通知屏蔽规则”——〈数字千年版权法〉“避风港制度”现代化路径分析》,载《电子知识产权》2020 年第 5 期。

中,法院表示当网络服务提供者有控制侵权人行为的能力但未采取有效措施,且从网络用户的直接侵权行为中直接获益时,网络服务提供者就要对实施侵权行为的网络用户承担一定的替代责任。① 由此可见,网络服务提供者的替代责任从某种意义上可以理解为,虽然网络服务提供者对其网站侵权行为的发生在主观意志上不具有任何过错,但因其系网络平台的经营者,基于风险可控性、可预见性、处置效率等规则,②当网络平台发生其侵权事由时,网络服务提供者较版权人具有更高的应对风险的能力和效率,在网络服务提供者的能力范围内其对网站的经营活动理应承担一定的注意义务。当其未合理履行注意义务且有能力预防侵权行为的发生却未预防,放任平台用户实施侵权行为,致使版权人因此受损,同时网络服务提供者又从网络用户的侵权行为中直接获益,则其须对此承担间接责任。此间接责任即美国判例法意义上的替代责任。“在这种特殊侵权行为中,责任人是典型的间接责任主体,其承担的责任并不是基于过错,而是源于自身对他人侵权行为控制的能力。”③值得注意的是,在网络社会形成之初,出于鼓励网络经济发展和吸引公众参与网络活动的目的,无论是制度层面还是现实层面,均未赋予网络服务提供者过重的经营义务,反而为其提供了一个较为宽松的运营环境。但随着网络技术的逐渐完善,网络活动也开始进入白热化阶段,其中纷繁复杂的权益之争渐渐云集,规范网络秩序的工作已迫在眉睫。由此,网络服务提供者在网络活动中的身份角色悄然变化,其开始被赋予更多的注意义务和管理职责,以第三方义务履行者的身份参与到网络秩序维持活动之中。因此,网络服务提供者中立第三方的地位被打破,数字社会的发展对其提出了更高的经营及管理要求。在此背景下,主张网络服务提供者仅承担未合理履行“通知—

① See Religious Technology Center v. Net com On-Line Communication Services. Inc. , 907 F. Supp. 1361 (N. D. Cal. 1995).

② 参见巩姗姗、崔聪聪:《风险分配:电子商务平台知识产权侵权的新视角》,载《知识产权》2016年第8期。

③ 吴汉东:《论网络服务提供者的著作权侵权责任》,载《中国法学》2011年第2期。

删除”义务所产生的责任的呼声开始显露出与时代的间隙，帮助侵权责任的承担也不足以弥补版权人在网络环境中遭受的权益损害。因而，在网络服务提供者未善尽其能力范围内的事先注意义务，并在因此而得以实施的侵权行为中直接获利时，令其承担一定的侵权责任，一方面有利于弥补网络世界中版权人因过高的搜索侵权成本而承担的不利损失，发挥网络服务提供者低成本管理高效率处理风险的优势；另一方面，网络服务提供者替代责任的承担能够在一定程度上倒逼其积极改进平台预防措施，采取措施有效遏制平台用户在生成内容过程中不合理侵犯他人版权的行为，最终对构建数字版权生态系统、改善网络版权环境发挥着积极的推动作用。

其次，就网络服务提供者平台内容生成参与者身份而言，其侵权责任来自对第三方版权人版权作品的直接侵权行为，责任属性为直接侵权责任。如前文所述，随着网络经济的发展和网络服务提供者抢占网络市场的内在需求，网络服务提供者往往不再满足于单一的服务模式，其通常是网络技术服务提供者和网络内容服务提供者的综合体。在网络服务提供者以内容提供角色参与到用户生成内容平台信息内容创作活动时，其与网络用户所扮演的角色并无不同。此时，若因为其生成内容造成了对版权人版权利益的损害，则其作为内容生成者应对其侵权行为向版权人承担直接侵权责任。

最后，就网络服务提供者的平台管理者身份而言，其侵权责任来自对网络用户侵权行为的帮助实施，责任属性为间接侵权责任中的帮助侵权责任。版权领域的帮助侵权，在一定意义上可以理解为在知晓版权侵权行为发生的情况下，“诱导、促成或实质性地帮助他人进行侵权行为”。[①] 本书认为，网络服务提供者的帮助侵权责任，主要源于其管理者职责的怠于履行。网络服务提供者作为网络平台的管理者，承担着一定的管理职

---

① Gershwin Publishing Corp. v. Columbia Artists Management, Inc., 443 F. 2d 1159 (2d Cir. 1971)。转引自吴汉东：《论网络服务提供者的著作权侵权责任》，载《中国法学》2011 年第 2 期。

责,集中表现在网络服务提供者的"通知—删除或采取必要措施"义务方面。所谓"通知—删除或采取必要措施",即当第三方版权人发现某一网络平台存在侵犯其版权作品的信息内容时,可以向网络服务提供者发出相关内容存在其侵权情形的通知,并要求网络服务提供者采取删除等必要措施,以避免版权人损失的进一步扩大。网络服务提供者在收到通知后即表明其对发生在平台的此侵权情况已经实际知晓,若在知晓侵权情况后,网络服务提供者并未采取有效措施避免第三方版权人版权利益损害的再次扩大,则网络服务提供者可被看作此侵权行为的帮助实施者,理应与直接侵权人一并为第三方版权人损失扩大部分承担侵权责任。由此不难发现,承担帮助侵权责任的网络服务提供者与承担替代责任的网络服务提供者之间有着不一样的触发要件。就帮助侵权责任而言,首先,其需要一个直接的侵权实施行为,这与替代责任的承担并无二异。原因在于,无论是替代责任还是帮助侵权责任,责任的承担都以损害行为的发生为前提,若第三方版权人的版权作品并未遭受侵权行为的损害,则侵权责任也就无从发生。其次,与替代责任的承担不同,帮助侵权需要网络服务提供者已经知晓或者应当知晓其平台正在发生侵权事实。换言之,帮助侵权责任的承担需要网络服务提供者在其主观状态上具有过错,而替代责任对此不要求,仅是强调网络服务提供者有能力预防和控制平台侵权行为的发生。最后,网络服务提供者实施了帮助直接侵权行为继续发生的行为。申言之,如果说网络服务提供者替代责任的承担是基于其有能力为之而不为的不预防事实,那么帮助责任的承担则更多的是网络服务提供者主动为之或不为的放任侵权行为继续发生的结果。换言之,替代责任并不要求网络服务提供者实际实施了危害第三方版权人版权作品的行为,而帮助责任则是在网络服务提供者未积极履行其"删除或采取必要措施"职责的基础上引发出来的侵权责任。也就是说,网络服务提供者帮助侵权责任承担的关键在于其虽然与侵权人分别实施了危害版权人版权利益的行为,但最终殊途同归,两者共同导致了版权人版权利益被侵犯这一事实后果。基于此,如吴汉东教授所提到的,网络服务提供者帮助责任的承担与侵权人直接侵权行为之间表现出来的是不真正连带责任,因其对版权人版权利益受损这一事实发生的过错原因并不相同。[①] 一言以蔽之,在网络服务提供者实际知晓或应当知晓其平台存在侵犯他人版权的行为,而未基于管理者身份采取措施与以制止时,其实际上在这一侵权行为所产生的损失扩大中扮演了帮助实施侵权的角色,理应对此损失的扩大部分与直接侵权人一并对版权人承担侵权责任。

三、网络服务提供者的责任豁免情形

网络服务提供者因其不同的行为和角色处境而需要承担的责任也有所不同,主要分见于直接责任和间接责任。但并非任何情况下具备间接侵权责任承担的要件,网络服务提供者均需要承担相应的责任。具言之,网络服务提供者间接责任的承担具有一定的边界,在符合特定场景时,其当然能够落入责任豁免的范畴而免于侵权责任的承担。简言之,网络服务提供者因平台用户侵犯第三人版权行为的责任豁免,以其善尽注意义务和管理义务为前提。

从网络服务提供者的经营者身份来看,当其善尽所应承担的注意义务预防和阻止侵权发生时,即使其平台仍存在侵犯版权作品的行为,也不能苛责网络服务提供者承担相应责任。申言之,纵使网络服务提供者作为经营者对其平台活动的健康进行承担着一定的保障义务,但并不能以此过分严苛地要求其对发生在平台内的所有侵权行为均应承担责任。一方面,网络服务提供者作为市场经营主体,其参与网络运营的主要目的在于实现私人利益的增长,虽然其在经营过程中对网络环境的改善和保障发挥着一定的积极作用,但毕竟其非公权力机关,保障网络市场的正常运行也并非其根本职责;另一方面,若加于网络服务提供者过度严苛的社会责任,可能对尚处于较猛发展势头下网络经济的参与主体以非理性打击,不利于网络社会的进一步发展。

---

① 参见吴汉东:《论网络服务提供者的著作权侵权责任》,载《中国法学》2011 年第 2 期。

从网络服务提供者的管理者身份来看,网络服务提供者在被动知晓其平台存在侵犯版权的行为,即接到版权人“通知”后才发觉平台的侵权行为时,如果其合理履行了平台的“反通知”及“删除或者采取必要措施”义务,版权人就不能一味要求网络服务提供者对其所遭受的损失承担责任。在此场景下,网络服务提供者已经善尽其作为管理者所应履行的管理职责,特定网络服务提供者因此能够落入避风港规则而免于责任承担。另外,当侵权行为如红旗般醒目时,即使没有权利人的通知,有关网络服务提供者也明显有机会知晓此侵权行为的存在。若有关网络服务提供者在此情形下主动采取措施抑制侵权后果的进一步扩大,则其自然可以进入避风港规则实现责任豁免。但网络服务提供者如果对其平台正在发生的侵权行为有知晓的现实条件,却“假装没有看见”而怠于履行管理职责,则不能因此免于责任承担。

CHAPTER 06

第六章

价值释放:用户生成内容有效利用的路径安排

WEB 2.0 环境下盛行的用户生成内容,作为网络用户自发产生的、以弱利益性为典型特点、不以创造性为要素并能够在网络上为他人公开利用的智力成果,于其“生成”之时便得以借助互联网技术实现在网络社会中的实时传播。但正如前所讨论的,用户生成内容是网络用户自发参与网络活动而产生的信息内容,而内容生成主体并都不以创作作品为驱动力,且用户生成内容除存在用户原始生成的内容之外,还不乏存在对在先作品的二次创作行为,甚至是对在先作品的直接复制。因此,并非所有的用户生成内容均属于作品进而被归入版权法保护之列。关于用户生成内容作品地位的确定,本书第二章已作出具体分析。根据内容生成方式不同,可以把用户生成内容分为用户创造内容、用户衍生内容和用户复制内容。用户创造内容是由网络用户生成的具有一定独创性并在网络上公开可用的智力成果。用户创造内容构成版权法意义上的作品需要同时具备下述四要素:其一,应属于表达范畴;其二,应符合独创性要求;其三,应能够以某种形式再现;其四,应遵守宪法、法律和公序良俗。只有在同时满足上述要求的情况下,用户创造内容才有可能被称为版权法意义上的作品,享有版权受版权法保护。而就用户衍生内容而言,其系在他人已有作品的基础上进行剪辑、修改、添加等所形成的不同于之前作品且在网络上公开可用的智力成果,其独创性的判断较用户创造内容往往复杂一些。具体而言,对用户衍生内容的可作品性判断,首先应抽离其对已有作品的"搬运"部分,随后对新增内容比照独创性规则进行分析,考量其中新增价值。简言之,对用户衍生内容的可作品性判断,并非要求用户衍生内容具有高于前人作品的独创性,而是判断其新增部分是否具有独创性。值得注意的是,对用户衍生内容的可作品性的判断应避免落入未经许可使用而否定其作品地位正当性的误区之中。换言之,用户衍生内容能否成为版权法意义上的作品,关键在于剖析其中由之后用户新注入部分的独创性有无问题。与用户创造内容和用户衍生内容不同,用户复制内容是网络用户全部或部分利用他人作品制作副本并置于网络公开传播所形成的内容。就用户复制内容的生成过程来看,因其内容并非复制者本人思想的表达而缺失独创性要素,即使其具有可再现性特征也不能落入可作品性范畴,故而被当然地排除在版权法客体之外,不能成为版权法意义上的作品。本章所讨论的用户生成内容的价值释放,系特定用户思想表达的价值释放。进一步而言,对由用户创造具有独创性内容部分的价值讨论,也即对用户生成内容中符合版权法要求、属于版权法作品范畴的特定用户创造内容和用户衍生内容的价值讨论。除此之外,我们还需要明确,研究用户生成内容价值释放问题,并不意味着其上不存在不合理侵犯第三方版权人版权利益的情形,也并非对未经许可擅自使用在先作品进行二次创造行为的肯定,关于内容生成主体与第三方版权人之间权责及义务配置问题仍应遵循本书第四章、第五章及相关法律规范给出的制度架构。为突出所研究问题及重点,本章仅在假设用户生成内容合法合理的前提下作出进一步分析。

用户生成内容的盛行,为网络文化生态建设注入了一针兴奋剂,在促进网络文化多样性方面发挥着不可忽视的作用。风靡网络的用户生成内容现象,从一个角度来讲,其为社会公众的网络生活提供了较为充足的文化资源,使参与网络生活的社会大众有机会接触到物理社会中较少接触甚至不曾接触的新的信息领域,在一定程度上开阔了网络用户的文化视野,丰富了网络用户的文化消费种类,使其能够在多元网络文化氛围中有选择地接受特定文化熏陶。正如学者马克·A. 莱姆利所说的那样,在互联网技术出现之前,无论是作品的创造还是传播,被形容成一种需要大规模商业投入的活动均毫不过分。具体而言,虽然社会公众每个人都可以成为作者并在不同领域完成创造,但作品创造过程中所需要的设施支持并非任何人均可负担与承受。不同的是,数字技术的出现,使某个作品完全可以"实例"化为信息而不用受缚于物质载体。任何人都可以以数字形式发布作品,而不用顾虑由此可能产生高成本支出或质量损失等问题。因此,数字环境下的作品相较于物理世界,能够在传播上实现一定的大众化。也正是这种大众化使数字环境下的文化交流比以往任何时候都容易得多。从另一个角度来讲,互联网环境下,用户生成内容呈现的大众化、分散性等特点,[①]为网络用户间共享信息文化提供了一定的现实基础。就此,有学者曾指出,随着信息技术的发展,在新技术领域尤其数字环境下,很多作品的创作者,其资本化程度和需求均不如物理世界中的作者高,也许从一开始他们就没有对由其产生的作品能够获得保护和金钱对价存在期待。他们甚至欢迎其他网络用户参与对其作品的进一步创作,以此与他人共享和互动。[②] 如前文对用户生成内容的定义所述,用户生成内容是社会公众参与网络活动的最直观体现,任何网络用户在遵守网络服务提供者所设定的参与规则的前提下,均有机会实时进入内容生成领域而成为网络内容生成主体中的一员。正如迈克尔·J. 麦迪逊(Michael J. Madison)所言,"互联网和数字技术使地球上的每一个灵魂

① See Mark A. Lemley, *IP in a World without Scarcity*, 90 N. Y. U. L. Rev. 460(2015).

② See Margaret Chon, *New Wine Bursting From Old Bottles: Collaborative Internet Art, Joint Works, and Entrepreneurship*, 75 Or. L. Rev. 257 (1996).

都成为潜在的作家、编辑和出版商”。[①] 正是用户生成内容的大众化趋向，才使用户生成内容表现出一定的分散性。所谓分散性，即内容生成主体并不像物理社会中专业作者群体那样有着一个相对稳定的创作交流圈和一套较为成熟的创作体系。相较而言，用户生成内容现象下“人人可是创作者”的精神理念，为社会公众提供了一个较为轻松且低门槛的参与文化创作的机会，只要拥有一台能够连接互联网的智能设备，在一定程度上即可实现参与网络文化创作的愿望。质言之，用户生成内容的分散性也正是其区别于物理社会文化创作的独特之处。进一步来看，用户生成内容的大众化和分散性是其弱利益性的内在原因。在有些学者看来，用户生成内容现象下内容生成主体的生成行为正在成为一种“职业”，但这种“职业”与我们通常所认知的职业存在不同。就“用户生成内容行为”这一“职业”而言，它并不是为了满足“客户”的需要而实施一项工作，更重要的是，从目前来看，这项“职业”的产生和发展是为了追求更丰富的价值满足，而非金钱利益。[②] 不以取得金钱对价为唯一目的的用户生成内容，为其在网络世界的广泛传播奠定了坚实的基础，继而反过来继续丰富网络文化积累，以此形成良好的网络内容“生成—传播—再生成”的良性闭环。如此看来，用户生成内容在网络社会的传播和使用不仅能够实现内容生成主体的自我满足，使其在文化精神方面与其他网络用户产生共鸣，而且对网络平台完成用户积累，壮大用户群体以实现流量取胜发挥着积极的推动作用。更重要的是，用户生成内容能够在其他网络用户的使用中完成商业价值的衍生性开发，充分释放内在机能。但要想，在促进和保障其他主体对用户生成内容使用权益的同时，合理保护内容生成主体的版权利益，需要我们在各利益相关主体就各自权益博弈的情况下寻求最佳方案，以保证数字技术下各方利益的平衡。需要强调的是，就用户生成内容的盛行发展来看，一方面其依赖于网络平台的场所支持和推广，另

---

① Michael J. Madison, *Legal-Ware: Contract and Copyright in the Digital Age*, 67 Fordham L. Rev. 1025 (1998).

② See Lawrence Lessig, *The Creative Commons*, 55 Fla. L. Rev. 763 (2003).

一方面其还需要其他网络用户的深度参与和应用。用户生成内容的价值释放自然离不开网络平台和其他网络用户的参与。申言之，用户生成内容价值充分释放的根本在于厘清用户生成内容版权在内容生成主体、网络平台及其他网络用户之间的合理配置问题。关于内容生成主体与网络平台就用户生成内容的版权配置问题，本书在第三章已经讨论，在此不再赘述。本章主要解决内容生成主体与其他网络用户就用户生成内容的版权配置问题。质言之，即其他网络用户对用户生成内容的使用权益的界定问题。就其他用户对用户生成内容的使用方式及路径而言，SIPS 模式或许能够指明一定方向。SIPS 模式对分析和理解信息技术背景下网络文化的消费过程具有一定的指导意义。SIPS 模式是分析传播效果的重要模型，其核心在于强调社交媒体时代的用户进行信息消费的行为，并对此过程进行分析。SIPS 模式将用户的信息消费行为分为共情、确认、参与，以及共享和传播四个阶段，这四者之间是依次递进的关系。这四个阶段具体表现为，“第一阶段是共情，信息内容与消费者产生交流与互动，消费者对产品信息产生共情才会进一步交流；第二阶段是确认，消费者对自己产生共情的产品寻求外界确认，通过外界确认其是否有价值；第三阶段是参与，参与进来就有可能发生购买行为，消费者的参与行为最终形成用户参与度；第四阶段是共享和传播，消费者通过良好的体验、亲身参与并产生二次传播，在二次传播的过程中，信息可以传播给更多的人或群体”。[①] 如此，便构成其他用户使用用户生成内容的全过程，如何有效规范其他用户使用用户生成内容过程中用户生成内容的价值释放问题，需要结合这一使用全过程进行深入分析。

卡利斯 · Y. 鲍德温（Carliss Y. Baldwin）和埃里克 · 冯 · 希佩尔（Eric von Hippel）将数字社会与物理社会并存状态下的创新分为生产者创新、单个用户创新和开放创新三种模式。所谓生产者创新，即物理社会

① 刘秀梅、董洪哲、韦雨生：《情感认同与互动共享：基于 SIPS 模式的民俗节庆短视频传播研究》，载《中国编辑》2020 年第 8 期。

中版权法所调整的传统创新方式,其主要指向将作品创作职业化并以其为生活经济来源的专门性专业化创造活动,其在作品授权许可他人使用上具有一定的封闭性。而单个用户创新和开放创新,通常显见于数字社会,在互联网技术的加持下,单个用户创新和开放创新是社会公众进入网络世界参与文化创造的又一例证。相较于生产者创新,单个用户创新和开放创新表现出一定的低排他性和低垄断性,在改善社会福利等公共利益方面具有突出作用,也即在作品授权许可他人使用上具有一定的开放性。卡利斯·Y.鲍德温和埃里克·冯·希佩尔同时提到,生产者创新和用户创新①反映出两种不同的创新者与创新使用者间的"功能性"关系。就生产者创新而言,生产者若期待从其创新作品中获得使用者的现金支付,实现创作意图,其必须将创新作品"推出去","销售"给潜在的使用者,以此实现其寄托于创新作品的价值。与此不同的是,用户创新因其价值追求并不限于获得金钱对价,进而其创新者可以从创新本身这一行为的实施过程中直接获益。基于此,卡利斯·Y.鲍德温和埃里克·冯·希佩尔认为,"我们正处在一个重大的范式转变之中——技术发展正在影响创新方式,使其在新的市场经济中发生改变。随着作品复制和传播成本的急剧下降,用户创新对以生产者创新为基础的传统设计范式提出越来越大的挑战,但其为社会福利带来的推进作用应该被鼓励"。虽然卡利斯·Y.鲍德温和埃里克·冯·希佩尔表达出用户创新在数字技术时代较生产者创新更适于社会的发展的意见,但其强调,这并不意味要在互联网社会放弃基于生产者创新而形成的传统规范。在新技术时期,我们所要做的是为每个创新方式建立可行性边界,"当不止一种方式可行时,我们并不期望看到一种方式驱逐另一种方式,而是期望看到这些方式的创造性

---

① 结合卡利斯·Y.鲍德温和埃里克·冯·希佩尔对生产者创新、单个用户创新和开放创新的定义,本书将单个用户创新与开放创新统称为用户创新,原因在于单个用户创新和开放创新是基于相同的环境背景发展出来的,虽然二者在参与主体和作品应用等方面存在一定差异,但这些差异不足以抹杀其区别于生产者创新的共性。因此,为突显生产者创新与单个用户创新、开放创新之间的区别,本书在此将单个用户创新和开放创新统称为用户创新。

组合，以发挥每种方式各自的优势”。但从版权法在数字环境中的实践来看，其显然不是如此。劳伦斯·莱斯格在《思想的未来》一书中揭露，包括第三方版权人在内的许多人致力于在网络社会中强化来自传统版权法赋予的在物理世界中对其版权作品所享有的绝对控制能力，以此重构对作品潜在使用群体的约束，“他们将维护自己作为强权者的既得利益，以此应对因特网所带来的竞争威胁。旧势力正在降服网络，以对抗新生力量”。[①] 在数字环境愈益彰显强大约束力量的传统版权法被要求继续增加第三方版权人对新技术应用的控制能力的呼声下，不免引发对限制网络用户使用作品权益的担忧。[②] 这种呼声在某种程度上也将限制网络用户对他人生成内容的利用，从而干扰用户生成内容在网络社会的自由传播。以允许作者在其作品之上施加技术措施用来防止他人在网络环境中对其作品未经许可的使用这一现象为例，[③]劳伦斯·莱斯格认为，赋予版权人在网络社会中对其版权作品严格的控制力，意味着原本自由的网络交流文明被迫向许可文明转变，而网络用户合理利用版权作品的自由也将被削弱，这些将不利于甚至阻碍网络社会的发展。[④] 约翰·S. 西曼（John S. Sieman）更是提出“传统的版权法并不适合处理版权作品在互联网上传播和使用问题”这一主张。[⑤] “数字技术正在逐步地切断以往传统的著作物商业交易中所见到的无体物对有体物的寄生关系”，[⑥]从某种程度上看，版权制度陷入了“数字困境”之中。至于被激励主义所强调的只有充分保护作者的版权，才能对其产生足够的创新激励这一要求

---

① ［美］劳伦斯·莱斯格：《思想的未来》，李旭译，中信出版社2004年版，第17页。

② See Christopher Sprigman, *Copyright and the Rule of Reason*, 7 J. on Telecomm. & High Tech. L. 317(2009).

③ 此处对“技术措施”的举例，仅用来解释劳伦斯·莱斯格教授对网络环境下传统版权法适用困境的分析，并不能代表笔者反对网络技术措施这一主张。实际上，本书赞同将技术措施在网络环境中进行一定程度的适用，以此来平衡版权利益相关方之间的权益。

④ See Lawrence Lessig, *The Creative Commons*, 55 Fla. L. Rev. 763 (2003).

⑤ See John S. Sieman, *Using the Implied License to Inject Common Sense into Digital Copyright*, 85 N. C. L. Rev. 885(2007).

⑥ ［日］北川善太郎：《网上信息、著作权与契约》，渠涛译，载《外国法译评》1998年第3期。

对作者版权施与强保护的理论主张，有学者认为这是陷入了知识反身性之中，[①]加强权利人对其版权作品的控制能力并不必然对激励作者创造产生积极影响。[②] 日本学者北川善太郎提到，人们之所以觉得版权正在成为数字社会下版权作品利用过程中的障碍，是因为通常没有版权人的许可，任何人都不能擅自利用版权作品。但基于版权的私权属性，版权人能够处分自己的权益。若其事先公布网络用户可使用其作品的条件，使用者在符合其设定条件的前提下可自主使用其作品，那困扰版权作品在数字社会利用的难题可能会在一定程度上得到纾解。[③] 除北川善太郎提出的版权人主动设定并公布使用其作品的条件，供潜在使用者参考这一"要约—承诺"式的契约实践之外，爱德华·李也指出，"最吸引人的是用户自下而上推动版权作品利用变革的实践……用户可以在没有得到事先许可的情况下建立使用他们版权作品的实践，随着时间的流逝，版权人将通过正式或者非正式的合同对这一使用行为作出接受或不接受的态度"。[④] 在爱德华·李看来，这正是网络社会的"非正式版权实践"。所谓非正式版权实践，即在法律规范之外，版权人与版权作品使用者根据各自所需，通过意思自治形成的新的使用作品的方式或途径。网络用户服务协议就是非正式版权实践的表现之一，网络服务提供者通过网络用户服务协议与内容生成主体商定相关用户对其生成内容的使用权益和范畴，以此兼顾网络用户进入其经营场所的权益。本章将通过对国内外知名度较高的用户生成内容类平台的网络用户服务协议相关内容的分析，来研究探讨用户生成内容价值释放的进路，在规范其他网络用户使用用户生成内容行为的同时，统筹平台用户与内容生成主体之间就用户

---

① See Michael J. Madison, *Legal-Ware: Contract and Copyright in the Digital Age*, 67 Fordham L. Rev. 1025 (1999)。后现代主义者认为，知识的增加并不一定对应于控制的增加，而仅仅是知识的反身性。

② See Daphna Lewinsohn-Zamir, *More Is Not Always Better than Less: An Exploration in Property Law*, 92 Minn. L. Rev. 634(2008).

③ 参见[日]北川善太郎：《网上信息、著作权与契约》，渠涛译，载《外国法译评》1998 年第 3 期。

④ Edward Lee, *Warming up to User-Generted Content*, 2008 U. Ill. L. Rev. 1459(2008).

生成内容版权利益的配置,合理兼顾网络社会中其他网络用户对用户生成内容的使用权益。

第一节 从网络用户服务协议看用户生成内容的利用现状

迈克尔·盖斯特(Michael Geist)教授在其主编的《为了公共利益:加拿大版权法的未来》一书中,总结了网络环境下用户使用作品的四种方式,分别为消费、转移、存取和传播。① 这四种使用方式与版权人的版权利益密切相关,相较于其他三种方式,消费性使用与版权人之间的权责划分较为明确。迈克尔·盖斯特认为,"只需要保证对版权规定作出一定改革,增强数字社会版权人预防侵权性质的使用作品行为即可",其所面临的最大挑战可能在于如何"确保消费者可以阅读存取作品以及'创作者'如何从消费者对作品的使用中获得报酬"。不难发现,数字社会对版权作品的消费性使用与物理世界并无二异,其都以平衡版权人报酬获取和使用者正常使用为根本目标。所谓"转移",即为前文所称的"衍生内容",涉及对在先作品的二次创作行为,这种"具有衍生性或附加价值的使用",使其成为区别于消费性使用的转换性使用。这种情况下其在版权配置问题上将变得复杂。迈克尔·盖斯特将其所提到的第三种作品使用方式"存取",定义为"可以根据自选的地点、时间和模式来存取作品",突出了数字社会技术利用对作品使用的支持。针对最后一种作品使用方式"传播",迈克尔·盖斯特指出,"网络使拥有电子版作品的人广泛又低廉快捷地传播其电子版……那些在传统商业模式下无法获得出版机会的人通过网络传播而获得读者,这对很多创作者而言是一个很好的机会"。在

① 参见[加]迈克尔·盖斯特主编:《为了公共利益:加拿大版权法的未来》,李静译,知识产权出版社2008年版,第35页。

此背景下，迈克尔·盖斯特强调网络世界作品的使用问题“不在于网络上的传播，而在于创作者（所有者）对这种传播的控制程度”。面对网络环境下作品使用的高便捷性，版权人往往主张加强对其版权的保护以有效应对网络中对其作品的不合理使用甚至共享的行为。但在迈克尔·盖斯特看来，在数字环境产生之前，使用者并非不能与他人共享受版权保护的作品，[①]较为深刻的即版权法所传达的“首次销售原则”理念。所谓首次销售原则，又被称为权利穷竭原则，“这一原则是指权利人行使一次即告用尽了有关权利，不能再次行使……其立法目的在于消除版权的独占性对商品流通所产生的消极影响。这意味着，作品原件或者复制件经版权人同意进入市场后，版权人无权控制该作品原件或者复制件的再次出售、散发或其他方式的使用”。[②] 但数字环境下因版权作品在较大程度上摆脱了对物质载体的依赖，使用者不用依托物质载体即可实现对作品的使用，出于对版权独占性的绝对维护之目的，版权人往往采取较为严苛的技术等手段以达到制止使用者未经许可不当利用作品的行为。然而，这也引发了一些疑问，这些举措被认为正在影响网络世界中版权相关主体之间的利益平衡。[③] 正如阿诺德·P. 卢茨克（Arnold P. Lutzker）所指出的，在数字社会中就版权作品的使用而言，人们通常不是在买卖作品，而是更多地从版权人那里获得使用作品的许可。[④] 然而，基于网络社会中文化创作的大众化趋势，版权人正在试图进入使用者的私有领域，以有效保护其版权作品在技术环境中的利益，这引发了学者对版权保护过于偏激的担忧。迈克尔·盖斯特认为，“利用版权排除终端使用者的使用是没有效果的。这些诉讼会降低普通大众对基本版权原则和法治精神本身的认可

---

① 参见[加]迈克尔·盖斯特主编：《为了公共利益：加拿大版权法的未来》，李静译，知识产权出版社 2008 年版，第 35 页。

② 吴汉东：《知识产权法》，法律出版社 2021 年版，第 204～205 页。

③ 参见[加]迈克尔·盖斯特主编：《为了公共利益：加拿大版权法的未来》，李静译，知识产权出版社 2008 年版，第 35 页。

④ 参见[美]阿诺德·P. 卢茨克：《创意产业中的知识产权：数字时代的版权和商标》，王娟译，人民邮电出版社 2009 年版，第 79 页。

程度”，同时其又指出我们不得不承认技术的应用并不限于版权人，当法律或者版权人利用技术规制使用者的使用行为时，使用者往往也会采取一定的应对技术以破解前者为其设定的枷锁。更重要的是，从商业角度分析，“网络上的使用不是应对的边缘使用，而是要充分应对的主流使用”。迈克尔·盖斯特强调，合理地许可社会公众在网络环境中对作品的使用是解决互联网社会版权上述困境的唯一途径，也是维持版权相关主体在网络环境中利益动态平衡的关键。①

随着互联网技术的进一步发展，契约成为束缚网络参与相关主体间行为的有力法宝。在互联网各个领域随处可见对契约的灵活运用，并且这一趋势仍在加强。② 日本学者北川善太郎提到，版权市场理论在本质上也是一种契约模式，在这一模式下，版权人以要约的形式事先将许可利用其作品的条件昭示于用户，当用户在此基础上作出承诺时，版权人与潜在使用者之间便成立了互为制约的契约关系。③ 这样就改变了传统版权法意义上版权人等待用户寻求使用的被动局面，在降低用户搜索成本的同时，也盘活了网络社会作品使用市场的活力。有学者认为，版权人所需要的对其版权利益的保护仅仅是防止在市场竞争中相关人对其作品的盗版行为，以此来制止对其作品市场的不正当挤占，“否定个人使用的权利将构成利用版权为了少数人的经济利益而控制无数人的行为”。④ 因此，数字环境下版权人的版权利益当然应该受到合理保护，但不应以此一味地不合理侵占用户使用作品的空间。鉴于传统版权法在应对网络空间版权问题中所表现出的一定的滞后性，利用版权法平衡内容生成主体与其他网络用户间就用户生成内容上的权益似乎略显吃力。因此，以用户生

---

① 参见［加］迈克尔·盖斯特主编：《为了公共利益：加拿大版权法的未来》，李静译，知识产权出版社 2008 年版，第 395 页。

② 参见［日］北川善太郎：《网上信息、著作权与契约》，渠涛译，载《外国法译评》1998 年第 3 期。

③ 参见［日］北川善太郎：《网上信息、著作权与契约》，渠涛译，载《外国法译评》1998 年第 3 期。

④ ［美］莱曼·雷·帕特森、［美］斯坦利·W. 林德伯格：《版权的本质：保护使用者权利的法律》，郑重译，法律出版社 2015 年版，第 154 页。

成内容为主要经营模式的网络平台往往借助用户服务协议以契约形式对此作出进一步约定，以约束各利益相关方的行为。接下来，笔者将对相关用户服务协议中有关内容进行总结分析，并在此基础上尝试探寻用户生成内容价值释放的进路，为规范许可等使用作品模式架构具体框架。

一、网络用户服务协议样本剖析

在网络社会中对作品的使用可总体概括为“消费、转换、存取和传播”四类行为。[①] 根据使用作品的行为是否对被使用作品产生表达或存储上的影响，在互联网环境下网络用户使用作品的行为可概括分为消费性使用和非消费性使用两类。其中的消费性使用大致等同于迈克尔·盖斯特所称的作品使用行为中的第一类“消费”。在数字技术背景下，它系网络用户基于互联网技术以欣赏和阅读为目的在智能设备上使用他人公开于特定场所的作品的行为。非消费性使用包括迈克尔·盖斯特提出的“转换、存取和传播”三种类别。具体而言，非消费性使用可能因网络用户对作品的衍生使用、非临时复制、向他人或不特定的人传阅等行为而触及作品版权人的一系列版权，从而影响版权人版权利益在网络社会的合理实现。也正因如此，版权人要求加强网络环境下对版权作品保护的呼声此起彼伏。但出于活跃平台氛围、吸引流量关注的目的，网络服务提供者往往借助网络用户服务协议，同用户约定由用户生成的信息内容在一定条件下能够供其他用户在平台内外使用。网络用户服务协议中的这一规定，不仅能够有效弥合传统版权法在网络空间适用的滞后性，助推互联网社会版权利益相关主体之间重新实现权益的动态平衡，而且还为探讨互联网社会版权保护动向和方式总结实践经验提供参考蓝本，具有重要意义。以国内外较知名的用户生成内容类网络平台的用户服务协议为研究对象，从其中归纳用户生成内容版权利益在内容生成主体和其他网

① 参见[加]迈克尔·盖斯特主编：《为了公共利益：加拿大版权法的未来》，李静译，知识产权出版社 2008 年版，第 35 页。

络用户之间的配置实践，分析其中可能存在的问题，可以为构建用户生成内容价值释放的进路提供一定指引，并促进规范许可等使用作品模式架构的进一步完善，从而探索出一条有利于网络文化生态系统形成的有益路径。

本书研究的用户服务协议样本来自国内外33家网络平台，此类网络平台均开设有用户生成内容模块，为网络用户参与文化创作或信息生成活动提供场所支持。其中，国内平台28个，分别为腾讯视频、百度网盘、百度知道、知乎、喜马拉雅、蜻蜓FM、猫耳FM、果壳网、56网、新浪微博、土豆网、优酷网、荔枝、快手、抖音、博客中国、网易公开课、Bilibili、迅雷、梨视频、澎湃新闻、百度文库、在行一点、豆瓣、天涯社区、虾米音乐、搜狐和小红书；国外平台5个，分别为Wiki、Quora、YouTube、Facebook和Google。一方面，本书以“用户服务协议样本对网络用户就用户生成内容使用权益的约定”为主题，对网络用户使用用户生成内容的场景作出区分。结合实践情况，同时根据用户服务协议约定内容，本书将网络用户使用用户生成内容的场景分为“平台内非消费性使用”和“平台外使用”两类。需要强调的是，从用户生成内容类网络服务提供者的经营目的来看，因其多以吸引网络用户生成网站内容且以内容的广泛传播产生平台利润为目的，用户生成内容类网络平台基本默认平台注册用户在平台内对包括用户生成内容在内的平台内容的消费性使用，本书在对网络用户使用用户生成内容的场景作出区分时，直接将“非消费性使用”作为考察网络用户在平台内使用用户生成内容行为的对象，以求研究结果更具有代表性和针对性。另一方面，通过分析网络用户服务协议不难发现，无论是网络用户在平台内对平台用户生成内容的使用，还是平台外对用户生成内容的使用，其均又因决定主体是平台还是生成者的不同而发生分离。根据决定主体的不同，本书分别以“生成者主导的网络用户对用户生成内容使用权益的实现方式及条件”和“网络服务提供者主导的网络用户对用户生成内容使用权益的实现方式及条件”为主题作出进一步归纳，具体内容见表6－1、表6－2、表6－3。

表 6－1　用户服务协议样本对网络用户就用户生成内容使用权益的约定

用户生成内容的场景	决定主体		网络平台
平台内非消费性使用(33)	生成者主导(6)		百度网盘、百度知道、知乎、果壳网、澎湃新闻、豆瓣
	平台主导	平台直接授权(10)	蜻蜓 FM、荔枝、快手、在行一点、天涯社区、Wiki、Quora、YouTube、Google、Facebook
		生成者明示同意(2)	土豆网、优酷网
	提及但未指明许可主体(1)		百度文库(商业使用)
	未提及(14)		腾讯视频、喜马拉雅、56 网、新浪微博、抖音、博客中国、网易公开课、Bilibili、迅雷、梨视频、虾米音乐、搜狐、小红书、猫耳 FM
平台外使用(33)	生成者主导	生成者直接授权(4)	百度网盘、百度知道、果壳网、豆瓣
		平台附条件(2)	知乎、澎湃新闻
	平台主导	平台直接授权(5)	蜻蜓 FM、在行一点、天涯社区、Wiki、Facebook
		生成者明示同意(2)	土豆网、优酷网
	提及但未指明许可主体(1)		百度文库(商业使用)
	未提及(19)		腾讯视频、喜马拉雅、56 网、新浪微博、荔枝、快手、抖音、博客中国、网易公开课、Bilibili、迅雷、梨视频、虾米音乐、Quora、YouTube(明确表示平台不授予用户在平台外使用用户生成内容的权利)、搜狐、小红书、猫耳 FM、Google

表6-2 生成者主导的网络用户对用户生成内容使用权益的实现方式及条件

实现方式		平台内非消费性使用	平台外使用		
			生成者直接授权	平台附条件	
默示许可	无限制	—	—	知乎（非商业使用—注明来源）	—
	选择退出机制	知乎（用户转载）	—	—	—
先许可后使用		知乎（转载以外的非消费性使用）、百度网盘、百度知道、果壳网、澎湃新闻、豆瓣	百度网盘、百度知道、知乎（商业使用/修改演绎）、果壳网、豆瓣、知乎（商业使用/修改）	—	澎湃新闻（注明来源 + 支付费用 + 不妨碍原平台对用户生成内容的相关权益）

表6-3 网络服务提供者主导的网络用户对用户生成内容使用权益的实现方式及条件

实现方式		平台内非消费性使用		平台外使用	
		网络平台直接授权	生成者明示同意	网络平台直接授权	生成者明示同意
默示许可	无限制	荔枝、YouTube、Google	—	—	—
	选择退出机制	Facebook、快手（非商业使用）、Quora	—	Facebook	—
先许可后使用		蜻蜓FM、快手（商业使用；因使用生成的新作品限制平台以外传播）、在行一点、天涯社区	土豆、优酷	蜻蜓FM、在行一点、天涯社区	土豆、优酷

续表

实现方式	平台内非消费性使用		平台外使用	
	网络平台直接授权	生成者明示同意	网络平台直接授权	生成者明示同意
不可撤销的知识共享	Wiki	—	Wiki	—
注明来源	天涯社区	—	天涯社区(支付费用)	—

从对上述 33 个用户生成内容类平台用户服务协议中关于其他网络用户使用网站用户生成内容的权益约定来看,其主要体现出以下特点。

第一,就用户服务协议样本对网络用户关于用户生成内容使用权益的约定来看,网络用户对用户生成内容的使用权益并未得到网络服务提供者的足够重视。具体来说,从对 33 个用户服务协议样本的分析中我们发现,围绕平台内其他用户对用户生成内容的非消费性使用这一主题,仅有 19 个网络用户服务协议对此作出回应。另外,对网络用户在用户生成内容平台之外使用特定用户生成内容的行为约定更是有 19 家平台的用户服务协议处于空白状态。如前所述,用户生成内容的价值释放,不仅有赖于网络服务提供者的使用和传播,也需要在规范网络用户对此使用权益的前提下发挥网络用户在用户生成内容价值释放中的独特作用。只有这样,才能够有效兼顾网络社会中不同利益主体在用户生成内容上的权益,并以此推进数字版权生态系统建设,保障版权利益相关主体的切身权益在互联网世界的动态平衡。

第二,从对网络用户就用户生成内容使用权益作出回应的用户服务协议样本来看,其中多因使用场景的不同分为网络用户在特定用户生成内容平台内的使用和平台外的使用两种相异方案。申言之,关于网络用户对用户生成内容使用权益的享有及范畴划定,就网络服务提供者而言,其在用户服务协议中以网络用户在其平台内使用和在其平台外使用为界,在具体使用权益的设定上表现出一定的差异。在本书看来,协议中区分使用场景的设定,一方面能够有效保护平台内内容生成主体的版权利益,合理限制用户将其内容在平台外不当传播的行为,在一定程度上保障内容生成主体对其生成内容在互联网环境中广泛传播和被使用的控制能力;另一方面根据使用场景的不同区分网络用户对用户生成内容的使用权益,在增强特定网络平台吸纳用户、提高用户黏性等方面发挥着积极作用,此外还有利于特定平台经营活动的规模化开展。因此,以网络用户使用用户生成内容场景的不同为前提,对网络用户使用用户生成内容的权益作出类型化区分,具有较大的实践和现实意义,为用户生成内容价值合理释放提供了有益的探索路径。

第三,用户服务协议样本中关于网络用户对用户生成内容使用权益的实现方式及条件的设定,存在网络服务提供者主导和内容生成主体主导(生成者主导)两种主体约束途径,这与不真正第三人利益合同及真正第三人利益合同的适用情形较为相似。所谓网络服务提供者主导,即网络用户对特定平台中用户生成内容的使用场景、方式以及条件的设定,由网络服务提供者决定,并在用户服务协议中予以明示。而生成者主导,即虽然内容生成主体受制于网络用户服务协议的约束,但根据用户服务协议,其对由其生成的内容具有优于特定平台的控制能力,其他网络用户若有意在特定平台内外使用其生成内容,须满足由其设定的使用条件或获得其许可授权。换言之,根据用户服务协议,网络用户对用户生成内容使用权益的实现,依托于网络服务提供者或内容生成主体的授意。就用户服务协议样本中对相关内容的约定来看,当网络用户对用户生成内容使用权益的实现方式及条件由网络服务提供者主导时,其实现使用权益的方式和条件主要有默示许可、先许可后使用、不可撤销的知识共享、注明来源等;当网络用户对用户生成内容使用权益的实现方式及条件由生成者主导时,其实现使用权益的方式和条件主要有默示许可、先许可后使用等。

第四,在网络用户对用户生成内容使用权益的实现方式及条件的设定问题上,以“先许可后使用”为主要途径,“默示许可”紧跟其后。无论是由生成者主导的网络用户对用户生成内容使用权益的实现方式及条件,还是由网络服务提供者主导的网络用户对用户生成内容使用权益的实现方式及条件,其中的"先许可后使用"占据首位。值得强调的是,虽然在用户服务协议样本中,网络用户使用用户生成内容的方式及条件以"先许可后使用"这一被传统版权法推崇的作品使用程序最为常见,但"默示许可"正成为"先许可后使用"的替代方案为部分平台所接受,尤其是"默示许可"下为生成者保留其对版权作品控制能力的选择退出机制正成为用户生成内容价值释放的新鲜血液而用于互联网平台之中。另外,我们发现,在用户服务协议样本中,继续遵循传统版权法所传达的"许可效率"精神以"先许可后使用"作为实现网络用户对用户生成内容使用权益的主要路径的平台,集中于国内用户生成内容类网络平台的用户服务协议之中,而在互联网起步较早且目前发展较为成熟的网络发达国家的网络平台,其用户服务协议多约定以"默示许可"的方式授予网络用户使用用户生成内容的权益,其中也不乏对能够保留生成者在其版权作品上的一定控制力的选择退出机制的应用。概言之,从国内外网络服务提供者在用户服务协议中对网络用户就用户生成内容使用权益实现方式的约定来看,虽然"先许可后使用"模式或许仍为多数平台所采纳,但"默示许可"尤其是赋予生成者退出能动性的选择退出机制正在成为网络文化活动中的后起之秀,在潜移默化中影响着网络社会的走向。

第五,随着知识共享规则在国际上的兴起,反映知识共享精神的知识共享条款开始出现在用户服务协议中,网络用户对用户生成内容使用权益实现这一问题上也不乏存在知识共享协议的约束。但从为本章所研究的用户服务协议样本来看,其多为国外用户生成内容类平台所采纳,而国内网络服务提供者目前尚未在用户服务协议相关问题中采用这一途径。具言之,在作为本章研究样本的用户生成内容类网络平台的用户服务协议样本中,"不可撤销的知识共享"这一网络用户对用户生成内容使用权益的实现方式及条件,仅存在于由网络服务提供者主导的这一场景之中,并被国外网络平台 Wiki 实际应用。本书认为,虽然在研究样本中采用"知识共享"方式实现网络用户对用户生成内容使用权益的用户服务协议为“冰山一角”，但不能因此否认知识共享条款在网络文化生态建设中所发挥的积极作用，更不能以此否定在网络文化活动开展中适用知识共享规则的有益探索及其实践意义。因此，我们应该关注和认真考虑的是，如何根据实际情况，结合本土要求适时与共享规则相融合，在发挥知识共享规则正向价值的同时，展现我国网络发展的时代特色。

二、网络用户服务协议在释放用户生成内容价值过程中存在的问题

从上文对国内外用户生成内容类网络平台用户服务协议样本的剖析来看，面对传统版权法对网络版权领域新现象规制的缺失和不足，虽然网络服务提供者通过自下而上的探索，利用网络用户服务协议在一定程度上有效解决了版权法相关规范规制中灰色地带无法可依的问题，在合理考量网络用户文化权益、平衡版权相关方利益等方面发挥着一定的积极作用，但总体来看，其在网络用户对用户生成内容使用权益实现等方面仍处于实践摸索阶段。结合网络社会的实际发展情况，本书认为，利用用户服务协议释放用户生成内容价值的过程中主要存在以下几点问题。

首先，网络用户服务协议对“先许可后使用”的过度强调，在一定程度上表现出其对网络社会所追求的“传播效率”的忽视。互联网技术的发展使得社会公众在虚拟世界中能够较大程度摆脱客观条件的限制。社会公众依托网络设备即能够实现对作品等信息资源去时空性的使用，甚至挣脱在物理世界中版权人对其使用作品行为的控制能力。因此，互联网社会对作品的利用方式开始表现出与物理世界分裂的趋势。进一步而言，在物理世界中，作品作为非物质性财产，其在社会的广泛传播需要借助物质载体予以物质化。通过物质化传播的作品，一方面能够契合读者等使用作品的愿望，使读者能够切实接触作品内容；另一方面因作品的传播依托于物质载体，作者能够较为清晰和敏锐地发觉对其作品的使用行为，从而实现其真实有效控制对其作品使用的现实行为。版权法授予作者对其作品享有包括复制权、发行权等一系列与其作品传播利用息息相

关的权利,结合物理世界作品的传播和利用受客观条件限制这一现实情况,作者能够有效实现控制未经许可使用其作品的行为。另外,传播作品首先需完成对作品的复制,而受限于物理技术、几经复制的作品往往丧失清晰度,这对利用作品的美观感受产生一定冲击,从而使得部分社会公众放弃复制作品的副本而去寻求作者许可的高质量印刷版本。因此,在物理世界中,从版权人视角来看,因客观技术条件的限制,版权人能够有效控制对其作品的利用行为,实现作品的广泛传播首先需要获得版权人的许可,如此制度设计对弥合版权人版权利益和社会公众使用作品权益之间的冲突发挥着积极作用,为维持物理世界健康的版权生态系统提供有力的政策支持;从使用者视角来看,基于对高质量作品的追求和对潜在可能承担的风险的厌恶,使用者往往选择能够获得版权人许可的方式,在取得版权人授权之后,再实际使用作品。概言之,对许可效率的强调是物理世界释放作品价值的有益探索和重要路径,是实现版权相关群体之间利益平衡的关键举措。反观互联网社会,匿名化的网络环境带来的是一种面具式生活体验,除非询问网络服务提供者,参与网络活动的社会公众很难直接知晓与其交流的非好友网友的真实信息。在如此背景下,网络像是为参加网络活动的用户提供一件隐形衣,使其在此隐形衣的遮掩下,不用顾及社会影响及熟人评价,作出一些不合规甚至不合法的行为,这对版权领域未经许可使用作品的行为影响尤为深刻。申言之,网络环境下网络用户使用作品的行为不再受限于版权人的事先许可。一方面,数字技术的发展使得网络用户脱离了作品须依托物质载体的限制,其相对自由直接接收作品内容的畅想成为现实。在此背景下,形成于物理世界的先许可后使用制度规则在约束网络用户使用作品的行为上较显吃力,为追求更具个性的网络服务,用户往往轻点鼠标即可实现其使用或传播作品的愿望,而版权人的限制约束在虚拟世界开始显得微不足道。另一方面,随着互联网社会的逐渐成熟,网络用户开始为深度参与文化活动,广泛利用信息资源的渴望探索实现路径。越来越多的用户发现,在数字环境下版权人控制其版权作品的能力正在被削弱,而作品质量在作品被几经复制多次传播中并未表现出任何下降趋势。于是,越来越多的用户沉浸在拥有海量文化资源的网络中,他们在欣赏使用这些信息资源的同时,也不断为其注入新鲜血液。而这一切有赖于数字技术下传播效率的指数级增强。但是,用户服务协议在网络用户对用户生成内容使用权益的实现方式及条件的设定上,并未充分考量网络环境中作品传播效率的优势,而较多地停留在形成于物理世界的传统版权法的规则约束上,甚至生硬地将调整物理世界版权现象的制度规范不加调适地搬运至新环境之中,试图将许可效率继续应用于传播效率备受推崇的互联网社会中。如前所述,版权法的价值除了将其中条文规则应用于社会实践,更重要的在于在实施版权规范过程中对版权利益动态平衡的坚持,以及对版权法平等性目的的体现。另外,还需与社会发展相适应贯彻版权法的时代性价值,立足国情反映内需彰显版权法的本土化特征。因此,在网络用户对用户生成内容使用权益的实现方式及条件的设定上,既要遵循传统版权法保护版权人利益的直接目的,也要合理关注新环境下版权利益格局的变化,适时顾及网络社会的价值追求,恰当发挥数字技术传播效率的优势,体现版权法的时代价值。

其次,从网络用户服务协议样本对网络用户就用户生成内容使用权益的约定情况来看,有近一半协议未就用户使用权益问题作出回应,这在某种程度上将阻碍互联网社会版权利益动态平衡的实现。从表6-1中我们不难发现,在33个用户服务协议样本中,就网络用户在平台内对用户生成内容非消费性使用而言,有14个用户协议并未提及;而就网络用户在平台外使用用户生成内容这一场景的约定,有19个用户协议未提及。用户服务协议是由网络服务提供者事先拟定的,而网络服务提供者意在对其和网络用户共同关注的关键事项作出约定,随后以同网络用户建立契约关系的形式,发挥用户服务协议约束相关利益主体有关行为的现实作用。用户服务协议的重要性在于:一方面,用户服务协议是网络服务提供者与进入网络服务提供者的经营场所的网络用户之间签订的约束双方网络行为的契约;另一方面,用户服务协议所反映的是与契约双方密切相关的利益配置情况,关涉相关主体在网络平台的切身利益及实现情况。但就网络用户对用户生成内容使用权益这一问题的实际约定情况来看,其似乎尚未引起网络服务提供者和用户生成内容主体的足够关注,面对版权领域相关规范对网络环境调整的缺失,以自下而上形式实现自我治理的契约协议对网络用户就用户生成内容使用权益的实现也鲜有提及。基于互联网技术的发展,网络文化氛围的形成与维持,不仅需要网络内容生成主体与经营主体的共同努力,也需要使用网络文化的网络用户的接力。任何一方相关主体的缺失,都可能因"木桶效应"而致使互联网社会整个文化环境的"恶化"。因此,网络空间版权生态系统的建设,不应仅停留在关注版权人利益保护的问题之上,更应在此基础上适度关注网络用户的使用权益,促进用户生成内容内在价值的充分释放。这就要求我们应以实现互联网环境下各版权相关主体间利益动态平衡为价值追求,既要在新场景下继续保护版权人的合法权益,又要在合法合规的前提下关注网络用户的使用权益,基于多中心嬗变的技术背景,保障版权相关方之间利益的动态平衡,促进用户生成内容价值的合理释放。

再次,网络用户服务协议中对促进用户生成内容价值释放的规则设定并未充分综合版权法的制度优势和互联网环境的技术特色,协议多以杂糅形式将二者生硬组合,缺乏对规则的最优性考量。就形成于物理世界的传统版权法而言,在功利主义看来,其旨在促进社会文化繁荣,丰富人类文明,鼓励社会公众付诸产生更多文化产品这一实践。因此,版权法采取一系列措施赋予版权人一定的版权利益,以此激励其继续创作。换言之,在物理社会中,因技术条件等的限制,作品创作及传播更像是一类职业,作者通过创作以维持生活开支,出版商基于传播作品的行为赚取传播利益,而读者则静态被动地等待着经由出版商传播的作者作品进入市场,并付出一定对价获得阅读和欣赏作品的权利,而版权人之外的社会主体要想获得进一步使用作品的权利,往往需要获得版权人的事先授权,以此消除可能实施侵权行为的潜在风险。于是,"作者—出版商—读者"三位一体的单向作品利用格局在传统世界形成,并经由时代的考验,最终稳定于物理世界的版权生态系统之中。在此基础上,形成于物理世界的传统版权法,以版权人利益为中心,赋予版权人较为严密的版权以有效保护版权人对其版权作品的权益。除此之外,版权法还设定邻接权,延伸出对传播主体特定权益的保护,但邻接权的行使仍离不开版权这一基础。与此不同的是,数字技术的发展及相对自由的网络环境,为社会公众广泛参与文化生活提供了客观物质支持和主观理念推动,越来越多的主体摒弃传统社会中的文化创作是特定人的实践这一精神束缚,开始在互联网技术的支持下广泛参与到网络文化活动之中。在这里,文化创作不再是职业作家的特权,无名小卒书写的内容也能够在网络空间被瞬时传播而获得共情人群的赏识。网络用户开始体验到写作的快乐以及因此获得的精神满足。用户生成内容渐成规模,文化创作不再是小范围人群的实践,而是开始成为网络用户大规模的文化活动。除此之外,依托互联网不受时空限制等特点,被广大用户创作出来的文化内容不再需要拥有资金支持的出版产业予以传播,网络用户甚至能够融"写作与传播"于一体,完成内容生成的瞬间即可通过网络向不特定人群传输。同时,互联网技术的发展,不仅赋予了网络用户创作者和传播者身份,还保留了其读者角色。在参与网络文化生成活动的同时,网络用户还是欣赏和使用网络文化的忠实群体及最大市场。简言之,互联网环境下的文化创作活动不再恪守由作者到出版商再到读者的单向传播路径,而是在用户生成内容领域开拓出多中心模式,在这一模式下,用户既是文化创作者,也是文化传播者,还是文化欣赏和使用者。而互联网版权生态系统的构建离不开其中任何一环,也不能消除任何一环在网络空间对文化环境发展的影响力。因此,本书认为,在用户生成内容现象下对版权规则的设定不能一味遵循形成于物理世界的传统版权法的一元中心模式,而应充分考量在互联网环境中因技术特色带来的新现象及变革,开拓出适应版权生态多中心发挥优势的路径。值得强调的是,这并不意味着是对传统版权法在互联网社会中价值的否定,而是以传统版权法优势发挥及互联网特色展示相结合的方式,在类型化视角下找寻网络用户生成内容价值释放的最优方案。

最后,从网络用户服务协议样本中网络用户对用户生成内容使用权益的实现方式及条件设定上来看,网络空间中就此问题的应对和解决方案尚不成熟,未形成统一格局。无论是由生成者主导设定的用户对用户生成内容使用权益的实现方式及条件,还是由网络服务提供者主导设定的用户对用户生成内容使用权益的实现方式及条件,均涉及广泛且对先许可后使用、默示许可等制度在该领域的实践表示认同,但都并未就某一方式及条件形成绝对的认可。虽然协议多数集中在先许可后使用的条件约束之中,但正如前文所述,先许可后使用这一限制网络用户使用权益发挥的方式是否为网络社会用户生成内容价值释放的最优方案仍有待考量。当然,网络空间中就此问题的应对和解决方案虽尚不成熟且未形成统一格局,但不能以此否认网络服务提供者对解决问题所作出的有益实践。申言之,如何促进用户生成内容价值的深度释放这一问题,虽然目前在网络空间中没有定论及规范范本,但网络服务提供者就此问题已付出的实践探索表明,这一问题已经引起实践领域的关注,相关利益主体正在积极寻求有用的应对和解决方案,而这也正是研究的意义所在。

三、对网络用户服务协议释放用户生成内容价值过程中存在问题的思考

温迪·J. 戈登(Wendy J. Gordon)曾在其文中提到,那些创造知识产品并主张从由其创造的知识产品中获取一定利益以帮助其之后创造更多知识产品的生产者,只有获得一定就其知识产品不当使用行为的起诉的权利,才能确保社会公众对其知识产品的使用在合法合规的范畴内进行。[①] 温迪·J. 戈登的描述和传统版权法中所规定的许可规则看起来是一致的。许可规则赋予版权人对其作品使用行为有效的控制能力,对于未获得版权人许可即擅自使用版权作品的行为,版权人可以通过诉讼的

① See Wendy J. Gordon, *On Owning Information: Intellectual Property and the Restitutionary Impulse*, 78 Va. L. Rev. 149(1992).

方式维护其版权利益。因此,温迪·J. 戈登认为传统的版权法在权利上划定了一定的边界,较为清晰地区分了版权相关利益主体之间的权益范围,有效缓解了版权人、传播者和使用人等三方之间关于各自权益不可避免的紧张关系。但随着新技术的出现和虚拟环境的逐渐成熟,传统版权法在这些环境适用过程中被忽略了边界划定的重要性,在网络背景下任何一种对知识产品使用行为的追责似乎都出于这样一种理念,“一切对无形财产的使用都是不恰当的,除非在使用之前已经得到版权人的许可或对版权人进行了有效补偿”。[①] 而这样一种在温迪·J. 戈登看来与互联网时代特点相违背的现象,正是有些学者曾提到的传统版权法所蕴含的理论逻辑,即“影响使用者利益的关键因素有两个:获得许可和支付报酬。”[②]版权法的这一内在逻辑,使得版权人在物理世界中的版权利益能够有效得到保护,同时版权法追求的价值平衡得以在物理世界中较大程度地得到维持。但我们现在所面对的问题是,网络世界正表现出与物理世界诸多方面的不同,且传统版权法的内在逻辑面临互联网技术的“解构”,传统版权法所推崇的“先许可后使用”制度在网络空间中愈益表现出步履维艰的窘态。因此,人们开始探索新的使用作品的规则及方案。正如M. 瑞安·卡洛(M. Ryan Calo)所说的那样,很少有技术变革能够避免开放的问题。[③] 随着信息技术革命的深入开展,越来越多的学者意识到版权领域版权作品使用者的权益维护在互联网社会中的重要性。劳伦斯·莱斯格甚至认为,根据传统版权法,版权人的版权利益得到了过度的保护。事实上,在技术迅速发展的今天,网络版权生态系统的构建与维持的关键并不在于版权人就版权作品所能享有的权利,而在于版权人因此

---

① Wendy J. Gordon, *On Owning Information: Intellectual Property and the Restitutionary Impulse*, 78 Va. L. Rev. 149(1992).

② 王国柱:《作品使用者权的价值回归与制度构建——对“著作权中心主义”的反思》,载《东北大学学报(社会科学版)》2013 年第 1 期。

③ See M. Ryan Calo, *Open Robotics*, 70 Md. L. Rev. 571(2011).

所应负担的义务范畴。[①] 劳伦斯·莱斯格称这种义务为"受保护财产的所有人使其财产可被他人使用的义务"。[②] 对此,沃伦·B. 奇克也有相同意义的表述,其认为在不断更新变革的社会技术背景下,版权领域首先需要并且必须维持的是相关主体之间就利益实现平衡配置的公平与公正。面对新的数字环境,网络用户使用版权作品的权益应当被重视并得到合理维护,这样才能在保护社会效益的同时避免相关群体在对版权作品的使用中付出不必要的高额代价。[③]

无论是传统版权法授予版权人对其版权作品较大控制能力的专有模式,还是为网络环境所推崇、被用户服务协议实践的作品利用泛自由模式,它们都有着相同的目的,即促进社会科学艺术等文化的进步与繁荣。[④] 物理世界与虚拟社会之间在作品利用等方面所需支付的成本的不同,使其所要实施的规则措施也应存在一定差异。具体而言,作品从创造到传播再到被使用,其间主要关涉设计成本、生产成本、通信成本和交易成本四类。设计成本,即在版权领域作者在实施具体的创造行为之前,对其创作内容所作出事前考察和分析所耗费的成本。以论文写作为例,在论文写作之前,我们首先需要结合社会实际或发展热点,确定欲研究的领域及主要问题;在研究方向及研究问题确定之后,我们需要搜索相关的已有的理论研究和实践应用情况。这些均可归为设计成本范畴。在物理世界中,作者创造之前往往需要耗费较大的人力、物力甚至财力搜索对自己将要进行的创造行为有益的材料支持和论证,因而承担着较大的搜索成本。但在网络空间中,网络用户参与文化创造活动,往往轻触鼠标或利用

---

① 参见[美]劳伦斯·莱斯格:《代码 2.0:网络空间中的法律》(修订版),李旭、沈伟伟译,清华大学出版社 2018 年版,第 190 页。

② [美]劳伦斯·莱斯格:《代码 2.0:网络空间中的法律》(修订版),李旭、沈伟伟译,清华大学出版社 2018 年版,第 90 页。

③ See Warren B. Chik, *Paying It Forward: The Case for a Specific Statutory Limitation on Exclusive Rights for User-Generated Content under Copyright Law*, 11 J. Marshall Rev. Intell. Prop. L. 240(2012).

④ See Severine Dusollier, *Open Source and Copyleft: Authorship Reconsidered?*, 26 Colum. J. L. & Arts 281(2003).

搜索引擎即可轻而易举地找到有用资料。随着信息技术革命的开展，作者因创造活动所支付的设计成本更是得到显著降低。生产成本顾名思义，即在作者准备好作品创作的前期工作之后，真正开始作品创作这一行为过程中所要耗费的支出。无论是物理世界的作品创作，还是虚拟社会的用户生成内容，均需要人类智力活动的投入并借助物质设施显见于客观世界。通信成本，在本书看来，其是指在作品创作活动完成后，作品价值实现和作者利益转换的关键一步中所需耗费的支出。具言之，创作活动的完成，意味着创作物中符合版权法作品要求的成为版权法意义上作品，创作者因此成为版权法意义上的作者，享有以权利束形式表现的版权，并能以相关权利的让与换取经济利益。而这需要在作品传播过程中予以实现。通信成本，即作者将其作品置于传播领域的必要支出。在物理世界中，作者往往不具备专业的作品传播资质，也缺乏相应的资金支持，作者在完成作品创造后，通常将传播作品的权益授予专业的出版机构予以发行出版。而在虚拟社会里，网络用户不仅可以借助互联网技术实现文化产品的实时创造，还能够借此直接将由其生成的内容予以传播，不必依赖于专业的传播产业。因此，相较于物理世界，在虚拟社会中用户生成内容所需的通信成本大大降低。最后一类交易成本，即"建立产权和进行补偿性财产交换的成本"。在物理世界中，交易成本来自作品使用方的搜索成本、获得版权人授权使用的许可成本及版权人让渡部分作品利益的成本。在虚拟世界中，作品交易面临多种复杂的情形，在相关法律规范缺失的情况下，其多由相关利益主体以自下而上的自发形式予以规范和约束。因此，不同的治理方式其所面对的交易成本也存在一定差异。本章研究目的即探讨商酌适应不同网络场景，释放用户生成内容价值，实现网络用户对用户生成内容使用权益的较优方案。

学者利奥尔·雅各布·斯特拉希莱维茨（Lior Jacob Strahilevitz）指出，版权人基于版权作品所享有的版权利益，无非通过出售、赠与、放弃或

"损毁"四种方式予以行使。[①] 出售是我们在物理世界中最为常见的行使版权的形式。基于许可规则,版权人以作品权益的让渡换取作品使用人的金钱对价,以此完成作品"出售"行为。"放弃"在一定意义上与用户服务协议中所提到的默示许可和共享规则相类似,以版权人无偿让渡其版权利益为前提,在此背景下实现网络用户使用作品的权益。当然,这并不意味着版权人单方承担义务而因此获利的作品使用人不必负担任何成本。从理论逻辑来看,无论是先许可后使用的传统版权法模式,还是默示许可网络用户对特定内容的自发性使用行为,其均要求版权人和作品使用者承担一定的义务,当然,他们也会在义务履行的基础上享有一定权利。以共享规则为例,当用户内容的生成有赖于网络平台已有的内容时,新生成的用户内容也应以其所无偿使用的网络内容那样,以同样的形式面向不特定公众公开,以方便更多的人以同样的方式使用到其生成内容。M. 瑞安 · 卡洛在其文章中以封闭性使用和开放性使用两种方式介绍技术革命背景下使用机器人的途径。[②] 本书认为,这同样适用于网络用户生成内容领域网络用户对用户生成内容使用权益的实现问题上。封闭性使用,即网络用户使用用户生成内容时,应避免未经许可对非消费性行为的使用。在符合这一条件设置的前提下,网络用户使用用户生成内容的行为不必受到限制,而可以在一定的界限内自由使用。开放性使用,即在网络用户满足某些特定条件时,对用户生成内容的使用行为可以跳脱消费性使用的限制,进行一定非消费性使用的尝试,而不必为此承担侵权责任。但是,值得关注的是,封闭性使用和开放性使用并非冲突与对立的关系,尤其是在网络环境中要放弃对此"非白即黑"的二元区分做法。事实上,德国学者尼可拉斯 · 卢曼(Niklas Luhmann)曾在其著作中主张,基于自创生系统,我们应该抛弃原先对封闭性系统和开放性系统的二元区分。"封闭和开放之间的区分指的并不是一种矛盾,而是一种相互强化的关

---

① See Lior Jacob Strahilevitz, *The Right to Abandon*, 158 U. Pa. L. Rev. 355(2010).

② See M. Ryan Calo, *Open Robotics*, 70 Md. L. Rev. 571(2011).

系。"开放性是封闭性状态下实现自我再生产的直接促进因素,同时其特点释放也在一定程度上依赖于封闭性的推动。"当某些事情一旦成为沟通,它便因此成为一个内在的社会过程。社会可以有其外在的条件和后果(比如参与者意识上的变化),但是,它们——作为一种同样的自创生系统的操作——只能通过同一类或前后的操作才能被有意义地同一化。社会沟通是关于其环境的沟通,而不是与其环境进行沟通。它是一个开放的系统,但只是在递归的、封闭的沟通基础上……所有的子系统都必须各自拥有其独特的基础立场,以使得在系统开放的同时有可能保持自我指涉的封闭。"①网络用户使用用户生成内容的权益在法律规范上看起来是一个封闭的系统,但其同时还是一个认知上的开放系统。基于不同的网络环境,用户生成内容价值的释放,一方面需要考量内容生成主体在特定场景下版权生态中与利益相关主体的各自地位;另一方面基于保障版权人版权利益及网络用户对其作品使用权益之间的平衡这一主旨追求,我们需要充分考量使用用户生成内容的不同场景。本书认为,在网络空间中,根据用户使用场景的不同,版权人版权利益的地位及实现方式也存在一定差异,我们应以类型化思维在对网络用户使用用户生成内容的场景作出进一步区分的基础上,分别考量用户生成内容的价值释放路径,较为周延地商酌网络用户对用户生成内容使用权益的实现方式。本书基于网络平台内外版权生态环境的不同,结合在此背景下版权利益相关主体间在地位上的差异,试图将用户生成内容的价值释放路径一分为二,其中一条为在多中心嬗变趋势下,内容生成者之外平台内注册用户使用权益的实现路径,另一条则是基于版权人授权许可规则,在守正创新理念的引导中商酌用户在平台外对用户生成内容使用权益的实现方式。

---

① [德]尼古拉斯·卢曼:《法社会学》,宾凯、赵春燕译,上海人民出版社 2013 年版,第 424 ~ 425 页。

第二节　网络用户在平台内利用他人生成内容的可行路径考察

能够成为版权法意义上作品的用户生成内容是网络用户自发产生的、具有弱利益性能够在网络上公开利用的智力成果。这在一定程度上意味着网络用户参与文化创造活动的动因有别于一直以来被版权保护领域强调的只有足够的保护才能有充足的创新这一理念。网络用户生成内容的盛行改变了在物理世界中由作者到出版者再到读者的作品单向传播结构，读者开始成为网络活动中的主角之一。在互联网这一独特的开放性与自由性环境之中，物理世界里处于消费最末端的读者开始转变身份，成为网络社会中的“产消者”。在网络文化领域，作为“产消者”的网络用户，既能够利用智能联网设备，在办理入网手续后轻易进入网络世界，注册成为某一平台用户之后，欣赏甚至使用其上的信息内容，同时也能够基于特定平台对注册用户的服务范畴而参与到平台内容的创造活动中，成为平台信息内容的发布者和创造者。除文化内容的生产者和消费者身份之外，网络用户还可以是网络文化的传播者，在各方主体允许的范围内广泛推进平台内容的流转。如此我们不难发现，就某一特定的网络服务提供者而言，其内部正在形成一个区别于泛泛分散的网络世界的具有一定“稳定性”的社区群体。在此社区群体之中，平台注册用户作为社群成员，其彼此之间具有较强的黏合性和关联性，甚至存在一定的依附性。申言之，用户生成内容类平台的建设与运行，在一定程度上需要依靠平台注册用户的活动活力予以推进。在平台各类活动开展过程中，平台注册用户之间的熟识度会逐渐增加，相互的认可度也会随着渐次熟知而得到加强。除此之外，在特定平台之内，网络用户虽然共同处于相对广阔的网络世界而言具有一定封闭性的社区群体之中，但正如前文所解释的封闭性与开放性的融合共进关系那样，特定平台内部又是一个相对开放的组织体。原因在于，特定网络平台的运营不仅需要网络用户积极参与其中，更需要网络用户热情展示其基于网络环境所独特的“产消者”身份，在“自给自足”式的文化氛围之中实现文化生产与交流。因此，在网络平台内部所形成的规模化的社区群体之中，我们很难定位处于版权中心的角色，而传统版权法所传达的版权人中心地位这一理念似乎从根本上正在被规模化的社区群体模式消除。相反，在相对封闭的特定网络平台内，任何参加平台内网络活动的用户都可以同时是平台内容的生成者、传播者和消费者。因此，我们不能以一元化思维分裂其能够在不同角色之间转换这一特质，而生硬地施与其不同角色之下所应遵守的不同规范约束。或许我们可以在分散性网络环境这一背景之下，利用类型化的方法结合特定平台封闭性特点，将其闭合于网络环境大平台之内，再于此封闭性场景下以开放性思维调整其中的版权配置关系。简言之，即在特定平台内充分挖掘和释放其中版权多中心的价值，在封闭性空间中以开放性精神调整注册用户对他人用户生成内容的使用权益，以实现用户生成内容版权利益在内容生成主体与其他用户之间的合理配置。

学者詹妮弗·E. 罗斯曼(Jennifer E. Rothman)将自下而上的习惯治理的兴起总结为两大原因：一是当特定领域内法律调整存在空白，实践缺乏规则指引时，人类社会会在实践中逐渐探索一条普遍认同的约束路径。或者当某一事件的诉讼成本过于高昂时，人们为了避免诉讼而私下达成了问题解决方案，久而久之成为约定的自我治理途径。二是目的在于创设最优或理想的财产分配方案而发展起来的治理实践。[①] 用户服务协议就网络用户对用户生成内容使用权益的约定在一定程度上看来，是人们在实践中因法律调整的缺失，同时为了追求版权配置的利己方案而付诸的自下而上治理的实践。当用户服务协议中这种对网络用户就用户生成内容使用权益约定在不同场景和不同平台中被反复适用，在一定程度上

---

① See Jennifer E. Rothman, *The Questionable Use of Custom in Intellectual Property*, 93 Va. L. Rev. 1899(2007).

成为网络环境中较为稳固的调整版权利益的治理方案时，习惯治理也就趋于定型。正如詹妮弗·E. 罗斯曼所提到的，习惯治理是在被调整主体具有稳定且持续的关联关系或类似交易情况反复发生的前提下，于一遍又一遍的实践中形成的。[①] 就习惯治理的影响而言，沃伦·B. 奇克认为，习惯治理中形成的规范通常会影响法律进一步修订的趋势。"在法律的某些领域，当制定或修订法律时，特定的习惯治理方案常常会被考虑进去。从某种意义上来讲，习惯治理似乎在法律和相关规范的制定中发挥着核心作用。"[②]但就在反复出现的某一情况下形成的习惯治理规范的社会价值而言，其并非完全一致的。詹妮弗·E. 罗斯曼从六个纬度对习惯治理在无价值、具有一定价值到高价值等方面作出分析和评判。进一步而言，无价值的习惯治理通常指向缺乏稳定性、仅个案适用、不能代表社会普遍利益、对社会发展不具有深刻积极的影响等的习惯治理；具有一定价值的习惯治理则相对无价值习惯治理而言具有一定的确定性，同时能够在有限的不同实际问题中予以适用，但因为其所调整的仅是个别主体之间的利益关系，不具有社会普遍适用性，所以其有别于高价值的习惯治理。换言之，高价值的习惯治理是经过社会实践反复适用而被确认下来的，具有一定的社会认可度，同时它蕴含着深层次的价值理念追求，并不受限于解决单个实际问题。此外，高价值的习惯治理一定是兼顾相关主体的潜在利益、能够平衡各方主体间的权益、实现权益在各有关主体间最优配置的调整方案。就此来看，以用户服务协议等自下而上的方式弥合法律规范调整网络用户生成内容在生成主体和其他网络用户之间权益配置等问题上缺失，具有较大的实践意义，其中的方案和规则对今后同类型问题的解决起着一定的指导作用。但我们不能否认，当下用户服务协议调整网络用户基于用户生成内容使用权益时为其实现使用权益所设定的条件存在

---

① See Jennifer E. Rothman, *The Questionable Use of Custom in Intellectual Property*, 93 Va. L. Rev. 1899(2007).

② Warren B. Chik, *Paying It Forward: The Case for a Specific Statutory Limitation on Exclusive Rights for User-Generated Content under Copyright Law*, 11 J. Marshall Rev. Intell. Prop. L. 240(2012).

一定不适时、混乱性等问题。为进一步促进网络用户生成内容现象的繁荣和健康发展，推进用户生成内容价值的充分释放，我们有必要结合现有的相关有用实践，构建特定平台内用户生成内容价值释放的最佳方案。

一、以第三人利益合同实现平台内网络用户利用权益的局限

我国《民法典》第522条对第三人利益合同作出规定，区分了不真正的第三人利益合同和真正的第三人利益合同。所谓第三人利益合同，又被称为向第三人履行的合同，是指签订合同的双方当事人在合同中约定赋予第三人一定权益的合同，分为不真正的第三人利益合同和真正的第三人利益合同。从本质上来看，第三人利益合同是涉他合同的一种，在一定程度上表现出对合同相对性原则的突破。合同相对性即合同的达成和成立是基于签订合同双方的合意，其相互之间通过共同的意思表示，自愿接受合同所赋予的权利和施加的义务。但因为合同的达成往往伴随着义务设定和责任负担，根据相关法律规定，通过合同为合同之外的第三人设定义务的做法，其效力将不会被承认。随着社会经济的发展，人们之间的经济交往活动日益频繁，且表现出一定的复杂性，在合同订立过程中开始出现为第三人设定权益的第三人利益合同。根据《民法典》第522条条文释义，不真正的第三人利益合同和真正的第三人利益合同区分的核心在于"根据法律规定或合同约定是否给予第三人以直接向债务人请求履行的权利"。[①] 就特定网络用户服务协议对网络用户关于用户生成内容使用权益的约定来看，其与不真正的第三人利益合同的适用情形相类似。具体而言，从上文对用户服务协议样本的分析中我们可以发现，就网络平台内就网络用户对用户生成内容的非消费性使用而言，用户服务协议给出两种授权方案。其一，网络服务提供者基于用户服务协议直接约束内容生成主体，要求其在平台参与网络活动享有平台服务的同时，将其生成

---

① 最高人民法院民法典贯彻实施工作领导小组主编：《中华人民共和国民法典合同编理解与适用(一)》，人民法院出版社2020年版，第411～412、416页。

内容以网站设定的方式及条件赋予网络用户以一定的使用权益。从这一角度来看,就用户服务协议中用户生成内容的价值释放类条款而言,其约定方为网络服务提供者和内容生成主体,在此基础上其为未进入合意范畴的网络用户赋予了一定的使用用户生成内容的权益。但从对条文约定的表述上来看,在网络用户因客观情况或限制未能实际享有非消费性使用用户生成内容的权益时,其并不具备向网络服务提供者或内容生成主体追责的能力。其二,网络服务提供者在用户服务协议中事先表明,内容生成主体享有完全不受约束地赋予网络用户以非消费性使用方式使用其生成内容的自由,网络服务提供者对此无权干涉。从这一角度来看,网络用户要想以非消费性使用方式使用他人的平台生成内容,需要取得内容生成主体的另外授权,这将会在内容生成主体与其他网络用户之间形成新的合同关系,本书在此不作深入讨论。另外,值得关注的是,如前文所提到的,基于用户生成内容类平台的服务属性和经营目的,在平台内对平台用户生成内容的消费性使用已以默认许可的方式被授予平台用户,这也是第三人利益合同在用户生成内容价值释放领域适用的一种表现。从第三人利益合同在用户服务协议中的实践来看,其虽然在一定程度上盘活了用户生成内容的活力,促使网络用户对其使用价值的开发利用,具有一定的实际意义,但就第三人利益合同在用户生成内容价值释放问题上的作用而言,其因存在下述不足而无法成为最优选择。

就意在以非消费性方式使用用户生成内容的平台用户而言,相对于内容生成主体和网络服务提供者,其是用户服务协议在此问题上的第三方,只能被动地享有来自用户服务协议所赋予权益而不能发挥主动性。其使用用户生成内容的方式和条件被网络服务提供者以事先设定的方式予以公示,而平台用户仅处于被通知的地位,并未能实际参与到权益划定的商议之中。质言之,在这样一种情形下,平台用户对用户生成内容的使用方式、范围及依据完全受制于网络服务提供者的"一家之言",平台用户对平台用户生成内容使用权益的深层次理论逻辑并未得到重视,不利于真正意义上权利平衡的实现。就平台内容生成主体而言,一方面,用户服务协议经网络服务提供者的事先拟定,多以格式条款的形式呈于内容生成主体,并在基本不存在采纳内容生成主体意见的情况下被签订。故在这一问题上,平台内容生成主体与平台用户面临同样的困境,即在涉及权利义务范畴的设定问题上,内容生成主体并不具有主动性,其主观状态对此方案的形成不具有有效的影响力。从某种意义上看,第三人利益合同的性质内容似是网络服务提供者对内容生成主体有关权利的又一次束缚,内容生成主体就其生成内容可被非消费性使用的发言权在此过程中存在被剥离的潜在威胁。另一方面,就第三人利益合同的本质来看,第三人利益合同系网络服务提供者在用户生成内容之上为第三人施与一定的使用权益,而第三人无须承担相应义务。这样的设定在合同约束中存在一定意义和价值,但面对技术环境下风靡的用户生成内容现象,其似乎是对本就迷惘于网络空间版权利益失衡旋涡中的内容生成主体的再一"暴击"。权利的施与及义务的保留这一做法,在一定程度上加重了网络内容生成主体版权利益在互联网空间的失衡,不利于内容生成主体版权利益的合理实现。就网络服务提供者而言,其虽然能够通过用户服务协议以格式条款的形式强加于内容生成主体一定的权益限制,但基于网络空间整体上自由开放的环境氛围,潜在的内容生成主体在进入特定网络平台时,其实际上享有选择进入或不进入的权利。换言之,潜在的内容生成主体在提前知晓用户服务协议的有关规定,并对其表示不予认同的态度时,潜在的内容生成主体完全可以选择不进入特定网络平台,从而避免来自此用户服务协议的约束和限制。如此场景下,网络服务提供者吸引网络用户、增加用户黏性以实现经营收益的目的将遭到破坏。概言之,虽然类第三人利益合同的用户服务协议约定对网络用户使用权益的实现发挥着一定的积极作用,但其在发挥效力过程中可配置的权项范围非常有限,同时这类合同的可执行性也隐含一定的不确定性。

二、以知识共享许可实现平台内用户使用权益的困窘

学者克拉克·D. 阿萨伊(Clark D. Asay)将知识共享许可的设立和

开源软件运动视为世界上目前为止最大规模、最成功的两类开放许可运动。[①] 如克拉克 · D. 阿萨伊所提到的,从知识共享许可和开源软件运动的实践来看,知识共享许可常被用于文字作品、视听作品等受版权保护,不需要较大设备支持,对专业性要求不高的文字类、视听类等作品的创造活动之中,而开源软件运动顾名思义,主要用于计算机软件的分享活动中。[②] 知识共享类的作品使用方式自被创设以来,深受各国学者的推崇,一度引起研究的热潮。塞维琳 · 杜索里尔(Severine Dusollier)认为,知识共享类的开放许可运动,将一个全新的视角引入作品创作领域。在这里,不仅作者身份发生变化,作品及作品使用者的地位也都因知识共享类许可运动发生了变化,并且其在版权作品权利配置上也趋于"蛋糕的重新分切"。[③] 正如詹妮弗 · E. 罗斯曼所提到的,知识共享类许可运动与传统版权法的相同之处在于其依旧保留了版权人的版权利益,而这也正是两者之间的不同所在。原因在于知识共享类许可运动保留了版权人的部分权利,并非版权法将版权利益完全控制于版权人手中。[④] 知识共享类许可运动,即在保留版权人对其版权作品部分权益的前提下,使其作品以特定方式进入某个领域,并允许此领域中的成员在预先设定的条件下自由使用此作品。因此,知识共享类许可运动的核心特点就是互惠。如克拉克 · D. 阿萨伊所言,互惠许可的基本目的之一是防止下游用户利用知识共享许可运动获得作品,而对因此产生的新的作品不以同样方式予以公开的行为。[⑤] 概言之,知识共享类许可运动的特色在于,当你以一种相对自由的方式获取某一领域中作品的使用许可时,也应以同样的方式将自己因此产生的新的创造物在这一领域中与他人分享。在学者达芙

① See Clark D. Asay, *A Case for the Public Domain*, 74 Ohio St. L. J. 753(2013).

② See Clark D. Asay, *A Case for the Public Domain*, 74 Ohio St. L. J. 753(2013).

③ Severine Dusollier, *Open Source and Copyleft: Authorship Reconsidered?*, 26 Colum. J. L. & Arts 281(2003).

④ See Jennifer E. Rothman, *The Questionable Use of Custom in Intellectual Property*, 93 Va. L. Rev. 1899(2007).

⑤ See Clark D. Asay, *A Case for the Public Domain*, 74 Ohio St. L. J. 753(2013).

娜·莱温索恩－扎米尔（Daphna Lewinsohn-Zamir）看来，在过去的时间里，知识共享类许可运动的开展已被实践证明其是成功的。因为知识共享类许可运动在一定程度上推进了对版权作品更大自由的使用，从而有效弥合了版权法下版权排他性属性所引发的作品利用不足问题，激励了更多创新活动的开展。[①]

随着知识共享类许可运动的广泛开展，其促进作品分享、释放作品价值的积极作用被越来越多的人看到，但这同时也引发了学者们的担忧。利亚·陈·格林瓦尔德（Leah Chan Grinvald）认为，知识共享类许可运动固然值得推崇和进一步推广，但不幸的是，包括版权法在内的知识产权法也许并不这么认为。事实上，版权人出于维护其版权利益的目的，总是会要求法律阻止对知识的共享这一由人们自发组织的运动。尽管有一些拥有版权的创造者积极地参与到知识共享运动中并对此表示认同，但从总体看，至少目前为止反对的声音要比支持者的呼声更为响亮。[②] 这也正是我们所提到的以知识共享许可实现网络用户对用户生成内容使用权益的困窘之处。从前文对用户服务协议样本的剖析来看，我们不难发现，虽然有平台以知识共享的方式授权平台用户对其平台内用户生成内容自由使用，但需要留意的是，这仅占了33份研究样本中的1份，且还是国外平台。如果说第三人利益合同是以“赠与”的方式将使用用户生成内容的权益授予网络用户，那么知识共享则更类似于通过版权人对其权利的“放弃”实现网络用户对用户生成内容的使用需求。具体来说，知识共享许可基于版权法促进文化繁荣等社会公益价值的理念，并借用契约合同的形式，在保留版权人部分版权利益的同时让渡出未保留利益，授权特定领域内公众对此作品自由使用，以促进知识传播的广泛性和有效性。但是，通过前文对用户服务协议样本的分析我们可以看到，以知识共享方式赋予

---

① See Daphna Lewinsohn-Zamir, *More is not Always Better than Less: An Exploration in Property Law*, 92 Minn. L. Rev. 634 (2008).

② See Leah Chan Grinvald, *Social Media, Sharing, And Intellectual Property Law*, 64 DePaul L. Rev. 1045 (2015).

网络用户对用户生成内容一定使用权益的 Wiki 网站,强调了知识共享许可的不可撤销性。也就是说,在版权人进入知识共享这一领域之后,其作出的共享承诺将禁止反言,即承诺行为是不可逆的。虽然随着社会经济的发展,越来越多的人具备文化创造的物质条件和技术条件,能够轻而易举地进入文化创造领域,但其创造动因的多元性并不一定会产生对其作品利用的开放性这一观念。申言之,内容生成主体基于自由的网络环境和便利的文化创造条件,摆脱了以往对文化创造属专业行为的束缚,自发地参与到网络文化的创造活动中。虽然其表现出一定的弱利益性,但这并不代表其对由此产生的版权利益不予重视,即便一开始版权利益并未引起内容生成主体的关注,但这也无法证明此后将一直处于被漠视状态。因此,内容生成主体对知识共享许可运动的接纳仍需一段时日。此外,鉴于我国与用户生成内容相关的互联网文化创造活动的兴起相对较晚,相应地,知识共享许可运动的开展环境尚不明朗,缺乏强有力的推动力。如卡利斯·鲍德温和埃里克·冯·希佩尔所提到的那样,从目前来看,就网络创造环境而言,相对独立的网络创造个体尚未有一个制度化的共享系统支持,以便于和支持他们分享一些欲意分享的内容成果。进一步而言,对网络内容生成主体来说,虽然他们具有共享文化创造的意图,但有关规则的缺失、客观环境的不友好以及网络文化创造的分散性等特点在一定程度上都成为知识共享许可运动开展的阻碍。需要重点强调的是,这并不是否认知识共享许可运动在用户生成内容价值释放领域所能发挥的潜在价值。自知识共享许可运动开展以来,其在知识共享中的作用我们有目共睹,网络文化在共享过程中不仅吸引了足够多网络用户的使用,使文化内容的使用价值被大大挖掘,而且引得更多的用户加入文化创造活动中,极大地丰富了网络文化的规模,在繁荣网络文化方面发挥着积极的促进作用。但是,正如前文所分析的那样,知识共享许可运动的深入开展绝非朝夕之间即可完成的事项,目前在其于国内的适用尚未成熟之时,我们应理性思考其替代方案,既不能生硬照搬国外模式,忽视本土化、特色化需求,也不能一味高喊口号而步履不行。我们应在积极推进知识共享运动于国内本土化发展的同时，合理关注和有效处理网络用户对用户生成内容使用权益的这一网络新现象中出现的紧迫问题。

三、介于财产规则与责任规则间"选择退出"制度适用的合理性

2004 年 4 月，定居于美国的一名作家布莱克 · 菲尔德以谷歌侵犯其作品版权为由将谷歌诉至法院。[①] 正是这场纠纷使得在版权法框架内适用的"选择退出"机制变得明朗起来。原告菲尔德主张其发表于个人网站的作品被谷歌不合理复制和传播，此行为对其版权利益产生了不良影响，他认为谷歌应对其承担一定的赔偿责任。谷歌反驳道，作为搜索引擎网站，其特点之一就是允许网络用户通过其所提供的服务从海量网络信息中筛选出来他们感兴趣的特定内容。谷歌并不认同原告所主张的作品复制权遭到侵犯，认为此仅是临时复制缓存于其服务器之中，是对原告作品的合理使用。谷歌同时提到，其通过编程设计，为版权人设定了"退出"通道。版权人如果拒绝谷歌抓取作品内容，可以根据谷歌页面的相关提示表达拒绝谷歌抓取的意向。当谷歌编程接收到蕴含此意向的文本时，其将断开已经抓取的链接或停止将要进行的抓取行为。法院调查经发现，原告菲尔德有熟练使用谷歌服务的经验，且菲尔德承认自己知晓谷歌提供给版权人的"选择退出"渠道。因此，法院认为在原告菲尔德知晓被告谷歌存在对其作品的抓取行为的情况下，并没有明确表示反对，原告应该受到禁止反言规则的限制。同时出于对公共利益的考量，谷歌的"选择退出"机制并不存在不合理侵犯版权人版权利益的故意。法院最终认定谷歌并未侵犯原告菲尔德的版权，不需要为此承担侵权责任。

版权人的"选择退出"机制是指，只有当版权人选择从特定领域退出时，其版权作品才能够不被该特定领域内其他成员使用。换言之，在版权人选择退出该领域之前，其对该领域其他成员使用其作品的行为构成默示许可，使用其版权作品的其他成员在该领域范围内，无须特别征得版权

---

① See Field v. Google, Inc. ,412 F. Supp. 2d 1106 (D. Nev. 2006).

人的许可,即可在该领域既有规则的范畴内自由使用该版权人的版权作品。如前所述,在网络环境特定平台范围内,形成于物理世界的传统版权法所传达的版权人中心理念似乎显得不合时宜。相较于传统版权法的版权人中心理念,用户生成内容领域尤其表现出与其有别的多中心状态。所谓多中心,即用户生成内容现象的发生和兴盛,除了有赖于内容生成主体的创造行为,也与网络用户的使用及传播行为息息相关。在网络平台中就用户生成内容而言,其创造者、传播者和使用者共同构成了该领域版权生态系统中的关键角色,三者均处于具有重要影响力的中心地位。正是如此,约翰·西曼在其文章中提到,相比于物理世界版权法所构建的"选择加入"机制,互联网更适合"选择退出"机制。除了上述理由,他认为在互联网环境下若使用每一部作品均需要获得版权人的事先许可,那么完成与版权人的交易是不效率的体现,将会附加于使用者高昂的使用成本,进而会间接影响到社会公众进入网络世界的热情,最终阻碍互联网经济的发展。[①] 具体而言,在互联网环境中就版权作品利用上适用"选择退出"机制,相比"先许可,后使用"的"选择加入"机制在以下几个方面存在优势。其一,归属默示许可范畴的"选择退出"机制能够较大程度地将网络用户囊括进作品使用范畴,这符合互联网环境自由、开放的特点。其二,在互联网版权领域适用"选择退出"机制,能够在一定程度上降低网络用户因使用版权作品而支付的过于昂贵的费用,减少其搜索成本。在约翰·S. 西曼看来,"选择退出"机制适时地减轻了网络用户个人使用版权作品的负担,使其从沉重的许可压力中解放了出来。面对许可压力,当网络用户个人没有足够的动力表达使用意向时,"选择退出"机制这种转移负担的做法变得有价值起来。[②] 其三,使用个人财产的权利意味着不使

---

① See John S. Sieman, *Using the Implied License to Inject Common Sense into Digital Copyright*, 85 N.C. L. Rev. 885(2007).

② See John S. Sieman, *Using the Implied License to Inject Common Sense into Digital Copyright*, 85 N.C. L. Rev. 885(2007).

用个人财产的自由，[①]随着互联网技术的深度发展，越来越多对版权排他性在网络空间的坚持被认为是不必要和多余的。[②] 面对用户生成内容领域所出现的多中心嬗变，传统版权法“先许可，后使用”的做法开始为互联网参加者所诟病。相较于对用户生成内容封闭性使用规则的遵循，网络空间表现出对开放性使用方式的青睐。其四，“选择退出”机制在一定程度上保障了版权人在网络空间中的意思自治，赋予版权人某种程度自主决定权。[③]

正如学者所言，“选择退出”机制是以版权人未明确表示拒绝授权为前提的，这也正是其介于财产规则和责任规则的原因。[④] 所谓财产规则，又有学者称为物权规则，[⑤]具体指在未获得版权人使用许可之前，任何人不得擅自使用版权人版权作品，这是版权排他属性的直观体现。适用于物理世界的传统版权法即以财产规则为主，调整相关主体之间的权利配置。当存在未经授权使用版权人版权作品的情形时，版权人可以请求法院等对未经许可使用作品的使用人发布版权禁令，以禁令救济的方式保护版权人版权利益。而责任规则与财产规则相对，其并非版权排他性的体现，而是在一定范围内允许他人对版权作品的未经许可使用，只需要使用人支付相应报酬即可。梁志文教授又将其称为“义务规则”，强调其核心在于以“支付法院裁定或行政机关核准的使用费”为“获取资源利用”的对价。[⑥] 具言之，从许可类型来看，财产规则往往与版权使用的普通许可相对应，要想在合法合规的范畴内实现对版权作品的使用，使用者应先获得版权人对其使用作品的许可，继而才能够在版权人授权范围内实际

---

① See Thomas W. Merrill, *Property Rules, Liability Rules, and Adverse Possession*, 79 NW. U. L. REV. 1122(1984 – 1985).

② See Mark A. Lemley, *IP in a World without Scarcity*, 90 N. Y. U. L. Rev. 460(2015).

③ 参见梁志文：《版权法上的“选择退出”制度及其合法性问题》，载《法学》2010 年第 6 期。

④ 参见王国柱：《著作权“选择退出”默示许可的制度解析与立法构造》，载《当代法学》2015 年第 3 期。

⑤ 参见梁志文：《版权法上的“选择退出”制度及其合法性问题》，载《法学》2010 年第 6 期。

⑥ 参见梁志文：《版权法上的“选择退出”制度及其合法性问题》，载《法学》2010 年第 6 期。

使用作品。当版权交易的成本在使用人可承受范围内且符合社会整体发展趋势时,财产规则无疑是版权保护的最佳选择。原因在于,在此场景下使用人支付合理成本,版权人获得相应收益,共同促成了版权交易的实现,这是版权利益平衡在作品使用许可中的体现,也是效率原则在版权交易中的体现。而当交易成本变得高昂,超出市场经济下使用人所应承担的合理范畴时,出于对公平原则的遵循,责任规则作为补充,赋予使用人"先使用,后付酬"的权利,这在一定程度上减轻了使用人的搜索和谈判成本,从而实现新情况下版权领域相关主体间利益的动态平衡。与财产规则和责任规则不同,基于网络空间用户生成内容领域版权所呈现的多中心趋势,"选择退出"机制是默示许可在互联网环境中的创新应用。基于对许可效率、传播效率及公平原则的追求,为保障内容生成主体、用户生成内容传播者和使用者之间在版权配置利益上的动态平衡,承认用户生成内容使用者在一定范围内的使用权益,限制用户生成内容排他性在网络空间的不当应用,显得尤为必要。此外,如前所述,"选择退出"机制的适用,是尊重版权人自我选择的直观体现。当版权人明确拒绝版权作品在特定场所可被自由使用时,其享有"退出"的权利,这在有效促成网络环境在追求作品传播效率的同时,还能合理关注作品的许可效率,发挥版权法保护版权人利益的作用。因此,本书认为,"选择退出"机制是对默示许可制度应用于网络世界的创新,其在呼应用户生成内容现象下多中心嬗变趋势的同时,表现出对版权人对其作品应用支配性的尊重,能够有效促进内容生成者之外平台内注册用户使用权益的实现。

就"选择退出"机制在用户生成内容领域的具体适用而言,首先,应以保护版权人版权利益、发挥传播效率优势及维护公众利益为原则。具言之,"选择退出"机制的适用以网络平台内用户生成内容现象下版权多中心趋势为前提,对此机制的适用应以保障版权各相关主体间利益的动态平衡为根本目的。其次,推进"选择退出"机制应从用户生成内容使用惯例向法定化迈进。约翰·S. 西曼在其文章中根据执行依据将"选择退出"机制划分为技术执行、法律执行和社群规范执行三类。技术执行,比如在网络环境广为适用的技术措施，版权人通过施加技术措施来控制网络用户对其版权作品未经许可的使用。法律执行较为常见的即版权法中关于合理使用的有关规定。以我国《著作权法》第 24 条为例，该条是有关合理使用的规定，但其中第 1 款第 4 项和第 5 项提到著作权人、作者声明不许刊登、播放的除外。社群规范执行即特定领域内为促进作品传播和挖掘作品的使用价值，由社区群体内自下而上形成的具有一定确定性和广泛适用性的惯例。前文所提到的谷歌经营模式对用户生成内容的使用即属于此类型。将在实践中形成的使用用户生成内容领域“选择退出”机制适用的惯例予以立法化，一方面能够扩大“选择退出”机制在网络版权领域的影响范围，充分发挥其对用户生成内容价值释放的促进作用；另一方面能够间接地完善传统版权法在网络空间相关问题适用上的空白，缓解因法律规范的滞后性引发的特定领域顶层设计的缺失这一现实问题。最后，完善“选择退出”机制适用范畴，应明确“退出”时间。根据合同法原理，合同的成立以意欲缔结合同一方向相对人发出要约为始，以相对人作出承诺并到达要约发出人为合同达成的条件。[①] 就用户生成内容领域的“选择退出”机制而言，版权人的“退出”声明应早于网络用户实际使用相关内容的时间。若网络用户及平台在知晓版权人“选择退出”之前实施了使用版权作品这一行为，那么版权人根据其之后提出的“选择退出”声明而主张相关用户和平台承担侵权责任的，应不被支持。简言之，版权人“选择退出”声明的发出，以其作出“退出”主张的时间为准，在此之前使用其生成内容的行为并不会落入侵权范畴，而在此之后未经许可对其生成内容的使用则可能因使用依据的缺失而被追责，即版权人“选择退出”的作出不具有溯及力。

① 参见王利明：《合同法研究》（第 1 卷）（第 3 版），中国人民大学出版社 2015 年版，第 264 页。

第三节 网络用户在平台外利用他人生成内容的可行路径探索

学者克里斯托弗·斯普里格曼在其文章中表达了对版权法于实践中所发挥作用的看法。克里斯托弗·斯普里格曼首先对功利主义及激励原则表示认同,他提到,“如果没有某种形式的诱导,我们大概会有理由担心社会文化生活中新作品的数量”。① 随着信息技术的发展,复制作品的成本越来越低廉,而创作作品的成本尽管也在下降,但其总是表现出比复制和传播作品更高的投入需求。克里斯托弗·斯普里格曼担心,如果失去对复制作品这一行为的控制,“来自复制者的竞争将迫使创造性作品的价格转向制作复制品的边际成本”。② 通过前文的讨论我们认为,就用户生成内容而言,当内容生成者及其他网络用户共同相处于一个封闭的环境中即某一特定的网络平台之中时,其相互之间在平台的经营与发展中均发挥着不可替代的作用。换言之,在相对封闭且确定的网络平台之中,内容生成主体和其他网络用户因其在作品创造、传播和使用等过程中的不同角色而共同成为这一场景下文化活动的中心,进而使得相对封闭的特定网络平台出现版权多中心趋势。相应地,在版权多中心嬗变趋势的影响下,在这一相对呈封闭状态的平台之中,网络环境的高传播效率优势无法充分发挥,特定网络用户使用用户生成内容的成本也无法有效降低,继而影响文化创造及传播活动的开放氛围,本书建议,内容生成者之外的平台内注册用户对用户生成内容使用权益的实现应依托于内容生成主体“选择退出”机制的建立。但与网络平台内所呈现的版权多中心趋势不

---

① Christopher Sprigman, *Copyright and the Rule of Reason*, 7 J. on Telecomm. & High Tech. L. 317(2009).

② Christopher Sprigman, *Copyright and the Rule of Reason*, 7 J. on Telecomm. & High Tech. L. 317(2009).

同,在平台之外较为松散且复杂的网络环境中,若一味许诺网络用户对用户生成内容以在平台内相同的使用方式加以传播,无疑将会威胁到内容生成主体在网络环境中的版权利益。

北京互联网法院发布的涉短视频版权十大典型案例中的杨某诉覃某等版权纠纷一案,[①]反映了网络用户在特定用户生成内容平台之外未经许可使用和传播特定平台内用户生成内容的行为构成侵权这一观点。原告杨某为甲平台常驻主播,其在甲平台发布了数百个原创短视频。被告覃某为乙平台注册用户,其在未取得原告杨某许可的情况下,擅自修改杨某发布于甲平台的原创视频,并将修改后的视频发表在乙平台进行商业利用。原告杨某以被告覃某侵犯其版权利益为由诉至法院,要求被告覃某承担相应的侵权责任。后经审理,法院认为被告覃某未经许可使用杨某原创短视频的行为侵犯了杨某的信息网络传播权,判令覃某承担一定的赔偿责任。本案涉及网络用户在他人生成内容的平台之外使用此用户生成内容的责任认定问题。由案件审理可知,北京互联网法院认为网络用户在特定用户生成内容平台之外未经权利人许可,擅自将这一用户生成内容在平台外利用并传播的行为是对内容生成主体版权的侵犯,该网络用户应承担相应的侵权责任。申言之,在司法实践中,涉及平台外使用特定用户生成内容时,北京互联网法院认为此场景下的使用规则仍以“先许可,后使用”为主导原则。无独有偶,北京市海淀区人民法院早在2019年审理的一起网络版权纠纷案件,也传达了与上述案件相同的审判理念。[②] 原告辛某是网站“知乎”的注册用户,其针对知乎网站上的某一主题提问,根据自己的实际经历以文字形式作出了回答。后辛某发现,王某在未征得其许可的情况下擅自将其回答改编为视频作

① 参见《北京互联网法院发布涉短视频著作权十件典型案例》,载百度百家号“北京互联网法院”2022年4月22日,https://baijiahao.baidu.com/s?id=1730739858416210849&wfr=spider&for=pc。

② 参见《×××诉×××信息网络传播纠纷案——“知识问答”被改编成短视频是否侵权》,载北大法宝网2019年7月31日,https://www.pkulaw.com/pfnl/c05aeed05a57db0ab9c89856947ed719e335a3730484e48dbdfb.html。

品并在甲公司注册的新浪微博账号上发表。原告以被告王某、甲公司等侵犯其版权为由诉至法院。北京市海淀区人民法院经审理后认为，王某和甲公司未经辛某的同意擅自改编其作品并发表这一行为侵犯了辛某的版权，理应承担侵权责任。从上述两个较具代表性的案例中我们可以发现，尽管互联网社会的文化创造及传播使用环境相对物理世界表现出一定的开放性和共享性，但并不能以此认为版权人的版权利益在网络空间的任何场景下均应被削弱。

本书认为，将网络用户对用户生成内容的使用权益根据使用场景的不同作出类型化区分既是网络社会发展的内在要求，也是规范用户生成内容使用本土化、特色化的表现。类型化区分网络用户对他人生成内容的使用场景及方式，一方面可以有效应对不同场景下利益相关主体之间在版权配置问题上需求的异同，另一方面能够有效兼顾网络空间中许可效率与传播效率同频共振的要求。因此，在向版权多中心嬗变的网络平台服务范围内，我们建议有条件地采用“选择退出”机制，使平台内用户在内容生成主体未明确表示拒绝平台内用户对其作品的非消费性使用时，平台内用户可以按照相关法律规范或协议，以法定或约定的方式相对自由地使用用户生成内容。在条件成熟时，网络平台可以通过建立知识共享规则，促进用户生成内容等版权作品在平台内以共享方式的传播使用。而在网络平台之外，因其环境相对平台之内表现出一定的分散性和弱约束性，若以开放式的途径许诺网络用户对用户生成内容的广泛使用，不仅会对内容生成主体的版权利益产生深刻威胁，还会影响整个网络环境版权生态系统的构建和健康发展。简言之，在网络平台之外的互联网空间中，就目前发展状况来看，本书认为，应以版权中心原则为指导，以守正创新的理念商酌实现网络用户在平台外对他人生成内容使用权益的路径和方式。因此，在数字信息时代，无论是版权人的利益还是社会公众使用作品的权益，其都不应该被不合理地剥夺和毁灭，“我们所面临的挑战是，不管是公共利益还是私人利益，如何能够确认对不同的利益予以适当的重视。在过去的立法建议中，至少在传统媒体方面，是对所有者进行坚定的保护,而在免费使用受版权保护的作品方面规定很窄。现在立法改革的挑战就是,如何在弥补网络时代版权保护的不足之处的同时,为接触和使用作品提供足够大的空间"。[①] 虽然版权保护对创作具有一定激励作用这一主张在网络时代被一些学者质疑,但迈克尔·盖斯特认为,"版权对创作作品的刺激作用与版权作品的创作本身并不总有直接的联系,版权保护力度要因领域的不同而不同,这样才能构建大家期望的平衡"。[②] 基于此,本书认为,网络用户在网络平台外使用特定用户生成内容时,应以"选择进入"机制即"先许可,后使用"的普通许可规则为主要方式,当网络用户获取版权人许可的交易成本过高且将要实施的使用行为不会影响版权人的市场利益并在合法合规范畴内时,可以责任规则作为补充,以"先使用,后付酬"的方式实现其使用权益。具体理由如下。

一方面,如詹妮弗·罗斯曼所指出的那样,数字技术的发展,让进入网络世界的人们打开自我创造的大门,他们参与文化活动的愿望随着互联网社会的成熟逐渐变得强烈起来。但是,在网络空间中网络用户及相关利益主体为了实现其自由接触版权作品的目的,往往以版权法的公共利益性为依据,要求限制和缩小版权人对其版权作品的控制能力。然而,对公共利益的过度强调,在一定程度上不合理减弱了版权人在网络空间本应得到的对其作品排他性的尊重。[③] 就普通许可而言,版权人在财产规则的保护下,并不承担主动共享其作品的义务,而只需被动等待使用者发出使用请求即可。因此,"了解权利状态并主动寻求授权的义务是由作品的使用者承担的"。[④] 在网络平台之外的网络空间中,基于在一定程度

---

① [加]迈克尔·盖斯特主编:《为了公共利益:加拿大版权法的未来》,李静译,知识产权出版社2008年版,第39页。

② [加]迈克尔·盖斯特主编:《为了公共利益:加拿大版权法的未来》,李静译,知识产权出版社2008年版,第32页。

③ See Jennifer E. Rothman, *The Questionable Use of Custom in Intellectual Property*, 93 Va. L. Rev. 1899(2007).

④ 王国柱:《著作权"选择退出"默示许可的制度解析与立法构造》,载《当代法学》2015年第3期。

上表现出来的与传统版权法所调整领域相类似的版权中心的特点，应坚持以“选择进入”机制即以普通许可的方式实现网络用户对用户生成内容的使用权益，其优势表现在下述两点。第一，在网络平台外使用平台内的用户生成内容，在某种意义上已经脱离用户生成内容被创造时依赖的环境，其在价值释放中回报环境加持等因素已相对消失。相较于特定平台内对用户生成内容的使用，平台外的使用行为更偏向于市场交易行为，其社群属性开始变得不明显。因此，以普通许可的方式要求网络用户事先取得内容生成主体的许可，是在传播效率基础上对公平原则的延续，是保护版权人利益的既有要求。第二，如约翰·S. 西曼所言，当允许个人自主使用版权人作品在特定场景下存在侵入性或不公平的潜在危险时，“选择进入”机制即普通许可就变得有价值起来。[①] 面对网络平台之外纷繁复杂的网络空间，内容生成主体对其生成内容的控制能力相对减弱，甚至其对作品的专有权无法有效实现。在此场景下为意欲使用用户生成内容的主体附加一定的寻求授权的义务，在实现保护版权人版权利益目的的同时，对改善网络空间内文化环境、加强网络用户版权保护意识方面发挥着积极作用。

另一方面，就网络用户在平台外使用用户生成内容权益的实现而言，在坚持以许可效率为主的同时出于特定情况的考量，应辅之以责任规则，以弥合许可效率在网络空间追求传播效率过程中所存在的非最优方案情形。所谓责任规则，即版权人在特定情形下，负有容忍他人以一定方式使用其作品的义务。换言之，在责任规则之下，作品使用者不承担寻求版权人许可的义务，仅需要履行使用后向版权人支付报酬的义务。[②] 例如，爱德华·李就社群规范在网络空间的广泛适用提到，“网络用户大胆使用未取得版权人授权版权作品似乎正在成为一个被广泛接受的非正式版权实

---

① See John S. Sieman, *Using the Implied License to Inject Common Sense into Digital Copyright*, 85 N. C. L. Rev. 885(2007).

② 参见王国柱：《著作权“选择退出”默示许可的制度解析与立法构造》，载《当代法学》2015 年第 3 期。

践。出于对网络社会文化交流特点及社群规范发展速度和影响范围的考量，如果潜在的非正式版权实践能够有效弥合版权法在特定领域的调整空白，那么它即是有用的是值得推广的。”①具体而言，当网络用户意欲在网络平台之外以非商业性使用等并不会威胁到内容生成主体在相关市场中的利益等方式使用他人用户生成内容时，坚持以普通许可的方式采用“选择进入”机制似不利于充分发挥网络空间在文化领域中所特有的传播效率优势，而若以责任规则对此使用行为予以调整，不仅能够在一定程度上凸显网络环境中文化交流的优势，还可以有效平衡使用者和版权人之间的版权利益，促进网络版权生态的健康发展。

① Edward Lee, *Warming up to User-Generated Content*, 2008 U. Ill. L. Rev. 1459(2008).

附录　网络用户服务协议配置用户生成内容版权条款分析

<table>
<tr><td>版权归属</td><td colspan="7">网络平台</td></tr>
<tr><td rowspan="8">用户生成内容版权归用户</td><td rowspan="8">网络平台对用户生成内容的权益</td><td>未提及（4）</td><td colspan="5">果壳、土豆网（法律规定由用户享有的部分）、优酷网（法律规定由用户享有的部分）、SecondLife</td></tr>
<tr><td>不享有（3）</td><td colspan="5">百度网盘、Wiki（公益性信息存储平台/共享协议）、Globalvioces（共享协议）</td></tr>
<tr><td rowspan="6">享有</td><td rowspan="6">具体权益</td><td rowspan="6">版权</td><td rowspan="5">获取方式</td><td>普通许可（25）</td><td>腾讯视频、百度知道、知乎（用户单独创作）、喜马拉雅、蜻蜓 FM、56 网、荔枝、快手、抖音、博客中国、网易公开课、澎湃新闻、百度文库、天涯社区（享有平台内容用于其他用途的优先使用权）、虾米音乐（公共区域的用户内容）、Answers、Quora、YouTube、Blogger、Facebook、Twitter、Google、搜狐、Flickr、小红书（信息存储空间和交易平台）</td></tr>
<tr><td>独家许可（1）</td><td>迅雷</td></tr>
<tr><td>普通转让（1）</td><td>在行一点（协议构成版权转让书面协议）</td></tr>
<tr><td>独家转让</td><td>—</td></tr>
<tr><td>未提及（1）</td><td>梨视频（未被梨视频采用前）</td></tr>
<tr><td>使用期限</td><td>永久性（17）</td><td>百度知道、荔枝、56 网、网易公开课、迅雷、梨视频、澎湃新闻、百度文库、在行一点、天涯社区、虾米音乐、Answers、Quora、YouTube、Twitter、搜狐、Flickr</td></tr>
</table>

续表

版权归属	网络平台						
						一定期限（5）	腾讯视频（用户删除或要求平台下线内容之前）、快手（内容撤销之前）、Blogger（知识产权存续期间）、Facebook（内容删除之前）、Google（知识产权存续期间）
						未提及（6）	知乎、喜马拉雅、蜻蜓 FM、抖音、博客中国、小红书
					授权使用的撤销	可撤销（3）	腾讯视频、快手、Facebook
						不可撤销（18）	百度知道、知乎、荔枝、56 网、网易公开课、迅雷、梨视频、澎湃新闻、百度文库、在行一点、天涯社区、虾米音乐、Answers、Quora、YouTube、Twitter、搜狐、Flickr
						未提及（7）	喜马拉雅、蜻蜓 FM、抖音、博客中国、Blogger、Google、小红书
					使用地域	全球范围内（26）	腾讯视频、喜马拉雅、蜻蜓 FM、百度知道、快手、抖音、博客中国、56 网、网易公开课、迅雷、梨视频、澎湃新闻、百度文库、在行一点、天涯社区、虾米音乐、Answers、Quora、YouTube、Blogger、Facebook、Twitter、Google、搜狐、Flickr、小红书
						一定地域内	—
						未提及（2）	知乎、荔枝
				因网络平台使用行为给予该用户报酬	给予（1）	YouTube	
					不给予（27）	腾讯视频、百度知道、知乎、喜马拉雅、蜻蜓 FM、56 网、荔枝、快手、抖音、博客中国、网易公开课、迅雷、梨视频、澎湃新闻、百度文库、在行一点、天涯社区、虾米音乐、Answers、Quora、Blogger、Facebook、Twitter、Google、搜狐、Flickr、小红书	
					未提及	—	

续表

版权归属	网络平台					
				网络平台对用户生成内容的使用方式	商业及非商业性使用（7）	腾讯视频、蜻蜓 FM、56 网、迅雷、梨视频、百度文库、YouTube
					非商业性使用	—
					未提及（21）	百度知道、知乎、喜马拉雅、荔枝、快手、抖音、博客中国、网易公开课、澎湃新闻、在行一点（内容权利转让于其）、天涯社区、虾米音乐、Answers、Quora、Blogger、Facebook、Twitter、Google、搜狐、Flickr、小红书
			概括权益（5）	微信、猫耳 FM、Bilibili、豆瓣、新浪微博（法律规定由用户享有的部分）		
	第三方使用时表明来源	表明（4）	知乎、澎湃新闻、天涯社区、Globalvoices			
		不表明	—			
		未提及（36）	微信、腾讯视频、百度网盘、百度知道、喜马拉雅、豆瓣、蜻蜓 FM、猫耳 FM、果壳、56 网、新浪微博、土豆网、优酷网、荔枝、快手、抖音、Bilibili、博客中国、网易公开课、迅雷、梨视频、百度文库、在行一点、虾米音乐、Wiki、Answers、Secondlife、Quora、YouTube、Blogger、Facebook、Twitter、Google、搜狐、Flickr、小红书			
	网络平台代维权权益（以平台名义）	享有（17）	赔偿归于平台（3）	蜻蜓 FM、博客中国、搜狐		
			赔偿归于该用户	—		
			赔偿归于平台和该用户	—		
			赔偿归属未提及（14）	腾讯视频、百度知道、知乎、喜马拉雅、豆瓣、果壳、新浪微博、快手、抖音、网易公开课、澎湃新闻、百度文库、迅雷（独家许可）、小红书		

续表

<table>
<tr><th>版权归属</th><th colspan="4">网络平台</th></tr>
<tr><td rowspan="12"></td><td rowspan="2"></td><td>不享有</td><td colspan="2">—</td></tr>
<tr><td>未提及(23)</td><td colspan="2">微信、猫耳FM、56网、土豆网、优酷网、荔枝、Bilibili、梨视频、在行一点(内容权益转让于其)、天涯社区、虾米音乐、Answers、Secondlife、Quora、YouTube、Blogger、Facebook、Twitter、Google、Flickr、Globalvoices、Wiki、百度网盘</td></tr>
<tr><td rowspan="6">该用户注销账号后网络平台对用户生成内容的处理</td><td rowspan="5">提及(18)</td><td>平台继续使用(5)</td><td>YouTube、Blogger、Facebook、Google、Wiki</td></tr>
<tr><td>永久删除(3)</td><td>微信、荔枝、Flickr</td></tr>
<tr><td>平台删除或匿名化处理(7)</td><td>腾讯视频、土豆网、优酷网、抖音、Bilibili、迅雷(3个月内)、豆瓣</td></tr>
<tr><td>无法恢复(2)</td><td>果壳、小红书</td></tr>
<tr><td>平台根据实际情况自主决定删除与否(1)</td><td>澎湃新闻</td></tr>
<tr><td>未提及(22)</td><td colspan="2">百度网盘、百度知道、喜马拉雅、知乎、蜻蜓FM、猫耳FM、56网、快手、博客中国、网易公开课、梨视频、百度文库、在行一点、天涯社区、虾米音乐、Answers、Secondlife、Quora、Twitter、搜狐、Globalvoices、新浪微博</td></tr>
<tr><td rowspan="4">因用户生成内容引发纠纷的责任承担主体</td><td>该用户(40)</td><td colspan="2">微信、腾讯视频、百度网盘、百度知道、知乎、喜马拉雅、豆瓣、蜻蜓FM、猫耳FM、果壳、56网、新浪微博、土豆网、优酷网、荔枝、快手、抖音、博客中国、网易公开课、Bilibili、迅雷、梨视频、澎湃新闻、百度文库、在行一点、天涯社区、虾米音乐、Wiki、Answers、Secondlife、Quora、YouTube、Blogger、Facebook、Twitter、Google、搜狐、Flickr、Globalvoices、小红书</td></tr>
<tr><td>平台</td><td colspan="2">—</td></tr>
<tr><td>该用户及平台共同承担</td><td colspan="2">—</td></tr>
<tr><td>未提及</td><td colspan="2">—</td></tr>
</table>

续表

<table>
<tr><th>版权归属</th><th colspan="4">网络平台</th></tr>
<tr><td rowspan="17"></td><td rowspan="3">给予该用户报酬</td><td>给予(1)</td><td colspan="2">梨视频(被梨视频采用后,一切知识产权归平台所有,下同)</td></tr>
<tr><td>不给予(1)</td><td colspan="2">知乎(多人参与生成内容,下同)</td></tr>
<tr><td>未提及(3)</td><td colspan="2">新浪微博(除法律规定部分其余由平台享有,下同)、土豆网(除法律规定部分其余由平台享有,下同)、优酷网(除法律规定部分其余由平台享有,下同)</td></tr>
<tr><td rowspan="3">第三方使用时注明来源</td><td>注明(1)</td><td colspan="2">知乎</td></tr>
<tr><td>不注明</td><td colspan="2">—</td></tr>
<tr><td>未提及(4)</td><td colspan="2">新浪微博、土豆网、优酷网、梨视频</td></tr>
<tr><td rowspan="3">因用户生成内容引发纠纷的责任承担主体</td><td>平台</td><td colspan="2">—</td></tr>
<tr><td>该用户(5)</td><td colspan="2">知乎、新浪微博、土豆网、优酷网、梨视频</td></tr>
<tr><td>平台及该用户共同承担</td><td colspan="2">—</td></tr>
<tr><td rowspan="4">该用户注销账号后用户生成内容的处理</td><td rowspan="3">提及(2)</td><td>平台有权继续使用</td><td>—</td></tr>
<tr><td>平台删除或匿名化处理(2)</td><td>土豆网、优酷网</td></tr>
<tr><td>无法恢复</td><td>—</td></tr>
<tr><td>未提及(3)</td><td colspan="2">知乎、新浪微博、梨视频</td></tr>
<tr><td rowspan="3">平台代维权权益(以平台名义)</td><td>享有(2)</td><td colspan="2">知乎、新浪微博</td></tr>
<tr><td>不享有</td><td colspan="2">—</td></tr>
<tr><td>未提及(3)</td><td colspan="2">土豆网、优酷网、梨视频</td></tr>
<tr><td>用户生成内容版权由网络平台和该用户共同享有</td><td colspan="4">—</td></tr>
</table>

参考文献

一、中文文献

(一)中文著作

1. 陈传夫:《国家信息化与知识产权:后 TRIPS 时期国际版权制度研究》,湖北人民出版社 2002 年版。

2. 王景川、胡开忠主编:《知识产权制度现代化问题研究》,北京大学出版社 2010 年版。

3. 吴汉东主编:《中国知识产权理论体系研究》,商务印书馆 2018 年版。

4. 吴汉东、胡开忠等:《走向知识经济时代的知识产权法》,法律出版社 2002 年版。

5. 吴汉东:《著作权合理使用制度研究》(第 3 版),中国人民大学出版社 2013 年版。

6. 许辉猛:《著作权基本原理》,知识产权出版社 2011 年版。

7. 赵为学、尤杰、郑涵主编:《数字传媒时代欧美版权体系重构》,上海交通大学出版社 2016 年版。

8. 郑成思:《知识产权法:新世纪初的若干研究重点》,法律出版社 2003 年版。

9. 王迁:《知识产权法教程》,中国人民大学出版社 2019 年版。

10. 付继存:《著作权法的价值构造研究》,知识产权出版社 2019 年版。

11. 李琛:《著作权基本理论批判》,知识产权出版社 2013 年版。

12. 唐绪军主编:《中国新媒体发展报告 NO. 7(2016)》,社会科学文献出版社 2016 年版。

13. 黄薇、王雷鸣:《中华人民共和国著作权法导读与释义》,中国民主法制出版社 2021 年版。

14. 唐绪军、黄楚新主编:《中国新媒体发展报告 NO. 12(2021)》,社会科学文献出版社 2021 年版。

15. 崔健远主编:《合同法》,法律出版社 2003 年版。

16. 杨红军:《版权许可制度论》,知识产权出版社 2013 年版。

17. 贾丽虹:《外部性理论研究——中国环境规制与知识产权保护制度的分析》,人民出版社 2007 年版。

18. 苏永钦:《走入新世纪的司法自治》,中国政法大学出版社 2002 年版。

19. 王利明:《合同法研究》(第 1 卷)(第 3 版),中国人民大学出版社 2015 年版。

20. 王泽鉴:《民法学说与判例研究》(第 7 册),北京大学出版社 2009 年版。

21. 吴汉东:《知识产权法》,法律出版社 2021 年版。

22. 赵旭东主编:《中华人民共和国电子商务法释义与原理》,中国法制出版社 2018 年版。

23. 苏号朋:《格式合同条款研究》,中国人民大学出版社 2004 年版。

24. 陈昌柏:《知识产权战略:知识产权资源在经济增长中的优化配置》(第 2 版),科学出版社 2009 年版。

25. 最高人民法院民法典贯彻实施工作领导小组主编:《中华人民共和国民法典侵权责任编理解与适用》,人民法院出版社 2020 年版。

26. 张民安:《过错侵权责任制度研究》,中国政法大学出版社 2002 年版。

27. 最高人民法院民法典贯彻实施工作领导小组主编:《中华人民共和国民法典合同编理解与适用(一)》,人民法院出版社 2020 年版。

28. 傅静坤:《二十世纪契约法》,法律出版社 1997 年版。

29. 周学峰、李平主编:《网络平台治理与法律责任》,中国法制出版社 2018 年版。

30. 唐绪军主编:《中国新媒体发展报告 NO. 8(2017)》,社会科学文献出版社 2017 年版。

31. 唐绪军、黄楚新主编:《中国新媒体发展报告 NO. 11(2020)》,社会科学文献出版社 2020 年版。

32. 唐绪军主编:《中国新媒体发展报告 NO. 10(2019)》,社会科学文献出版社 2019 年版。

33. 唐绪军主编:《中国新媒体发展报告 NO. 9(2018)》,社会科学文献出版社 2018 年版。

(二)中文译著

1. [英]菲利普·锡德尼、[英]爱德华·扬格:《为诗辩护　试论独创性作品》,钱学熙、袁可嘉译,人民文学出版社 1998 年版。

2. [德]尼古拉斯·卢曼:《法社会学》,宾凯、赵春燕译,上海人民出版社 2013 年版。

3. [美]Arnold P. Lutzker:《创意产业中的知识产权:数字时代的版权和商标》,王娟译,人民邮电出版社 2009 年版。

4. [美]莱曼·雷·帕特森、[美]斯坦利·W. 林德伯格:《版权的本质:保护使用者权利的法律》,郑重译,法律出版社 2015 年版。

5. [加]迈克尔·盖斯特主编:《为了公共利益:加拿大版权法的未来》,李静译,知识产权出版社 2008 年版。

6. [美]劳伦斯·莱斯格:《思想的未来》,李旭译,中信出版社 2004 年版。

7. [美]比尔·科瓦奇、[美]汤姆·罗森斯蒂尔:《真相:信息超载时代如何知道该相信什么》,陆佳怡、孙志刚译,中国人民大学出版社 2014 年版。

8. [加]哈罗德·伊尼斯:《传播的偏向》,何道宽译,中国传媒大学出版社 2018 年版。

9. [美]罗伯特·考特、[美]托马斯·尤伦:《法和经济学》,张军等译,上海人民出版社、上海三联书店 1994 年版。

10. [德]马克斯·韦伯:《论经济与社会中的法律》,张乃根译,中国大百科全书出版社 1998 年版。

11. [美]詹姆斯·S. 科尔曼:《社会理论的基础》,邓方译,社会文献出版社 1999 年版。

12. [法]埃里克·布鲁索、[法]让·米歇尔·格拉尚:《契约经济学:理论和应用》,王秋石等译,中国人民大学出版社 2011 年版。

13. [英]彼得·斯坦、[英]约翰·香德:《西方社会的法律价值》,王献平译,中国人民公安大学出版社 1989 年版。

14. [德]海因·克茨:《欧洲合同法》(上卷),周忠海、李居迁、宫立云译,法律出版社 2001 年版。

15. [英]詹姆斯·柯兰、[英]娜塔莉·芬顿、[英]德斯·弗里德曼:《互联网的误读》,何道宽译,中国人民大学出版社 2014 年版。

16. [美]凯文·凯利:《新经济新规则:网络经济的十种策略》,刘仲涛、康欣叶、侯煜译,电子工业出版社 2014 年版。

17. [德]M. 雷炳德:《著作权法》,张恩民译,法律出版社 2005 年版。

18. [美]J. M. 布劳特:《殖民者的世界模式:地理传播主义和欧洲中心主义观》,谭荣根译,社会科学文献出版社 2002 年版。

19. [美]朱莉·E. 科恩、[美]莉迪亚·P. 劳伦等:《全球信息经济下的美国版权法》(上),王迁、付孝祥、贺炯译,商务印书馆 2016 年版。

20.《十二国著作权法》,《十二国著作权法》翻译组译,清华大学出版社 2011 年版。

21. [日]中山信弘:《多媒体与著作权》,张玉瑞译,专利文献出版社1997年版。

22. [西]曼纽尔·卡斯特:《网络社会的崛起》,夏铸九、王志弘等译,社会科学文献出版社2000年版。

23. [英]汤姆·斯丹迪奇:《从莎草纸到互联网:社交媒体2000年》,林华译,中信出版集团股份有限公司2015年版。

24. [美]尼古拉·尼葛洛庞蒂:《数字化生存》,胡泳、范海燕译,电子工业出版社2017年版。

25. [美]克莱·舍基:《认知盈余:自由时间的力量》,胡泳、哈丽丝译,中国人民大学出版社2012年版。

26. [美]威廉·W.菲舍尔:《说话算数:技术、法律以及娱乐的未来》,李旭译,上海三联书店2013年版。

27. [美]亨利·詹金斯:《融合文化:新媒体和旧媒体的冲突地带》,杜永明译,商务印书馆2012年版。

28. [美]罗伯特·P.莫杰斯:《知识产权正当性》,金海军、史兆欢、寇海侠译,商务印书馆2019年版。

29. [美]保罗·戈斯汀:《著作权之道:从谷登堡到数字点播机》,金海军译,北京大学出版社2008年版。

30. [澳]布拉德·谢尔曼、[英]莱昂内尔·本特利:《现代知识产权法的演进:英国的历程(1760—1911)》,金海军译,北京大学出版社2012年版。

31. [美]迈克尔·A.艾因霍恩:《媒体、技术和版权:经济与法律的融合》,赵启彬译,北京大学出版社2012年版。

32. [美]劳伦斯·莱斯格:《代码2.0:网络空间中的法律》(修订版),李旭、沈伟伟译,清华法学出版社2018年版。

33. [美]曼纽尔·卡斯特:《传播力》,汤景泰、星辰译,社会科学文献出版社2018年版。

34. [美]约翰·罗尔斯:《正义论》(修订版),何怀宏、何包钢、廖申白译,中国社会科学出版社 2009 年版。

35.[美]小奥利弗·温德尔·霍姆斯:《普通法》,冉昊等译,中国政法大学出版社 2006 年版。

36.[美]戴维·S.埃文斯:《平台经济学:多边平台产业论文集》,周勤、赵驰、侯赟慧译,经济科学出版社 2016 年版。

(三)中文论文

1.熊琦:《Web 2.0 时代的著作权法:问题、争议与应对》,载《政法论坛》2014 年第 4 期。

2.徐勇、武雅利、李东勤:《用户生成内容研究进展综述》,载《现代情报》2018 年第 11 期。

3.刘琅琅、邬焜:《微博时代 Web 2.0 的传播特点与反思》,载《社会科学家》2014 年第 8 期。

4.李妙玲、岳庆荣:《用户生成内容的版权侵权问题治理模式研究》,载《图书馆建设》2015 年第 10 期。

5.蔡润芳:《"积极受众"的价值生产——论传播政治经济学"受众观"与 Web2.0"受众劳动论"之争》,载《国际新闻界》2018 年第 3 期。

6.李妙玲:《用户生成内容的版权问题研究综述》,载《新世纪图书馆》2014 年第 6 期。

7.胡开忠:《论重混创作行为的法律规制》,载《法学》2014 年第 12 期。

8.倪朱亮:《"用户生成内容"之版权保护考》,载《知识产权》2019 年第 1 期。

9.秦芬、李扬:《用户生成内容激励机制研究综述及展望》,载《外国经济与管理》2018 年第 8 期。

10.赵宇翔、范哲、朱庆华:《用户生成内容(UGC)概念解析及研究进展》,载《中国图书馆学报》2012 年第 5 期。

11.袁真富:《用户创造内容(UGC)的著作权合理使用问题研究——兼论〈中华人民共和国著作权法修正案(草案二次审议稿)〉合理使用制

度的完善》,载《科技与出版》2020 年第 10 期。

12. 李依溪:《Web 2.0 环境下 UGC 模式中的受众角色》,载《青年记者》2015 年第 32 期。

13. 李雨峰:《从写者到作者——对著作权制度的一种功能主义解释》,载《政法论坛》2006 年第 6 期。

14. 徐珉川:《作品"原创性"规则的功能化解读——兼评〈著作权法(第三次修改送审稿)〉第 5 条》,载《法律科学(西北政法大学学报)》2017 年第 3 期。

15. 熊琦:《"视频搬运"现象的著作权法应对》,载《知识产权》2021 年第 7 期。

16. 陈金锋:《书商公会与近代早期英国印刷出版业的发展与监管》,载《西南大学学报(社会科学版)》2015 年第 2 期。

17. 易健雄:《"世界上第一部版权法"之反思——重读〈安妮法〉》,载《知识产权》2008 年第 1 期。

18. 倪朱亮:《自媒体短视频的著作权法治理路径研究——以公众参与文化为视角》,载《知识产权》2020 年第 6 期。

19. 吴雨辉:《新媒体版权产业推动下的版权规则重构》,载《知识产权》2016 年第 7 期。

20. 吴汉东:《试论知识产权制度建设的法治观和发展观》,载《知识产权》2019 年第 6 期。

21. 温万名:《我国模仿讽刺作品的版权法保护——从〈一个馒头引发的血案〉与〈无极〉的著作权纠纷引申》,载《编辑之友》2008 年第 3 期。

22. 董涛:《"中国特色知识产权理论体系"研究论纲》,载《知识产权》2013 年第 5 期。

23. 余俊:《知识产权与中国现代性的起源》,载《知识产权》2019 年第 8 期。

24. 熊琦:《中国著作权法立法论与解释论》,载《知识产权》2019 年第 4 期。

25. 韩秀成、李牧:《关于建设知识产权强国若干问题的思考》,载《管理世界》2016 年第 5 期。

26. 李自柱:《作品独创性的实证分析与路径选择》,载《版权理论与实务》2021 年第 6 期。

27. 王磊、杜颖:《UGC 版权保护的平台机制研究》,载《知识产权》2021 年第 8 期。

28. 高鹏友:《网页构成著作权法上作品的认定标准研究——兼论〈著作权法〉送审稿第五条》,载《中国版权》2016 年第 2 期。

29. 陈杰:《论著作权法视野下的作品观》,载《知识产权》2012 年第 6 期。

30. 吴汉东:《关于著作权法"作品"条款的法教义学解读》(上),载《版权理论与实务》2021 年第 1 期。

31. 卢海君:《论作品的原创性》,载《法制与社会发展》2010 年第 2 期。

32. 金松:《论作品的"可复制性"要件——兼论作品概念条款与作品类型条款的关系》,载《知识产权》2019 年第 1 期。

33. 李斯特:《个体独创论的解构与重建——基于〈乌苏里船歌〉著作权纠纷的研究》,载《华南师范大学学报(社会科学版)》2013 年第 2 期。

34. 王迁:《对〈著作权法修正案(草案)(二次审议稿)〉的四点意见》,载《知识产权》2020 年第 9 期。

35. 徐瑄:《知识产权的正当性——论知识产权法中的对价与衡平》,载《中国社会科学》2003 年第 4 期。

36. 孙山:《体育赛事节目的作品属性及其类型》,载《法学杂志》2020 年第 6 期。

37. 杨红军:《理性人标准在知识产权法中的规范性适用》,载《法律科学(西北政法大学学报)》2017 年第 3 期。

38. 杨红军:《论著作权侵权判断主体的界定》,载《东岳论丛》2020 年第 1 期。

39. 郭晶、崔家勇:《网络平台版权协议权责失衡与再平衡》,载《中国出版》2021 年第 12 期。

40. 黄炜杰:《“屏蔽或变现”:一种著作权的再配置机制》,载《知识产权》2019 年第 1 期。

41. 王红霞、杨玉杰:《互联网平台滥用格式条款的法律规制——以 20 份互联网用户注册协议为样本》,载《上海政法学院学报(法治论丛)》2016 年第 1 期。

42. 熊琦:《互联网产业驱动下的著作权规则变革》,载《中国法学》2013 年第 6 期。

43. 崔立红、梁婉颖:《数字时代版权合同中未知使用方式问题研究:不完全契约理论的视角》,载《山东大学学报(哲学社会科学版)》2021 年第 1 期。

44. 尤浩:《版权平台化对短视频创作的影响》,载《中国出版》2020 年第 11 期。

45. 冯晓青:《我国著作权合同制度及其完善研究——以我国〈著作权法〉第三次修改为视角》,载《法学杂志》2013 年第 8 期。

46. 骆电、胡梦云:《著作权主体的司法判断》,载《人民司法》2011 年第 21 期。

47. 熊琦:《网络时代著作权法与合同法的冲突与协调》,载《法商研究》2008 年第 2 期。

48. 周恒:《著作权许可合同中利益失衡问题的治理——以〈欧盟数字化单一市场版权指令〉为镜鉴》,载《知识产权》2021 年第 5 期。

49. 熊琦:《著作权法中投资者视为作者的制度安排》,载《法学》2010 年第 9 期。

50. 焦和平:《类型化视角下网络游戏直播画面的著作权归属》,载《法学评论》2019 年第 5 期。

51. 刘铁光:《著作权主体的二元结构及其权利配置——兼评 2020 年〈著作权法〉修正的主体制度》,载《知识产权》2021 年第 8 期。

52. 王利明:《对〈合同法〉格式条款规定的评析》,载《政法论坛》1999年第6期。

53. 陈兵:《竞争法治下平台数据共享的法理与实践——以开放平台协议及运行为考察对象》,载《江海学刊》2020年第1期。

54. 张康之:《论主体多元化条件下的社会治理》,载《中国人民大学学报》2014年第2期。

55. 华劼:《共享经济视域下重混创作版权法律制度的构建》,载《南京社会科学》2018年第9期。

56. 杨红军:《版权禁令救济无限制适用的反思与调适》,载《法商研究》2016年第3期。

57. 刘家瑞:《论知识产权与占有制度》,载《法学》2003年第10期。

58. 张书青:《非法演绎作品后续利用行为的侵权定性》,载《电子知识产权》2018年第3期。

59. 卢衍鹏、向宝云:《中国当代戏仿文化解读》,载《当代文坛》2006年第4期。

60. 严励:《Web 2.0 时代的法律思考》,载《新闻爱好者》2007年第2期。

61. 梁志文:《作品不是禁忌——评〈一个馒头引发的血案〉引发的著作权纠纷》,载《比较法研究》2007年第1期。

62. 罗莉:《谐仿的著作权法边界——从〈一个馒头引发的血案〉说起》,载《法学》2006年第3期。

63. 苏力:《戏仿的法律保护和限制——从〈一个馒头引发的血案〉切入》,载《中国法学》2006年第3期。

64. 邓社民:《数字环境下著作权合理使用与侵权的法律边界——由〈一个馒头引发的血案〉引起的思考》,载《法学论坛》2006年第6期。

65. 谢小瑶:《论 TRIPs 协议中三步检验法的理论与适用——以〈一个馒头引发的血案〉为例》,载《浙江社会科学》2010年第9期。

66. 刘银燕:《未经许可的演绎作品著作权问题研究》,载《河南财经政法大学学报》2021 年第 1 期。

67. 王雎:《开放式创新下的占有制度:基于知识产权的探讨》,载《科研管理》2010 年第 1 期。

68. 熊琦:《著作权法“通知—必要措施”义务的比较经验与本土特色》,载《苏州大学学报(法学版)》2022 年第 1 期。

69. 鲁谷辰:《论网络谣言治理的平台责任》,载《新闻爱好者》2021 年第 8 期。

70. 曾白凌:《媒介权力:论平台在算法中的媒体责任》,载《现代传播(中国传媒大学学报)》2021 年第 10 期。

71. 田丽、李彤:《“饭圈”治理的平台责任:内涵、边界与监督》,载《新闻与写作》2021 年第 12 期。

72. 刘晋名、艾围利:《“避风港规则”的法律适用困境及消解路径》,载《南京社会科学》2020 年第 8 期。

73. 胡凌:《从开放资源到基础服务:平台监管的新视角》,载《学术月刊》2019 年第 2 期。

74. 吴汉东:《论网络服务提供者的著作权侵权责任》,载《中国法学》2011 年第 2 期。

75. 李欢:《重思网络社交平台的内容监管责任》,载《新闻界》2021 年第 3 期。

76. 曾俊:《论〈欧盟版权改革指令〉第 17 条对中国在线内容分享平台责任的启示》,载《德国研究》2020 年第 3 期。

77. 刘道远、王洁玉:《“互联网 +”商业模式下自媒体平台服务商责任分析》,载《商业经济研究》2017 年第 10 期。

78. 朱开鑫:《从“通知移除规则”到“通知屏蔽规则”——〈数字千年版权法〉“避风港制度”现代化路径分析》,载《电子知识产权》2020 年第 5 期。

79. 李扬、陈铄:《“通知删除”规则的再检讨》,载《知识产权》2020 年第 1 期。

80. 赵鹏:《平台公正:互联网平台法律规制的基本原则》,载《人民论坛·学术前沿》2021 年第 21 期。

81. 马忠法、谢迪扬:《论"通知—移除"规则中网络服务平台的法律责任》,载《上海财经大学学报》2019 年第 6 期。

82. 梁志文:《我国法上的避风港规则:利益失衡与立法完善》,载《电子知识产权》2011 年第 9 期。

83. 司晓:《网络服务提供者知识产权注意义务的设定》,载《法律科学(西北政法大学学报)》2018 年第 1 期。

84. 聂振华:《视频分享网站著作权侵权案件的实证研究》,载《中国应用法学》2021 年第 5 期。

85. 张晓君、上官鹏:《中国在线内容分享平台版权责任的配置路径——兼评〈数字化单一市场版权指令〉第 17 条平台承担"过滤义务"的观照》,载《出版发行研究》2021 年第 7 期。

86. 徐明:《避风港原则前沿问题研究——以"通知—删除"作为诉讼前置程序为展开》,载《东方法学》2016 年第 5 期。

87. 刘鹏:《以网管网:第三方平台监管的兴起及其逻辑》,载《治理研究》2021 年第 5 期。

88. 孔祥稳:《网络平台信息内容规制结构的公法反思》,载《环球法律评论》2020 年第 2 期。

89. 侯利阳:《论互联网平台的法律主体地位》,载《中外法学》2022 年第 2 期。

90. 刘权:《网络平台的公共性及其实现——以电商平台的法律规制为视角》,载《法学研究》2020 年第 2 期。

91. 梁志文:《版权法上的"选择退出"制度及其合法性问题》,载《法学》2010 年第 6 期。

92. 王国柱:《作品使用者权的价值回归与制度构建——对"著作权中心主义"的反思》,载《东北大学学报(社会科学版)》2013 年第 1 期。

93. 王国柱:《著作权"选择退出"默示许可的制度解析与立法构造》,

载《当代法学》2015 年第 3 期。

94. 梁志文:《政治学理论中的隐喻在知识产权制度调适中的运用》,载《政治与法律》2010 年第 7 期。

95. 刘珊、黄琴:《网络用户生成内容版权侵权自治模式的法治化探索》,载《中国出版》2018 年第 12 期。

96. 文杰、文鹏:《版权信托制度:版权运用机制的创新》,载《出版发行研究》2012 年第 1 期。

97. 赵双阁、姚叶:《区块链技术应用于短视频版权保护的优势与局限》,载《中国编辑》2021 年第 8 期。

98. 胡开忠:《"避风港规则"在视频分享网站版权侵权认定中的适用》,载《法学》2009 年第 12 期。

99. 彭桂兵:《"避风港"规则与网络服务商合理注意义务的确立——以卓易公司案为中心的探讨》,载《当代传播》2017 年第 3 期。

100. 周伟萌:《"避风港"何以避风?——我国网络交易平台商标侵权案件适用避风港规则的具体路径》,载《社会科学家》2021 年第 5 期。

101. 陈璐颖:《互联网内容治理中的平台责任研究》,载《出版发行研究》2020 年第 6 期。

102. 杨红军:《反不正当竞争法过度介入知识产品保护的问题及对策》,载《武汉大学学报(哲学社会科学版)》2018 年第 4 期。

103. 杨红军:《教材类作品的著作权保护限度》,载《编辑之友》2017 年第 12 期。

104. 王太平、韩梅:《评尼默的新著作独创性要件——"意图"》,载冯晓青主编:《知识产权权属专题判解与学理研究》(第 1 分册),中国大百科全书出版社 2010 年版。

105. [日]北川善太郎:《网上信息、著作权与契约》,渠涛译,载《外国法译评》1998 年第 3 期。

(四)中文案例

1. 上海市第一中级人民法院民事判决书,(2009)沪一中民五(知)终字第 20 号。

2. 湖北省武汉市中级人民法院民事判决书，(2009)武知初字第 163 号。

3. 北京知识产权法院民事判决书，(2017)京 73 民终第 1404 号。

4. 北京市第一中级人民法院民事判决书，(2006)一中民初字第 14468 号。

5. 北京互联网法院民事判决书，(2019)京 0491 民初 663 号。

6. 上海市浦东新区人民法院民事判决书，(2007)浦民三(知)初字第 120 号。

7. 广西壮族自治区南宁市中级人民法院民事判决书，(2008)南市民三初字第 48 号。

8. 北京市海淀区人民法院民事判决书，(2012)海民初字第 5558 号。

9. 江苏省常州市武进区人民法院民事判决书，(2018)苏 0412 民初 3172 号。

10. 湖南省长沙市中级人民法院民事判决书，(2018)湘 01 民初 1114 号。

11. 上海市黄浦区人民法院民事判决书，(2016)沪 0101 民初 22874 号。

12. 上海市高级人民法院民事判决书，(2008)沪高民三(知)终字第 62 号。

13. 上海市第一中级人民法院民事判决书，(2010)沪一中民五(知)终字第 89 号。

14. 湖南省长沙市中级人民法院民事判决书，(2018)湘 01 民初 1115 号。

15. 广东省广州市中级人民法院民事判决书，(2009)穗中法民三终字第 13 号。

16. 上海市普陀区人民法院民事判决书，(2016)沪 0107 民初 12049 号。

17. 上海市杨浦区人民法院民事判决书，(2019)沪 0110 民初 7624 号。

18. 上海知识产权法院民事判决书,(2020)沪 73 民终 103 号。

19. 广东省广州市天河区人民法院民事判决书,(2008)天法知民初字第 214 号。

20. 广东省广州市天河区人民法院民事判决书,(2014)穗天法知民初字第 1352 号。

21. 上海市浦东新区人民法院民事判决书,(2008)浦民三(知)初字第 464 号。

22. 北京知识产权法院民事判决书,(2020)京 73 民终 187 号。

23. 广西壮族自治区高级人民法院民事判决书,(2009)桂民三终字第 48 号。

二、外文文献

1. Lawrence Lessig, *Remix: Making Art and Commerce Thrive in the Hybrid Economy*, The Penguin Press, 2008.

2. Kal Raustiala & Christopher Sprigman, *The Knockoff Economy*, Oxford University Press, 2012.

3. Niva Klkin-Koren, *After Twenty Years: Copyright Liability of Online Intermediaries*, in Susy Frankel and Daniel J. Gervais eds., The Evolution and Equilibrium of Copyright in the Digital Age, Cambridge University Press, 2015.

4. James Boyle, *Shamans, Software, and Spleens-Law and the Construction of The Information Society*, Harvard University Press, 1996.

5. Christine Parker, *The Open Corporation: Effective Self-Regulation and Democracy*, Cambridge University Press, 2002.

6. Bridget M. Hutter, *Risk, Regulation and Management*, Oxford University Press, 2006.

7. Robert Baldwin, Martin Cave and Martin Lodge, *The Oxford Handbook of Regulation*, Oxford University Press, 2010.

8. Warren B. Chik, *Paying It Forward: The Case for a Specific Statutory Limitation on Exclusive Rights for User-Generated Content under Copyright Law*, 11 J. Marshall Rev. Intell. Prop. L. 240(2012).

9. Edward Lee, *Warming up to User-Generted Content*, 2008 U. Ill. L. Rev. 1459(2008).

10. Peggy Valcke & Marieke Lenaerts, *Who's Author, Editor and Publisher in User-Generated Content? Applying Traditional Media Concepts to UGC Providers*, 24 Int'l Rev. L. Computers & Tech 119(2010).

11. Daniel Gervais, *Authors, Online*, 38 Colum. J. L. & Arts 385 (2015).

12. Steven Hetcher, *User-Generated Content and the Future of Copyright: Part One-Investiture of Ownership*, 10 Vand. J. Ent. & Tech. L. 863(2008).

13. Daniel Gervais, *The Tangled Web of UGC: Making Copyright Sense of User-Generated Content*, 11 Vand. J. Ent. & Tech. L. 841(2009).

14. Carmit Soliman, *Remixing Sharing: Sharing Platforms as a Tool for Advancement of UGC Sharing*, 22 Alb. L. J. Sci. & Tech 279(2012).

15. Jordan Sundell, *Tempting the Sword of Damocles: Reimagining the Copyright/DMCA Framework in a UGC World*, 12 Minn. J. L. Sci. & Tech 335(2011).

16. Dan Hunter & F. Gregory Lastowka, *Amateur-to-Amateur*, 46 Wm. & Mary L. Rev. 951(2005).

17. Mary W. S. Wong, *Transformative User-Generated Content in Copyright Law: Infringing Derivative Works or Fair Use?*, 11 Vand. J. Ent. & Tech. L. 1075(2009).

18. Mark P. McKenna, *Fixing Copyright in Three Impossible Steps: Review of How to Fix Copyright by William Patry*, 39 Journal of College & University Law 715 (2013).

19. Michael Reed, *Who Owns Ellen's Oscar Selfie? Deciphering Rights of Attribution Concerning User Generated Content on Social Media*, 14 J. Marshall Rev. Intell. Prop. L. 564(2015).

20. Mark A. Lemley, *Faith-Based Intellectual Property*, 62 UCLA L. Rev. 1328(2015).

21. Orly Lobel, *The New Cognitive Property: Human Capital Law and the Reach of Intellectual Property*, 93 Tex. L. Rev. 789(2015).

22. Tom W. Bell, *The Specter of Copyism v. Blockheaded Authors: How User-Generated Content Affects Copyright Policy*, 10 Vand. J. Ent. &Tech. L. 841(2008).

23. Julie E. Cohen, *Copyright as Property in the Post-Industrial Economy: a Research Agenda*, 2011 Wis. L. Rev. 141(2011).

24. Melinda J. Schlinsog, *Endermen, Creepers, and Copyright: The Bogeymen of User-Generated Content in Minecraft*, 16 Tul. J. Tech. & Intell. Prop 185(2013).

25. Terry Hart, *License to Remix*, 23 Geo. Mason L. Rev. 837 (2016).

26. Michael Landau, *Reflections and Analysis New Technology, New Media, New Markets: The Continuing Importance of Contract and Copyright*, *International Review of law*, 26 Computers & Technology 257 (2012).

27. *The Principles for User Generated Content Services: A Middle-Ground Approach to Cyber-Governance*, 121 Harv. L. Rev. 1387 (2008).

28. Matthew D. Walden, *Could Fair Use Equal Breach of Contract: An Analysis of Informational Web Site User Agreements and Their Restrictive Copyright Provisions*, 58 Wash. & Lee L. Rev. 1625 (2001).

29. Steven Hetcher, *User-Generated Content and The Future of*

Copyright: *Part Two-Agreements Between Users and Mega-Sites*, 24 Santa Clara Computer & High Tech. L. J. 829(2008).

30. Liorjacob Strahilevitz, *The Right to Abandon*, 158 U. Pa. L. Rev. 355(2010).

31. Erez Reuveni, *On Virtual Worlds*: *Copyright and Contract Law at the Dawn of the Virtual Age*, 82 Ind. L. J. 261 (2007).

32. Richard Watt, *Copyright and Contract Law*: *Economic Theory of Copyright Contracts*, 18 J. Intell Prop. L. 173(2010).

33. Niva Elkin-Korew, *Copyright Policy and the Limits of Freedom of Contract*, 12 Berkeley Tech. L. J. 93 (1997).

34. Rita Matulionyte, *Empowering Authors Via Fairer Copyright Contract Law*, 42 U. N. S. W. L. J. 681 (2019).

35. Jacques de Werra, *Moving Beyond the Conflict Between Freedom of Contract and Copyright Policies*: *In Search of a New Global Policy for OnLine Information Licensing Transactions-A Comparative Analysis Between U. S. Law and European Law*, 25 Colum. J. L. & Arts 239 (2002).

36. Thomas C. Schelling, *An Essay on Bargaining*, 14 J. Reprints Antitrust L. & Econ 257 (1984).

37. Samuel B. Bacharach, Edward J. Lawler, *Power and Tactics in Bargaining*, 34 Indus. & Lab. Rel. Rev. 219 (1981).

38. Mark A. Lemley, *Terms of Use*, 91 Minn. L. Rev. 459 (2006 - 2007).

39. Robert P. Merges, *The Concept of Property in the Digital Era*, 45 Hous. L. Rev. 1239 (2009).

40. Alina Ng, *The Social Contract and Authorship*: *Allocating Entitlements in the Copyright System*, 19 Fordham Intell. Prop. Media & Ent. L. J. 413 (2009).

41. Shanti Sadtder, *Preservation and Protection in Dance Licensing*:

How Choreographers Use Contract to Fill in the Gaps of Copyright and Custom,35 Colum. J. L. & Arts 253 (2012).

42. P. B. Hugenholtz, *Commentary: Copyright, Contract and Code: What Will Remain of the Public Domain*, 26 Brook. J. Int'l . L. 77 (2000).

43. Martin Kretschmer, *Copyright and Contract Law: Regulating Creator Contracts: The State of the Art and a Research Agenda*, 18 J. INTELL PROP. L. 141(2010).

44. Frank H. Easterbrook,*Contract and Copyright*,42 Hous. L. Rev. 953 (2006).

45. Neil S. Tyler, *Music Piracy and Diminishing Revenues: How Compulsory Licensing for Interactive Webcasters Can Lead the Recording Industry Back to Prominence*,161 U. Pa. L. Rev. 2101(2013).

46. David E. Ashley,*The Public as Creator and Infringer: Copyright Law Applied to the Creators of User-Generated Video Content*,20 Fordham Intell. Prop. Media & Ent. L. J. 563(2010).

47. William W. Fisher Ill, *The Implications for Law of User Innovation*,94 Minn. L. Rev. 1417(2010).

48. Rudolf Callmann, *Unfair Competition in Ideas and Titles*, 42 Calif. L. Rev. 77 (1954).

49. Mark A. Lemley and Philip J. Weiser, *Should Property or Liability Rules Govern Information?*,85 Tex. L. Rev. 783 (2007).

50. Richard A. Epstein, *The Clear View of the Cathedral: The Dominance of Property Rules*,106 Yale L. J. 2091 (1997).

51. Abraham Bellt & Gideon Parchomovsky, *Copyright Trust*, 100 Cornell L. Rev. 1015(2015).

52. Aaron Perzanowski & Jason Schultz,*Reconciling Intellectual and Personal Property*,90 Notre Dame L. Rev. 1211(2015).

53. Lauren G. Gallo, *The (Im) possibility of "Standard Technical Measures" for UGC Websites*,34 Colum. J. L. & Arts 283(2011).

54. Nicholas Thomas DeLisa, *You(Tube), Me, and Content Id Paving the Way for Compulsory Synchronization Licensing on User Generated Content Platforms*,81 Brook L. Rev. 1275(2016).

55. Timothy Wu, *Copyright Communications Policy*, 103 Mich. L. Rev. 278(2004).

56. Reinier H. Kraakman, *Gatekeepers: The Anatomy of a Third-Party Enforcement Strategy*,53 B. C. L. Rev. 1 (2012).

57. Jonathan Zittrain, *A History of Online Gatekeeping*,19 Harv. J. L. & Tech 253 (2006).

58. Manns J. , *Private Monitoring of Gatekeepers: The Case of Immigration Enforcement*,2006 U. Ill. L. Rev. 887 (2006).

59. Kraakman R. H. , *Corporate Liability Strategies and the Costs of Legal Controls*,93 Yale L. J. 857 (1984).

60. Mark A. Lemley & Mark P. Mckenna, *Is Pepsi Really a Substitute for Coke? Market Definition in Antitrust and IP*, 124 Harv. L. Rev. 437 (2011).

61. Louis Kaplow, *Why (Ever) Define Markets?*,100 Geo. L. J. 2055 (2012).

62. Christopher Sprigman, *Copyright and the Rule of Reason*,7 J. on Telecomm. & High Tech. L. 317(2009).

63. Sara K. Stadler, *Copyright as Trade Regulation*, 155 U. Pa. L. Rev. 899(2007).

64. Bryan E. Arsham, *Monetizing Infringement: A New Legal Regime for Hosts of User-Generated Content*,101 Geo. L. J. 775(2013).

65. Mark A. Lemley, *Ip in a World Without Scarcity*,90 N. Y. U. L. Rev. 460(2015).

66. Margaret Chon, *New Wine Bursting from Old Bottles: Collaborative Internet Art, Joint Works, and Entrepreneurship*, 75 Or. L. Rev. 257 (1996).

67. Michael J. Madison, *Legal-Ware: Contract and Copyright in the Digital Age*, 67 Fordham L. Rev. 1025 (1999).

68. Lawrence Lessig, *The Creative Commons*, 55 Fla. L. Rev. 763 (2003).

69. John S. Sieman, *Using the Implied License to Inject Common Sense into Digital Copyright*, 85 N. C. L. Rev. 885(2007).

70. Daphna Lewinsohn-Zamir, *More Is Not Always Better than Less: An Exploration in Property Law*, 92 Minn. L. Rev. 634(2008).

71. M. Ryan Calo, *Open Robotics*, 70 Md. L. Rev. 571(2011).

72. Severine Dusollier, *Open Source and Copyleft: Authorship Reconsidered?*, 26 Colum. J. L. & Arts 281(2003).

73. Jennifer E. Rothman, *The Questionable Use of Custom in Intellectual Property*, 93 Va. L. Rev. 1899(2007).

74. Clark D. Asay, *The Case for the Public Domain*, 74 Ohio St. L. J. 753(2013).

75. Leah Chan Grinvald, *Social Media, Sharing, and Intellectual Property Law*, 64 De Paul L. Rev. 1045(2015).

76. Thomas W. Merrill, *Property Rules, Liability Rules, and Adverse Possession*, 79 N. U. L. Rev. 1122(1985).

77. John S. Sieman, *Using the Implied License to Inject Common Sense into Digital Copyright*, 85 N. C. L. Rev. 885(2007).

78. Organization for Economic Co-operation and Development, *Participative Web and User-Created Content: Web* 2. 0, *Wikis and Social Networking*, ResearchGate (Sep., 2007), https://www.researchgate.net/publication/298091794_Participative_Web_and_User-Created_Content_Web_

20_Wikis_and_Social_Networking.

79. European Commission, *User-Generated-Content: Supporting a Participative Information Society*, ResearchGate (Feb. 1, 2012), https://www.researchgate.net/profile/Lucie-Guibault/publication/228218971_User-Created-Content_Supporting_a_Participative_Information_Society/links/586d279908ae6eb871bcd7e2/User-Created-Content-Supporting-a-Participative-Information-Society.pdf.

80. *Tim O'Reilly and John Battelle answer the question of "What's next for Web* 2.0?" *in Web Squared: Web* 2.0 *Five Years on*, Oreilly (Sep. 30, 2016), https://www.oreilly.com/pub/a/web2/archive/what-is-web-20.html.

81. Committee on Intellectual Property Rights & the Emerging Information Infrastructure, *The Digital Dilemma: Intellectual Property in the Information Age, the National Academy*, 2000, ResearchGate (Oct. 1, 2020), https://www.researchgate.net/publication/275981921_The_Digital_Dilemma_Intellectual_Property_in_the_Information_Age.

82. A&M Records, Inc. v. Napster, Inc., 114 F. Supp. 2d 896 (N. D. Cal. 2000).

83. Feist Publications, Inc. v. Rural Telephone Service Co., Inc., 499 U. S. 340 (1991).

84. ProCD, Inc. v. Zeidenberg, 86 F. 3d 1447 (7th Cir. 1996).

85. Brower v. Gateway 2000, Inc., 246 A. D. 2d 246, 676 N. Y. S. 2d 569, 37 U. C. C. Rep. Serv. 2d 54 (1st Dep't 1998).

86. Specht v. Netscape Communications Corp., 306 F. 3d 17, 48 U. C. C. Rep. Serv. 2d 761 (2d Cir. 2002).

87. Lotus Dev. Corp. v. Borland Int'l, Inc., 49 F. 3d 807, 815 (1st Cir. 1995), affm 516 U. S. 233 (1996).

88. Lenz v. Universal 572 F. Supp. 2d 1150 (N. D. Cal. 2008).

89. Matt Hosseinzadeh v. Ethan Klein and Hila Klein, 276 F. Supp. 3d 34(S. D. N. Y. 2017).

90. Perfect 10 v. Google Inc. ,416 F. Supp. 2d 828,847 (C. D. Cal. 2006).

91. Stewart v. Abend. 495 U. S. 207,228 - 229 (1990).

92. Feist Publications, Inc. v. Rural Telephone Service Company, Inc. (1991).

93. A&M Records, Inc. v. Napster, Inc. , 239 F. 3d 1004 (9th Cir. 2001).

94. Sony Corp. of America v. Universal City Studios, Inc. , 464 U. S. 417 (1984).

95. Metro-Goldwyn-Mayer Studios Inc. v. Grokster, Ltd. 545 U. S. 913 S. Ct. 2764,162L. Ed. 2d 781(2005).

96. Io Group, Inc. v. Veoh Networks, Inc. , 586 F. Supp. 2d 1132 (N. D. Cal. 2008).

97. United States v. Dennis, 183 F. 2d 201,212 (2d Cir. 1950).

98. Field v. Google Inc. ,412 F. Supp. 2d 1116 (D. Nev. 2006).

99. Religious Technology Center v. Netcom On-Line Communication Services, Inc. ,907 F. Supp. 1361 (N. D. Cal. 1995).

100. Campbell v. Acuff Rose Music, Inc. , 510 U. S. 569 (1994).